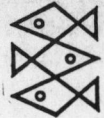

Arthur Koestler

Die Armut der Psychologie

Zwischen Couch und Skinner-Box
und andere Schriften

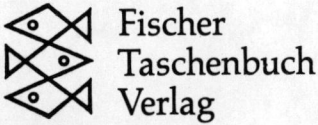

Fischer
Taschenbuch
Verlag

Ungekürzte Ausgabe
Veröffentlicht im Fischer Taschenbuch Verlag GmbH,
Frankfurt am Main, November 1989

Lizenzausgabe mit freundlicher Genehmigung
des Scherz Verlags, Bern und München
© 1980 Arthur Koestler
Umschlaggestaltung: Buchholz/Hinsch/Hensinger
Satz: Ebner Ulm
Druck und Bindung: Clausen & Bosse, Leck
Printed in Germany 1989
ISBN 3-596-24616-4

Inhalt

Teil I: Psychologie
         zwischen Couch und Skinner-Box

Die Armut der Psychologie

1. Pawlow auf dem Rückzug

Eine Epoche in der Geschichte der Psychologie nähert sich ihrem Ende: die Epoche der Entmenschlichung des Menschen. Worte wie »Ziel«, »Wille«, »Selbstprüfung«, »Bewußtsein«, »Einsicht«, die aus dem Vokabular der sogenannten Verhaltenswissenschaftern als obszön verbannt waren, setzen sich triumphierend wieder durch – nicht als abstrakte philosophische Begriffe, sondern als unerläßliche deskriptive Werkzeuge, ohne die selbst das Verhalten einer Ratte in einem experimentellen Labyrinth keinen Sinn ergibt. Eine kleine Schar Unentwegter besteht immer noch darauf, den Menschen als Automaten bedingter Reflexe und Wissen als Anhäufung glücklicher Vermutungen aufs Geratewohl zu behandeln. Aber sie ist die Nachhut, die eine verlorene Sache heldenhaft verteidigt, die Schweizer Garde, die im Treppenhaus der Tuilerien ihr Leben läßt.

Dieser Stand der Dinge wurde kürzlich durch ein Symposion veranschaulicht, das das Medical Center der University of California in San Francisco unter dem Motto »Kontrolle des Geistes« veranstaltete. Die Teilnehmer wurden, wie bei solchen Anlässen üblich, nach dem Arche-Noah-Prinzip ausgewählt, das heißt, es sollte möglichst jede Spezies vertreten sein. Auf der Liste standen unter anderem Neurophysiologen (Wilder Penfield und D.O. Hebb); Psycho-Pharmakologen (Seymour S. Kety, J.G. Miller und Jonathan Cole); Psychologen (Cecil A. Mace und A. Simon); ein Zytologe (Holger Hydén) und so fort; der Vollständigkeit halber auch noch ein Theologe (Pater D'Arcy) und zwei »kreative Schriftsteller« (Aldous Huxley und ich). Im amerikanischen Universitätsjargon muß jeder Schriftsteller »kreativ« sein, was vielleicht der Grund dafür ist, daß so viele zur Flasche greifen; aber dies nur nebenbei. Obwohl ich ebenfalls anwesend war, würde ich es als eine erlauchte Versammlung bezeichnen, durchaus geeignet, interdisziplinäre Kommunikation herzustellen.

Der angenehm ambivalente Titel war ursprünglich im passiven Sinn gemeint: »Kontrolle des Geistes« nicht über dies oder das, sondern durch dies oder das – genauer gesagt, durch Drogen, Gehirnwäsche, Massenpropaganda und dergleichen. Was sich gegen Ende des Symposions jedoch als einzig durchgehende Erkenntnis ergab, war die Kontrolle des Geistes *über* die physische Wirkung von Drogen, Gehirnwäschen und anderen Formen des Zwangs.

Die ungeschminktesten Äußerungen zu diesem grundlegenden Problem stammten von Pater D'Arcy, Penfield und Cole. Daß ein jesuitischer Theologe die Macht des Geistes über die Materie pries, war natürlich zu erwarten gewesen. Einer der Teilnehmer hatte halb im Ernst die Möglichkeit einer Orwellschen Gedankenkontrolle durch Drogen im Leitungswasser erwähnt; D'Arcy bestritt eine derartige Möglichkeit. »Es gibt eine letzte, geheimnisvolle Schicht im Selbst, die nie wirklich berührt werden kann«, erklärte er den Neurologen liebenswürdig, »ein letztes Selbst, das Priestern erlaubt, der Folter zu widerstehen, Verrückten, sich einen Rest geistiger Gesundheit zu bewahren, und tapferen Soldaten, der Gehirnwäsche zu widerstehen.«

Eine überraschende Zahl von Rednern kam – mit unterschiedlichen Termini und von verschiedenen Ansätzen her – zu sehr ähnlichen Schlußfolgerungen, darunter auch Wilder Penfield, einer der angesehensten lebenden Neurologen. Vor einigen Jahren hatte Penfield das Studium des Gedächtnisses revolutioniert, als er seine Patienten durch schwache elektrische Stimulierung ihrer (durch einen Eingriff freigelegten) Schläfenlappen im Gehirn Ereignisse aus der fernen Vergangenheit wiedererleben ließ. Professor Penfield gehört also ganz gewiß nicht zu den philosophischen Idealisten, die die Bedeutung von Gehirnmechanismen im Leben des Geistes leichtfertig verkleinern würden. »Es gibt keinen Anhaltspunkt für irgendeine geistige Tätigkeit, die nicht ohne irgendeine Gehirntätigkeit stattfindet«, betonte er zu Beginn seine Referats. Und doch äußerte er in seinen Schlußfolgerungen und bei anschließenden Podiumsdiskussionen ebenso nachdrücklich seine Überzeugung, daß »Gehirn« und »Geist« getrennte Wesenheiten sind und daß wir das Problem, »wie der Geist mit dem Körper verbunden ist«, heute ebensowenig lösen können wie Aristoteles vor 2300 Jahren. Er ließ einige ätzende Bemerkungen über jene zeitgenössischen Oxford-Philosophen fallen, die sich weigern, die Existenz eines Geist-Körper-Problems anzuerkennen. Er nannte im einzelnen Gilbert Ryle und A. J. Ayer, die vor einigen Jahren zusammen mit ihm – Penfield – an einer berühmt gewordenen Sendereihe des Dritten Programms der BBC teilgenommen hatten, über das Thema »Die physische Grundlage des Geistes«[1]. Paradoxerweise nahmen die Mitwirkenden, die sich beruflich mit der Anatomie, Physiologie, Pathologie und Chirurgie des Gehirns befaßten und bei denen man eine materialistische Grundeinstellung hätte erwarten können, alle eine entgegengesetzte Haltung ein, während die Logiker, bei denen man einen gewissen Respekt vor dem Geist hätte erwarten können, nichts dergleichen zeigten und von Nervenbahnen und elektrischen Schaltkreisen hypnotisiert zu sein schienen. Professor Ryle, einer der Hauptvertreter der Linguistischen Philosophie Oxfords, verglich den Glauben an den Geist mit dem Glauben analphabetischer Bauern, die beim Anblick der ersten Dampflokomotive dachten, es sei ein Pferd darin verborgen. Professor Ayer hatte sich ebenso geringschätzig geäußert: »Das Bild, das man [die Neurologen] uns präsentiert, zeigt Botschaften, die durch das Gehirn sausen, eine geheimnisvolle Wesenheit namens Geist erreichen, Befehle von ihr empfangen und dann weitersausen. Da der Geist aber keinen Ort im Raum hat – er gehört per definitionem nicht zu den Dingen, die einen Ort im Raum haben können –, ergibt es

*Die Hochziffern im Text verweisen auf den Anmerkungsteil S. 368.

buchstäblich keinen Sinn, von physischen Signalen zu reden, die ihn erreichen.«

Darauf erwiderte Penfield in San Francisco: »Das Problem sollte anders gesehen werden … Elektrische Ströme laufen durch gewisse Schaltkreise des Gehirns, und gleichzeitig finden in den bewußten Formen, die den menschlichen Geist bilden, Wandel und Bewegung statt … Wenn man behauptet, diese beiden Dinge seien ein und dasselbe, dann heißt das noch lange nicht, daß sie es auch tatsächlich sind. Aber eine derartige Behauptung hemmt in der Tat den Fortschritt der Forschung.« Anschließend zitierte er den verstorbenen Sir Charles Sherrington, den wohl bedeutendsten Neurologen unseres Jahrhunderts: »Daß unser Wesen aus *zwei* fundamentalen Elementen bestehen soll, hat – wie ich glaube – keine größere Unwahrscheinlichkeit für sich als die Ansicht, es bestehe nur aus *einem* solchen Element … Wir müssen wohl davon ausgehen, daß die Beziehung zwischen Geist und Gehirn nicht nur ein immer noch ungelöstes Problem ist, sondern daß wir noch nicht einmal einen ersten Ansatzpunkt zu seiner Lösung gefunden haben.«

Das war eine Übung in wahrer Bescheidenheit, und dasselbe galt für Penfields Eingeständnis, der Chirurg habe, wenn er das Gehirn seines Patienten manipuliert, keine Ahnung von der philosophischen Bedeutung seines Tuns:

Appliziert der Neurochirurg eine Elektrode an der motorischen Region der Großhirnrinde des Patienten und löst damit eine Bewegung der gegenüberliegenden Hand aus, und fragt er dann den Patienten, warum er seine Hand bewegt hat, dann erhält er zur Antwort: »Ich hab's nicht getan. Sie haben mich gezwungen, es zu tun.« – Man könnte sagen, der Patient glaubt, sein Ich führe eine von seinem Körper unabhängige Existenz.

Als ich einmal einem Patienten vorher mitteilte, ich würde jetzt die Elektrode ansetzen und ihn auffordern, seine Hand während der Applikation der Elektrode nicht zu bewegen, packte er sie mit der anderen Hand und bemühte sich krampfhaft, sie stillzuhalten. Eine Hand stand also unter der Kontrolle der rechten Hemisphäre, die durch eine Elektrode angetrieben wurde, die andere Hand kontrollierte er selbst durch seine linke Hemisphäre, und beide waren gezwungen, gegeneinander zu kämpfen. Hinter der »Gehirntätigkeit« der einen Großhirnhemisphäre stand der Geist des Patienten. Hinter der Tätigkeit der anderen Hemisphäre stand die vom Geist des Chirurgen gelenkte Elektrode. Das dachte jedenfalls der Patient instinktiv. Sie werden nun sagen, das beweist gar nichts, und ich muß Ihnen dahingehend zustimmen, daß es lediglich die Richtung unseres heutigen Denkens beweist ...

Das Ende dieses denkwürdigen Referats zeigte, daß der Standpunkt des Neurologen näher bei dem des Jesuiten aus Oxford als bei dem der Logiker aus Oxford lag:

Es gibt also, wie Sie sehen, viele nachweisbare Mechanismen [im Gehirn]. Sie arbeiten automatisch für die Zielsetzung der Psyche, wenn sie dazu veranlaßt werden. Aber was ist die Beschaffenheit der Substanz, die diese Mechanismen zu ihrer Tätigkeit aufruft und die dem einen gegenüber dem anderen den Vorzug gibt? Handelt es sich hier um einen weiteren Mechanismus, oder gibt es im Geist etwas von unterschiedlicher Substanz? ... Zusammendfassend muß man sagen, daß bisher noch nicht wissenschaftlich bewiesen ist, das Gehirn könne den Geist kontrollieren oder den Geist vollständig erklären. Die stillschweigenden Voraussetzungen des Materialismus sind Annahmen geblieben. Die Wissenschaft wirft kein Licht auf das Wesen des Geistes ...

Vor gar nicht langer Zeit wären die orthodoxen Vertreter der Verhaltenspsychologie bei diesen Bemerkungen von ihren Stühlen aufgestanden und hätten streitaxtschwingend die Hymne des Behaviorismus angestimmt:

> Hokus pokus fidibus,
> Stimulus responsibus,
> Heiliger Pawlow, bet für uns!
> Zerschmettere den Heiden!
> Blockiere seine Synapsen!
> Lösche seine Reflexe aus!
> Steck ihn in die Skinner-Box!
> Zeig ihm, wer Hebb und Hull sind!
> Lehr ihn Verhalten, Verhalten, *Verhalten!*

Das dritte Referat, das ich vorhin erwähnt habe, wurde gehalten von Jonathan Cole, dem Leiter der psychopharmakologischen Abteilung der National Institutes of Health. Es wirkte wie eine kalte Dusche, die unversehens auf Drogenenthusiasten aller Schattierungen niederging – von denen, die durch Meskalin mystische Offenbarungen erhoffen, bis zu denen, die den Menschen wie einen Automaten behandeln, der bei Eingabe chemischer Reize bestimmte Reaktionen zeigt.

»Bis heute ist es Klinikern nicht gelungen, vorauszusagen, auf welche Weise welche Patienten reagieren werden ... Stichhaltige Indizien zeigen, daß die Erwartungen des einzelnen, die Atmosphäre seiner Umgebung und die Einstellungen des Arztes die Wirkungsweise des Medikaments erheblich beeinflussen können. Ich hege allmählich den Verdacht, daß der menschliche Hintergrund ebenso wichtig sein könnte wie die Medikamente selbst – oder noch wichtiger ...«

Cole nannte verblüffende Beispiele. Bei einer neueren Versuchsreihe verabreichte man 120 Collegestudenten eine Pille und unterzog sie dann einem schriftlichen Leistungstest. Einer Gruppe erklärte man, bei dem Medikament habe es sich um den bekannten anregenden und aufputschenden Wirkstoff Dexedrin gehandelt. Eine andere Gruppe bekam zu hören, es sei eine Schlaftablette gewesen. In Wahrheit erhielten jedoch *alle* Studenten entweder Dexedrin oder Placebos – Scheinmedikamente. Wie die Ergebnisse des Versuchs zeigten, wirkten die Studenten, die dachten, sie hätten ein Aufputschmittel bekommen, angeregt, während die Studenten, die die vermeintliche Schlaftablette geschluckt hatten, träge und müde wurden.

Cole wandte sich anschließend den halluzinogenen Wunderdrogen Meskalin, LSD und Psilocybin zu und erklärte, daß ein und dasselbe Mittel – zum Beispiel LSD – auf den nüchternen Bewohner der amerikanischen Ostküste ganz anders zu wirken scheint als auf den exzentrischen Kalifornier. »Wapners und Kruses Versuchspersonen von der Ostküste klagten über Verzerrungen des Sehfelds, erwähnten aber sonst keinerlei subjektiven Effekt ... Hartmann und seine Mitarbeiter, die in Los Angeles arbeiteten, schienen dagegen imstande zu sein, bei den meisten Versuchspersonen im Handumdrehen kosmische Erfahrungen wie Vereinigung mit der Sonne oder Tod und Wiedergeburt auszulösen.« Man denkt unwillkürlich an jene Patienten, die bei der Psychotherapie perfekte Freudsche oder Jungsche Träume produzieren – zum Entzücken ihres Analytikers.

Daß Suggestion und Autosuggestion bei jeder Therapie eine erhebliche Rolle spielen, ist nicht neu; neu ist lediglich, daß diese Rolle unvergleichlich wichtiger ist, als sich die Ärzte und selbst die Psychiater des Zeitalters der Vernunft jemals träumen ließen. Nach vorsichtigen Schätzungen ist jeder dritte Krankenhauspatient placebo-empfänglich, das heißt, er wird auf ein Scheinmedikament genauso reagieren wie auf das »Original«.

Dieses unerwartete Ausmaß an Suggestibilität beschränkt sich nun aber keineswegs auf Krankenhausinsassen. Im Augenblick werden an verschiedenen Universitäten Forschungsprogramme über »sensorische Deprivation« oder »Reizentzug« vorangetrieben. Die Versuchsperson muß sich beispielsweise auf eine Schaumgummimatratze legen, oder man legt sie in lauwarmes Wasser; anschließend setzt man ihr eine Schutzbrille aus Milchglas auf, gibt ihr einen Kopfhörer, aus dessen Lautsprechern ein gleichbleibendes Summen dringt, und schirmt ihre Hände so ab, daß keine Berührungswahrnehmung mehr stattfinden kann. Diese Experimente sollen Aufschluß darüber geben, wie Astronauten unter ähnlichen Bedingungen reagieren werden, und sind außerdem relevant für die Gehirnwäsche von Gefangenen, die in verdunkelten Isolierzellen untergebracht werden.

Zunächst schienen die Reaktionen eindeutig und voraussagbar zu sein: Nach ein paar Stunden oder sogar früher wurden die Versuchspersonen verwirrt und konnten sich nicht mehr konzentrieren; dann folgten Einbildungen, Halluzinationen, Gefühle der Entpersönlichung und so fort. Das veranlaßte einige angesehene Neurologen zu einer Theorie, nach der ein menschlicher Organismus nur dann normal funktionieren kann, wenn er einem unaufhörlichen Bombardement äußerer Reize ausgesetzt ist; sobald dieser Beschuß aufhört, wird er durch Halluzinationen ersetzt. Künftige Historiker werden das wahrscheinlich als klassisches Beispiel für die Psychiatrie im Zeitalter der Musikbox anführen. Einige Forscher identifizierten sensorische Deprivation prompt als eine Form der Schizophrenie. Einer zog den Schluß, man solle Schizophrenie mit Überstimulierung behandeln, ein anderer plädierte für Unterstimulierung. Typisch für die allgemeine Einstellung zu dem Problem war ein Abschnitt aus dem Referat, das ein anderer Teilnehmer des Symposions, ein angesehener Neurologe mit ziemlich festgefügten Vorstellungen, hielt: »Nehmen wir einen gesunden, kräftigen jungen Mann, einen College-Studenten ...« Dieser kräftige junge Mann, erfuhren wir dann, wurde auf eine Matratze geschnallt, mit einer Milchglasbrille geblendet, seines Kaugummis beraubt, durch einen zischenden Kopfhörer betäubt, und dann sagte man ihm, er werde gleich verrückt spielen. Was geschah? Er spielte verrückt.

In den letzten zweitausend Jahren oder mehr haben

einige Millionen freiwilliger Versuchspersonen – Mönche, Nonnen, alle möglichen Meditierer überall auf der Welt – die verschiedensten Arten des Reizentzugs praktiziert: Sie meditierten endlose Stunden in totaler Abgeschiedenheit, in unbeweglicher Haltung, mit geschlossenen Augen. Die Resultate konnten nicht vielfältiger sein. Bei einer der Podiumsdiskussionen wurde der eben erwähnte Neurologe auf diese Tatsache hingewiesen, aber er zeigte sich wenig beeindruckt; er zog es vor, sich weiterhin an den »kräftigen jungen Mann« zu klammern. Natürlich wird niemand leugnen, daß eine abnorm lange dauernde abnorme Situation auch abnorme Reaktionen auslösen wird; aber der Begriff des Abnormen läßt sich nicht genau abgrenzen, er variiert von Person zu Person – der eine wird schon nach wenigen Stunden Wutanfälle bekommen, während der andere nach Tagen in den entrückten Zustand des Yogi verfällt. Wie neuere, noch unveröffentlichte Arbeiten (von Pollard und Jackson an der Michigan University in Ann Arbor) gezeigt haben, wurden spektakuläre Symptome von Versuchspersonen bei kurzen Entzugsexperimenten »in erster Linie durch systematische Beeinflussung der Probanden erzielt, denen man die erwarteten Versuchsergebnisse im voraus mitteilte« – das heißt, ebenfalls durch Suggestion und Autosuggestion. Wenn die Versuchspersonen vorher erfuhren, man rechne damit, daß sie Halluzinationen haben würden, gehorchten sie, indem sie Halluzinationen entwickelten; wenn man ihnen jedoch mitteilte, der Zweck des Experiments bestehe darin, ein neues Medikament zu testen, hatten sie keine Halluzinationen – obwohl die Versuchsanordnung ansonsten nicht geändert worden war.

Ein letztes Beispiel wird den Einfluß subjektiver Einstellungen auf das Resultat anscheinend objektiver Versuche auf einem unerwarteten Gebiet zeigen. Dr. Robert Rosenthal, ein vielversprechender junger Dozent der Psychologie an der University of North Dakota, entwickelte eine spezielle Variation des klassischen Rattenversuchs, bei dem den Tieren beigebracht wird, einen Weg durch ein Labyrinth zu finden. Er gab einer Gruppe seiner Mitarbeiter Ratten, die, wie er erklärte, Genies waren, Abkömmlinge von Elterntieren mit besonders hohen Intelligenzquotienten. Einer zweiten Gruppe von Mitarbeitern gab er dagegen »dumme« Ratten. In Wahrheit handelte es sich bei allen Tieren um ganz gewöhnliche Feld-Wald-und-Wiesen-Ratten. Die Testergebnisse der »genialen« Ratten waren sämtlich besser als die der »dummen« – sie fanden den Weg durch das experimentelle Labyrinth weit schneller. Rosenthal konnte dieses Phänomen nur damit erklären, daß seine Mitarbeiter ihre Voreingenommenheit »irgendwie« auf die Ratten übertragen hätten – wie, wisse er allerdings nicht. Diese und andere ähnlich gelagerte Experimente[2] veranlaßten Ubell, Ressortleiter Wissenschaft bei der *New York Herald Tribune,* zu dem Kommentar:»Die Ergebnisse stellen sämtliche psychologischen Tests in Frage, die in den letzten fünfzig Jahren von Psychologen publiziert wurden.«

All diese gleichlaufenden Trends in der Neurophysiologie, Neuropharmakologie, experimentellen Psychologie und Psychotherapie zeigen, daß der Begriff vom »menschlichen Organismus« als einem Bündel konditionierter Reflexe eine Abstraktion ist – die Wirklichkeit ist das Individuum, eine schwer faßbare Einheit mit einem unberechenbaren Kern, der die Reaktionen des Organismus auf äußere Reize bestimmt.

In einer glänzenden theoretischen Abhandlung über die Biochemie der Gehirnvorgänge zitierte Professor Holger Hydén aus Göteborg den Verhaltensforscher Konrad Lorenz:»Wenn man ein Experiment so anlegt, daß es eine Reflextätigkeit demonstriert, dann bekommt das arme Geschöpf nie Gelegenheit zu zeigen, daß es zu mehr imstande ist als zu einer bloßen Reflextätigkeit. Derartige Experimente werden mit dem Ziel konstruiert, die Hypothese zu beweisen – was das Schlimmste ist, was ein Experiment tun kann.«

Vor beinahe einem Jahrhundert machte sich Charles Darwin, als wüßte er um die kommende Entwicklung der

Dinge, über diese Stimulus-Responsibus-Psychologie lustig: »Ich wettete mit einem Dutzend junger Männer, daß sie nicht niesen würden, wenn sie Schnupftabak nähmen, obwohl sie alle erklärten, daß sie es immer täten; also nahmen sie alle eine Prise, doch ungeachtet ihres Wunsches, nieste keiner von ihnen, obschon ihnen das Wasser in die Augen trat, und alle, ohne Ausnahme, mußten mir die Wette zahlen.«[3]

Wenn man die Versuchsperson mit einem Vorschlaghammer traktiert oder ihr eine Überdosis Pheno-Barbital in die Adern pumpt, wird sie bestimmt das Bewußtsein verlieren, aber weiter geht die Voraussagbarkeit des individuellen Verhaltens nicht; wenn man sie lediglich unter dem Kinn kitzelt oder ihr eine schwächere Pille verabreicht, wird ihre Reaktion, grob gesagt, nicht mehr von dem Reiz, sondern von ihrer »inneren Verfassung« abhängen – von der unleserlichen Stelle im Mittelpunkt der Blaupause.

Die Tablette ist eine chemische Substanz, und Ärzte pflegten zu glauben, die Geste, mit der sie die Tablette verabreichen, habe nichts mit ihrer Wirkung zu tun. Heute entdecken wir allmählich, daß die Geste mindestens ebenso wichtig ist wie die Tablette selbst, daß wir alle in einer Art psycho-magnetischem Feld leben, wo zahllose Energien auf einer unbewußten Ebene wechselseitig wirken, daß wir empfänglich sind für Voodoo-Zauber und Placebos wie der Mensch früherer Zeiten für angebliche Liebestränke. (Es ist kein Zufall, daß eine so große Nachfrage nach dem Peyote-Kaktus und dem heiligen Pilz der Azteken, nach Meskalin und Psilocybin, besteht.)

An einer höheren Windung der Spirale werden wir also erneut in die Welt der Magie gestürzt, allerdings mit einem schärferen Bewußtsein für die verborgenen Kräfte des Geistes, und damit beginnt eine neue Geschichte, eine neue Epoche im Studium der menschlichen Psyche.

2. Sieh da, der niedrige Wurm![4]

Eine der letzten erhabenen Freuden etablierter Zeitgenossen besteht darin, brandyschlürfend vor dem Kamin zu sitzen und »Das Beste aus dem Plattwurm-Digest« zu lesen. Der authentische Titel der Publikation lautet: *An Informal Journal of Comparative Psychology, Published Irregularily by the Planaria Research Group, Department of Psychology, the University of Michigan.* (Die Planarie gehört zur Gattung der Strudelwürmer.)

Herausgeber der Zeitschrift ist Professor James V. McConnell, ein ernster junger Experimentalpsychologe, der wie so mancher gute Mann vor ihm eine Leidenschaft für Plattwürmer faßte. Die Faszination dieser Tierchen beruht darauf, daß sie die niedrigsten Lebewesen auf der Evolutionsleiter sind, die so etwas wie ein Gehirn und ein echtes zentrales Nervensystem haben, aber sie pflanzen sich durch Teilung fort und stehen von allen Lebewesen mit dieser Vermehrungsart auf der höchsten Entwicklungsstufe. Sie kennen allerdings auch geschlechtliche Fortpflanzung.

Im Sommer werfen sie oft ihren Schwanz ab, und es wächst ihnen ein neuer, während der abgestoßene Schwanz einen Kopf entwickelt. Man kann sie in fünf oder sechs Teile schneiden, und jeder Teil wird alle fehlenden Organe entwickeln und zu einem vollständigen Plattwurm, so gut wie neu, heranwachsen.

Wenn sie jedoch ausgewachsen sind (also eine Länge von knapp anderthalb Zentimetern erreicht haben), werden die Wonnen der Teilung durch die der Paarung abgelöst. Bequemer wird das Ganze noch dadurch, daß Plattwürmer Hermaphroditen sind; zunächst funktionieren sie männlich, aber nach reiferer Überlegung wenden sie sich dem weiblichen Prinzip zu und legen Eier. Ausgewachsene Tiere sind mit beiden Geschlechtsapparaten ausgestattet, und obgleich die männlichen Organe zuerst entwickelt werden, kommt es vor, daß sich beide Phasen überschneiden. Ich muß die Sache leider noch mit dem Hinweis komplizieren, daß die Würmer in der Paarungszeit zu Kannibalen werden und alles Lebende verschlingen, was ihnen über den Weg läuft, einschließlich ihrer früher abgelegten Schwänze, die gerade dabei sind, sich einen neuen Kopf wachsen zu lassen. Damit wird, ein Feedback im wahrsten Sinne des Wortes, der Status quo ante wiederhergestellt. Der Kopf selbst wird freilich selten verspeist, und der Schwanz vergreift sich nie an ihm (was theoretisch möglich wäre, weil sich der Mund des Geschöpfes nahe der Bauchmitte befindet und mit einem einziehbaren Saugfortsatz ausgestattet ist). All das zeigt, daß die Evolution bei der Erschaffung der Plattwürmer ziemlich unentschlossen war: Sie konnte sich nicht festlegen, ob Sex wirklich zum Fortschritt nötig sei, und wenn doch, ob Mann und Frau buchstäblich kohabitieren, das heißt, in ein und demselben Körper leben sollten – oder ob es ratsamer sei, sie ein für allemal voneinander zu trennen.

Die letzte Möglichkeit trug den Sieg davon, zum Guten oder Bösen, aber die Planarien wurden darüber nicht informiert und verharrten im sexuellen Zwischenreich. Deshalb können wir nicht sagen, ob ein Plattwurm männlich oder weiblich ist und ob die Produkte seiner ungeschlechtlichen Teilung seine Kinder oder seine Doppelgänger sind. Das ist ein altes philosophisches Problem, aber McConnells Experimente stellten eine neue, entscheidende Frage: Bewahrt das regenerierte Individuum ein »persönliches Gedächtnis«? Kann es sich daran »erinnern«, was vor seiner Abtrennung – ehe die Welt geteilt wurde – geschah? »Merkt« sich der Kopf, der einen neuen Schwanz entwickelt, mehr als der Schwanz, der einen neuen Kopf entwickelt? Die Schlüsselworte müssen mit Anführungszeichen versehen werden, denn wir bewegen uns in trüben semantischen Wassern. Aber man darf die Fragen nicht auf die leichte Schulter nehmen, weil die Geschichte des Geistes mit dem Notgehirn des Plattwurms begann.

Daß Planarien lernen können und ein Gedächnis haben,

war seit langem bekannt. Die von Thompson und McConnell entworfene Versuchsanordnung besteht darin, den Wurm in einen flachen, knapp anderthalb Zentimeter breiten und dreißig Zentimeter langen, mit Aquariumwasser gefüllten Plastiktrog zu legen. Wenn der Wurm (der normalerweise in seiner privaten Fingerschale untergebracht ist) sich an die neue Umwelt gewöhnt hat, fängt er an, sich mit seinen typischen, schneckenähnlichen Bewegungen von einem Ende des Trogs zum anderen zu bewegen. Unter dem Mikroskop sieht sein glatter und geschmeidiger Leib mit den algengrünen und braunen Tupfen recht hübsch aus, obwohl die blinzelnden Augen ein wenig humorlos wirken – sie sind lichtempfindlich, haben aber keine Linsen und können keine Muster unterscheiden. Während der »Ausbildung« blitzt man das Tier mit zwei Hundert-Watt-Birnen an und versetzt ihm anschließend einen Stromstoß. Bei dem nichttrainierten Tier löst das Licht keinerlei Reaktion aus, während der Elektroschock eine starke bis heftige Kontraktion des Körpers zur Folge hat. Nach einer Reihe von Wiederholungen lernt der Wurm, daß das Licht einen Stromstoß ankündigt, und zieht sich zusammen, sobald die Glühbirnen eingeschaltet werden: Es hat einen konditionierten Reflex entwickelt.

Der nächste Schritt war, das dressierte Tier in zwei Hälften zu schneiden, beide Hälften heranwachsen zu lassen und dann herauszufinden, *wieviel von dem erworbenen Wissen sich jedes regenerierte Individuum gemerkt hat.*

Dabei ergab sich eine gewisse Schwierigkeit. Ein abgetrennter Kopf oder ein abgetrennter Schwanz braucht normalerweise vierzehn Tage, um zu einem kompletten Organismus heranzuwachsen. Um sicherzugehen, daß sich alle inneren Organe richtig entwickeln konnten, ließ man abermals zwei Wochen verstreichen, ehe man mit den neuerlichen Versuchen begann. Nun sind vier Wochen aber eine lange Zeit im Leben eines Wurms, und man könnte erwarten, daß er vieles von dem vorher Gelernten vergißt – selbst wenn er nicht dadurch abgelenkt wird, daß man ihn entzweiteilt, so daß er die fehlenden Hälften neu bilden muß. Deshalb wurde eine Kontrollgruppe von Würmern dressiert und dann einen Monat lang in Ruhe gelassen; so wollte man sehen, wieviel »Nachhilfe« die Tiere brauchten, bis sie ihren früheren Leistungsstand wieder erreichten. Das Ergebnis sah so aus: Eine Gruppe von Würmern braucht im Durchschnitt 150 Licht-Schock-Lektionen, bis sie lernt, auf Licht allein zu reagieren. Nach vierwöchiger Muße braucht dieselbe Gruppe einen Auffrischungskurs von 40 Lektionen, um wieder zuverlässig zu reagieren. Die auf der Merkfähigkeit basierende »Ersparnis« von Lektionen betruf also $150 - 40 = 110$ oder mehr als 70 Prozent, was gar nicht übel ist.

Und nun vom intakten zum zweigeteilten Tier. Nach der Regenerierung wurde jedes Tier demselben Auffrischungskurs unterzogen wie die heilgebliebenen Artgenossen. Das verblüffende Resultat: Die »Schwänze« hatten ebensoviel behalten wie die »Köpfe«; und sowohl die »Köpfe« als auch die »Schwänze« hatten sich ebensoviel – also rund 70 Prozent – gemerkt wie die nicht zerteilten Tiere. Ähnliche Ergebnisse wurden von anderen Forschern erzielt, die Plattwürmern beibrachten, den Weg durch ein einfaches Labyrinth zu finden. Abermals behielten »Köpfe« und »Schwänze« in etwa gleich viel.

Wie ist das möglich? Wie bewahrt sich der Schwanz Lernerinnerungen? Und wenn der Schwanz ein neues Gehirn entwickelt – wie baut er die Erinnerungen darin ein?

Angesichts dieses Rätsels gingen die Wurm-Fans noch einen Schritt weiter. Sie dressierten einen Kopf, K_1, nachdem sie seinen Schwanz, S_1, abgeschnitten hatten; sie ließen K_1 einen neuen Schwanz, S_2, bilden, schnitten ihn ab und ließen ihn einen neuen Kopf, K_2, bilden. Das neue Geschöpf, $K_2 + S_2$, hatte anatomisch kein einziges Organ oder ausgereiftes Gewebe mit dem ursprünglichen $K_1 + S_1$ gemeinsam – und trotzdem hatte es sich einen erheblichen Teil seines Wissens gemerkt. Wie war die Information weitergegeben worden?

23

Die letzten Experimente sind noch surrealistischer. Wie ich erwähnte, werden die Würmer mit einsetzender Geschlechtsreife zu Kannibalen. Bei zwei (noch unveröffentlichten) Versuchen zerkleinerte McConnell dressierte Tiere und gab sie undressierten zu fressen. Die noch der Bestätigung harrenden Ergebnisse weisen offenbar darauf hin, daß die mit den dressierten Tieren gefütterten Kannibalen schneller lernten als die Kontrolltiere, die eine hirnlose Nahrung bekommen hatten.[5] Informatiker reden immer davon, daß Computer und Organismen mit Informationen »gespeist« werden; hier wird die Metapher zu Wirklichkeit.

Da der Plattwurmschwanz ein ebenso gutes Gedächtnis hat wie der Plattwurmkopf, könnte man versucht sein zu glauben, das Gehirn spiele lediglich eine untergeordnete Rolle. Dem ist aber nicht so. Das Gehirn des Tieres ist zwar primitiv, bildet aber trotzdem das Zentrum seines Nervensystems, in dem die sensorischen Impulse von den Augen und Ohren zusammenlaufen und von dem motorische Impulse auf zwei symmetrischen Nervenbahnen und ihren Verzweigungen zu den anderen Teilen des Körpers geleitet werden. Außerdem weisen Versuche von Ernhart überraschenderweise darauf hin, daß zweiköpfige Plattwürmer (die man durch eine relativ einfache Operation erhält) schneller lernen als andere, während Hovey nachwies, daß Tiere, deren Gehirn entfernt wurde, gar nicht lernen können. Wenn das Tier aber dressiert worden ist, genügt der Schwanz, um die Erinnerung an das Gelernte zu bewahren. Man kann daraus nur folgern, daß das Gehirn unerläßlich ist für den *Erwerb*, nicht aber für das *Behalten* von Wissen. Demnach kann das Gedächtnis des Tieres nicht allein in seinem Gehirn und Nervensystem lokalisiert werden; es muß vielmehr durch chemische Veränderungen in Zellen des ganzen Körpers gebildet werden. Professor Ralph Gerard, einer der führenden amerikanischen Neurologen, hat die Theorie aufgestellt, im Kopf des Plattwurms werde das Gedächtnis durch Neuronenschaltkreise bewirkt, im restlichen Körper dagegen durch eine chemische Prägung.

Auch das wurde durch Experimente erhärtet: Man schnitt dressierte Würmer in zwei Hälften und ließ sie in einer Flüssigkeit, die einen chemischen »Gedächtnislöscher« enthielt, zu neuen Organismen heranwachsen. Ergebnis: Die »Köpfe« wurden nicht beeinflußt, aber die »Schwänze« vergaßen alles, was sie gelernt hatten.

Dies ist nun der Punkt, wo der Skandal beginnt und wo der bescheidene Wurm eine unerwartete Bedeutung für eine der grundlegenden Streitfragen unserer Zeit erhält. Nach der orthodoxen Theorie der Genetik diesseits des Eisernen Vorhangs beruht der evolutionäre Fortschritt von der Amöbe zum Menschen einzig und allein auf Zufallsmutationen plus natürlicher Auslese. Die durch Mutationen herbeigeführten Genveränderungen, die die Erblichkeit bestimmen, sind angeblich rein zufällig, und die natürliche Auslese arbeitet angeblich wie eine Art automatische Sortiermaschine, die günstige Mutationen bewahrt und die anderen ausmerzt. Die negative Implikation dieser Theorie liegt darin, daß die Nachkommen nichts, aber auch gar nichts von dem erben, was die Eltern in ihrem Leben erfahren und gelernt haben. Der Erblichkeitsmechanismus ist demnach taub und blind gegenüber den Anforderungen des evolutionären Fortschritts, dem er dient. Die Gene – atomare Einheiten der Vererbung – werden in den Keimzellen in hermetischer Isolation gehalten, vom Rest des elterlichen Körpers getrennt und unverändert von einer Generation an die nächste weitergegeben, mit Ausnahme jener rein zufälligen Mutationen auf dem Roulettrad der Evolution. Generationen kommen und gehen, aber ihre Kämpfe haben keinerlei Einfluß auf die Erbsubstanz der Rasse. Wer auch immer die entgegengesetzte Meinung vertritt – nämlich die Ansicht, es könne eine »Vererbung erworbener Merkmale« geben, die der Evolution einen zielgerichteten Aspekt verleiht –, wird der Lamarckschen Häresie für schuldig befunden und gilt als akademische Null.

Der gutmütige Plattwurm ist beileibe nicht das erste Tier,

das gleichsam eine Bresche in die Grundfesten der Orthodoxie schlägt. Seit ungefähr fünf Jahren werden immer mehr Indizien angehäuft, die nicht in den orthodoxen Rahmen zu passen scheinen; die Planarien sind lediglich die letzten und auffälligsten Erscheinungen auf der Szene. Sie demonstrieren jenseits allen vernünftigen Zweifels die Erblichkeit erworbenen Wissens auf *ungeschlechtlichem* Weg. (Bis heute haben sich die Würmer geweigert, sich in Gefangenschaft geschlechtlich zu vermehren.) Doch selbst das sollte den allgemein geltenden Ansichten über die Mechanismen der Vererbung freilich einen Dämpfer aufsetzen, denn auch ungeschlechtliche Fortpflanzung ist *Fortpflanzung*. Eine englische wissenschaftliche Wochenschrift zollte McConnell und seinen Mitarbeitern kürzlich widerwillig Tribut, machte ihnen aber gleichzeitig Vorwürfe, wiel »die Autoren die Würmer, die sich aus Hälften anderer Würmer regenerieren, bei ihrem Bericht vor der American Psychological Association leider als zweite Generation bezeichnet haben ...,[was] den oberflächlichen Leser zu der Annahme verleiten könnte, das sei ein Beweis für die Erblichkeit erworbener Merkmale«.

Und es ist in der Tat ein Beweis, allen semantischen Ausflüchten zum Trotz. In dem Laboratorium in Ann Arbor lebt heute ein ganzer Stamm von Tigrina, die alle von einem einzigen Individuum abstammen. Ob man diese fünf oder sechs Grade vom elterlichen Körper entfernten Tiere als »Generationen« oder »Regenerationen« bezeichnet, ändert nichts an der Tatsache, daß alles, was sie mit jenem elterlichen Körper gemeinsam haben, eine auf biochemischen Weg ererbte Blaupause ist, die von spezialisierten »Regenerationszellen« – dem ungeschlechtlichen Äquivalent von Spermium und Ovum – weitergegeben wurde. Die Regenerationszellen (die auch »Embryozellen« oder »formative Zellen« genannt werden), sind im Parenchym, dem lockeren Grundgewebe der Plattwürmer zwischen den Muskeln und den inneren Organen, verstreut. Wenn ein Wurm in zwei – oder sechs – Teile geschnitten wird und alle diese Teile die komplexen Organe des ganzen Individuums entwickeln, haben wir es mit einem Prozeß zu tun, der der embryonalen Entwicklung ähnelt. Die Regenerationszellen, die für diese Entwicklung verantwortlich sind, müssen eine chemische Blaupause des ganzen Tiers enthalten, genau wie die Keimzellen bei der geschlechtlichen Entwicklung (wobei die Einzelheiten des chemischen Mechanismus erheblich voneinander abweichen können). Die entscheidende Tatsache liegt darin, daß die Blaupausen *Spuren von Erinnerungen und Wissen enthalten, die das Stammtier im Laufe seines Lebens erworben hat,* und daß diese erworbenen Merkmale in Gehirn und Nervensystem des neuen Tieres eingebaut werden. Die Unterschiede zwischen geschlechtlicher und ungeschlechtlicher Fortpflanzung sind zahlreich, ändern aber nichts an dieser grundlegenden Tatsache.

Besonders bedeutsam ist in dieser Hinsicht das weiter oben erwähnte »Löschexperiment«. Hier wird die Materie schwierig, und ich muß sehr vereinfachen. Eine der beiden hochkomplizierten »blaupausenden« Substanzen ist die Desoxyribonucleinsäure oder DNS. Sie kann von einer anderen Substanz, der Desoxyribonuclease oder DNASE, einem Spaltprodukt der DNS, aufgespalten werden. Die DNASE wurde als Gedächtnislöscher benutzt. Würmer, die sich in starken DNASE-Lösungen regenerieren mußten, wuchsen oft zu Ungeheuern ohne Augen oder Kopf heran, ein Beweis, daß der Löscher das chemisch kodierte Vererbungspotential störte. Sehr schwache DNASE-Lösungen verzögerten jedoch nur den Regenerationsprozeß ohne sichtbare schädliche Begleiterscheinungen – außer daß sie die chemisch gespeicherten Erinnerungen an erworbenem Wissen löschten. Es war eine elegante Methode, um zu beweisen, daß die Erinnerungen in die Blaupause eingefügt worden waren; als neueste und »versuchsweise« Zusätze zum Erbgut wurden sie zuerst gelöscht.

Die Plattwurm-Studien sind relativ jungen Datums und werden im Augenblick von Wissenschaftlern mehrerer

Universitäten nachvollzogen und weitergeführt. Die von mir beschriebenen Ergebnisse werden wahrscheinlich in verschiedenen Einzelheiten modifiziert und neu interpretiert werden, aber die grundlegende Erkenntnis von der Weitergabe erworbener Erfahrungen auf dem Wege ungeschlechtlicher Vererbung unterliegt keinem Zweifel mehr. Die Weitergabe durch geschlechtliche Vererbung wird von der orthodoxen Wissenschaft dagegen noch leidenschaftlich verneint. Das verlockt zu dem geradezu perversen und paradoxen Schluß, daß den niedrigeren Lebewesen ein unvergleichlich *wirksamerer* evolutionärer Mechanismus zur Verfügung steht als den höheren. Wenn das aber zuträfe, würden die Vorteile der geschlechtlichen Fortpflanzung – größere individuelle Vielfalt – mehr als aufgewogen durch den gewaltigen Nachteil, daß erworbene Fertigkeiten und Kenntnisse nicht von einer Generation an die nächste weitergegeben werden können. Die Lebewesen, die sich durch Teilung vermehren, würden durch den Prozeß der natürlichen Auslese bald die Oberhand über die geschlechtlich orientierten Lebewesen gewinnen, die Sexualität würde mehr Schaden als Nutzen bringen, und wir würden uns bald alle durch Knospung vermehren.

T. H. Morrill schreibt in seiner ausgezeichneten Abhandlung über »Darwins vergessene Theorien«, erschienen in obengenanntem Plattwurm-Digest, daß die gegenwärtige »überwältigende Vorliebe für umweltbedingte Auslese vererbbarer Zufälle« womöglich auf eine unserer extravertierten und »zufallsanfälligen Kultur« immanente Neigung zurückgeht, die »ihre Mitglieder veranlaßt, eine solche unlogische Logik im Universum zu suchen«. Er zitiert die orthodoxe Lehrmeinung, nach der die Vererbung nur geändert werden könne durch »hohe Temperaturen und energetische Strahlungen, die das molekulare Chaos intensivieren« (Muller), und vergleicht sie mit den Ansichten, die der alternde Darwin in *Die Abstammung des Menschen und die geschlechtliche Zuchtwahl* ausdrückte: »Die Geburt sowohl der Spezies als auch des Individuums gehören gleichermaßen zu jener großartigen Folge von Ereignissen, die unser Geist einfach nicht als Ergebnis blinden Zufalls akzeptieren kann.« Angesichts der neodarwinistischen Orthodoxie unserer Zeit würde es dem alten Mann nicht besser ergehen als dem wiedergekehrten Geist in Dostojewskijs *Legende vom Großinquisitor.* Um noch einmal auf den Plattwurm-Digest zurückzukommen: »Die späteren Theorien Darwins sind im Grunde der letzte Ausdruck, den die westliche Wissenschaft jenen alten, sehnsüchtigen Träumen des Menschen gegeben hat – daß das Leben in seinem innersten Wesen, jenseits des Elends, des Schmutzes und der Katastrophen dieser Erde ein ›Streben nach einem Ziel, ein großer Kreislauf und eine sichere Heimkehr‹ ist.«

3. Pionier in der Tabuzone[6]

»Eines Morgens im Juni 1926 stand Dr. Rhine plötzlich in Cambridge, Massachusetts, an meiner Tür«, berichtet Professor William McDougall in seinem Vorwort zu Rhines erstem Buch, *Extra Sensory Perception.* Der junge Dr. Joseph Banks Rhine und seine Frau, Dr. Louisa Rhine, beide Universitätsdozenten für Biologie, hatten »ihre Boote verbrannt, ihre Karriere aufgegeben und sich der parapsychologischen Forschung zugewandt ... Sie waren Wissenschaftler ohne Hilfsmittel von Wert außer ihren Verdiensten. Ich war voller Bewunderung und böser Ahnungen. Ihre Handlungsweise erschien mir großartig impulsiv.«

Beides, Bewunderung und böse Ahnungen, erwies sich als berechtigt. Ein Jahr nach jenem Junimorgen waren die Rhines festangestellte Forscher für Parapsychologie an der Duke University in North Carolina, wo McDougall der psychologischen Fakultät vorstand. Es bedurfte aber weiterer sieben Jahre, ehe Rhine, inzwischen außerordentlicher Professor, offiziell sein »Parapsychologisches Laboratorium« einrichten durfte. Das war ein Ereignis von großer symbolischer Bedeutung: Die Forschung in der Tabuzone von Telepathie und Hellsehen hatte zum ersten Mal akademische Weihen erhalten.

Rhine und seine Mitarbeiter führten strenge wissenschaftliche Methoden in die Untersuchung dieser schwer faßbaren Phänomene ein. Die verbreitete Vorstellung vom parapsychischen Forscher als unkritischem Leichtgläubigen und bequemer Beute für betrügerische Medien war zum Anachronismus geworden. Die von Rhine begründete neue Schule der Parapsychologie hat in ihrer fast fanatischen Hinwendung zur statistischen Methode, mathematischen Analyse und mechanisierten Kontrolle die Akzente auf das entgegengesetzte Extrem verlagert. Die Karten- und Würfelexperimente, die in Millionen von Versuchen mit Tausenden von zufällig ausgewählten Personen wiederholt werden – oft ganze Schulklassen, die keine Ahnung haben, um was es in dem Experiment geht –, die immer komplizierter werdenden technischen Apparaturen, mit deren Hilfe Karten gemischt, Würfel geworfen, zufällige Anordnungen erzielt, Protokollaufzeichnungen und was sonst noch immer gemacht werden, haben die Erforschung der außersinnlichen Wahrnehmungen (ASW) in eine empirische Wissenschaft verwandelt, die ebenso nüchtern, sachlich und nur allzuoft so eintönig ist wie die Untersuchung des Lernverhaltens von Ratten in einem Labyrinth oder das Sezieren von Generationen von Plattwürmern.

Schon die von Rhine geprägten bzw. verwendeten Begriffe – ASW, Psi-Effekt, Absinkungseffekt, Verstärkung, BM (blind matching), BT (basic theory), SO (stimulus object), STM (screen touch match) usw. – sind charakteristisch für die keimfreie Atmosphäre in modernen ASW-Laboratorien. Dieser »new look« der Parapsychologie spiegelt die vorherrschende Tendenz in der Forschung im allgemeinen wider. Er enthält jedoch auch einen Teil Rückversicherung, um Verdächtigungen auszuräumen und Skeptikern auf ihrem eigenen empirisch-statistischen Boden entgegenzutreten.

Im ganzen gesehen, erwies sich dieser nüchterne, funktionelle Ansatz als erfolgreich. Nicht nur mehrere Universitäten, sondern auch so konservative Körperschaften wie die Royal Society of Medicine, die American Philosophical Association, die Rockefeller, Fulbright und Ciba Foundation haben von da an Vorträge und Symposien über Parapsychologie organisiert. Doch die Mehrheit der akademischen Psychologen blieb ihr gegenüber feindlich eingestellt, obwohl die wahren Bahnbrecher Telepathie und verwandte Phänomene immer für existent gehalten haben – von Charcot und Richet über William James bis zu Freud und C. G. Jung. Freud glaubte, daß die Telepathie in die Beziehungen zwischen Psychoanalytiker und Patient hineinwirke, und Jung hat für dieses alte Phänomen einen neuen Begriff geprägt: *Synchronizität*. Jedoch, diese Männer gehörten einer umgänglicheren Generation an und formulierten ihre Schlußfolgerungen, ehe Rhine die Parapsychologie aufs Tapet brachte; unter den jüngeren Leuchten ist die Haltung von Hans Jürgen Eysenck bedeutsam. Professor Eysenck ist Inhaber des Lehrstuhls für Psychologie und Leiter der Abteilung Psychologie an den Maudsley and Bethlem Royal Hospitals. Wer seine Arbeit kennt, wird ihm kaum Mangel an Skepsis oder übertriebenen Respekt vorwerfen. Seine Zusammenfassung zum Problem der Telepathie verlangt einige Aufmerksamkeit:

Wenn es nicht eine gigantische Verschwörung gibt, an der ungefähr dreißig Universitätsinstitute in der ganzen Welt beteiligt sind und mehrere hundert hochgeachtete Wissenschaftler verschiedener Disziplinen (von denen viele ursprünglich den Behauptungen der Parapsychologen ablehnend gegenüberstanden), bleibt nur noch die Schlußfolgerung für den vorurteilslosen Beobachter übrig, daß es eine kleine Anzahl von Menschen geben muß, die Informationen über die psychischen Inhalte anderer Menschen oder über äußere Sachverhalte auf Wegen erhalten, die der Wissenschaft noch unbekannt sind. Dies sollte allerdings nicht als Unterstützung von Vorstellungen wie »Weiterleben nach dem Tod«, »philosophischer Idealismus« oder irgend etwas anderes interpretiert werden.

In gewissem Sinn kann deshalb gesagt werden, daß Rhines Pionierarbeit Erfolg hatte. Aber die Medaille hat auch eine Kehrseite; dessen wurde ich mir in den drei Tagen, die ich an der Duke University verbrachte, schmerzhaft bewußt. Ich mochte diese mittelgroße, schmucke und moderne Universität, die ein Tabakmillionär im waldreichen Carolina gegründet hatte, und mir waren die Rhines und Professor J. G. Pratt, ihr engster Mitarbeiter in den letzten dreißig Jahren, sofort sympathisch. Rhines stämmige Gestalt, sein rundes, offenes Gesicht, seine Geradheit und Aufrichtigkeit ließen mich sofort an einen Holzfäller denken, und sein Lieblingshobby besteht in der Tat darin, mit der Axt in der Hand in den Wald zu gehen und einen Baum zu fällen. Und doch wurde ich bei meinem Aufenthalt dort das Gefühl nicht los, daß diese bewundernswerten Menschen unter einer dunklen Wolke leben, sich an ihren Schatten gewöhnt haben und sie als unvermeidlich hinnehmen.

Wenn ausländische Gäste zur Duke University kommen – und ihr Strom reißt nicht ab –, dann kommen sie allein deshalb, um das Laboratorium für Parapsychologie zu besuchen, wie zahllose Pilger nach Prado fuhren, um Pablo Casals zu hören. Doch den Studenten ist Rhines Arbeit praktisch unbekannt, was offenbar in erster Linie darauf zurückzuführen ist, daß ihre Lehrer ihnen abraten, sich damit zu beschäftigen. Die Mitglieder der anderen Fakultäten sind nach wie vor der Meinung, Parapsychologen machten sich in einer Tabuzone zu schaffen. Es wäre übertrieben, wenn man sagte, die Rhines seien verfemt; aber sie sind isoliert, und damit scheinen sie sich resigniert abgefunden zu haben.

Ebenso resigniert scheinen sie sich mit den regelmäßig wiederkehrenden Verleumdungskampagnen abgefunden zu haben, die alle zwei oder drei Jahre über sie hereinbrechen. Die Kritiker lassen sich in zwei Hauptkategorien einordnen: Die erste Gruppe könnte man die »unersättlichen Perfektionisten« nennen, die vor allem die früher üblichen Praktiken der ASW-Forschung angreifen, bei denen die Kontrolle der Experimente weniger streng war als heute. Die zweite Gruppe, die der »Aprioristen«, argumentiert, daß ASW eine höchst unwahrscheinliche Hypothese sei; daß die Betrugshypothese leichter in den anerkannten Rahmen der Wissenschaft passe; und daß darum im Sinne von Occams Rasiermesserprinzip (»Man darf die Zahl der zu erforschenden Gegenstände nicht ohne Not vermehren«) die Betrugshypothese angenommen werden muß. Gewöhnlich fügen sie hinzu: »Wir wollen niemanden persönlich beleidigen; es handelt sich nur um eine Frage der Logik.«

Um nochmals Professor Eysenck zu zitieren: »Die bloße Möglichkeit von außersinnlicher Wahrnehmung oder Psychokinese scheint nicht mit der heutigen wissenschaftlichen Logik vereinbar zu sein, und viele Leute haben bereits einen erheblichen Widerwillen gezeigt, die Indizien, die für diese angeblichen Fähigkeiten präsentiert wurden, auch nur zu betrachten... Wissenschaftler sind ebenso gewöhnliche, dickköpfige und unvernünftige Wesen wie irgendwer sonst – vor allem, wenn sie das besondere Gebiet, auf das sie sich spezialisiert haben, verlassen –, und ihre außerordentlich hohe Intelligenz macht ihre Vorurteile nur um so gefährlicher.«

Ich habe den ersten Aufsatz dieser Reihe mit der Bemerkung eingeleitet, die Epoche der entmenschlichten Psychologie nähere sich ihrem Ende, und die Schule vom »Menschen als Maschine« trage nur noch Rückzugsgefechte aus. Einige Freunde haben eingewandt, ich sei zu optimistisch, aber das glaube ich nicht.

Die kämpfende Nachhut sitzt zweifellos noch fest auf ihren Universitätslehrstühlen, in den Redaktionen der Fachzeitschriften und anderen Machtzentren. In der Zeit des Niedergangs der Scholastik nahmen die orthodoxen Aristoteliker ähnliche Schlüsselpositionen ein. Indem sie sich an ein Ideengebäude klammerten, das zu seiner Zeit progressiv gewesen war, und indem sie diese Ideen zu einem absurden Extrem führten, offenbarten sie jedoch die Unsinnigkeit der darauf beruhenden Lehrsätze und beschleunigten den Untergang der Orthodoxie. »Sie sind Diener der Narrheit« erklärte Erasmus von Rotterdam, als er die sterile Pedanterie und den grotesken akademischen Jargon seiner Zeit verurteilte. Man fragt sich unwillkürlich, was er wohl heute zu der Definition menschlicher Wesen als »bedürfnisbefriedigende, zielverwirklichende Einheiten« (so steht es im Buch eines Professors der Sozialwissenschaften mit dem Titel *Understanding Organizational Behaviour*) sagen würde; oder zu einem Werk über Säuglingspflege, in dem das Kapitel über Bauchweh »Irrelevante Verhaltensmuster« heißt; oder zu Feststellungen einiger angesehener Neurologen bei einem Symposion über »Gehirnmechanismen und Bewußtsein«, wie zum Beispiel: »Die Existenz eines Phänomens, das Bewußtsein heißt, ist eine ehrwürdige *Hypothese,* keine Tatsache, nichts unmittelbar zu Beobachtendes«, oder: »Obwohl wir nicht ohne den Begriff des Bewußtseins auskommen können, gibt es etwas Derartiges in Wahrheit nicht.« In meinen Ohren klingen noch ähnliche Weisheiten wider, die ich bei Diskussionen an vier amerikanischen Universitäten zu hören bekam. Trotz alledem glaube ich, daß sich diese Epoche ihrem Ende nähert und daß bereits die Fundamente zu einer neuen Ära der Erforschung des Geistes gelegt sind. Einige der Ansätze, die ich erwähnt habe, sind für sich genommen zwar noch zaghaft und nicht schlüssig, aber in ihrer Gesamtheit scheinen sie mir symptomatisch zu sein für den neuen Trend.

Desillusionierung und Langweile gehören zu den sicheren Anzeichen dafür, daß eine einseitige wissenschaftliche Schule in eine Sackgasse geraten ist. Orthodoxe Systeme werden selten durch einen einzigen Geniestreich zu Fall gebracht. In meiner Zeit als Wissenschaftsredakteur fiel mir auf, daß Besserwisser immer wieder auf das Beispiel Galilei und die Inquisition verwiesen. Sie waren sich nicht darüber klar, daß der Zusammenbruch der mittelalterlichen Philosophe nicht durch Galileis angeblichen Ausruf »Und sie bewegt sich doch«, sondern durch die Tatsache bewirkt wurde, daß diese Philosophie sich selbst ad absurdum geführt hatte.

Etwas Ähnliches scheint mit der heutigen orthodoxen Ansicht über das Wesen des Menschen zu geschehen. Die Doktrinen, auf denen sie beruht und deren fehlerhafte Grundpfeiler langsam sichtbar werden, lassen sich vereinfacht so zusammenfassen: Die biologische Evolution ist das Ergebnis wahlloser, durch die natürliche Auslese bewahrter Mutationen; die geistige Evolution ist das Ergebnis wahlloser, durch »Verstärkungen« bewahrter Versuche; der Mensch ist ein sich selbstregulierender, passiver Automat, dessen Handeln darin besteht, per Anpassung auf Umweltreize zu reagieren.

Wie hat doch einmal jemand – ich glaube, es war Freud – gesagt: »Letzten Endes besteht die wirksamste Anpassung des Organismus an seine Umwelt darin, zu sterben.« Doch selbst der bescheidene, in sechs Stücke geschnittene Wurm weiß es besser.

Mittelalter in der Psychologie

In den letzten fünfzig Jahren war die vorherrschende Richtung in der reinen Psychologie eine Pseudowissenschaft namens Behaviorismus – zu deutsch Verhaltenslehre oder Verhaltenswissenschaft. Als ihr Begründer gilt John B. Watson, Professor an der John-Hopkins-Universität in Baltimore. In seiner ersten, 1913 veröffentlichen Arbeit verkündete Watson: »Die Zeit ist gekommen, da sich die Psychologie von jeder Bezugnahme auf das Bewußtsein freimachen muß ... Ihre einzige Aufgabe ist die Voraussage und Kontrolle von Verhaltensweisen; Introspektion kann nicht Bestandteil ihrer Methodik sein.« Unter »Verhaltensweise« verstand Watson beobachtbares Tun – das, was der Naturwissenschaftler als »öffentliches Geschehen« bezeichnet. Da alles geistige Geschehen persönliches Geschehen ist, das nur durch introspektive Aussagen »veröffentlicht« werden kann, mußte es aus dem Bereich der Psychologie ausgeschlossen werden. Dementsprechend wurden Ausdrücke wie »Bewußtsein«, »Empfindung«, »Vorstellung« und »Zweck« für unzulässig erklärt und aus dem Wortschatz verbannt.

Wenn man in der *Encyclopaedia Britannica* von 1955 den Artikel über Behaviorismus aufschlägt, findet man ein fünf Spalten umfassendes Loblied auf Watson. Seine Bücher, so steht dort zu lesen, »erweisen, daß es möglich ist, einen adäquaten, umfassenden Bericht über menschliches und tierisches Verhalten zu schreiben, ohne den philosophischen Begriff ›Geist‹ oder ›Bewußtsein‹ zu verwenden«. Da nur wenige Menschen – einschließlich der Behavioristen – Watson selbst gelesen haben, möchte ich als Beispiel seine Ansichten über künstlerisches Schöpfertum anführen. Das zehnte Kapitel von Watsons Lehrbuch *Behaviorismus* trägt den Titel »Sprechen und Denken« sowie einen langen Untertitel folgenden Wortlauts: »Sprechen und Denken – die, wenn richtig verstanden, viel dazu beitragen, die Fiktion zu zerstören, daß es so etwas wie ›geistiges‹ Leben gibt.« Aber wie kommt es, daß Bücher geschrieben werden, wenn es so etwas wie geistiges Leben überhaupt nicht gibt? Watson antwortet darauf folgendermaßen:

Eine oft gestellte folgerichtige Frage lautet: Wie erhalten wir jemals neue Sprachschöpfungen wie zum Beispiel ein Gedicht oder einen brillanten Aufsatz? Die Antwort lautet: durch Manipulieren mit Wörtern, indem wir diese so lange hin- und herschieben, bis wir auf ein neues Muster stoßen ... Wie schafft denn Patou ein neues Kleid? Hat er irgendeine »innere Vorstellung« davon, wie das fertige Kleid aussehen wird? Nein ... Er läßt sein Modell kommen, nimmt ein neues Stück Seidenstoff zur Hand, legt es um das Mädchen, steckt es an einer Stelle ein, bauscht es an einer andern auf ... Er zieht den Stoff zurecht, bis er die Form eines Kleidungsstückes erhält ... Der Maler übt seinen Beruf auf die gleiche Weise aus, und auch der Dichter kann sich keiner andern Methode rühmen.

Das Stichwort heißt »Manipulieren«. Watson definiert es als »eine instinktive Neigung, die manchmal überhöht wird, indem man sie als Schöpfertum bezeichnet«. Er erklärt, wie sie sich bei Kindern und Ratten manifestiert. Kinder neigen dazu, »nach Dingen zu greifen, sie auf dem Boden herumzuziehen, sie aufzuheben, in den Mund zu stecken, sie auf den Boden zu werfen« usw. Eine Ratte, die man in ein Labyrinth setzt, läuft hin und her, sie betätigt aufs Geratewohl ihre Beine, bis sie zum Futter gelangt, wie Patou die Seide handhabt, bis er ein neues Modell hat; ebenso geht der Dichter oder Schriftsteller mit Wörtern um, bis er auf eine Anordnung »stößt«. In dem Augenblick, da dies erreicht ist, wirkt der Anreiz, »Bewunderung und Lob zu finden«, nicht mehr, und das Manipulieren ist zu Ende – »wie bei der Ratte, die das Futter gefunden hat«, meint

Watson. Das ist es, was die *Encyclopaedia Britannica* eine »adäquate, umfassende« Schilderung der Entstehung des *Hamlet* oder der Sixtinischen Kapelle nennt.

Leider ist der Watsonsche Behaviorismus keine historische Kuriosität, sondern die Grundlage, auf der die differenzierteren und unermeßlich einflußreichen Systeme von Neo-Behavioristen wie Professor Guthrie, Clark Hull und Skinner aufbauen. Die offenkundigeren Absurditäten Watsons sind vergessen oder werden übergangen, aber die Philosphie des Behaviorismus ist die gleiche geblieben.

Ich habe den Behaviorismus als Pseudowissenschaft bezeichnet, weil er ein Anachronismus ist, der auf den inzwischen von allen andern Wissenschaftszweigen – von der Physik bis zur Biologie – längs aufgegeben primitiven mechanistischen Vorstellungen des 19. Jahrhunderts beruht. Seine Grundthese lautet, daß sich alle Handlungen von Tieren und Menschen in elementare Bestandteile zerlegen lassen, in »Verhaltensatome«, die man als bedingte Reflexe oder Reiz-Reaktion-Einheiten bezeichnet. So wird im neuesten amerikanischen College-Lehrbuch[1], das von einem erlauchten Professorenkollegium verfaßt wurde und mir zufällig in die Hände fiel, wiederum dogmatisch behauptet, daß jedes komplizierte Tun, wie etwa das Abfassen eines Gedichts oder das Führen einer Unterhaltung, aus der »Verkettung« einer linearen Abfolge von Reiz-Reaktions-Einheiten bestehe. Zur Erläuterung gibt das Lehrbuch folgendes Beispiel eines Gesprächs:

Er: »Wie spät ist es?«
Sie: »Zwölf Uhr.«
Er: »Danke schön.«
Sie: »Bitte sehr.«
Er: »Wollen wir essen gehen?«
Sie: »Gern.«

Der Verfasser dieser Passage, Leiter der Abteilung für Psychologie an einem bekannte College, kommentiert das Gespräch folgendermaßen:

Diese Unterhaltung kann in einzelne Reiz-Reaktions-Einheiten zerlegt werden. »Er« äußert die erste Reaktion, wahrscheinlich infolge des Reizes, der von »ihrem« Anblick ausgeht. Wenn »Er« das wirkende »Wie spät ist es?« äußert, erzeugt die Muskeltätigkeit natürlich Laute, die jetzt einen Reiz auf »Sie« ausüben. Nach Eintreffen des Reizes äußert »Sie« ihrerseits einen Wirkfaktor, »Zwölf Uhr«, der wiederum für »ihn« ein Reiz ist, usw ...

Als ich diesen Text las, sah ich vor meinem inneren Augen zwei stramme Münzautomaten einander auf dem Gelände des College gegenüberstehen, sich gegenseitig mit »Reizmünzen« füttern und entsprechende Reaktionen von sich geben. Und genauso sieht der Behaviorist den Menschen.

Man verstehe mich nicht falsch. Mein Einwand gegen diese behavioristische Vorstellung hat nichts mit der alten Frage zu tun, ob der Mensch ein »Automat« in dem Sinn ist, daß er Naturgesetzen unterliegt, die sein Tun bestimmen – oder ob ihm eine gewisse Entscheidungsfreiheit gegeben ist. Ich kann nicht beurteilen, ob in meinem Schädel eine aus Gewebe zusammengesetzte Rechenmaschine oder eine Maschine und noch etwas sitzt. Persönlich glaube ich zwar, daß noch etwas vorhanden ist, aber beweisen kann ich es nicht, und zudem hat es mit unserem Thema auch gar nichts zu tun. Ich sage nicht, es sei von den Behavioristen falsch, den Menschen als Maschine zu sehen. Ich behaupte nur, daß die von ihnen postulierte Maschine nach beweisbar falschen Grundsätzen gebaut ist.

Nehmen wir ein ganz klares Beipiel: Wenn ich einen Vortrag halte, knüpfe ich nach dem eben zitierten Lehrbuch eine Reiz-Reaktions-Kette, in der jedes geäußerte Wort als Reiz wirkt, der das nächste Wort hervorruft. In Wirklichkeit ist es ganz anders. Ich lege zunächst das Grundthema fest, stelle dann provisorisch die zu behandelnden Einzelthemen zusammen und arbeite darauf jedes dieser Themen präziser aus; die Wahl und Verwendung einzelner Sätze und Wörter kommt ganz zuletzt. Dieser Vorgang läßt sich mit dem Werden eines Baumes vergleichen: Aus dem Stamm gehen die Äste und aus diesen wiederum die Zweige hervor – nicht aber mit dem Auffädeln einer Perlenkette oder dem Winden einer Blumengirlande. Und wenn der Zuhörer am Tag nach dem Vortrag noch einiges von dem weiß, was ich gesagt habe, dann erinnert er sich bestimmt nicht des genauen Wortlauts, sondern nur des Sinnes und vielleicht meines eigenartigen Akzents. Die Wörter selbst, die sogenannten Grundelemente meines Verbalverhaltens, können weitgehend durch andere Elemente ersetzt werden, ohne daß sich die Bedeutung sehr verändert. Wenn man also dem Schema der Verhaltenslehre folgt und diesen komplexen Vorgang in seine elementaren Verhaltenselemente zerlegt, erfährt man praktisch nichts von Bedeutung, so, wie die Untersuchung von Ziegelsteinen und Mörtel nichts über die Art eines Gebäudes aussagt. Und doch bestand in den letzten fünfzig Jahren ein Großteil der in den psychologischen Fakultäten geleisteten Arbeit in der Analyse von Ziegelsteinen und Mörtel, in der Hoffnung, daß man durch geduldiges Bemühen eines Tages erfahren würde, wie eine Kathedrale aussieht.

Komplexe Handlungen sind also nicht, wie es die Behavioristen postulieren, bloße Verkettungen von Reiz-Reaktions-Einheiten; sie entfalten sich vielmehr so, wie ein Baum wächst oder wie eine militärische Operation vonstatten geht: Zuerst wird im Hauptquartier die allgemeine Strategie festgelegt, dann werden in den unteren Rängen der Hierarchie nach und nach die technischen Einzelheiten eingefügt. Dieser Vergleich gilt nicht nur für komplizierte Tätigkeiten wie das Schreiben eines Essays; das Prinzip der hierarchischen Organisation, bei der das Ganze die ihm untergeordneten Teile und diese wiederum ihre untergeordneten Teile kontrollieren, findet sich überall in der belebten Natur. Ein Automobil wird auf dem Montageband Stück für Stück zusammengesetzt (obgleich es auch hier einen Gesamtplan gibt) – ein Embryo dagegen entwickelt sich aus einer einzigen befruchteten Zelle, die den Bauplan des Ganzen enthält, und differenziert sich in aufeinanderfolgenden Stadien immer mehr, wobei jeweils weitere Details der Feinstruktur eingefügt werden. Um zu Watsons Beispiel zurückzukehren: Ehe Patou sein Mannequin kommen ließ, hatte er das neue Kleid natürlich schon auf Papier oder im Geist skizziert; das Manipulieren mit der Seide kam erst hinterher und diente dazu, die Details festzulegen. Ein Pianist in einem Nachtklub scheint dem behavioristischen Verhaltensschema zu folgen, wenn er mechanisch eine Melodie herunterklimpert – aber es scheint wirklich nur so; denn er kann dieselbe Melodie in eine andere Tonart transponieren, so daß die Töne und ihre Intervalle eine andere Reiz-Reaktions-Kette bilden: Er hat nicht eine lineare Abfolge von Tönen gelernt, sondern eine Klangstruktur.

Dieselben Erwägungen gelten auch für das beliebteste Studienobjekt des Experimentalpsychologen, für die Albinoratte. Man kann kaum eine psychologische Forschungsstation besuchen, ohne eine Ratte in einer sogenannten Skinner-Box zu sehen, eine Einrichtung, die in den dreißiger Jahren unseres Jahrhunderts von dem an der Harvard-Universität tätigen Professor gleichen Namens entwickelt wurde. In der Kiste befinden sich ein Futtertrog, eine Glühbirne und ein Pedal, das wie der Hebel eines Münzautomaten heruntergedrückt werden kann. Wenn die Ratte es mit den Vorderbeinen niederdrückt, fällt ein Futterkügelchen in den Trog. Dieses Versuchsverfahren wird als »instrumentales Konditionieren« bezeichnet, weil die Ratte auf ihre Umwelt »einwirkt«, während bei dem sogenannten »klassischen Konditionieren« nach der von Pawlow entwickelten Methode der Hund so festgeschnallt ist, daß er sich nicht bewegen kann. Der Versuchskäfig soll es den Forschern ermöglichen, mittels quantitativer Methoden Verhaltensweise zu messen. Man zählt, wie oft die Ratte in einem bestimmten Zeitabschnitt den Hebel betätigt, trägt diese Zahl in ein Diagramm ein und betrachtet sie als Maß für die »Wirkleistung«.

Pawlow hat die Zahl der Speicheltropfen gezählt, die seine Hunde durch ihre künstlichen Speicheldrüsen ausschieden, und daraus eine Philosophie des Menschen zusammengebraut, die sogar für amerikanische Behavioristen allzu simpel ist; die Professoren Skinner und Hull und ihre Schüler machten von derartigen Experimenten mit Ratten im Käfig den kühnen Sprung zum Menschen. Die beiden bekanntesten Bücher Skinners sind *The Behaviour of Organisms* und *Science and Human Behaviour* (dt. Titel: *Wissenschaft und menschliches Verhalten*). Diese wohlklingenden Titel lassen in keiner Weise erkennen, daß die in den Büchern enthaltenen Angaben hauptsächlich aus Konditionierungsversuchen mit Ratten und Tauben hergeleitet sind – die der Autor mittels primitiver Analogien in selbstsichere Behauptungen über die politischen, religiösen und ethischen Probleme der menschlichen Gesellschaft umwandelte.

Früher neigten die Naturforscher zum Anthropomorphismus, das heißt, sie schrieben den Tieren menschenähnliche Verstandeskräfte und Empfindungen zu. 1894 postulierte Lloyd Morgan ein Prinzip, das zu einer Art elften Gebots für Psychologen und als »Lloyd-Morgan-Regel« bekannt wurde. Sie besagt, daß man zur Deutung der Reaktionen eines Tieres nicht auf geistige Prozesse des Menschen zurückgreifen dürfe, wenn sich die Reaktion durch einfachere Prozesse auf niederer Stufe erklären lasse. Die Verhaltenswissenschaft hat dieses Prinzip auf den Kopf gestellt. Sie lehnt es ab, dem Menschen geistige Prozesse zuzuerkennen, die nicht auch bei niederen Tieren nachgewiesen werden können. Mit andern Worten: Die Behavioristen haben das anthropomorphistische Rattenbild durch das rattomorphistische Menschenbild ersetzt.

Um das Bild zu vervollständigen, sei erwähnt, daß Professor Skinner noch einen anderen »Käfig« erfunden hat, einen arbeitsparenden, mit Klimaanlage, chemischen Vorkehrungen und einer Glaswand versehenen Kasten, in dem nach seiner Empfehlung Säuglinge den größten Teil ihres ersten Lebensjahrs verbringen sollten. Der Säugling im Kasten ist nackt, braucht nicht von Erwachsenen beaufsichtigt zu werden, und Windeln sind überflüssig. Skinner hat diese Methode sogar an einer seiner Töchter ausprobiert, und mehrere hundert amerikanische Ehepaare sind seinem Beispiel gefolgt. Außerdem stammt von ihm die automatische Lernmaschine: In einem Schlitz erscheint eine Reihe von Fragen, der Schüler stanzt seine Antworten auf einen Streifen und kann durch Prüfung des Streifens seinen Lernfortschritt beurteilen.

Diese beiden Erfindungen sind nicht ganz so widersinnig, wie es den Anschein haben mag, aber ich kann hier nicht auf ihre Vorzüge und Mängel eingehen. Es tut mir leid, Professor Skinner kritisieren zu müssen – er ist eine Seele von einem Menschen, eine Art rattomorphistischer Idealist, aber leider vertreten er und seine Schule in extremer Form jene Tendenz, die auf die Entmenschlichung des Menschen hinausläuft. Sie haben sogar der Psychologie, unter der man einst die Wissenschaft vom Seelenleben und den Bewußtseinsvorgängen verstand, einen neuen Namen gegeben: eben »Behaviorismus«, Verhaltenswissenschaft. Diese Umbenennung war ein demonstrativer Akt semantischer Selbstkastrierung; auf der gleichen Linie liegt Skinners Bezeichnung der Erziehung als »Organisierung des Verhaltens«. Zu Recht hat Sir Cyril Burt geschrieben: »Ein zynischer Betrachter könnte versucht sein zu sagen, daß die Psychologie, nachdem sie zuerst ihre Seele verschachert und dann den Verstand verloren hat, jetzt, da ihr ein vorzeitiges Ende droht, jegliches Bewußtsein eingebüßt zu haben scheint.«

Das von mir im Vorstehenden Gesagte ist nicht übertrieben, wohl aber einseitig. Der Behaviorismus war während des »finsteren Mittelalters« in der Psychologie tonangebend, und auch heute noch blüht er in den Hainen des Akademos, aber nie wurde ihm allein das ganze Feld überlassen. Es hat ja immer Rufer in der Wüste gegeben, einzelne Vertreter der älteren Generation wie der oben zitierte Cyril Burt oder Woodworth und seine Schule in den Vereinigten Staaten. Vor allem aber ist die Gestaltpsychologie zu erwähnen, die einige Jahrzehnte lang dem Behaviorismus ernsthaft Konkurrenz gemacht hat. Und schließlich ist heute eine neue Generation brillanter junger Neurophysiologen und Informationstheoretiker tätig, die die Reiz-Reaktions-Psychologie als veraltet betrachten, sie aber zum Schein akzeptieren und ihren Jargon verwenden müssen, wenn sie vorwärtskommen wollen.

Das historische Verdienst der Gestaltpsychologie war es, aufgezeigt zu haben, daß der Organismus ein funktionelles Ganzes und damit mehr als die Summe seiner einzelnen Teile ist. Sie verwarf die automistische Einstellung des Behaviorismus und erhob die Forderung, die Psychologie müsse sich auf die »Gestalt«, den Ganzheitsaspekt konzentrieren, anstatt nach illusorischen Verhaltenseinheiten oder -elementen zu suchen. Die heftigsten Kämpfe wurden auf dem Gebiet der Lerntheorie ausgetragen. Nach der Lehre des Behaviorismus erfolgt alles Lernen nach dem Prinzip von Versuch und Irrtum (»Lernen am Erfolg«). Die richtige Reaktion auf einen gegebenen Reiz wird zufällig gefunden und führt zu einer Belohnung oder, wie es in der Fachsprache heißt, zu einer Verstärkung; wenn die Verstärkung kräftig ist oder genügend oft wiederholt wird, prägt sich die Reaktion ein, und damit entsteht ein Glied in der »Verhaltenskette«, eine Verbindung zwischen Reiz und Reaktion. Dementsprechend nahm man an, daß die gesamte geistige Entwicklung des Menschen das Resultat zufälliger Versuche sei, die durch Verstärkungen »fixiert« wurden – wie man auch annahm, daß die biologische Entwicklung der Arten das Ergebnis zufälliger Mutationen war, die durch die natürliche Zuchtwahl erhalten blieben. Originalität und Schöpfertum haben in einem solchen System keinen Platz. Wir haben bereits gehört, wie nach Watsons Meinung der Maler und Dichter seinen Beruf ausübt. Nach Guthrie können neue Entdeckungen nur »auf Glück beruhen und müssen deshalb außerhalb des Wissenschaftsbereichs liegen«. Skinner ist derselben Überzeugung wie Watson: daß man Probleme der Lösung zuführt, indem man »Variable manipuliert. Den Begriff der Originalität dafür heranzuziehen ist nicht nötig.«

Dieser Ansicht stellt die Gestaltpsychologie die Auffassung entgegen, daß alles echte Lernen und Lösen von Problemen auf spontaner »Einsicht« beruhe. In einer berühmt gewordenen Versuchsreihe hat Wolfgang Köhler gezeigt, welche erstaunlichen Leistungen Schimpansen vollbringen können. Ich meine nicht etwa Zirkustricks wie Radfahren, sondern quasi wissenschaftliche Entdeckungen auf dem Gebiet der Anfertigung und Verwendung von Werkzeugen. Natürlich ist ein Schimpanse einer Ratte geistig weit überlegen, aber das allein erklärt den Gegensatz noch nicht; dieser ergibt sich in erster Linie aus den unterschiedlichen Aufgaben, die diese beiden Richtungen der Psychologie den Tieren gestellt haben. Watson und seine Schüler setzten Ratten in Labyrinthe, aus denen sie nur herausfinden konnten, indem sie jeden Gang erkundeten; daraus schlossen sie, daß *jedes* Lernen nach dem Prinzip von Versuch und Irrtum vor sich gehe. Aber selbst ein Newton hätte, wie man einmal zu Recht gesagt hat, nur mittels dieser Methode ein Labyrinth erkunden können. Anderseits konnten Tolman und seine Schüler zeigen, daß eine Ratte, die den Weg durch das Labyrinth gelernt hat, nicht einfach eine Kette von Reflexen ablaufen läßt – etwa: zweite Abzweigung rechts, dritte Abzweigung links, erste Abzweigung rechts usw. –, sondern gleichsam den Anlageplan des Labyrinths im Kopf hat; denn wenn der übliche Weg, der zum Futter führt, versperrt wird, schlägt sie sofort einen anderen Weg ein. Anders gesagt: Obwohl die Ratte durch Versuch und Irrtum lernen mußte, hat sie doch eine einsichtsvolle Kenntnis vom Lageplan des Labyrinths erworben.

Allerdings wurden die von der Gestaltpsychologie geweckten Hoffnungen nur zum Teil erfüllt, und schon bald wurden ihre Grenzen sichtbar. Das Ergebnis war eine Art verfehlter »Renaissance«, auf die eine »Gegenreformation« folgte. Die Neo-Behavioristen nahmen einige Versuchsergebnisse der Gestaltpsychologie in ihre Theorien auf und erlebten ein beachtliches Comeback. Hauptursache war die Unbestimmtheit des Zentralbegriffs der Gestaltpsychologen, der »Einsicht«. Manchmal verstanden sie darunter Intelligenz und Verständnis ganz allgemein, dann wieder Einsicht im engeren Sinn, also plötzliche Erkenntnis, Erwerb neuer Einsichten.

Einsicht im ersten Sinn – als Intelligenz und Verstehen – ist etwas Graduelles. Man könnte sagen, daß sogar der Hund in Pawlows Versuchsraum, der beim Ertönen des Signaltons Speichel absondert, ein gewisses Verständnis der Situation gewonnen hat, und zwar durch einen Prozeß ähnlich jener Methode wissenschaftlicher Schlußfolgerung, die man als empirische Induktion bezeichnet. Wenn der Hund sprechen könnte, würde er sagen, daß auf das Klingelzeichen stets Futter komme, so, wie dem Blitz der Donner folge, denn dies sei das Weltgesetz; und die Aussage des Hundes wäre richtig, wenn auch nicht vollständig, denn er kann ja nicht wissen, daß die Gesetze seiner Welt von Gott Pawlow erlassen wurden. Ebenso kann sich beim Lernen der Ratte mittels »Versuch und Irrtum« Einsicht in verschiedenem Grad offenbaren, vom bloßen »Probieren« bis zur Erkundung und Aussonderung von »Hypothesen«, wie Kreschevsky und andere nachgewiesen haben. Aber solche induktiven Prozesse erklären nicht das plötzliche dramatische Auftauchen der richtigen Lösung als ein Ganzes, erklären nicht die originäre schöpferische Handlung. Zwar verkündete die Gestaltpsychologie, eben diese Plötzlichkeit und Ganzheit der Lösung sei der Prototyp allen einsichtigen Lernens bei Mensch und Tier; aber das ist nachweisbar falsch, und die gebotenen Erklärungen waren völlig unzureichend. Sie leiteten sich meist aus Scheinanalogien mit Eigenheiten der optischen Wahrnehmung her. Wenn wir beispielsweise eine Zeichnung mit unvollständiger Kon-

turlinie sehen, neigen wir dazu, sie im Geiste zu vervollständigen, also die Lücke zu schließen; und nach der Ge-
stalttheorie lösen wir auch abstrakte Probleme mit Hilfe
dieser »Prägnanztendenz«: Die Lösung schließt die Lücke.

Das ist in gewissem Umfang richtig, aber es ist eine
Metapher und keine Erklärung. Wir erfahren dadurch
nichts Genaues über jenen Prozeß, der beispielsweise Kepler entdecken ließ, daß sich die Planeten auf elliptischen
Bahnen bewegen, oder der Jenner daraufbrachte, daß mit
Kuhpockenserum geimpfte Menschen gegen Blattern immun werden. Die von der Gestaltpsychologie vorgeschlagenen Antworten lassen sich etwa folgendermaßen zusammenfassen: Wie das Auge mit einem Blick eine Gestalt als
Ganzes wahrnimmt, hat der Geist die angeborene Fähigkeit, mit einem Schlag die den Erscheinungen zugrunde
liegenden kausalen Zusammenhänge zu erfassen – dank
irgendeiner präexistenten Entsprechung zwischen Vorgängen im Gehirn und Ereignissen in der Außenwelt. Es läßt
sich aufzeigen, daß uns diese metaphysische Annahme
letzten Endes zu Platons »Augen der Seele« zurückführt,
während der Behaviorismus im Grunde auf den primitiven
Atomismus des Demokrit zurückgeht. Zum Problem des
Schöpfertums haben beide nicht viel Beziehung.

Es ist eine interessante Frage für den Wissenschaftshisto-
riker, wie es geschehen konnte, daß ausgerechnet zu der
Zeit – um 1920 –, da die mechanistischen Theorien der
klassischen Physik aufgegeben wurden, die Vorstellung
vom Menschen als einem starren, von Kettenreflexen in
Betrieb gesetzten Automaten in so sehr verschiedenen Kulturen wie denen der Vereinigten Staaten und der Sowjetunion aufkommen konnte. Letzten Endes erwiesen sich die
»Verhaltensatome« als ebenso flüchtig und trügerisch wie
die Materieteilchen der Physiker. Heisenberg, einer der
größten Vertreter der theoretischen Physik, sagte vor kurzem: »Die Natur ist unvorhersehbar.« Es wäre absurd,
wollte man dem lebendigen Organismus auch nur jenes
Maß an Unberechenbarkeit absprechen, das die Quanten-

theorie der unbelebten Natur zubilligt; und Prozesse auf dem Quantenniveau finden sich sowohl in der Evolutionsgenetik als auch im Nervensystem.

Vor drei Jahren habe ich im *Observer* eine Reihe von Aufsätzen über derzeitige Tendenzen in der Psychologie veröffentlicht, die eine längere Kontroverse in der Spalte für Leserbriefe nach sich zogen. Ein bekannter Experimentalpsychologe in Oxford schrieb: »Wenn Koestler sich davon überzeugen möchte, daß menschliches Verhalten, also auch sein eigenes, vorhersagbar ist, bin ich gern bereit, zehn Voraussagen über Koestlers Verhalten im Lauf der kommenden Woche schriftlich zu fixieren und sie in einem versiegelten Umschlag an die Redaktion zu senden. Ich bin willens, um einen großen Geldbetrag zu wetten, daß Koestlers Verhalten meinen Voraussagen entsprechen wird.«

Hier bot sich endlich eine Möglichkeit, ein altes Problem durch einen beweiskräftigen Versuch zu lösen. Ich beeilte mich, die Wette anzunehmen, unter der Voraussetzung natürlich, daß so triviale Voraussagen wie »Koestler wird essen, schlafen, Kohlendioxyd ausatmen usw.« ausgeschlossen sein sollten. Daraufhin machte der Oxforder Psychologe die Wette mit der entwaffnenden Begründung rückgängig, er »erhebe nicht den Anspruch, mehr vorhersagen zu können als triviales Verhalten«.

Dieser eine Satz scheint mir die Errungenschaften von fünfzig Jahren rattomorphistischer Psychologie ausgezeichnet zusammenzufassen.

Politische Neurosen

Die meisten heutigen Theorien über politische Verhaltensweisen beruhen auf einem merkwürdigen Paradoxon. Es ist
allgemein bekannt, daß Massen dazu neigen, sich unvernünftig zu verhalten (man spricht von »Massenhysterie«,
»Massenhaß« usw.). Ebenso allgemein bekannt ist, daß
auch Individuen häufig gegenüber sexuellen Problemen
oder in ihren Beziehungen zu Familienangehörigen, Vorge-
setzten und Untergebenen vernunftwidrig reagieren. Während wir aber ohne weiteres zugeben, daß sich Massen in
politischen Angelegenheiten wie Neurotiker verhalten und
daß Individuen in ihrem Privatleben allerlei Komplexe auf-
zuweisen haben, klammern wir uns an die seltsame Illusion, daß der Durchschnittsbürger, auf sich allein gestellt,
ein politisch vernünftiges Wesen sei. Die ganze Art und
Weise, in der wir ein demokratisches Staatswesen betrei-
ben, beruht auf dieser implizit gemachten Annahme. Dieser dogmatische und unbegründete Glaube an die politische Rationalität des einzelnen ist letzten Endes der
Grund, weshalb Demokratien sich gegenüber ihren totalitären Gegnern immer in der Defensive befinden, nicht nur
in physischer, sondern auch in psychologischer Hinsicht.
Denn alles deutet darauf hin, daß der Mensch des
20. Jahrhunderts ein politischer Neurotiker ist. Die Totalita-
risten haben das von Anfang an begriffen. Sie sind die
tödlichen Kräfte, die unsere Zivilisation bedrohen; da der
Tod von der Krankheit lebt, ist er ein guter Diagnostiker.
Wenn wir überleben wollen, müssen wir ebenfalls gute
Diagnostiker sein. Man kann aber niemals zu einer richtigen Diagnose gelangen, wenn man *a priori* von der Annahme ausgeht, der Patient sei gesund. Das Vertrauen in die
politische Vernünftigkeit und Rationalität des Individuums
ist uns im Zeitalter der Aufklärung durch eine lange Reihe
von französischen, deutschen und englischen Philosophen

eingeimpft worden – durch die Enzyklopädisten, Marxisten, Benthamiten, Oweniten und Fortschrittsgläubigen aller Schattierungen. Freud und seine Nachfolger haben diesen optimistischen Glauben an den Menschen als vernünftiges Wesen in einem Teilbereich zerstört. Wir akzeptieren heute die Tatsache, daß unsere sexuelle Libido unterdrückt und verkrampft ist. Doch es wird Zeit, zu begreifen, daß unsere politische Libido mindestens ebenso komplexbeladen ist.

Auf den ersten Blick mag es so scheinen, als ob das Gerede von »politischer Libido«, »politischem Unterbewußtsein« und »sozialen Verdrängungen« weiter nichts sei als ein neuer intellektueller Zeitvertreib, ein Herumjonglieren mit Analogien und Metaphern. Aber jede vorurteilsfreie Untersuchung unserer Umwelt wird erweisen, daß die neurotischen Verwirrungen des politischen Instinktes ebenso real und keineswegs weniger tiefgreifend als die des Geschlechtstriebes sind.

Als neurotisch kann man einen Menschen bezeichnen, dessen Kontakt zur Wirklichkeit irgendwie gestört ist und dessen Urteile nicht von Tatsachen, sondern von seinen Wünschen und Ängsten bestimmt sind. Alle Fakten, die diese Wunsch- und Angstvorstellungen des Patienten möglicherweise durcheinanderbringen könnten, werden vom Bewußtsein gar nicht erst zugelassen; sie werden »zensiert« und verdrängt. Wendet man dieses sehr vereinfachte Schema auf das politische Verhalten an, so wird man feststellen können, daß es für den ganzen Bereich der politischen Pathologie zutrifft, angefangen von der »kontrollierten Schizophrenie« des Atomspions Klaus Fuchs über die Wunschtraumwelt der Stockholmer Friedenskämpfer bis zur Wirklichkeitsflucht der »Neutralisten«. Die politischen Klischees, die dabei als Rationalisierung unbewußter Ängste dienen, sind ebenso belanglos wie die Erklärungen eines Neurotikers, weshalb er beispielsweise keinen Fisch ißt. Wenn ein Harold Laski 1941 an Felix Frankfurter schrieb, daß »die UdSSR größeren Rückhalt im Volk als irgendein anderes System« habe, so war es vollkommen zwecklos, gegen solche Ausschweifungen der politischen Libido zu argumentieren – hier war der Professor der Nationalökonomie offensichtlich zu einem Fall für den Psychotherapeuten geworden.

Im verzerrten Universum des Neurotikers werden keine Tatsachen zugelassen, die dessen innere Geschlossenheit gefährden könnten. Kein Argument kann an den Puffern der Kasuistik, an den Stoßdämpfern der Semantik, an den affektgeladenen Widerständen vorbei. Der innere Zensor, der im vollen psychiatrischen Sinn des Wortes die Illusionswelt des Patienten vor dem Eindringen der Wirklichkeit bewahrt, arbeitet viel gründlicher als die staatliche Zensur eines totalitären Landes. Der politische Neurotiker trägt seinen privaten Eisernen Vorhang mit sich herum.

Die unverdaulichen Tatsachen, die dieser innere Zensor zurückgewiesen hat, werden verdrängt und stauen sich als »Komplexe«. Das politische Unterbewußtsein hat seine eigene Logik, seine eigenen Symptome und Symbole. Alger Hiss und Whittaker Chambers zum Beispiel haben heute ihre Realität als historische Gestalten verloren; sie sind zu Helden in einem symbolischen Kasperletheater geworden, wo die Parteinahme der Zuschauer nicht auf Grund juridischer Beweise, sondern nach der Traumlogik des Unterbewußten erfolgt. Wenn man »zensierte« Tatsachen in der Gegenwart eines politischen Neurotikers erwähnt, wird er darauf entweder sehr heftig oder mit einem überlegenen Lächeln reagieren, mit wilden Beschimpfungen oder mit einem an den Fakten vorbeigleitenden »Zwie-Denken« – je nachdem, wie der Verteidigungsmechanismus aussieht, der ihn vor seiner inneren Unsicherheit und unbewußten Angst beschützt. Sonst müßte das labile Gleichgewicht seiner Traumwelt zusammenbrechen und ihn ohne jeden Schutz der rauhen Wirklichkeit ausliefern – einer Wirklichkeit, der selbst der geistig Normale heute nur mit Schaudern ins Auge Blicken kann.

In den Gaskammern von Auschwitz, Belsen und anderen Vernichtungslagern sind während der Endphase des Zweiten Weltkrieges rund sechs Millionen Menschen umgebracht worden. Es war der größte organisierte Massenmord der Weltgeschichte.

Während er sich vollzog, wußte die Mehrheit des deutschen Volkes nicht, was in den Lagern vorging. Seither haben offizielle Dokumente, Bücher und Filme die Tatsachen in einem solchen Maß bekanntgemacht, daß es für einen gebildeten Menschen nicht länger möglich ist, sie zu ignorieren.

Und doch bringt es der Durchschnittsdeutsche fertig, über sie hinwegzugehen. Die volle Wahrheit ist in das Bewußtsein des Volkes nicht eingedrungen und wird auch vermutlich niemals eindringen, weil sie zu schrecklich ist, als daß man ihr offen ins Gesicht sehen könnte. Die Last der Schuld wäre, wenn man sie erst einmal ins Bewußtsein treten ließe, einfach zu schwer zu tragen, sie würde den Stolz des Volkes zerschmettern und das Bemühen lähmen, wieder zu einer europäischen Großmacht zu werden. Viele gutwillige und intelligente Deutsche reagieren deshalb, wenn man in ihrer Gegenwart auf Auschwitz und Belsen zu sprechen kommt, mit eisernem Schweigen und dem gekränkten Gesichtsausdruck einer viktorianischen Lady, in deren Gegenwart man das anstößige Wort »Geschlecht« erwähnt hat und der es nicht in den Kopf will, daß das »Geschlechtliche« nun mal eben existiert; über solche Dinge redet man einfach nicht, und damit Punktum! Andere dagegen streiten entweder die Fakten ab oder bezeichnen sie als unsinnig übertrieben, oder sie bringen im selben Atemzug mehrere einander widersprechende Argumente vor, ohne sich dieser Widersprüche bewußt zu werden.

Das bemerkenswerte an dieser Reaktionsweise ist, daß sie einen unbewußten Schuldkomplex auch bei denen erkennen läßt, die keinerlei Anteil an den Morden hatten, das heißt bei der überwältigenden Mehrheit der Deutschen.

Vor dem Gesetz und sogar im Hinblick auf Mitwisserschaft sind sie unschuldig; ein ganzes Volk kollektiv für die Taten einer verbrecherischen Minderheit verantwortlich zu machen wäre juristisch und moralisch eine Ungerechtigkeit. Aber das »politische Unterbewußtsein« geht an die Sache anders heran. Es übernimmt ganz automatisch einen Teil der kollektiven Verantwortung für die Siege und Niederlagen des Volkes, für seine Ehre und seine Schuld. Die Haupteigentümlichkeit der politischen Libido ist gerade diese Neigung, die eigene Person mit Volk, Stamm, Kirche oder Partei zu identifizieren; ja man kann die politische Libido geradezu als das Bedürfnis des einzelnen definieren, Teil eines Ganzen zu sein, in einer Gemeinschaft aufzugehen, irgendwo *dazuzugehören.*

Wenn nun dieser unbewußte Drang zur Identifikation mit einem sozialen Ganzen angenehme Resultate liefert, so werden diese vom Bewußtsein bereitwillig zugelassen: Jeder Deutsche ist stolz auf »unseren Goethe«, als ob er zu seiner Schöpfung etwas beigetragen hätte, jeder Amerikaner denkt voll Befriedigung an den Unabhängigkeitskrieg, als ob er selbst darin mitgekämpft hätte. Die weniger angenehmen Ergebnisse dieses Identifikationsbedürfnisses dagegen nehmen keinen solchen Ehrenplatz im Bewußtsein des Ichs ein. Andere wieder können geradezu als traumatischer Schock wirken, so daß sie möglichst schnell vergessen und unterdrückt werden müssen. *Unser* Goethe, *unser* Beethoven, *mein* Vaterland sind unveräußerliche Bestandteile des Ichs, aber *unser* Auschwitz, *unsere* Gakammern, *unser* Eroberungskrieg – das alles muß in den Hintergrund unseres Bewußtseins geschoben werden.

Politische Verdrängungen haben eine verkrampfende Wirkung, genauso wie sexuelle Verdrängungen. Eine dauerhafte Heilung kann nur erreicht werden, wenn das verdrängte Erlebnis ins Gedächtnis zurückgebracht wird, wie schmerzlich dieser Prozeß auch sein mag. Im Fall der Deutschen könnte diese Operation nur von führenden Persönlichkeiten des deutschen Volkes geleistet werden. Bestrafung und Demütigungen durch Außenstehende machen die Sache nur noch schlimmer. Den Siegern steht es an zu vergessen: die Besiegten müssen lernen, sich zu erinnern.

Die Franzosen leiden unter einer andersgearteten Verdrängung, deren Auswirkungen sich noch deutlicher bemerkbar machen. Als die rechtmäßige Regierung Frankreichs nach dem Zusammenbruch ihrer Armeen im Juni 1940 kapitulierte, nahm die Mehrheit der Franzosen die Niederlage hin und versuchte, zu irgendeinem Modus vivendi mit den deutschen Siegern zu gelangen. Für den unpolitischen Durchschnittsfranzosen schien das angesichts der Tatsache, daß der europäische Kontinent offenbar verloren und England hoffnungslos isoliert war, die einzig vernünftige Handlungsweise. Als dann General de Gaulle in London proklamierte, daß »Frankreich eine Schlacht, aber nicht den Krieg verloren« habe, empfanden die eingeschlossenen Bewohner Frankreichs das zwar als ein sehr nettes Propagandaschlagwort, das aber nur geringe Beziehung zur Realität hatte. Ungefähr zwei Jahre lang gingen sie nach besten Kräften ihren Geschäften nach und erfreuten sich relativ friedlicher Zustände. Nur wenige von ihnen folgten de Gaulles Ruf und flüchteten nach England, um dort in seine Freiwilligen-Armee einzutreten, oder schlossen sich der Untergrundbewegung an. Auch das war nur natürlich, denn damals mutete jeder Widerstand als reiner Wahnsinn oder bloße Donquichotterie an. Die rasenden Rolande sind zu allen Zeiten und in allen Nationen eine winzige Minderheit gewesen.

Als sich das Blatt des Krieges zu wenden begann und die Zahl der zur Zwangsarbeit nach Deutschland verpflichteten Franzosen immer weiter anstieg, bekamen aus diesen und anderen Gründen die Reihen der Widerstandsbewegung immer mehr Zulauf, bis schließlich zum Zeitpunkt der Landung der Alliierten etwa zwanzig- bis vierzigtausend Franzosen ernsthaft mit bewaffnetem Widerstand, Sabotage und Spionage beschäftigt waren. Aber auch damals waren sie nur eine kleine Minderheit, und ihre aufopfernde Tapferkeit hat nichts Wesentliches zum Verlauf des Krieges beigetragen. Frankreich wurde nicht durch den *maquis* befreit, sondern durch die anglo-amerikanische Kriegsmaschinerie, durch britische und amerikanische Flugzeuge und Panzer.

Diese unbequeme Tatsache konnte um so leichter vergessen werden, als die anglo-amerikanischen Staatsmänner aus Gründen der Höflichkeit über sie hinwegredeten und dem französischen Beitrag eine Bedeutung zuschrieben, die er nie gehabt hat. Begreiflicherweise taten die französischen Generäle und Politiker ein Gleiches, um die etwas erschütterte Selbstachtung der Nation wiederaufzurichten und sie vor dem erniedrigenden Bewußtsein zu bewahren, sie seien durch Fremde befreit worden. Und so war denn innerhalb eines Jahres jeder Durchschnittsfranzose ehrlich davon überzeugt, daß Frankreich niemals geschlagen worden sei, daß es kraft eigener Anstrengung gerettet wurde und daß er selbst, Monsieur Dupont, obendrein ein tapferer *résistant* gewesen sei, dem es nur an Gelegenheit gemangelt habe, es zu beweisen. Die Erinnerung an seine eigenen Gedanken und Handlungen während des dunklen Zwischenspiels von 1940 bis 1943 wurde so erfolgreich unterdrückt, daß diese Jahre einfach zu einem Loch im Gewebe der französischen Geschichte geworden sind. Nur so erklärt sich auch, daß die französischen Kommunisten, die von 1939 bis 1941 ganz offen Verrat und Übergabe gepredigt und jeden Widerstand gegen den deutschen Angriff als »imperialistisches Abenteuer« und als »Krieg der Reichen« bezeichnet hatten, vier Jahre später als stärkste Partei Frankreichs auftauchen konnten. Sie profitierten von dieser kollektiven Amnesie, und ihre eigene unrühmliche Vergangenheit verschwand spurlos in der großen Lücke inmitten des nationalen Gedächtnisses.

So ruht die geistige Struktur des heutigen Frankreich auf Illusion und Selbsttäuschung. Die Legende von der ungeschlagenen siegreichen Nation wurde zunächst durch gegenseitige schweigende Übereinkunft aufrechterhalten und entwickelte sich dann schnell zu einem Glaubensartikel. Der Kollaborateur von einst trägt nicht nur stolz das Ordensband der Résistance im Knopfloch; er glaubt auch ganz ehrlich an seine Berechtigung, es zu tragen. Weil er die Helden der Résistance bewundert und sie als Vertreter des wahren Geistes der Nation empfindet, beginnt er unbewußt auch zu glauben, daß er in ihre Reihen gehört: *unser* Goethe, *unsere* Jeanne d'Arc, *wir* heroischen *maquisards*; es ist immer wieder dasselbe.

Wir beobachten hier einen ähnlichen Prozeß wie bei den Deutschen – die unbewußte Identifizierung mit einer Minderheit –, aber mit entgegengesetztem Ergebnis. Im Fall der Deutschen ergab sich aus der Identifizierung ein Schuldgefühl, das verdrängt werden mußte; im Fall der Franzosen dagegen führte die Identifizierung zu einem Ruhmestitel, zu einer fanfarenschmetternden Expansion der politischen Libido. Die verdrängte Erinnerung an den tatsächlichen Sachverhalt hat jedoch ihre fortdauernde vergiftende Wirkung auf die Haltung des Volkes. Die Fiktion einer Vergangenheit kann nur aufrechterhalten werden, indem man auch der Wirklichkeit der Gegenwart aus dem Weg geht. Das Frankreich der Legende war in der Vergangenheit niemandem etwas schuldig und wird deshalb auch in Zukunft niemandem etwas schuldig sein. Läßt man ihm also Marshallplanhilfe zukommen, so geschieht das nur, um irgendeinem dunklen Plan der Wallstreet zu dienen. Schickt man ihm Waffen und Truppen, so nur im Interesse des amerikanischen Imperialismus. Die einzigen bis heute lebendig und unentstellt gebliebenen Erinnerungen an die Amerikaner aus der Kriegszeit beziehen sich darauf, daß die Bombenflugzeuge häufig ihr Ziel verfehlten und französische Städte und Menschenleben zerstörten, daß die GI's sich oft betranken und ihre Zigaretten gegen flüchtige Frauengunst zu tauschen bereit waren.

Darum also: keine Befreiung mehr *à l'américaine!* Man

lasse uns gefälligst in Frieden! Wir wollen nichts von Euren Almosen, nichts von Eurem Coca-Cola und nichts von Euren Atombomben! Wenn Ihr uns in Frieden laßt, werden uns die Russen ebenfalls in Frieden lassen!

Unendliche Variationen dieses Themas kann man alltäglich in französischen Zeitungen aller Richtungen lesen. Nur ein Gegenstand wird niemals erwähnt, die tragische und entscheidende Tatsache, daß das physische Weiterleben Frankreichs von dem amerikanischen Atombombenpotential abhängt. Würde man diese Tatsache zugeben, so würde das ganze fiktive Gebäude in sich zusammenstürzen. Und wollte man die Wunschtraumelemente aus der Wunsch- und Angstwelt des Patienten entfernen, so würde eben nur die Angst übrigbleiben, die unerträgliche, verdrängte Angst vor einem Europa, das praktisch ohne Verteidigung gegenüber der russischen Bedrohung ist.

Deshalb muß die Fiktion aufrechterhalten werden, deshalb muß der Wirklichkeit um jeden Preis aus dem Weg gegangen werden. Es handelt sich dabei weder um bewußte Heuchelei noch um Undankbarkeit, es soll damit auch nichts Unfreundliches gegen den französischen Volkscharakter gesagt werden. Jede andere Nation, die innerhalb eines Jahrhunderts drei Invasionen zu erdulden gehabt und in der jede Familie mindestens einen männlichen Angehörigen verloren hat, würde das gleiche neurotische Verhalten entwickeln.

Die Flucht vor der Wirklichkeit ist ein grundlegender Zug des heutigen Europa, nachdem er lange Zeit ein typisch englisches Gebrechen war. Es sieht fast so aus, als ob die Engländer ihre bemerkenswerte Immunität gegenüber der Massenhysterie damit erkauft hätten, für die Wirklichkeit besonders unempfänglich zu sein; sie verbergen diesen Mangel listig durch die Kunst, ihre Torheiten als Weisheiten, als *sweet reasonableness* erscheinen zu lassen.

Zur Zeit der deutschen Bombenangriffe auf London hatte der PEN-Club einmal Louis Golding eingeladen, einen

Vortrag über amerikanische und englische Romane zu halten. Kaum hatte Golding seine Ausführungen beendet, als die Luftschutzsirene heulte. Doch die anschließende Debatte wurde – *business as usual? –* gelassen fortgesetzt. Der zweite oder dritte Diskussionsredner war ein ungemein liebenswerter, verhutzelter Mann in einem Tweedjackett (soviel ich mich erinnere, hatte er eine Biographie über irgendeinen Botaniker des 17. Jahrhunderts aus Wiltshire geschrieben) und griff in seiner Rede Hemingway, Dos Passos, Faulkner *e tutti quanti* an.

»Meiner Meinung nach«, erklärte er liebenswürdig, »leiden alle diese amerikanischen Schriftsteller unter einem geradezu morbiden Interesse für die Gewalt. Wenn man ihre Bücher liest, könnte man glauben, der Durchschnittsmensch verbringe seine Tage damit, andern Leuten die Nase einzuschlagen oder selbst von ihnen eins über den Schädel zu bekommen. Dabei stoßen in Wirklichkeit die meisten Menschen in ihrem Leben so gut wie nie auf Gewalt. Sie stehen morgens auf, machen sich in ihrem Gärtchen nützlich ...« Im selben Augenblick ging pfeifend und krachend eine Bombe einige Straßenblocks entfernt nieder, und die Flakbatterien begannen teuflisch zu böllern. Das verhutzelte Männchen wartete geduldig, bis sie leiser wurden, und fuhr dann ruhig fort: »Ich meine, die Gewalt spielt im Leben der gewöhnlichen Menschen heutzutage nur noch selten eine Rolle, so daß es geradezu schamlos ist, wenn ein Künstler soviel Zeit auf dergleichen Dinge verschwendet ...«

Einer der bezeichnendsten Züge des neurotischen Verhaltens ist das Unvermögen des Patienten, aus Erfahrungen zu lernen. Er manövriert sich, wie unter einem bösen Fluch, immer wieder in die gleiche Art von verwickelten Situationen hinein und begeht stets die gleichen Irrtümer. Die Außenpolitik Großbritanniens gegenüber einer Europa-Union oder die französische Innenpolitik während der letzten dreißig Jahre scheinen ebenfalls von diesem neurotischen Wiederholungszwang diktiert zu sein.

Der Anlaß für den Zweiten Weltkrieg war Deutschlands Anspruch auf eine Stadt, die eine Enklave inmitten polnischen Territoriums bildete und nur durch einen Korridor erreicht werden konnte. Doch dieser Krieg war noch nicht zu Ende, als die alliierten Staatsmänner bereits beschlossen, eine neue Enklave von genau demselben Typus zu schaffen, die ebenfalls nur durch einen Korridor durch fremdes Territorium zu erreichen war. Die erste dieser Enklaven war Danzig, die zweite Berlin. Hinter der Binsenwahrheit, daß »sich die Geschichte immer wiederholt«, verbergen sich die unerforschten Kräfte, die den Menschen stets aufs neue dazu verlocken, seine eigenen tragischen Irrtümer zu wiederholen.

Ein besonders augenscheinliches Beispiel für den Wiederholungszwang ist die sogenannte Politik des Appeasement. Daß eine Aggressiv- und Expansivmacht in dem messianischen Glauben an ihre Sendung sich weiter ausdehnt, solange sie auf ein Machtvakuum stößt; daß die Verbesserung der sozialen Verhältnisse, so erstrebenswert sie an sich ist, kein Schutz und Abschreckungsmittel gegen einen Angriff ist; daß der Preis des Überlebens darin besteht, während einer beklagenswert langen Zeit einen beklagenswert hohen Anteil des Nationaleinkommens für Verteidigungszwecke auszugeben; und daß endlich das Appeasement, wie verführerisch und einleuchtend seine Argumente auch klingen mögen, kein Ersatz für militärische Stärke, sondern vielmehr eine unmittelbare Einladung zum Krieg ist – diese schmerzliche Lektion der dreißiger Jahre sollte noch allzu frisch in unserer Erinnerung sein. Und doch scheint eine erstaunliche Anzahl von Politikern, von den Millionen Durchschnittsbürgern ganz zu schweigen, entschlossen zu sein, die gleichen Irrtümer noch einmal zu begehen.

»Vor der Gefahr des Krieges kann man sich nicht durch Waffen schützen, sondern nur dadurch, daß man weiter vorwärtsschreitet in eine neue Welt der Rechtssicherheit ...

Rüstungen kann man nicht bekämpfen, indem man selber Rüstungen auftürmt, das hieße den Teufel mit Beelzebub austreiben.« Das klingt wie eine Rede von Aneurin Bevan im Jahre 1953. In Wirklichkeit stammen die Sätze aus einer Rede, die Clement Attlee am 11. März 1935 im Unterhaus gehalten hat, um gegen die bescheidenen, von der Regierung vorgeschlagenen Erhöhungen der Rüstungsausgaben zu protestieren[1]. Als Attlee die »Auflösung aller Nationalarmeen« als einen glänzenden Einfall zur Rettung des Friedens hervorbrachte, wurde er von Zwischenrufen unterbrochen: »Das müssen Sie Hitler erzählen!« Er überging die störenden Rufe, ebenso wie Bevan achtzehn Jahre später ähnliche Belanglosigkeiten beiseiteschiebt. Im selben Jahr 1935 erlangt ein »Friedensaufruf« elf Millionen Unterschriften in England, also mehr als die Hälfte aller Wählerstimmen. All das ist heute vergessen, in die tiefsten Schubladen des politischen Unterbewußtseins verdrängt.

Selbst die Schlagworte, mit denen der Angreifer seine Opfer hypnotisierte, waren damals die gleichen wie heute. Hitler veranstaltete Friedenskongresse deutscher und französischer Frontkämpfervereinigungen, die gegen die Verschwörung der »Kanonenkönige« und die pluto-demokratischen Kriegshetzer in der Wallstreet protestierten. Antinazistische Emigranten, die von Hitlers Konzentrationslagern und von seinen Eroberungsabsichten berichteten, wurden als Greuelhetzer mit Verfolgungswahn, die zwischen den Nationen Haß aussäen wollten, betrachtet, genauso wie heute ihre Nachfolger, die sowjetrussischen und exkommunistischen Flüchtlinge. Wenn nur die Kassandras und Jeremias schweigen wollten, alles wäre in bester Ordnung! Nach jeder Angriffshandlung zeigte Hitler eine Friedensgeste, die ebenso eifrig für bare Münze genommen wurde wie die Propagandagesten Stalins und Malenkows; wer gegen solche Vertrauensseligkeit seine warnende Stimme erhob, wurde der bewußten Sabotage an einer friedlichen Lösung bezichtigt. Kühle politische Experten, die dem Naziregime keinerlei Sympathie entgegenbrachten, warnten davor, seine Gefährlichkeit zu übertreiben, indem sie darauf hinwiesen, daß die Nazis schließlich nur deutsche Gebiete wie das Rheinland und die Saar für sich beanspruchten, aber »viel zu klug« seien, um etwa einen für sie unverdaulichen Fremdkörper wie die Tschechoslowakei zu schlucken – genau das gleiche Argument, das wir seit 1945 in bezug auf Rußlands Absichten in Mittel- und Westeuropa hören.

Das Ergebnis von alldem war, daß um 1936 herum die Belgier, die Rumänen, die Jugoslawen usw. samt und sonders »Neutralisten« geworden waren und das System der kollektiven Sicherheit zerbröckelte, wie heute die Europäische Verteidigungsgemeinschaft zu zerbröckeln droht. Der Neurotiker, der jedesmal die gleiche Art von Fehlern begeht und immer wieder mit einem blauen Auge davonzukommen hofft, ist nicht dumm – er ist einfach krank.

Fast für jede Abweichung vom normalen Geschlechtstrieb können wir eine entsprechende Art der Störung auf dem Gebiet der politischen Libido feststellen. Ich will hier nur einige der häufigsten Formen von politischer Neurose erwähnen.

Ambivalenz: Ein Mensch kann einen anderen Menschen zugleich lieben und hassen und diese Gefühle entweder gleichzeitig oder abwechselnd empfinden, wie wir das im Fall temperamentvoller Ehe- oder Liebespaare oder bei schwierigen Beziehungen zwischen Eltern und Kindern kennen. Eine typische ambivalente Beziehung dieser Art besteht zwischen Großbritannien und den USA. Die Amerikaner lieben die englische Aristokratie, Mode, Redeweise und Verstaubtheit ihrer Tradition und verspotten sie zugleich. Die Engländer betrachten Amerika aus verschiedenen Gründen mit ebenso gemischten Gefühlen der Bewunderung und des Spotts, des Neids und der Verachtung. Ungefähr alle sechs Monate einmal trüben sich die angloamerikanischen Beziehungen, und es entsteht eine kleine Krise, die zumeist nicht durch einen echten Interessenkonflikt, sondern einfach durch das wechselseitige Sich-auf-die-Nerven-Fallen hervorgerufen wird, das zu einer solchen ambivalenten Partnerschaft gehört.

Es kommt in Krankengeschichten von Neurotikern auch vor, daß ein Gefühl auf lange Sicht hin vom gegenteiligen Gefühl abgelöst wird: Blinde Verliebtheit verwandelt sich in blinden Haß, glühende Bewunderung in schaudernde Abscheu. Viele Exkommunisten, Exkatholiken und Emigranten nehmen diese Haltung des enttäuschten Liebhabers gegenüber der Partei, der Kirche oder dem Vaterland an, das einmal alles für sie bedeutet hat.

Fetischismus: Im psychiatrischen Sprachgebrauch ist Fetischismus eine Verirrung, bei der der Geschlechtstrieb auf ein bestimmtes Symbol, ein Requisit oder einen Teil des natürlichen Objektes fixiert ist. Die Locke einer Frau, ihr Korsett oder ihre Reitstiefel oder sogar ihr Porträt können zum Gegenstand einer solchen fetischistischen Verehrung werden. Genau das gleiche Schicksal kann auch der politischen Libido widerfahren. Der Fetischcharakter von Symbolen wie Flaggen, Uniformen, Emblemen, Kampfliedern und Nationalhymnen braucht nicht erst besonders betont zu werden. Ebenso augenfällig ist der Gebrauch, den die Propaganda von solchen Charakteristika wie Hitlers Stirnlocke, Churchills Zigarre oder Stalins hochgeschlossenem Waffenrock macht. Doch obwohl solche Fälle der Massenverzückung als Tatsachen bekannt sind, werden sie nur selten als pathologisches Symptom bewertet. Sie bedeuten nicht nur einen Schritt rückwärts zu primitivem Götzendienst und Totem-Anbetung, sondern zugleich, daß jenes Etwas, das zum Gegenstand der fetischistischen Verehrung geworden ist, die Sache, für die es steht, vollständig ersetzt und auf diese Weise die gesellschaftlichen Kräfte von ihrem ursprünglichen Ziel ablenkt. Der politische Wille von Millionen von Idealisten, die einmal zur Suche nach einer besseren Welt aufgebrochen sind, ist auf diese Weise pervertiert, das Streben nach Fortschritt in die Verehrung einer »Partei« verwandelt worden, die dann nicht mehr als Mittel zum ursprünglichen Zweck, sondern als Selbstzweck zum Gegenstand der Anbetung wird.

Verlängerte Pubertät: Der radikale junge Intellektuelle in Bloomsbury, Saint-Germain-des-Prés oder Greenwich Village ist ein verhältnismäßig harmloser Typ. Häufig stammt sein Radikalismus aus der Revolte des jungen Menschen gegen seine Eltern oder aus irgendeinem andern stereotypen Konflikt, der ihn zeitweilig an der Welt verzweifeln läßt. Einige von diesen jungen Radikaln aber werden niemals erwachsen, sondern bleiben die ewigen Jünglinge der Linken.

Eine Abart dieses Typus findet man häufig in den Vereinigten Staaten und in Frankreich, seltener in England. Der junge X beginnt als begeisterter Kommunist, ist bald enttäuscht, findet eine trotzkistische Oppositionsgruppe von zehn Leuten, entdeckt, daß sechs von ihnen einen geheimen »Oppositionsblock« innerhalb dieser Gruppe bilden, ist auch von ihnen enttäuscht, gründet eine kleine Zeitschrift mit einem hundertprozentig antikapitalistischen, antistalinistischen und antipazifistischen Kurs, geht damit pleite, gründet eine zweite kleine Zeitschrift usw. usw. Alle seine Kämpfe, seine Polemiken, Siege und Niederlagen sind Stürme im Wasserglas und beschränken sich auf immer den gleichen engen Kreis von radikalen Intellektuellen, eine Art Familie, die ohne ihre Streitigkeiten und gegenseitigen Beschuldigungen nicht auszukommen scheint und doch kraft eines einzigartigen dialektischen Klebstoffs zusammenpappt. Ein klassisches Beispiel dafür sind die marxistischen Existentialisten um Sartres Zeitschrift *Les Temps Modernes* mit ihren ewigen Kämpfen und Spaltungen. Bei diesem sektiererischen Typus könnte man von einer *inzestuösen* Neigung der politischen Libido sprechen.

Wieder ein anderer Typ ist Y, der Übergeschäftige, dessen Name auf der Liste keines fortschrittlichen Komitees fehlt und dessen Stimme sich zum Protest gegen jede Ungerechtigkeit erhebt – ein Mann, der sich jeder guten Sache unter der Sonne angenommen und damit noch nie etwas erreicht hat. Er ist die politische Entsprechung des Nymphomanen: Er leidet unter einem Übermaß an politischer Libido. Auch diese Form der Neurose blüht hauptsächlich im Klima der Linken, denn die Linke leidet, ganz allgemein gesprochen, an *politischer Brünstigkeit*.

Endlich gibt es noch Z, den politischen *Masochisten*. Für ihn gilt die Parabel vom Balken und Splitter im umgekehrten Sinn. Die geringste Ungerechtigkeit in seiner eigenen Heimat entlockt ihm Schreie der Qual und Verzweiflung, während er für die unmenschlichen Verbrechen im gegnerischen Lager Entschuldigungen findet. Wenn man einem farbigen Tennischampion in einem Londoner Luxushotel ein Zimmer verweigert, bebt Z vor spontaner Entrüstung am ganzen Körper; wenn aber Millionen von Menschen in den Zwangsarbeitslagern der russischen Arktis sich die Lungen herauskotzen, bleibt sein feinfühliges Gewissen ungerührt. So ist Z ein Patriot mit umgekehrten Vorzeichen, dessen Selbsthaß und Selbstbestrafungssucht sich in Haß gegen sein eigenes Land oder seine eigene Klasse verwandelt hat, in ein sehnsüchtiges Verlangen nach der Peitsche, um sie zu geißeln.

Es ist eine Binsenweisheit der Psychiatrie, daß niemand ganz normal ist. Der Unterschied zwischen einem normalen Menschen und einem Neurotiker ist graduell, nicht essentiell. In bestimmten Abschnitten der Geschichte aber begünstigt das gesellschaftliche und kulturelle Klima die Zunahme von Neurosen und Abirrungen. Im Goldenen Zeitalter Griechenlands war die Homosexualität eine fast allgemeine Erscheinung. In den zwanziger Jahren unseres Jahrhunderts hat die sexuelle Paarungswut noch nie erreichte Ausmaße angenommen. Ebenso hat auch die politische Libido ihre Kurven, die hinauf zu annähernder Normalität und hinunter bis fast zum Wahnsinn reichen, und seit einer beträchtlichen Zeitspanne haben wir nun ein ständiges Absinken zu vermerken.

Worin die Ursachen dieses Absinkens vielleicht zu suchen sind, kann hier nur kurz erörtert werden. Während der Geschlechtstrieb dazu dient, die Menschheit am Leben zu erhalten, entspricht die politische Libido der Sehnsucht des Individuums, sich mit einer durch eine Gemeinschaft verkörperten Idee oder einem Wertsystem zu identifizieren – mit andern Worten: seinem Bedürfnis, zu irgend etwas dazuzugehören. Beides sind tief verwurzelte menschliche Triebe, wenn auch während der letzten Jahrzehnte die Bedeutung des letzteren durch den ausschließlichen Nachdruck, den die Freudianer auf den Geschlechtstrieb gelegt haben, in Vergessenheit geraten ist.

Im Mittelalter lebte der Mensch trotz Kriegen, Hungersnöten und Epidemien in einem realtiv festen und gesicherten Universum. Die ungeheure Autorität der Kirche, die feststehende Hierarchie des Staates, der Glaube an die Vorsehung und göttliche Gerechtigkeit gaben den Menschen ein Gefühl der Sicherheit und des Zusammenhalts. Dann erfolgten eine Reihe von Erdbeben, angefangen von der Renaissance und der Reformation bis schließlich zur Französischen Revolution und zur Oktoberrevolution, die nach und nach seine soziale und kosmische Weltanschauung in Stücke brachen.

Das Leben im Mittelalter wurde durch unabänderliche und mit einem Ausrufezeichen versehene Gebote geregelt; nun wurden mit einem Mal alle Ausrufezeichen in Fragezeichen verwandelt. Die Erde, einst der ruhende Mittelpunkt des Universums, wurde zu einem durch das Weltall wirbelnden Versuchslaboratorium, alle Werte wurden umgewertet, alle Bindungen zerrissen, und die politische Libido war plötzlich so entfesselt wie die erotischen Begierden eines Jünglings. Aber die Suche nach einem neuen, umfassenden Gesetz und Glauben, die sowohl die Beziehungen des Menschen zur Ewigkeit wie zur sozialen Gemeinschaft einschließen würden, ist bisher fruchtlos geblieben. Der Mensch des 20. Jahrhunderts ist ein politischer Neurotiker, weil er auf die Frage nach dem Sinn des Lebens keine Antwort hat; weil er sowohl in gesellschaftlicher wie in metaphysischer Hinsicht nicht weiß, wo er hingehört.

Je nach den Umständen kann sich ein unbefriedigter Trieb in mannigfaltigen Formen äußern, und häufig werden die entgegengesetzten Symptome bei ein und derselben Person anzutreffen sein. Ein langfristiger Zustand der Unbefriedigtheit und Niederlage kann zu einer Atrophie des Triebs führen; der Patient wird der Gesellschaft gegenüber gleichgültig, seine Enttäuschung verwandelt sich in politischen Zynismus und antisoziales Verhalten. Solche Symptome der versetzten politischen Libido können am besten im heutigen Frankreich beobachtet werden.

Noch gefährlicher ist der umgekehrte Vorgang, daß eine unbefriedigte Sehnsucht nach Dazugehörigkeit zu einer politischen »Brunst« führt, die sich in blinder, selbstaufopfernder Hingabe an irgendeine niederträchtige Sache äußert. In unserer Zeit wurden diejenigen, die am tiefsten das verlorene Paradies beweinten, als erste von allerlei Ersatzhimmelreichen angezogen: von der Kommunistischen Weltrevolution oder vom Tausendjährigen Reich. Der Psychoanalytiker würde von »Fixierungen« ihrer politischen Libido an diese grellen Ersatzutopien sprechen.

Was hier gesagt wurde, soll nicht bedeuten, daß man die Wichtigkeit wirtschaftlicher Faktoren unterschätzen darf. Kein Psychiater kann Armut und Seuchen unter den riesigen Völkerschaften Asiens beseitigen. Das entscheidende aber ist, daß, bevor sich die wirtschaftlichen Bedürfnisse der Menschen in politische Handlungen umsetzen, sich ein geistiger Prozeß einschaltet und daß dieser in vielen Fällen eine Handlungsweise hervorruft, die den ursprünglichen Bedürfnissen unmittelbar entgegengesetzt ist. Die optimistischen Denker des 19. Jahrhunderts glaubten, daß die Handlungen der Massen mehr oder weniger mit deren Interessen zusammenfielen. Das 20. Jahrhundert hat uns gelehrt, daß selbst ein hochkultiviertes Volk wie das deutsche imstande ist, unter dem Antrieb einer neurotischen Zwangsvorstellung kollektiven Selbstmord zu begehen.

Vernunftgründe allein können gegen solche Zwangsvorstellungen nichts ausrichten. Es gehört zur Natur aller totalitären Glaubensrichtungen, daß sie ihren Anhängern eine emotionale Erfüllung verschaffen, ein vollständiges Erlebnis des Dazugehörens. Man erwartet von Politikern, daß sie wenigstens oberflächliche Kenntnisse von Geschichte und Wirtschaft haben. Es wird höchste Zeit, daß man sie auch veranlaßt, sich zumindest mit den Grundelementen der Psychologie vertraut zu machen und die seltsamen geistigen Kräfte zu studieren, die die Menschen veranlassen, mit solcher Verbissenheit gegen ihr eigenes Wohl zu handeln.

Die Spiele des Unbewußten

Der ungelöste Konflikt zwischen der atomistischen Psychologie der Behavioristen und der etwas schematischen Ganzheitslehre der Gestaltpsychologen drängte mich, nach einem eigenen Weg zu suchen. Dabei ließ ich mich von einem Zentralgedanken leiten: dem hierarchischen Aufbau lebender Organismen in struktureller und funktioneller Hinsicht.

Der Ausdruck »Hierarchie« wird oft gebraucht, um lediglich eine Ordnung oder eine Rangfolge zu bezeichnen – so etwa bei der »hierarchischen« Hackordnung auf dem Hühnerhof. Daneben hat das Wort aber auch noch eine andere Bedeutung – und ich werde es nur in diesem Sinn anwenden –, nämlich die einer bestimmten Organisationsform, wie es zum Beispiel die militärische Hierarchie ist, in der die strukturellen Grundelemente – die einzelnen Soldaten – in Kompanien, diese in Bataillonen, die Bataillone in Regimentern usw. zusammengeschlossen sind. Das Oberkommando der gesamten Streitmacht ist in der Spitze eines Stammbaums zusammengefaßt, der sich nach unten hin verzweigt, so daß jede Teileinheit von ihren eigenen Offizieren und Unteroffizieren kontrolliert wird und sich einer gewissen Selbständigkeit erfreut. Ähnlich ist der lebende Organismus nicht eine Anhäufung von Grundeinheiten oder elementaren Reflexen, sondern eine vielstufige Hierarchie von Atomen, Molekülen, Zellen, Geweben, Organen und Organsystemen, von denen jedes ein dem Gesamtorganismus eingegliedertes Teilganzes mit eigenem Funktionsplan ist und einerseits von höherstehenden Zentren kontrolliert wird, anderseits selbst die auf der nächstniederen Stufe stehenden Teilganzen kontrolliert. Jeder Teil in einem Organismus, sei es ein Glied oder eine Niere, ist gleichzeitig Teil und Ganzes – ein doppelgesichtiges Etwas, das sich den untergeordneten Teilen gegenüber wie ein selbständiges Ganzes und den übergeordneten Teilen gegenüber wie ein abhängiger Teil verhält.

Aus dieser Dichotomie von Teilsein und Ganzheit ergeben sich, wenn man sie richtig begreift, weitreichende Folgerungen. Einerseits muß jeder Teil seine funktionelle Autonomie bewahren und behaupten, denn sonst würde der Gesamtorganismus seinen Zusammenhalt und seine Leistungsfähigkeit einbüßen. Ich bezeichne das als *Selbstbehauptungstendenz* des Teils.

Jedes Körperorgan – Herz, Magen, Lungen, Eingeweide – hat seine eigenen Regulationsmechanismen und ist weitgehend autonom. Ein aus dem Herz eines Tieres abgetrennter Gewebsstreifen, den man in eine Nährlösung bringt, pulsiert in seinem ureigenen Rhythmus weiter. Jedes dieser Organe oder Organteile ist in gewissem Maß unabhängig, arbeitet nach einem bestimmten Rhythmus oder Schema, das sich unter allen Umständen zu behaupten sucht. Sogar die einzelne Zelle hat ihre »Organellen«, die selbständig für ihr Wachstum, die Energiezufuhr, Kommunikation, Vermehrung usw. sorgen. Anderseits werden diese autonomen Aktionsschemata des Teils durch Kontrollen auf höheren Stufen der Hierarchie aktiviert oder gehemmt; die Reaktionsbereitschaft des Teils auf diese Kontrollen ist ein Ausdruck dessen, was ich als *partizipierende Tendenz* bezeichnet habe.

Wenn wir uns von den Zellen und Organen dem ganzen Lebewesen – Mensch oder Tier – zuwenden, finden wir wiederum diese Dualität. Das Lebewesen ist ein Ganzes in bezug auf die Teile seines Körpers, aber zugleich ein Teil des sozialen Gefüges, dem es angehört. Alle höheren Formen sozialer Ordnung sind ihrerseits wieder hierarchisch: Der einzelne ist ein Teil der Familie, die Familie Teil eines Familienverbandes, dieser wiederum Teil eines Stammes, einer Kaste, eines Volkes usw.

Die Stabilität wird auf jeder Stufe der Evolutionshierarchie durch das Gleichgewicht von Kräften gesichert, die in entgegengesetzte Richtung wirken: Die eine behauptet die

Autonomie, die Selbständigkeit, Individualität des Teils, die andere sorgt dafür, daß der Teil ein abhängiges Element des Ganzen bleibt. Eine solche Auffassung bedingt keinen philosophischen Dualismus: Teilsein und Ganzheit sind komplementäre Begriffe, die sich aus der hierarchischen Organisation alles Lebendigen ableiten und gleichzeitig erlauben, einige der Grundprobleme der Psychologie unter einem neuen Blickwinkel anzugehen.

Jeder Mensch ist strukturell und funktionell ein integriertes Ganzes, gleichzeitig aber von Geburt an ein Teil der Gesellschaft. Dieser Spalt offenbart sich in den emotionalen Verhaltensweisen. Die Tendenz zur Selbstbehauptung zeigt sich in den vertrauten Symptomen von Hunger, Furcht, Zorn und in sublimierter Form als Ehrgeiz, Streben nach Erfolg und Macht. Die entgegengesetzte, auf der partizipierenden Tendenz beruhende Gruppe von Gefühlen ist gewöhnlichen Sterblichen ebenso bekannt, wird aber von der angewandten Psychologie fast völlig übergangen. In diesen Gefühlszuständen empfindet sich der Mensch als *Teil* eines größeren Ganzen, das real oder imaginär sein kann – einer sozialen Gruppe wie Stamm, Volk, Partei oder einer abstrakten Idee wie Natur, Gott oder Weltseele. Die partizipierenden Affekte können durch verschiedenartige Erlebnisse geweckt werden: durch Mozartsche Musik, demütiges Beten, Marschieren mit einem Menschenhaufen, Verliebtsein oder Betrachten des Monds durch ein Fernrohr. Vermittelt werden sie durch Prozesse, die man als Einfühlung, Übertragung, Projektion oder Identifikation bezeichnet; sie spielen bei jedem ästhetischen und religiösen Erlebnis und beim Heureka des Wissenschaftlers eine entscheidende Rolle. Das Ignorieren dieser Gruppe von Affekten während des »Mittelalters« in der Psychologie ist einer der Gründe, warum uns die Psychologie über das Wie und Warum des Schöpfertums in Wissenschaft und Kunst so wenig zu sagen hat. Die Tendenz zur Selbstbehauptung offenbart die Ganzheit des einzelnen als autonome Einheit; die partizipierenden Gefühle lassen ihn spüren, daß er einem höheren Ganzen angehört, das über die Begrenzungen des Ichs hinausgeht. Man könnte sie deshalb auch als die »selbsttranszendierenden« Affekte bezeichnen, ohne mit diesem Ausdruck irgendeine mystische Bedeutung zu verbinden.

Im allgemeinen sind unsere Gefühle gemischt und enthalten beide Tendenzen. Jenes Potpourri von Gefühlen, das wir Liebe nennen, hat stets gleichzeitig etwas Aggressives, Possessives und etwas uns selbst Übersteigendes – das gilt für alle ihre Spielarten, für die sexuelle Liebe ebenso wie für die platonische Liebe, die Mutterliebe oder die Kinderliebe. Sogar der Hunger kann in uns gemischte Gefühle wecken. Einerseits sind Beißen, Schnappen, Verschlingen Musterbeispiele der Aggression, anderseits beruhen die meisten Formen des rituellen Kannibalismus auf magischen Transsubstantiationsvorstellungen: Die Eigenschaften der Tiere, der Mut der Feinde, Leib und Blut des getöteten Gottes werden erworben und einverleibt, indem man Tier, Feind oder Gott verspeist. Nachklänge dieser Art von Gemeinschaft finden sich noch in Riten der Tischgemeinschaft, vom symbolischen Teilen von Brot und Salz bis zu den zeremoniellen Festessen bei Hochzeiten und Begräbnissen. Das Streben nach Selbsttranszendenz kann seltsame Formen annehmen.

Es kann aber auch tragische Formen zeigen. Die Identifizierung mit dem Stamm, mit einer religiösen oder politischen Bewegung oder deren Führer kann bewirken, daß die partizipierenden Tendenzen des einzelnen in den Dienst der brutalen Selbstbehauptung der Gruppe gestellt werden. Die bei fanatischen Massenausbrüchen erlebten Gefühle werden mit vielen andern geteilt und sind an sich völlig selbstlos; aber gerade weil sie selbstlos sind und man sich ihnen reinen Gewissens hingeben kann, sind sie so brutal.

Doch das Umgekehrte ist ebenso möglich: Menschen waren stets bereits, für eine Fahne oder einen Glauben nicht nur zu töten, sondern auch zu sterben. Diese Opferbereitschaft – ob sie nun einer guten, einer schlechten oder einer sinnlosen Sache dient – ist ein weiterer Beweis dafür, daß der Trieb zur Selbsttranszendenz in der Natur des Menschen ebenso stark ist wie der Selbstbehauptungstrieb.

In der Entwicklung sowohl des einzelnen wie der Kulturen äußern sich die Triebe in fortschreitend reiferer und sublimierterer Form. Die Sublimierung der Selbstbehauptungstriebe ist uns wohlbekannt, mußten wir doch alle den schmerzlichen Prozeß des Verzichts auf die tyrannische Macht der Kindheit durchleben. Ein weniger vertrauter, aber elementar wichtiger Prozeß ist die Sublimierung der selbsttranszendierenden Affekte. Historisch spiegelt er sich in der Wandlung von Magie zur Kunst.

Freud, Piaget und andere haben gezeigt, daß Kinder in den ersten Lebensmonaten zwischen dem Ich und dem Nicht-Ich, zwischen Ich und Umwelt nicht zu unterscheiden vermögen. Die Mutterbrust ist für das Kind ein vertrauterer Besitz, als die eigenen Zehen es sind. Das Kind nimmt Ereignisse wahr, nicht aber sich selbst als eine separate Einheit. Es lebt in einem Zustand psychischer Symbiose mit der Außenwelt, einer Fortsetzung der biologischen Symbiose im Mutterleib – ein Zustand, den Piaget als »protoplasmatisches Bewußtsein« bezeichnet hat. Die Welt sammelt sich im Ich, und das Ich ist die Welt.

Man kann sich diesen ursprünglichen Zustand des symbiotischen Bewußtseins vielleicht als eine Art flüssiger Welt vorstellen, die von dynamischen Strömen durchzogen wird, von der Ebbe und Flut physiologischer Bedürfnisse und vom Wirbel der Sinneswahrnehmungen; aber die Wirbel kommen und gehen, ohne vorerst dauerhafte Spuren zu hinterlassen. Allmählich weichen die Fluten zurück, die ersten Inseln der objektiven Wirklichkeit tauchen auf, aus den Inseln werden Kontinente, der feste Boden der Wirklichkeit wird abgegrenzt. Aber auch die frühere fließende Welt besteht weiter, sie umgibt das Festland, durchsetzt es mit Kanälen und Binnenseen – Überreste der frühen symbiotischen Einheit. Das ist jenes »ozeanische Gefühl«, von dem Freud sprach, das der Künstler und der Forscher auf einer höheren Windung der Spirale wiederzufinden streben.

Solange die Trennung von Ich und Nicht-Ich noch unvollständig ist, neigt das Kind dazu, Traum und Wirklichkeit, Wahrnehmung und Vorstellung zu verwechseln. Das Kind und der Primitive glauben nicht nur an die Wunder, die in Mythen und Märchen geschehen, sie glauben auch, daß sie selbst Wunder vollbringen können. Etwas herbeiwünschen bedeutet beinahe, es hervorbringen; und dieser Glaube an die Allmacht des Gedankens ist die Urquelle von Wortmagie und Symbolmagie. In der Mentalität des Primitiven wie des Kindes besteht eine symbiotische Bindung zwischen der Person und ihrem Namen, der Gottheit und ihrem Abbild, zwischen einem ersehnten Ereignis (ein Regenfall oder eine erfolgreiche Jagd) und seiner symbolischen Darstellung in Bild oder ritueller Mimik. Auf diese gleiche Quelle gehen Tanz und Gesang, die Mysterienspiele der Achäer und die Kalender der babylonischen Priesterastronomen zurück. Die Schatten in Platons Höhle symbolisieren die Einsamkeit des Menschen, die Höhlenmalereien von Lascaux seine magische Potenz.

Lascaux liegt weit zurück, aber die Inspiration des Künstlers und die Intuition des Wissenschaftlers fließen noch heute aus der gleichen Quelle – oder richtiger gesagt, aus dem gleichen unterirdischen Fluß –, denn von frühester Kindheit an führen Menschen und Dinge der Umwelt einen erbarmungslos zermürbenden Krieg gegen seine magische Welt, bis das Kind erkennt, daß Wünsche keine Berge versetzen. In unseren Träumen hingegen können sie es noch. Die symbiotische Form des Bewußtseins wird niemals völlig ausgelöscht werden, aber sie wird in die älteren, unbewußten Schichten der psychischen Hierarchie hinabgedrängt, wo die Grenzen des Ichs noch fließend oder verwischt sind. Freud hat diese psychischen Schichten mit jenen der prähistorischen Kulturen verglichen, die unter unseren heutigen Städten verborgen sind, aber wieder ausgegraben werden können. Er sah jedoch im Unbewußten hauptsächlich den pathogenen Faktor; über die Prozesse, mittels deren Intuitionen des Unbewußten zu wissenschaftlichen Entdeckungen oder künstlerischen Schöpfungen führen, hatte er wenig zu sagen.

Ehe wir uns mit diesen Prozessen näher befassen, muß ich noch einmal kurz zu meinem Ausgangspunkt zurückkehren, zur Beziehung zwischen dem Teil und dem Ganzen in der organischen Hierarchie. Der Begriff der Hierarchie bezieht sich nicht nur auf die Körperstruktur, sondern auch auf die senso-motorischen und geistigen Funktionen und Fertigkeiten. Ein Beispiel für eine komplexe Fertigkeit ist die individuelle Handschrift eines Menschen: Er mag sich bemühen, wie er will – er kann seine Schrift nie so verändern, daß ein Gerichtsexperte sich dadurch täuschen ließe. Die Struktur behauptet sich, sie führt ein autonomes Dasein, kontrolliert die untergeordneten »Teilfertigkeiten« der verschiedenen Muskeln und wird ihrerseits von höheren Zentren des Nervensystems kontrolliert.

Ein gleiches gilt für unsere Wahrnehmungsfertigkeiten, die das Rohmaterial der Erfahrung, die chaotische Vielfalt der Reize in sinnvolle Eindrücke verarbeiten. Wenn man die linke Hand in dreißig, die rechte in sechzig Zentimeter Entfernung vor die Augen hält, wirken beide gleich groß, obwohl das Netzhautbild der linken doppelt so groß ist wie das der rechten. Das Sehen ist eine komplexe Fertigkeit; sie verhilft uns dazu, daß wir die Größe, Gestalt und Farbe von Objekten als konstant wahrnehmen, obwohl ihr Netzhautbild sich dauernd ändert; sie verleiht der Sinneswahrnehmung ihren Sinn. Diese automatischen Korrekturen der Sinneswahrnehmung stellen die elementarste Stufe der Hierarchie dar, aus der sich die komplexen individuellen Wahrnehmungssysteme aufbauen. Ein Obsthändler sieht einen Apfel anders, als Picasso ihn sieht, weil die Bezugssysteme bei beiden verschieden sind. Die elementarsten Fertigkeiten, die die komplexe Kunst des Sehens ausmachen, sind uns angeboren; die höheren Fertigkeiten werden vom Säugling erlernt und allmählich zu automatischen

Prozessen, die unbewußt ablaufen: Jedermann kann radfahren, aber niemand kann genau erklären, wie man es macht.

Das gilt auch für unsere Denkfähigkeiten. Das mathematische Denken ist bestimmten Spielregeln unterworfen, ebenso das verbale Denken. Wenn ein Historiker über die Niederlage Napoleons bei Waterloo spricht, so verwendet er ein anderes Bezugssystem als der Stratege oder der Arzt, der sich an des Kaisers Leberkrankheit erinnert, oder der Astrologe, der alles durch die Konstellation der Gestirne erklärt. Jede dieser Denkwelten ist einem komplexen Gefüge von Regeln unterworfen, von denen uns manche bewußt, andere unbewußt sind. Zu den unbewußten Regeln gehören herkömmliche Anschauungen und Vorurteile, die wir stillschweigend als selbstverständlich voraussetzen; ferner die zwischen den Wörtern versteckten Regeln der Grammatik. Diese Regeln werden zumeist nicht aus theoretischen Lehrbüchern, sondern durch alltägliche Erfahrungen gelernt, so, wie ein junger Zigeuner das Geigen erlernt, ohne Noten lesen zu können. Wenn wir uns unterhalten, wenden wir die Regeln der Grammatik, der Höflichkeit und der Wald- und Wiesenlogik an; selbst wenn wir uns bewußt bemühen, fällt es uns sehr schwer, diese Regeln, die unser Denken bestimmen, genau zu definieren. Der Unterschied zwischen der Routine des Denkens und des Radfahrens ist kleiner, als unser Eigendünkel uns glauben machen möchte. Der Ablauf von beiden ist Spielregeln unterworfen, deren wir uns nur dunkel bewußt sind und die wir nicht klar zu beschreiben vermögen.

So sind alle Lebensvorgänge von der Entwicklung des Embryos bis zum symbolischen Denken bestimmten Spielregeln unterworfen, die ihnen Ordnung, Stabilität und Einheit in der Vielfalt verleihen. Diese Regeln oder »Schlüssel« des Verhaltens finden sich auf jeder Stufe der vielfältigen Hierarchie des Lebewesens, angefangen bei den Genen in den Chromosomen, die den Bauplan des zukünftigen Individuums enthalten, bis zu den »Schlüsseln« der Motorik, die den persönlichen Gang oder die Handschrift bestimmen. Der Schlüssel ist, wie wir sahen, zumeist ein Geheimschlüssel, die Spielregeln sind uns meist verborgen – Befehle, die mit unsichtbarer Tinte geschrieben sind.

Gestatten Sie, daß ich neben dem Begriff des »Schlüssels« hier noch ein zweites Wort in einem neuen begrifflichen Sinn einführe: die »Matrix«. Darunter verstehe ich Funktionen, Wahrnehmungsfertigkeiten, motorische und Denkfertigkeiten, die von bestimmten Spielregeln beherrscht sind – also einschließlich all dessen, was man im gewöhnlichen Sprachgebrauch Bezugssysteme, assoziative Zusammenhänge, Denkroutinen oder Denkwelten nennt. Beim Schachspiel sind die bestehenden Spielregeln der Schlüssel; die Matrix ist das Ensemble aller erlaubten Züge. Für welchen dieser erlaubten Züge sich der Spieler entscheidet ist eine Sache der Strategie: Sie hängt von der Umwelt ab, das heißt von der Verteilung der Schachfiguren auf dem Brett.

Oder nehmen wir ein einfacheres Beispiel: Eine Spinne hängt ihr Netz je nach Gelände an drei, vier oder mehr Punkten auf, aber die radialen und die lateralen Fäden schneiden sich stets im gleichen Winkel entsprechend dem Schlüssel, der dem Nervensystem der Spinne eingebaut ist. Die Matrix – die Fertigkeit zum Netzbau – ist elastisch: Sie paßt sich den Umweltbedingungen an; aber die Regeln des Schlüssels bleiben dabei beachtet.

Ohne diese unerläßlichen Spielregeln würde der Organismus seine Stabilität und das Denken seinen Zusammenhang verlieren – was ja im Traum tatsächlich geschieht. Andrerseits aber ist jede Form des Denkens, die sich auf eine einzige Matrix, ein einziges Bezugssystem, beschränkt, offenbar recht einseitig. Derartige Denkroutinen sind mehr oder weniger flexible Fertigkeiten, die nur solche Aufgaben zu lösen vermögen, die ihnen von der Vergangenheit her vertraut sind. Zu origineller schöpferischer Leistung ist diese Form des Denkens nicht fähig.

Wir lernen, indem wir Erfahrungen assimilieren und sie

in geordnete Schemata gruppieren. Diese Schemata unserer Wahrnehmungen, Handlungen und Gedanken sind Gewohnheiten, die sich aus dem Lernen kristallisiert haben. Der Prozeß setzt in der Kindheit ein und dauert bis ins Greisenalter. Als man den Herzog von Wellington fragte, ob er der Meinung beipflichte, daß die Gewohnheit die zweite Natur des Menschen sei, rief er: »Die zweite Natur? Sie ist zehnmal Natur!«

Unsere Fertigkeiten sind mehr oder minder elastisch. Wiederholt man jedoch die gleiche Tätigkeit oft in derselben Umgebung, dann büßt die Fertigkeit ihre Elastizität allmählich ein und wird starr und stereotyp wie die Tätigkeit eines Automaten. Glücklicherweise ist aber unsere Umgebung niemals genau die gleiche, so daß immer ein gewisses Maß der Anpassung des Fertigkeitsschemas an die veränderlichen Bedingungen erforderlich ist. Menschen und Tiere leben in ständiger Wechselwirkung mit ihrer Umgebung, deren Anforderungen unterschiedlicher Intensität sind. Dies führt zu Spannungen innerhalb des Organismus, die jedoch unter normalen Bedingungen von vorübergehender Natur sind. Geht aber die an den Organismus gestellte Forderung über einen kritischen Grenzwert hinaus, so kann dies zu traumatischen Schäden struktureller oder funktioneller Natur führen, die entweder irreparabel sind oder behoben werden können. Das erfordert allerdings die Reorganisierung der beschädigten Struktur oder der gestörten Funktionen durch Prozesse jenseits der normalen Anpassungsroutinen des Organismus. Solche superflexiblen Anpassungsprozesse oder »Adaptationen zweiter Ordnung« fallen unter den Begriff der biologischen Regeneration.

Ein zeitgenössischer Biologe, Joseph Needham, hat den Regenerationsprozeß als eines der eindrucksvollsten Kunststücke im Repertoire lebender Organismen bezeichnet. In der Tat offenbart der Regenerationsprozeß, daß in Tier und Mensch ungeahnte Schöpferkräfte existieren, die unter normalen Bedingungen nicht in Erscheinung treten.

Manche niedere Tierarten, so zum Beispiel der Plattwurm und der Süßwasserpolyp, haben die Fähigkeit, aus einem fast beliebig kleinen Fragment ein neues Individuum hervorzubringen. Unter den Wirbeltieren können Salamander und Wassermolche Augen, Lungen und Extremitäten regenerieren. Summarisch und etwas vereinfacht ausgedrückt, besteht der Regenerationsprozeß in diesen Fällen darin, daß sie die Zellen am Amputationsstumpf zu einem quasi embryonalen Zustand zurückbilden, sich also »entdifferenzieren«, wodurch ihre ursprünglichen Wachstumspotenzen freigesetzt werden – Potenzen, die im differenzierten spezialisierten Gewebe normalerweise unterbunden sind. Denn je mehr sich die Zelle im Laufe ihrer Entwicklungsgeschichte spezialisiert, um so mehr büßt sie natürlich von ihrem einstmals unbeschränkten Wachstumspotential ein. Spezialisierung geht halt leider immer auf Kosten der schöpferischen Potenz.

Um zusammenzufassen: Die Zellgewebe in dem sich regenerierenden Fragment des Wurms oder in dem neusprießenden Salamanderfuß entwickeln sich gleichsam zurück, um wieder neu anfangen zu können. Dieses *reculer pour mieux sauter* – ein Zurückweichen, um zum Sprung anzusetzen – ist eine fundamentale Erscheinung in der Biologie und Psychologie, die für das Verständnis des schöpferischen Prozesses von entscheidender Bedeutung ist.

Auf den ersten Blick besteht kein sichtbarer Zusammenhang zwischen dem Prozeß, durch den ein Wassermolch sein verlorenes Auge neu konstruiert, und der schöpferischen Tätigkeit des Menschen. Wenn wir aber von den niederen zu den höheren Tieren übergehen, ergibt sich ein steter Übergang: Schrittweise nimmt die Fähigkeit ab, verlorene Körperteile zu ersetzen; an ihre Stelle tritt das Vermögen, organische Schäden durch ebenso dramatische Reorganisationen funktioneller Fertigkeiten zu kompensieren. So hat zum Beispiel der amerikanische Neurologe Lashley in einer klassischen Versuchsreihe gezeigt, daß bei

Ratten kurze Zeit nach der Exstirpation desjenigen Hirnrindenabschnitts, der normalerweise im Dienst der optischen Wahrnehmung steht, andere Teile des Gehirns die Funktionen des verlorenen Abschnitts übernahmen. Ähnliche sozusagen originelle Leistungen – man könnte von »Superadaptation« sprechen – wurden bei einer Anzahl anderer Tierarten beobachtet, von der Honigbiene bis zum Schimpansen.

Lassen Sie mich nur noch ein Beispiel nennen: Wespen einer bestimmten Art bauen Zellreihen aus Lehm, legen in jede Zelle ein Ei, deponieren Futter für die Larve, die sich aus dem Ei entwickelt, und versiegeln dann die Zelle mit Lehm. Der Bau dieser Zellenreihen oder Waben erfolgt immer von der Außenseite her. Wenn der Versuchsleiter nun eine Zelle so beschädigt, daß die Reparatur von außen unmöglich ist, versucht die Wespe stundenlang vergeblich, sie nach der einzigen ihr bekannten Methode auszubessern. Plötzlich aber kommt ihr gleichsam eine Erleuchtung: Sie stellt ihre nutzlosen Versuche ein, untersucht beide Seiten der Wabe und bessert dann rasch von innen her die Zelle aus – obwohl sie das nie zuvor getan hat.

Bei der Ratte ging der Reiz von einer physischen Verstümmelung aus, bei der Wespe von einer Aufgabe, die mittels ihres üblichen Repertoires von Fertigkeiten nicht zu lösen war, also von einer Art psychischen Traumas. Bei Wolfgang Köhlers Experimenten, über die wir im letzten Vortrag gehört haben, wurden den Schimpansen gleichfalls Aufgaben gestellt, die sozusagen einen Schritt jenseits ihre natürlichen Fertigkeitsrepertoires lagen.

Wenden wir uns nun endlich dem Menschen zu. Im Fall des Wissenschaftlers erfolgt die traumatische Herausforderung durch neue Beobachtungsfakten, die seine Theorie in einem irreparablen Grad verstümmeln, durch Beobachtungen, die sich zu widersprechen scheinen, durch Probleme, die nicht mit den herkömmlichen Methoden lösbar sind. Der Künstler seinerseits steht vor der Aufgabe, Erlebnisse und Empfindungen darzustellen, die sich wegen ihrer Intensität oder Neuartigkeit nicht mittels traditioneller Techniken darstellen lassen – er soll das Unaussprechliche zum Ereignis machen. Schließlich haben wir den Neurotiker, der mit seinen Träumen nicht fertig wird. Hier ist es Sinn und Zweck der Psychotherapie, ihn durch eine zeitweise Regression auf unbewußte frühere Entwicklungsstufen zurückzuführen, um ihm so die Möglichkeit zu geben, zu einer ausgeglicheneren Persönlichkeit zu regenerieren.

Von diesem Standpunkt aus stellt sich der schöpferische Akt als eine Art unbewußter Psychotherapie dar. Denn der Schöpfungsakt beginnt ja ebenfalls mit einer Art *reculer pour mieux sauter*. Er stellt eine Antwort auf intellektuelle oder emotionelle Herausforderungen dar, die nicht mittels konventioneller Spielregeln beantwortet werden können. Nun haben aber solche Spielregeln, die nicht länger anwendbar sind, die Tendenz, zu beharren und sich auf Kosten der Realität zu behaupten, bis sie schließlich zu Zwangsjacken des Denkens werden. Man kann ihnen nur entrinnen, indem man einen Rückzug antritt und in weniger starre, undifferenziertere Schichten der psychischen Hierarchie hinabsteigt, wo man die Welt durch unschuldige Augen zu sehen lernt. Das ist aber nur möglich, wenn man zeitweilig in die tieferen Schichten des Unbewußten taucht. Über das, was dort vor sich geht, wissen wir nur indirekt aus Träumen, dem Studium der Psychosen und der Psychologie des frühen Kindesalters. Diese lehren uns, daß in den tiefen Schichten der Psyche scheinbare Widersprüche friedlich nebeneinander bestehen können, scheinbar unvereinbare Ideen zu gültigen Synthesen gebracht und verborgene Analogien aufgedeckt werden können. In pathologischen Zuständen verwirren die Spiele des Unbewußten die geordneten Denkgewohnheiten – ein *reculer sans sauter*. In seltenen begnadeten Augenblicken jedoch befreien sie den Geist aus seiner Zwangsjacke und setzen seine schöpferischen Potenzen frei.

Wir haben gesehen, daß dieser Prozeß bereits auf einer niederen Entwicklungsstufe angedeutet ist: Die Regenerationserscheinungen setzen Wachstumspotenzen frei, die im erwachsenen Individuum normalerweise unterbunden sind. Umgekehrt finden wir auf einer höheren Entwicklungsstufe die Widerspiegelung des gleichen Prozesses im Mythos von Tod und Wiedergeburt: Der Kulturheld zieht sich von der Welt zurück und kehrt bereichert wieder; Joseph wird in den Brunnen geworfen, Jesus steht aus dem Grabe auf, Buddha und Mohammed gehen in die Wüste. Jungs »Nachtreise« und Toynbees »Withdrawal and Return« sind Variationen des gleichen Urmotivs. Offenbar ist *reculer pour mieux sauter* ein universell gültiges Prinzip in der Entwicklung sowohl der Individuen als ganzer Kulturen: ein Vorstoß in die Zukunft durch Rückkoppelung von Vergangenheit.

Kostproben des Irrsinns

Vor einigen Wochen erhielt ich einen Brief mit dem Absender Divinity Avenue, Cambridge, Massachusetts. Diese symbolträchtige Adresse hat das Center for Research in Personality (Zentrum für Persönlichkeitsforschung) der Harvard University. Der Schreiber war ein Freund[1], ein amerikanischer Psychiater, der in diesem Institut arbeitet. Er schrieb mir:

Lieber Koestler,
hier geschehen Dingen, die Dich, meiner Ansicht nach, sicher interessieren werden. Der große, neue, heiße Hit in vielen amerikanischen Kreisen heißt DROGEN. Schon davon gehört?
Ich bin mit »der Szene« auf die denkbar honorigste Weise in Kontakt gekommen. Den letzten Sommer verbrachte ich in Mexiko. An einem Wochenende brachte ein befreundeter Anthropologe eine Tüte Pilze mit, die er irgendeiner Hexe abgekauft hatte. Zauberpilze. Ich hatte nie davon gehört, aber da ich ein höflicher Mensch bin, setzte ich mich zu der Gruppe, die sie verzehrte. Wow! Lernte in sechs Stunden mehr als in den vergangenen sechzehn Jahren. Visuelle Verwandlungen. Dahin war der Wahrnehmungsmechanismus, der unser Bild von der Realität verfälscht. Intuitive Verwandlungen. Dahin war der geistige Mechanismus, der die Welt in Abstraktionen und Begriffe zerlegt. Emotionale Verwandlungen. Dahin ist der Gefühlsmechanismus, der dazu führt, daß wir uns das Leben durch persönlichen Ehrgeiz und kleinliche Wünsche schwermachen.
Wieder in den USA, habe ich die letzten sechs Monate damit verbracht, die Sache weiterzuverfolgen. Arbeitete mit Aldous Huxley, Alan Watts, dem Zen-Buddhisten, und Allen Ginsberg, dem Dichter. Wir glauben, daß die

Extrakte der Kakteenart Peyote (Meskalin) und der erwähnten Pilze (Psilocybin) Möglichkeiten zur Erweiterung des Bewußtseins bieten, die Sinneswahrnehmungen verändern, die Kontrolle der Ratio reduzieren. Dem Menschen, der dazu bereit ist, bieten sie eine die Seele erschütternde mystische Erfahrung. Erinnerst Du Dich an Deine Visionen im Franco-Gefängnis? Sie waren dem, was wir hier erzeugen, sehr ähnlich. Wir hatten Fälle von Hausfrauen, die nie von Zen gehört hatten und nun *satori* (Erleuchtung) erfuhren und es beschrieben ... Wir empfehlen diese Erfahrung besonders kreativen Menschen an: Künstlern, Dichtern, Schriftstellern, Gelehrten. Indem wir ihnen dann zuhörten, haben wir eine Menge gelernt ... Wir versuchen auch, diese Erfahrung auf seriöse Weise in die Universitätscurricula einzubauen ... Wenn es Dich interessiert, werde ich Dir einige Pilze schicken ... Ich würde gern von Deiner Reaktion darauf erfahren ...

Kurz danach fuhr ich in die Staaten, um an einer Tagung der Medizinischen Fakultät der University of California in San Francisco teilzunehmen. Eines der Hauptthemen der Tagung war »Der Einfluß von Drogen auf das Individuum«. Das war gar kein so großer Zufall, denn heute scheint eine überraschend große Zahl von Amerikanern, Konservative wie Progressive, Drogen im Kopf zu haben: erstere, weil sie sich über Gehirnwäsche und Raumfahrttraining Gedanken machen; letztere, weil Drogen eine raketengleiche Flucht aus der Realität ermöglichen; die Manager, weil Tranquilizer besser wirken als Aspirin und Vitamintabletten, die Mediziner, weil einige der neuen Drogen bei der Behandlung von Geisteskrankheiten eine Revolution in Form einer »chemischen Chirurgie« verheißen; und die Frustrierten aller Gesellschaftsschichten, weil Drogen eine Art Do-it-yourself-Heilung versprechen. Somit kommt es zu einer Vermengung von Motiven und einer Inflation wissenschaftlicher Drogenforschungsprojekte, die in verschwenderischer Weise von Regierungsagenturen, Universitäten und Stiftungen finanziert werden.

Auf dem Weg von San Francisco zu meinem Freund in Cambridge (Mass.) machte ich einige Tage in Ann Arbor Station. Ich war von der dortigen Universität von Michigan aus ganz anderen Gründen eingeladen worden, aber am ersten Morgen meines Besuches kam das Thema der Zauberpilze auf. Der mit der Pilzerforschung beauftragte Psychiater war ein ruhiger, liebenswürdiger, unamerikanischer Engländer. Aufgrund eigener Erfahrungen und Experimenten mit zehn Testpersonen brachte er die vorläufige Meinung vor, daß die Wirkung des Pilzes, verglichen mit den modischen Wunderdrogen Meskalin und Lysergsäure, relativ harmlos sei und sich auf angenehme, euphorische Zustände beschränke.

Es ist bekannt, daß die seelische Voraussetzung, die Stimmung, in der man die Pforten zum Pilzland durchschreitet, die Art der dort gemachten Erfahrungen entscheidend mitbestimmt. Da Dr. P. ein so netter Mensch war und die Atmosphäre in seiner Klinik mir angenehm schien, stellte ich mich als Versuchskaninchen zur Verfügung – obwohl ich meinem begeisterten Harvarder Freund gegenüber Gewissensbisse hegte. Wir legten den Zeitpunkt des Experiments fest, und mir wurde – da ich etwa sechs Stunden unter Einfluß der Droge stehen würde – geraten, für diesen Tag bis zum Abend keine Verabredungen zu treffen.

Kurz bevor ich an dem vereinbarten Tag morgens erwachte, hatte ich einen Traum, der für das Folgende bezeichnend ist. Ich sah einen großen Tonkrug vor mir stehen, in ihm hockte ein Mann, von dem über dem Rand des Kruges nur der Kopf sichtbar war; die Farbe seines Gesichtes war gelblich-braun; er schien große Schmerzen zu leiden, wirkte aber ergeben. Eine sachliche Stimme erklärte mir, dies sei der heilige Michael, der gerade sein Martyrium erleide und jetzt herausgenommen und in einen anderen Krug gesetzt werden sollte, um dort lebendig in siedendes

Öl getaucht zu werden. Ich erwachte mit einer leichten Übelkeit und bezog den Traum sofort auf ein Erlebnis vom Vortag. In einem der Labors für Experimentalpsychologie hatte ich einen Affenkopf gesehen – der Körper war hinter einer Verschalung verborgen, so daß nur der Kopf sichtbar blieb. In den Schädel des Tieres war ein elektrischer Stecker eingesetzt worden, und von da aus führte ein Kabel zur Zimmerdecke. Der angeschlossene Kopf war vollkommen, ja unnatürlich ruhig (der Körper steckte in einer Zwangsjacke); nur die Augen, so alt wie die Methusalems, kugelten sich in ihren Höhlen, um gelassen und resigniert den Bewegungen des Besuchers zu folgen.

Ich beeile mich, dem Leser zu versichern, daß, so weit die menschliche Erkenntnis reicht, Affen bei solchen Experimenten keine Schmerzen leiden. Der Stecker ist mit Elektroden verbunden, die unter Anästhesie ins Hirn eingeführt werden, und, einmal an Ort und Stelle, verursachen sie weder Schmerz noch Unbehagen. Der Zweck des Experiments geht uns hier nichts an. Ich hatte vorher darüber gelesen; trotzdem erfüllte mich der Anblick des kleinen traurigen Kopfes, aus dessen Fell der elektrische Stecker herausragte, mit einer undefinierbaren Angst; daher der Traum über das Martyrium des heiligen Michael. Und so kam es, daß ich mich in das Pilzexperiment in einem – wie die Psychiater sagen – deprimierten Zustand »fluktuierender Angst« begab.

Der Pilz wird in der synthetischen Form kleiner rosa Pillen geschluckt; sie sehen harmlos aus und haben einen bitteren Geschmack. Ich schluckte neun davon (18 Milligramm Psilocybin), die für eine Person meines Gewichts berechnete Dosis. Die Wirkung sollte nach dreißig Minuten eintreten und nach etwa einer Stunde ihren Höhepunkt erreichen.

Trotzdem war fast eine Stunde lang gar nichts zu spüren. Ich unterhielt mich mit Dr. P. und einem seiner Assistenten, zuerst in seinem Büro, dann in einem Zimmer, das mit einer bequemen Couch und einem Tonbandgerät ausgestattet war; nach einer Weile wurde ich dort allein gelassen, doch schaute Dr. P. von Zeit zu Zeit herein. Ich legte mich auf die Couch, und bald begann ich jene Art Phänomene zu erleben, die wiederholt von Leuten, die Meskalin ausprobiert haben, beschrieben worden sind. Wenn ich die Augen schloß, sah ich leuchtende, sich bewegende Muster von großer Schönheit, was sehr angenehm war; dann verwandelten sich die Muster in Planarien – eine Plattwurmart, die ich am Vortag in einem anderen Labor unter dem Mikroskop beobachtet hatte; doch neigten die Würmer dazu, die Gestalt von Drachen anzunehmen, was weniger angenehm war. Deshalb verließ ich die Show, indem ich einfach die Augen öffnete.

Dann versuchte ich es nochmals, indem ich den starken Strahl der Tischlampe direkt auf meine geschlossenen Augenlider richtete. Was ich sah, war ziemlich eindrucksvoll – so etwas wie die explosiven Malereien von Schizophrenen oder Bilder aus Walt Disneys *Fantasia*. Über meinem Haupt erschien ein Flammenwirbel, der Trichter eines Tornados, der mich nach oben zog; mit etwas Autosuggestion und Selbstdramatisierung hätte ich das als Vision meiner selbst als Prophet Elias bezeichnen können, der durch einen Wirbelwind gen Himmel emporgetragen wird. Doch hatte ich das Gefühl, daß solche Visionen etwas billig erkauft seien (»Carters kleine Pilze sind die besten, mystische Erfahrung wird garantiert. Bei Nichteintreten erhalten Sie Ihr Geld zurück«). So verließ ich abermals die Show, indem ich mich zwang, die Augen zu öffnen. Das ging wieder ganz einfach, und ich beglückwünschte mich zu meiner nüchternen Selbstkontrolle, zu meiner funktionierenden Ratio, die sich nicht von kleinen Pillen hinters Licht führen ließ.

Doch sah der Raum jetzt, selbst bei geöffneten Augen, ganz anders aus. Die Farben waren nicht nur leuchtender und glänzender geworden, sondern unterschieden sich auch in der Qualität von den vorher gesehenen. Sie lagen jenseits des normalerweise sichtbaren Spektrums, und um sie zu bezeichnen, hätte man neue Wörter erfinden müssen

– so würde ich sagen, daß die Wände »brün«, die Vorhänge »dunker« und der Himmel draußen »smarald« waren. Auch war eine der Wände konkav gewölbt, wie die Innenseite eines Fasses; die Gipsstatue der Venus von Milo hatte ein Grinsen aufgesetzt, und die gerade Linie ihres Sockels war jetzt gekrümmt, was mir ein besonders gelungener Scherz zu sein schien. Aber das alles hatte nicht das geringste mit der schwankenden Welt des Berauschtseins gemein, denn der verwandelte Raum war in eine Unterwasserstille getaucht, in der das leichte Summen des Tonbandgerätes aufdringlich laut klang, und die sonst kaum sichtbare Bewegung der Vorhänge wurde zu einem Ballett fließender Falten (die Wellenlinien wurden von der Warmluft verursacht, die von der Zentralheizung hochstieg). Ein schmaler Streifen der sich drehenden Spule des Tonbandgeräts reflektierte alle paar Sekunden das Licht der Lampe; dieser vorher unbemerkte, schwache, unterbrochene Lichtschein am Rande meines Gesichtsfelds wurde zum kreisenden Lichtstrahl eines Leuchtturms. Dieses Absinken der Reizschwelle und gleichzeitige Ansteigen der Intensität und emotionalen Bedeutung von Wahrnehmungen ist eines der grundlegenden Phänomene des Pilzuniversums. Das unterbrochene Lichtsignal der sich langsam drehenden Spule wurde wichtig, bedeutungsvoll und mysteriös; es enthielt eine geheime Botschaft. Später erinnerte ich mich mit mitfühlendem Verstehen an die Phantasien von Paranoikern von versteckten elektrischen Maschinen, die ihre Feinde aufgestellt hätten, um böse Strahlungen und Einflüsse zu erzeugen.

Das Lichtsignale aussendende Tonbandgerät war das erste Symptom eines chemisch erzeugten Zustandes von Geistesstörung. Die volle Wirkung kam mit tückischer Sanftheit und Plötzlichkeit. Dr. P. kam ins Zimmer, und eine Minute später oder zwei sah ich völlig klar: Ich erkannte, wie töricht ich gewesen war, mich von seinen listigen Machenschaften hereinlegen zu lassen. Denn während dieser kurzen Zeitspanne hatte er selbst eine unglaubliche

Verwandlung durchgemacht.

Zum Beispiel hatte seine Gesichtsfarbe einen gelblich-braunen Ton angenommen – die Farbe des Affen mit dem elektrischen Stecker am Kopf. Er stand in einer Ecke des Zimmers mit dem Rücken zur Wand, und während ich ihn anstarrte, spaltete sein Gesicht sich in zwei Teile, so wie bei einer Zellteilung. Es oszillierte eine Weile, fügte sich dann wieder zu einer Einheit zusammen, und diesmal war die Metamorphose vollständig. Eine kleine Halsnarbe, die mir früher kaum aufgefallen war, klaffte weit offen und schien das Fleisch des Kinnes zu spalten, ein Ohr war zusammengeschrumpft, das andere um mindestens zehn Zentimeter gewachsen, das Gesicht war zu einer blöde grinsenden, widerlichen Fratze geworden. Dann verwandelte es sich wieder in eine andere Art von Hogarth-Karikatur, und diese Verwandlungen dauerten, wie mir schien, mehrere Minuten.

Die ganze Zeit über blieb der Körper des Doktors unverändert, die Halluzinationen beschränkten sich auf die Stelle vom Hals aufwärts; sie waren auch völlig zweidimensional, die Gesichter wirkten wie aus Karton geschnitten. Das Phänomen war in der Ecke des Raumes am stärksten, in der es zuerst aufgetreten war, und verschwamm trotz einheitlicher Beleuchtung des Raumes, wenn er sich woandershin bewegte, in weniger verzerrte Spiegeleffekte. Das gleiche geschah, als andere Mitarbeiter des Teams dazukamen. Einer von ihnen, der joviale Dr. F., wurde in ein so grausiges Zerrbild verwandelt – in einen Mongolen, der mit gebrochenem Hals an einem unsichtbaren Galgen hing –, daß ich fürchtete, mir würde übel werden; doch ich konnte nicht vermeiden, ihn anzustarren. Wir standen in der »bösen Ecke« einander gegenüber, und ich muß wohl mit meinen von der Droge erweiterten Pupillen furchterregend ausgesehen haben, denn er fragte mich verlegen: »Warum starren Sie mich so an?« Schließlich sagte ich: »Wir wollen um Gottes willen damit aufhören«, und wir begaben uns in einen anderen Teil des Zimmers, wo die Wirkung sich weitgehend abschwächte.

Wie die letzte Äußerung erkennen läßt, hatte ich mein Verhalten noch unter Kontrolle, und so blieb es auch während des ganzen drei- bis vierstündigen Experiments. Dagegen hatte ich vollständig die Kontrolle über meine Umweltwahrnehmung verloren. Ich versuchte immer wieder, »die Show zu verlassen«, was mir während der ersten Stadien auf der Couch noch gelungen war. Jetzt kam ich gegen die Wahngebilde nicht mehr an. Ich wiederholte mir immer wieder, »aber das sind nette freundliche Leute, sie sind deine Freunde« und so weiter. Das hatte auf die plötzlichen unerbittlichen optischen Verzerrungen überhaupt keine Auswirkung. In einem bestimmten Stadium gingen sie von den Gesichtern der anderen auf meine eigene rechte Hand über, die zusammenschrumpfte, verkrüppelte, und auf die Metallstangen der Tischlampe, die sich zu den Klauen eines Raubvogels krümmte. Dann bat ich, mir einen Spiegel zu bringen, in dem ich das Bildnis des Dorian Gray zu sehen erwartete. Doch seltsamerweise hatte mein Gesicht sich nicht verändert.

Nach ein oder zwei Stunden (unter dem Einfluß der Droge kommt die innere Uhr völlig durcheinander) begann die Wirkung abzuflauen. Sie gaben mir ein Sedativ und brachten mich nach einiger Zeit ins Hotel zurück, wo ich im Restaurant mit einem der Ärzte eine Mahlzeit einnahm. Die Welt war wieder normal, abgesehen von ein oder zwei Minuten, wo der Kopf des Doktors über den Eßtisch hinweg ein oder zwei schnelle Verwandlungen durchmachte. Diese waren jedoch nicht mehr beängstigend, sondern glichen eher den brillanten Charaktertypen-Darstellungen eines Schauspielers in rascher Folge – von denen alle, das fühlte ich mit tiefer innerlicher Überzeugung, verschiedene Aspekte der Persönlichkeit des Doktors veranschaulichten. Diese Überzeugung, die Gabe des zweiten Gesichts zu besitzen, fähig zu sein, den verborgenen Charakter einer Person nicht nur zu erkennen, sondern zu *sehen*, so, als ob er auf eine Leinwand projiziert würde, ist ein weiteres typisches Symptom bei gewissen Formen der Schizophrenie.

Ich spürte noch eine Zeitlang mehrere schwache Rückfälle dieser Art. Die Gesichter von Freunden oder Fremden konnten für einen Augenblick unwirklich werden, wie Projektionen einer Laterna Magica, und gleichzeitig ihre innersten Geheimnisse enthüllen – doch gelang es mir nie, auszudrücken oder zu definieren, was mir dabei enthüllt worden war. Das war die einzige Nachwirkung des Experiments, deren ich mir bewußt bin. Sie dauerte etwa eine Woche an.

Wenn der Geist in verschiedene Teile aufgespalten ist, von denen einige mehr oder weniger normal funktionieren, während andere gestört sind, lebt man in einer Welt der Paradoxa. Manchmal hatte ich für Augenblicke den Eindruck, in eine Falle gelockt worden zu sein, vermeinte, daß die bösartigen Gesichter um mich herum irgendwie mit der Gestapo oder der GPU in Verbindung stünden, und es war ein Trost zu wissen, daß sich das Zimmer im Erdgeschoß befand, so daß ich mich, wenn es zum Schlimmsten kommen sollte, aus dem Fenster stürzen konnte. Nach ein paar Sekunden gelang es mir immer wieder, davon loszukommen, indem ich mir einredete, all dies sei eine Täuschung; aber die *optischen* Trugbilder bestanden trotz meines besseren Wissens weiter, und ihnen gegenüber war ich machtlos. Das Schreckliche des Experiments liegt nicht so sehr in den Erscheinungen selbst als in den Momenten des panischen Verdachtes, dieser Zustand könne unabänderlich sein.

Und dieser Verdacht ist nicht ganz unbegründet. Ein Mitglied des medizinischen Forschungsteams, mit dem ich zusammentraf, hatte versehentlich eine Überdosis dieser Pillen eingenommen und als Ergebnis ein oder zwei Monate lang an einem schubweise auftretenden Verfolgungswahn gelitten. Ich kenne zwei andere Personen, die bei unzulänglicher medizinischer Aufsicht experimentierten und vorübergehend in einer psychiatrischen Klinik behandelt werden mußten. Das sind jedoch Ausnahmen. Ich habe zuvor erwähnt, daß alle früheren Versuchspersonen des Dr. P. positive, euphorische Erfahrungen gemacht hatten. Ich »unterbrach die Reihe«, wie er am nächsten Tag beim Abschiedstrunk betrübt bemerkte. Das gleiche gilt für die Mehrheit der von dem Harvard-Team getesteten Personen. Die Gründe, warum ausgerechnet ich so ungute Erfahrungen gemacht hatte, stehen in Zusammenhang mit dem Affen und dem nachfolgenden Traum; das waren eben schlechte Voraussetzungen. Wenn man dazu die Last früherer Erfahrungen als politischer Häftling, die Belastungen durch Gehirnwäsche, Folter und erzwungene Geständnisse hinzufügt, scheint offensichtlich, daß ich zum Versuchskaninchen wenig taugte – außer vielleicht, um zu demonstrieren, was das Pilzland der falschen Art von Versuchspersonen antun *kann*. Die Phantomgesichter waren offensichtlich Projektionen eines tief verwurzelten Ressentiments gegen das »Eingefangenwerden« in einer Situation, die symbolische Ähnlichkeit mit der Beziehung zwischen Gefangenem und Inquisitor, Affen und Experimentator, Opfer und Verfolger hatte. Der arme Dr. P. und seine netten Kollegen wurden zu dem, was sie selbst einen »negativen Transfer« nennen würden, und dienten als Projektionsleinwand für Lichtbilder aus meiner Vergangenheit, die im Unterbewußtsein gespeichert waren. Ich vermute, daß eine beträchtliche Anzahl von Leuten, die es mit einem chemischen Lift zum Himmel versuchen, sich bei der Landung ganz woanders wiederfindet. Das mag auf Veranlagung oder Zufall zurückzuführen sein – auch falscher Zeitpunkt oder Umgebung des Experiments holen aus dem Speicher die falsche Art von Bildern hervor –, auch der erfahrenste experimentelle Psychiater vermag weder die Kontrolle über alle Wechselfälle der Situation zu behalten noch das Ergebnis vorauszusagen.

Ich will die kleinen Risiken bei ordnungsgemäß überwachten, legitimen Forschungsexperimenten nicht übertreiben, und ich glaube auch, daß jeder klinische Psychiater aus wenigen Experimenten mit einer zeitweilig chemisch induzierten Psychose unermeßlichen Gewinn erzielen kann, der ihn befähigt, die Vorgänge mit den Augen seines Patienten zu sehen. Aber ich teile nicht den Glauben der Enthusiasten, daß Meskalin oder Psilocybin, sogar unter günstigsten Umständen eingenommen, Künstlern, Schriftstellern oder den Eleven mystischer Weisheit neue Einsichten oder Offenbarungen transzendentaler Art vermitteln können.

Ich bewundere Aldous Huxley zutiefst, sowohl seine Philosophie als auch seine kompromißlose Aufrichtigkeit. Aber ich kann ihm nicht folgen, wenn er sich dafür einsetzt, »die Pforten zu einer andern Welt chemisch aufzuschließen«, oder wenn er den Glauben äußert, Drogen könnten das bewirken, »was katholische Theologen als spontane Gnade bezeichnen«. Chemisch verursachte Sinnestäuschungen, Halluzinationen und Verzückungen mögen erschreckend oder wunderbar befriedigend wirken; in beiden Fällen handelt es sich um Manipulationen, die dem Nervensystem einen Streich spielen.

Vor mir habe ich eine von dem Harvard-Forschungsteam zusammengestellte Akte, die Aufzeichnungen verschiedener Wissenschaftler und Schriftsteller enthält, die unter dem Einfluß der Droge oder kurz danach niedergeschrieben wurden. Der erste Report, von einem bekannten Romanschriftsteller, beginnt so:

Im großen und ganzen fühle ich mich wie ein Khan auf einem fliegenden Teppich mit meinen illustren Statthaltern und Göttern ... ein etwas altertümliches Gefühl über alte Ghouls im Gras und Tempel, genau wie die Empfindungen, als ich mich, auf einem Floß durch den Xochimilco-Park von Mexiko dahintreibend, mit Pulque betrank ...

Der zweite Beitrag, von einem jungen Autor, beginnt:

Liebe ... Erfahrungen mit Psilocybin in mir sind sehr wohlschmeckend & eßbar gewesen, & wenn die Wirkungen eintreten, oh, dann bin ich in der Mitte dieses sich ständig erweiternden Kosmos von vibrierendem Summen und Wünschen & Verlangen Schauerdraamen wie von Schäksbier, bin dabei, die Bühne zu betreten & mitzuspielen. Irgendwie machen diese Pillen die Seel wirklicher ...(Die Rechtschreibung ist ein halbbewußter Manierismus, der oft durch die Droge erzeugt wird.)

Der dritte Beitrag ist der Anfang eines Gedichts, ebenfalls von einem bekannten Schriftsteller, *Lysergsäure (Gott gesehen in wahrer Vorstellung)* überschrieben:

Er ist ein vielmillionenäugiges Ungeheuer / er ist verborgen in allen seinen Elefanten und Ichs / er summet in der elektrischen Schreibmaschine / er ist an sich selbst angeschlossene Elektrizität, als wenn er Drähte hätte / er ist ein großes Spinnennetz / und ich bin auf dem letztmillionsten unendlichen Tentakel des Spinnennetzes ...

Einige Berichte der Akte sind nüchterner konzipiert, doch hat kein einziger Artikel irgendeinen künstlerischen oder theoretischen Wert, und die durch Drogeneinwirkung hervorgebrachten Produkte liegen allesamt weit unter dem normalen Niveau der Schriftsteller (Huxleys Bericht befand sich nicht in dem Dossier).

Während ich das Material durcharbeitete, erinnerte ich mich an eine Geschichte, die mir einst George Orwell erzählte (ich weiß nicht, ob er sie veröffentlicht hat): Einer seiner Freunde rauchte, als er im Fernen Osten lebte, jeden Abend mehrere Pfeifen Opium, und jeden Abend klang ein einziger Satz in sein Ohr, der das ganze Geheimnis des Universums enthielt; doch in seiner Euphorie konnte er sich nicht zur Niederschrift entschließen, und am Morgen war er vergessen. Eines Abends gelang es ihm schließlich doch, den Zaubersatz aufzunotieren, und am Morgen las er:

»Die Banane ist groß, doch ihre Schale ist noch größer.«

Ich erlebte eine ähnliche Offenbarung, als ich die Pilze unter günstigeren Umständen und entspannter zum zweiten Mal einnahm. Es geschah im Appartement meines Freundes von der Harvard University, aus dessen Brief ich eingangs zitiert habe. Wir saßen nach dem Abendessen zu sechst beim Wein zusammen und nahmen alle verschiedene Quantitäten der Pille zu uns. Diesmal nahm ich etwas mehr (22 oder 24 Milligramm, ich kann es nicht mehr sagen). Wieder stellten sich Trugbilder ein: Der Raum weitete und verengte sich auf ganz sonderbare Weise, wie eine langsam gespielte Ziehharmonika; doch die Gesichter um mich herum verwandelten sich nur wenig und auf angenehme Art; sie wurden schöner. Dann kam der Augenblick der Wahrheit: ein Stück Kammermusik, auf einem Tonbandgerät abgespielt. Nie zuvor hatte ich Musik so dargeboten gehört, ich verstand plötzlich das eigentliche Wesen der Musik, das Geheimnis ihres Zaubers; die Harmonie der Sphären wurde mir bewußt. Leider war ich am nächsten Tag nicht in der Lage, anzugeben, ob es eine Symphonie, ein Quintett oder ein Trio gewesen war und ob es von Mendelssohn oder Bach stammte. Ebensogut hätte ich Liberace hören können. Mit echter Würdigung von Musik hatte das also nichts zu tun gehabt; meine Seele war einfach in kosmisches Schmalz eingetaucht. Ich sah die Dinge wieder ganz nüchtern, obwohl ein anderer Pilzesser – ein amerikanischer Schriftsteller, den ich sonst recht gern mochte – von kosmischer Empfindung, erweitertem Bewußtsein, Zen-Erleuchtung usw. zu schwärmen begann. Das kam mir richtig obszön vor; schlimmer als Four-letter-Words. Dieser Schnellkochtopf-Mystizismus erschien mir als die letzte Entweihung. Doch war meine übertriebene Reaktion zweifellos auch noch von den Pilzen bestimmt.

In *Himmel und Hölle*[3], jenem Buch, in dem er die Meskalinekstase gegen den Vorwurf der Künstlichkeit verteidigt, führt Huxley an, daß »alle unsere Erfahrungen auf diese oder jene Weise chemisch bedingt« seien und daß die

»meisten Kontemplativen systematisch darauf hinarbeiteten, die chemischen Vorgänge in ihrem Körper zu verändern ...Wenn sie sich nicht bis zu Vitaminmangel und zur Verringerung des Blutzuckers aushungerten oder sich nicht bis zur Vergiftung durch Histamin, Adrenalin und zersetztes Eiweiß geißelten, förderten sie doch Schlaflosigkeit und beteten während langer Zeitspannen in unbequemen Stellungen, um die psychophysischen Symptome von Überanstrengung hervorzurufen. Dazwischen sangen sie endlos Psalmen und vermehrten so die Kohlensäuremenge in der Lunge und im Blutkreislauf oder machten, wenn sie Orientalen waren, zu demselben Zweck Atemübungen«. Auf rein psychologischer Ebene liegt hierin natürlich viel Wahres, doch Huxleys Schlußfolgerungen wie auch seine Ratschläge für den modernen Menschen auf der Suche nach seiner Seele sind um so deprimierender: »Da der strebende Mystiker ... die chemischen Grundlagen unserer transzendenten Erfahrungen kennt, sollte er technische Hilfe bei Spezialisten der Pharmakologie, Biochemie, Psychologie und Neurologie suchen ...«

Darauf möchte ich mit einer Parabel antworten. In den geliebten österreichischen Bergen meiner Schulzeit brauchten wir fünf bis sechs Stunden, um einen etwa zweitausend Meter hohen Berg zu erklettern. Heute kann man viele Gipfel mit der Drahtseilbahn, dem Skilift oder sogar mit dem Auto in wenigen Minuten erreichen. Doch sehen wir immer noch Tausende von Schuljungen, Ehepaaren mittleren Alters und ältere Männer, die sich schwer atmend und stöhnend unter der Last ihrer Rucksäcke den steilen Pfad emporarbeiten. Wenn sie schweißüberströmt bei der Berghütte in der Nähe des Gipfels ankommen, harrt ihrer die traditionelle Belohnung – ein Glas Schnaps, ein Teller heiße Erbsensuppe und der weite, weite Blick.

Meine Absicht ist nicht, Schweiß und Mühsal zu verherrlichen. Ich will damit nur sagen, daß die Aussicht zwar dieselbe ist, den Wanderern sich jedoch ein anderer Anblick bietet als denen, die mit dem Auto hinauffahren.

Die Langeweile der Phantasie

Es war einmal – genauer gesagt, am 17. Juni 4784 n. Chr. trat Hauptmann Kayle Clark in eine öffentliche Fernseh-Sprechzelle, um seine Verlobte, Geheimagentin Lucy Rall, anzurufen. Man sagte ihm, daß Lucy nicht erreichbar sei, da sie vorige Woche geheiratet habe. »Wen?« rief der aufgebrachte Hauptmann. »Mich«, sagte der Mann, mit dem er sprach. Als der Hauptmann genauer auf die Bildscheibe sah, entdeckte er mit leichtem Staunen, daß der Mann, mit dem er sprach, er selbst war.

Das Rätsel wurde von Robert Headrock gelöst, dem ersten unsterblichen Menschen auf Erden. Headrock fand mit Hilfe seines Superelektronengehirns heraus, daß Hauptmann Clark eine Reise in einer Zeitmaschine gemacht und bei einem Sprung in die Vergangenheit Lucy Rall geheiratet hatte, ohne daß sein gegenwärtiges Selbst etwas davon wußte. Durch diesen kleinen Trick wurde er auch der reichste Mann der Welt, da er die Bewegungen der Börse immer im voraus kannte. Als dann der Punkt im Zeitraum kam, da Clark in der Zeitmaschine losgesegelt war, wurden der vergangene und der gegenwärtige Clark wieder eins, und sie lebten glücklich und zufrieden weiter. Inzwischen schickte Robert Headrock, der Unsterbliche, einen Journalisten namens McAllister mehrere Trillionen Jahre in die Vergangenheit zurück und ließ ihn eine kosmische Explosion verursachen, durch die unser Planetensystem, wie wir es kennen, entstanden ist.

Das Buch, das ich hier herangezogen habe, heißt *The Weapon Shops of Isher*. Sein Verfasser, A. E. van Vogt, ist wahrscheinlich der beliebteste zeitgenössische Autor von Science-fiction-Romanen in Amerika. Das Buch wurde vor kurzem in England in einer Science-fiction-Reihe veröffentlicht, was – zusammen mit der Gründung eines britischen Science-fiction-Klubs – anzeigt, daß die neue Manie, eine Art kosmischen Jitterbugs, über den Atlantik gekommen ist.

Ich muß gleich hier bekennen, daß ich während meines Aufenthalts in Amerika selbst ein eifriger Konsument von Science-fiction war und noch immer gelegentlichen Rückfällen ausgesetzt bin. Über Raum- und Zeitfahrten, über Marsmädchen, Roboterzivilisationen und Supermenschen jenseits der Milchstraße zu lesen wird zur Gewohnheit wie Opium, Mordgeschichten und Joghurtdiät. Nur wenige Menschen in diesem Land sind sich über Ausmaß und Heftigkeit dieser Sucht in den Vereinigten Staaten im klaren. Nach einer neueren Untersuchung beträgt der durchschnittliche Verkauf einer Detektivgeschichte oder eines Wildwestreißers viertausend Exemplare, der eines Science-fiction-Romans dagegen sechstausend, also fünfzig Prozent mehr. Jeden Monat werden in den USA sechs neue Romane dieser Art verlegt, und drei große Verlagshäuser haben sich ausschließlich auf Science-fiction spezialisiert. Es gibt eine Fülle von Science-fiction-Illustrierten, Science-fiction-Klubs, Science-fiction-Filmen und -Fernsehprogrammen und dergleichen. Die »Süchtigen« heißen *fen*, das ist die Mehrzahl von *fan*. Sie treffen sich in Klubhäusern, den sogenannten *slanshacks* (slan ist ein biologisch veränderter Supermensch) und halten ihre Konferenzen ab, die »Fenferenzen«. Die Personen in der Science-fiction sprechen eine Art kosmischen RAF-Slang (er sollte natürlich Kosmilingo heißen). Junge Raumkadetten zum Beispiel treffen nur ungern auf fremden Milchstraßen mit *bems (bug-eyed monsters,* Ungeheuern mit Insektenaugen) zusammen, wenn sie nicht mit *paraguns,* Lähmung hervorrufenden Strahlengewehren, ausgerüstet sind. Sie schwören »beim Raum«, »bei den sieben Ringen des Saturn« oder »bei den Gasgruben der Venus«.

Wenn schon Erwachsene diese merkwürdigen Symptome zeigen, kann man sich vorstellen, wie die Jungen reagieren. Die Kinder Ihrer Freunde schießen nicht mehr mit Sechsschuß-Revolvern auf Sie; sie atomisieren Sie mit

Kernsprengern. Sie tragen plastische Hauben über dem Kopf, die wie Taucherhelme aussehen und ihnen zu atmen ermöglichen, während sie im schwerelosen Interstellarraum schweben. All das wird zu Tausenden in den Warenhäusern verkauft und verdrängt die Cowboyausrüstung immer mehr, so, wie auf dem Fernsehschirm Tom Corbett, der Raumkadett, im Begriff ist, Hopalong Cassidy als Nationalhelden der Kinder zu verdrängen. Sogar die Hausfrau, die während ihrer Hausarbeit Radio hört, wird weltraumbewußt. Die rührseligen Hörspiele sind inzwischen ebenfalls zu Weltraumspielen geworden. Stellen Sie sich das Gegenstück von Mrs. Dales in Texas oder Minnesota vor: »Ich mache mir solche Sorgen, weil Richard von seiner Mittagsverabredung auf dem Jupiter noch nicht zurück ist. Vielleicht ist er weltraumfreudig geworden und auf die Venus geflogen. Oder einer dieser bösartigen Meteore hat ihn von seiner Umlaufbahn abgelenkt.«

Soviel zur grotesken Seite der Science-fiction. Aber eine Manie von solch ungeheurem Ausmaß ist niemals ausschließlich manisch. Sie drückt immer – in verzerrter Weise – ein unbewußtes Bedürfnis der Zeit aus. Science-fiction ist ein typisches Produkt des Atomzeitalters. Die Erfindungen dieses Zeitalters liegen wie ein unverdauter Brocken im Magen der Menschheit. Elektronengehirne, die die Wahlresultate voraussagen, Lügendetektoren, die einen die Wahrheit gestehen lassen, neue Drogen, die einen Lügen bezeugen lassen, Strahlungen, die biologische Ungeheuer hervorbringen – alle diese Errungenschaften der letzten fünfzig Jahre haben neue Aussichten und neue Schreckgespenster geschaffen, die Kunst und Literatur sich noch nicht angeeignet haben. Auf grobe und zugleich tastende Weise versucht die Science-fiction, diese Lücke zu füllen.

Es gibt aber vielleicht einen anderen, verborgeneren Grund für diesen plötzlichen Hunger nach anderen Zeiten, anderen Welten. Wenn die Leute über die letzten Wasserstoffbombentests lesen, so sehen sie gleichzeitig viel schärfer, als sie es sich selbst eingestehen, auch die Möglichkeit, daß sich die menschliche Zivilisation vielleicht ihrem Ende nähern könnte. Und parallel damit mag ein dunkler, undeutlicher Verdacht gehen, daß der Grund tiefer liegt als im Kommunismus und im Faschismus, daß er vielleicht in der Natur des Homo sapiens selbst liegt; mit andern Worten: daß die menschliche Rasse eine biologische Mißgeburt sein könnte, die wie die Riesenreptile einer früheren Zeit dem Untergang geweiht ist. Ich glaube, daß eine apokalyptische Intuition dieser Art vielleicht einer der Gründe für das plötzliche Interesse am Leben auf andern Sternen ist.

Als Zweig der Literatur ist Science-fiction selbstverständlich nicht neu. Schon im zweiten Jahrhundert hat Lukian, ein griechischer Autor, die Geschichte einer Reise zum Mond geschrieben. Swift schrieb Science-fiction, ebenso Samuel Butler, Jules Verne, H.G.Wells, Aldous Huxley und George Orwell. Aber während derartige Arbeiten früher isolierte literarische Extravaganzen waren, werden sie jetzt für ein Massenpublikum in Massen produziert. Außerdem nimmt sich die moderne Science-fiction sehr ernst. Es gibt bestimmte Spielregeln, die jeder Ausübende einhalten muß, sonst wird er von den Kritikern verrissen. Die Grundregel ist die, daß der Autor nur mit zukünftigen Erfindungen, Geräten und Maschinen operieren darf, die Extrapolationen, das heißt logische Erweiterungen, bestehender Erfindungen sind und die nicht gegen die Naturgesetze verstoßen. Eine Anzahl von Physikern, Ärzten und Biologen wird von der Film- und Fernsehindustrie beschäftigt, um sicherzugehen, daß auch bei Science-fiction-Darbietungen für Kinder alle Einzelheiten stimmen. Einige der bekanntesten Science-fiction-Autoren in Amerika sind tatsächlich Wissenschaftler, manche von internationalem Ruf, die unter Pseudonym schreiben. Der neueste und hervorragendste Rekrut in ihren Reihen ist Lord Russell. Das alles ist eine Garantie für wissenschaftliche Genauigkeit, aber unglücklicherweise nicht für künstlerische Qualität.

Vor kurzem hat Gerald Heard die Meinung ausgesprochen, daß Science-fiction »das Zeichen des Heraufdämmerns einer neuen Vision und das Erscheinen einer neuen Kunst« sei und ganz einfach die zukünftige Form des Romans. Auch andere wohlbekannte Kritiker in Übersee glauben allen Ernstes daran, daß Science-fiction, jetzt noch in ihren Kinderschuhen, aufwachsen und eines Tages die Literatur der Zukunft werden wird.

Ich teile ihre Meinung nicht. Ich glaube, daß Science-fiction gute Unterhaltung ist und nie wirklich Kunst werden wird. Es ist ziemlich sicher, daß wir in den nächsten hundert Jahren Weltraumfahrt haben werden; aber in diesem Stadium wird die Beschreibung einer Reise zum Mond nicht mehr Science-fiction sein, sondern einfache Reportage. Sie wird Tatsache sein, nicht Phantasie, und die Science-fiction jener Zeit wird noch weiter gehen müssen, um den Leser in Erstaunen zu setzen. Worauf Heards Forderung tatsächlich hinausläuft, ist die Verdrängung der disziplinierten Erfindungskraft des Künstlers durch die ungezügelte Phantasie des Schuljungen. Aber Wachträume sind nicht Poesie, und Phantasie ist nicht Kunst.

Auf den ersten Blick hin würde man natürlich erwarten, daß erfundene Beschreibungen nichtmenschlicher Gesellschaften auf fremden Planeten dem etwas stagnierenden Roman unserer Zeit neue Möglichkeiten eröffnen. Höchst enttäuschenderweise ist das aber nicht der Fall, und zwar aus einem einfachen Grund. Unsere Vorstellungskraft ist begrenzt; wir können uns ebensowenig in die ferne Zukunft versetzen wie in die ferne Vergangenheit. Darum ist der historische Roman heute praktisch tot. Das Leben eines ägyptischen Beamten während der achtzehnten Dynastie oder sogar eines Soldaten in Cromwells Armee können wir uns nur in unklaren Umrissen vorstellen; wir sind nicht imstande, uns mit der in einer so fremden Welt lebenden fremden Gestalt zu identifizieren. Wenige Engländer können die Gefühle und Gewohnheiten von Franzosen wirklich verstehen, noch viel weniger die von Russen und noch weitaus weniger die von Marsmenschen. Und ohne diesen Akt der Identifizierung, ohne inneres Verständnis gibt es keine Kunst, sondern nur den Kitzel der Neugier, der bald der Langeweile weicht. Die Marshelden der Science-fiction mögen vier Augen und eine grüne Haut haben – nichts könnte uns gleichgültiger sein. Ein paar Seiten lang amüsieren sie uns; aber weil sie zu seltsam sind, um wahr zu sein, langweilt uns das bald.

Denn jede Kultur ist eine Insel. Sie steht mit andern Inseln in Verbindung, aber nur mit sich selbst ist sie vertraut. Und Kunst bedeutet, das Vertraute in neuem Licht zu sehen, Tragödie im alltäglichen Vorfall; sie bedeutet letztlich breiteres und tieferes Verständnis unser selbst. Swifts »Gulliver«, Huxleys »Schöne neue Welt«, Orwells »1984« sind große Werke der Literatur, weil in ihnen die Technik der Zukunft und die Seltsamkeiten fremder Welten nur als Hintergrund oder Vorwand für eine gesellschaftskritische Botschaft dienen. Mit andern Worten: Sie sind in eben dem Maße Literatur, in dem sie nicht Science-fiction, sondern Werke disziplinierter Erfindungskraft und nicht schrankenloser Phantasie sind. Eine ähnliche Regel gilt für Detektivgeschichten. Georges Simenon ist wahrscheinlich der größte Meister dieses Faches, aber seine Romane werden erst da zu Kunstwerken, wo Charakter und Atmosphäre wichtiger sind als die Fabel, wo Vorstellung über Erfindung triumphiert.

Es ist also die paradoxe Lektion der Science-fiction, uns Bescheidenheit zu lehren. Wenn wir nach den Sternen greifen, wird unsere Begrenztheit auf groteske Weise sichtbar. Die Helden der Science-fiction haben unbeschränkte Macht und phantastische Möglichkeiten, aber ihre Gefühle und Gedanken sind in dem engen menschlichen Bereich begrenzt. Tom Corbett, der Raumkadett, benimmt sich auf dem dritten Planeten des Orion genauso wie in einem Drugstore in Minnesota, und man ist versucht, ihn zu fragen: »War Ihre Reise wirklich nötig?« Die Milchstraße ist zu einer bloßen Verlängerung der Hauptstraße geworden. Reisen ist kein Heilmittel gegen Melancholie; Raumschiffe und Zeitmaschinen ermöglichen keine Flucht vor der menschlichen Bedingtheit. Mag auch Othello Desdemona einem Lügendetektortest unterziehen; seine Eifersucht wird ihn trotzdem noch für die augenscheinliche Gewißheit blind sein lassen. Und mag Ödipus ruhig über die Schwerkraft triumphieren; über sein Schicksal wird er niemals triumphieren.

Vor rund zwanzig Jahren schrieb Alfred Döblin einen Roman, in dem die Menschen das Geheimnis der biologischen Selbstveränderung entdecken: Mit einem Knipsen der Finger können sie sich in Riesen, Tiger, Dämonen oder Fische verwandeln – ganz ähnlich wie Flook in der Karikaturenreihe der *Daily Mail*. Am Ende des Buches sitzen die letzten Vertreter dieses glücklichen Geschlechts in Gestalt schwarzer Raben, jeder auf einem einzelnen Felsen, in ewigem Schweigen. Sie haben alles unter der Sonne versucht, erlebt, gesehen und gesagt – und alles, was ihnen noch zu tun bleibt, ist, aus Langeweile zu sterben – der Langeweile der Phantasie.

Juda am Scheideweg

Das Martyrium der Juden läuft wie eine zackige Narbe über das Antlitz der Menschheitsgeschichte[1]. Die Wiedererrichtung des Staates Israel bietet zum ersten Mal innerhalb von zweitausend Jahren die Möglichkeit, das jüdische Problem zu lösen. Bisher lag das Schicksal der Juden in den Händen der Nichtjuden. Jetzt haben sie es ganz und gar selbst in der Hand. Der Ewige Jude ist am Scheideweg angelangt, und die Konsequenzen seiner Wahl werden sich auf die kommenden Jahrhunderte auswirken.

Die gesamte jüdische Bevölkerung der Welt wird augenblicklich auf elfeinhalb Millionen geschätzt. Auf dem europäischen Kontinent ist es dem nationalsozialistischen Regime gelungen, die vordem starke und kulturell bedeutende jüdische Gemeinde nahezu auszurotten. Von einer Vorkriegsbevölkerung von sechs Millionen Juden (Rußland ausgenommen) waren 1946 nur eine halbe Million – das entspricht annähernd fünfzehn Prozent – noch am Leben. In Berlin und Wien, in Warschau und Prag, wo die Juden eine wichtige und zeitweise führende Rolle im Kulturleben gespielt haben, ist ihr Einfluß völlig verschwunden. Als erstes haben die Juden jetzt zu entscheiden, ob es wünschenswert ist, diese Lücke wieder auszufüllen. Sollen sie wieder in jene Gebiete zurückkehren, die die Grabstätten ihrer Angehörigen geworden sind, sollen sie ihre früheren Positionen in Finanz, Industrie, Literatur, Journalismus, in den Künsten und Wissenschaften zurückzugewinnen versuchen, gleichzeitig aber ihre Sonderstellung als Juden bewahren und damit das »jüdische Problem« in Europa wiederaufleben lassen? Diese Frage kann nur im Licht der früheren Erfahrungen und der durch den Staat Israel herbeigeführten neuen Wirklichkeit beantwortet werden.

In den Vereinigten Staaten, wo der größte Teil der heutigen Juden lebt, stellt sich das Problem in anderer Form:

Sollen die amerikanischen Juden danach streben, ihre Besonderheit als religiöse und soziale Gemeinschaft aufrechtzuerhalten, oder sollen sie sie nach und nach beseitigen?

In dem dritten geographischen Gebiet, in dem Juden in großer Zahl leben, im Gebiet östlich des Eisernen Vorhangs, ist die Frage weniger akut. Der Druck des antireligiösen totalitären Staates (trotz zeitweiser Schwankungen auf dieser Linie) eliminiert allmählich die Institutionen und Traditionen, auf denen die jüdische Absonderung beruhte: die Synagoge, die jiddische Sprache, die jüdischen Wohnbezirke und sogar die jüdischen Familiennamen. Wenn diese Regierungssysteme noch zwei oder drei Generationen überdauern, wird nur wenig oder gar nichts mehr von einer gesonderten jüdischen Gemeinde im religiösen wie im ethnischen Sinn übrigbleiben.

In Westeuropa und Amerika und in jedem andern Teil der Welt, wo Juden in beträchtlicher Zahl leben, ist dagegen das aus der Errichtung des jüdischen Staates entstandene Dilemma ernst und akut, wenn auch die Mehrzahl von ihnen seine volle Bedeutung und die Schicksalhaftigkeit der Entscheidung, die es ihnen auferlegt, noch nicht erkannt hat. Um es offen zu sagen: Es ist die Entscheidung, entweder israelischer Bürger zu werden oder aufzuhören, in nationaler, religiöser oder irgendeiner andern Bedeutung des Wortes Jude zu sein. Die historischen Umstände und der wesentliche Inhalt der jüdischen Tradition selbst zwingen zu dieser Wahl.

Das endgültig unterscheidende Charakteristikum des Juden (ich werde später auf diesen Punkt zurückkommen) ist nicht seine Rasse, Sprache oder Kultur, sondern seine Religion. Sie kennzeichnet ihn vom Augenblick seiner Geburt an als Juden, sie ist die ursprüngliche Quelle seiner gesellschaftlichen und kulturellen Eigenheiten und seines Selbstbewußtseins, Jude zu sein.

Im Gegensatz zu jeder andern Religion jedoch ist die mosaische untrennbar mit der Idee eines besonderen Volkes verknüpft. Man kann Katholik oder Protestant, Mohammedaner oder Buddhist sein, unabhängig von Volk oder Rasse. Der jüdische Glaube dagegen setzt die Zugehörigkeit zu einem historischen Volk voraus, mit einem eigenen Land, aus dem es zeitweilig vertrieben wurde. Christentum und Islam verlangen von ihren Anhängern nur, daß sie gewisse Lehren und ethische Vorschriften akzeptieren, die über Grenzen und Völker hinausgehen; der gläubige Jude bezeichnet sich als Angehörigen des Auserwählten Volkes, als Nachkomme Abrahams, Isaaks und Jakobs, mit denen Gott einen Bund eingegangen ist, der das Versprechen bevorzugter Behandlung und einer geographischen Heimat einschließt. »Gesegnet sei der Herr, unser Gott, der unsere Väter aus der Gefangenschaft Ägyptens geführt hat« – wer dieses Gebet spricht, beansprucht eine Abstammung (ob er nun biologisch recht hat oder nicht), die ihn automatisch von der rassischen und geschichtlichen Vergangenheit des Volkes scheidet, in dessen Mitte er lebt. Ein Vergleich zwischen christlichen und jüdischen Feiertagen enthüllt die bezeichnende Tatsache, daß die ersteren sakralen, die letzteren jedoch weltlichen Charakter haben. Die Christen feiern mystische oder mythologische Ereignisse: die Geburt und die Auferstehung von Gottes Sohn, die Himmelfahrt der Jungfrau Maria; die Juden gedenken der Marksteine ihrer nationalen Geschichte: des Aufstands der Makkabäer, des Auszugs aus Ägypten, des Todes des Unterdrükkers Haman, der Zerstörung des Tempels. Das Alte Testament ist zuerst und vor allem das Geschichtsbuch eines Volkes; jedes Gebet, jedes Einhalten einer rituellen Vorschrift stärkt im Juden das Bewußtsein der Zugehörigkeit zu seinem Volk. Die Behauptung, das Judentum sei »eine Religion wie andere Religionen, eine Privatangelegenheit, die mit Politik und Rasse nichts zu tun hat«, ist entweder Heuchelei oder Widerspruch in sich selbst. Der jüdische Glaube zwingt dazu, sich selbst in nationaler und rassischer Hinsicht abzusondern. Er schafft seine eigenen kulturellen und ethnischen Gettos.

Am Ende des Passahmahles haben die Juden in der ganzen Welt während der letzten zweitausend Jahre ihr Glas erhoben und einen heiligen Trinkspruch auf »nächstes Jahr in Jerusalem« ausgebracht. Also postuliert die jüdische Religion nicht nur eine nationale Vergangenheit, sondern auch eine nationale Zukunft. Die Proklamation der Unabhängigkeit des jüdischen Staates vom 14. Mai 1948 erklärt: »Vertrieben aus dem Lande Israel, blieb ihm das jüdische Volk in allen Ländern seiner Diaspora treu, hörte nie auf, zu beten und auf die Rückkehr und die Wiederherstellung seiner nationalen Freiheit zu hoffen.« Die Juden bezeichnen die letzten zwei Jahrtausende ihrer Geschichte als Diaspora oder Zeit der Zerstreuung und alle Länder außerhalb Palästinas als »Galuth« oder »Länder der Verbannung«. So zwingt den gläubigen Juden sein Glaube, sich selbst als Menschen mit einer nationalen Vergangenheit und Zukunft anzusehen, die von jener der Nichtjuden, unter denen er lebt, verschieden ist. Der »Engländer jüdischen Glaubens« wird zu einem inneren Widerspruch. Als Angehöriger des Auserwählten Volkes, zeitweilig vertrieben aus seinem Gelobten Land, ist er kein englischer Jude, sondern ein in England lebender Jude. Das trifft nicht nur auf bewußte Zionisten zu, sondern auf alle Mitglieder der jüdischen Gemeinde, die sich, wie immer ihre Einstellung zum Zionismus und zu Palästina sein mag, aufgrund ihrer Glaubensartikel als Angehörige eines besonderen Volkes mit besonderer nationaler Vergangenheit und Zukunft betrachten müssen. Die Tatsache, daß sie sich nicht oder nur teilweise der säkularen Inhalte und Konsequenzen ihres Glaubens bewußt sind und daß der Großteil von ihnen »Rassendiskriminierung« empört ablehnt, sofern sie aus dem andern Lager kommt, macht die jüdische Tradition nur noch paradoxer und widerspruchsvoller in sich selbst.

Rassendiskriminierung wirkt sich tatsächlich in beiden Richtungen aus. Die Tendenz, auch unter liberalen und aufgeklärten Juden, die Gesellschaft von ihresgleichen zu suchen, sich bei Heirat und im sozialen Leben an ihresgleichen zu halten, ist nur teilweise auf den Druck feindlicher Umgebung zurückzuführen. Ebenso wichtig ist das Band einer ethnisch und national gefärbten Tradition. Katholische Minderheiten in protestantischen Ländern zeigen manchmal ein scheinbar ähnliches Zusammengehörigkeitsgefühl. Aber die Analogie ist irreführend, denn diese Solidarität − oder Cliquenbildung − beschränkt sich auf Katholiken mit starkem Gefühl für ihren Glauben oder zumindest für die Stellung ihrer Kirche in der Welt. Der Zusammenhalt der Juden erstreckt sich dagegen auf Mitglieder der Gemeinde, die keinerlei religiöse Überzeugung haben, dem Zionismus gleichgültig gegenüberstehen, sich als hundertprozentige Amerikaner oder Engländer fühlen und doch aneinanderhaften, verbunden durch gemeinsame Gewohnheiten und gleichen Geschmack, durch eine träge Tradition bar jeden geistigen Inhalts, die, um Arnold Toynbee zu zitieren, nur »der fossile Überrest einer einst unabhängigen Kultur« ist.

Ein weiteres Symptom des diskriminierenden Charakters bewußten Judentums ist die Haltung der Juden den Nichtjuden gegenüber. Wir betrachten es als selbstverständlich, daß zwanzig Jahrhunderte der Verfolgung Spuren von Mißtrauen und feindseliger Ablehnung zurücklassen mußten; dieser Punkt ist zu augenfällig, als daß er eingehend behandelt zu werden brauchte. Aber die Haltung der Juden gegenüber den Nichtjuden schließt ein ursprüngliches Element der Ablehnung ein, das geschichtlich älter ist als die Gettos und das aus der alten Stammesexklusivität der mosaischen Religion stammt. Das hebräische Wort »Goi«, das den Nichtjuden bezeichnet, bedeutet nicht allein »Heide« oder »Ungläubiger«; es entspricht eher dem »Barbaren« der Griechen, unserem »Eingeborenen« oder »Ureinwohner«. Es trifft nicht nur eine religiöse Unterscheidung, sondern zugleich auch eine rassische und ethische Unterscheidung. Trotz gelegentlicher, ziemlich lauer Gebote, zu dem Fremden in Israel freundlich zu sein, wird der Goi im Alten Testament mit einer Mischung aus Feindseligkeit, Verachtung und Mitleid behandelt, als entspräche er nicht ganz der eigentlich menschlichen Norm. In den Jahrhunderten, die seither vergangen sind, hat der Begriff Goi etwas von seiner Betontheit des Stammesgefühls, aber doch nie ganz seinen herabsetzenden Beigeschmack verloren. In den polnischen Gettos sangen die jungen Leute Spottlieder auf den betrunkenen Goi, deren Tendenz nicht vornehmer war als die der antisemitischen Reime über Juden und Itzigs. Eine verfolgte Minderheit hat gewiß gute Entschuldigungsgründe, wenn sie Feindschaft und Verachtung mit gleicher Münze zurückzahlt; aber ich möchte unterstreichen, daß wir vor einem *circulus vitiosus* stehen: daß eine Religion mit dem säkularen Anspruch rassischer Exklusivität zwangsläufig säkulare Rückwirkungen auslösen muß. Die des Juden sondert ihn ab und lädt dazu ein, daß man ihn absondert. Das in ihr enthaltene archaische Stammeselement erzeugt Antisemitismus auf dem gleichen archaischen Niveau. Alle Aufklärung und Toleranz, alle beleidigten Proteste und frommen Aufrufe zusammengenommen vermögen diesen *circulus vitiosus* nicht zu durchbrechen.

»Der Antisemitismus ist eine Krankheit, die sich offenbar nach ihren eigenen Gesetzen verbreitet. Ich glaube, die einzige fundamentale Ursache für den Antisemitismus besteht darin – es mag wie eine Tautologie aussehen –, daß es Juden gibt. Wir scheinen den Antisemitismus in unserem Ranzen mitzubringen, wo immer wir hingehen.« Das sagte der verstorbene Professor Chaim Weizmann, der erste Präsident des wiedererrichteten jüdischen Staates, und faßte damit das Martyrium zwanzig langer Jahrhunderte zusammen. Anzunehmen, es werde im 21. Jahrhundert zu einem spontanen Ende kommen, hieße jeder geschichtlichen und psychologischen Evidenz widersprechen, dem Gesetz von Ursache und Wirkung. Es kann nur durch die Judenschaft selbst beendet werden. Aber weder Präsident Weizmann noch irgendein anderer jüdischer Führer unserer Zeit hatte den Mut, dieser Tatsache ins Gesicht zu sehen und sie offen auszusprechen.

Um zum Ausgangpunkt zurückzukehren: Das entscheidende Charakteristikum des Juden, das ihn auf seinen Papieren und in den Augen seiner Mitbürger zum Juden macht, ist seine Religion; und die jüdische Religion ist, im Gegensatz zu allen anderen, rassisch diskriminierend, national trennend und sozial spannungserzeugend.

Wenn diese fundamentale Tatsache, die sich auf das Beweismaterial der fünf Bücher des Alten Testaments, Hunderter von Bänden von heiligen Kommentaren und des allgemeinen jüdischen Gebetbuchs stützt, einmal klar und unumstritten in unserer Meinung feststeht und wenn die unbewußten Widerstände gegen die Anerkennung dieser Tatsache überwunden sind, dann ist der erste Schritt zur Lösung dieses Problems getan.

Die Betonung liegt hier auf den »unbewußten Widerständen«, die, wie wir später sehen werden, ungeheuer stark sind, verständlich bei allen, die sich aus Glauben oder Tradition als Juden bekennen. Im Augenblick jedoch will ich den psychologischen Aspekt beiseite lassen und meine Beweisführung fortsetzen.

Wir wollen drei Kategorien von Juden unterscheiden: a) die Minderheit der orthodoxen Juden, b) die größere Gruppe der Anhänger einer liberalisierten und verwässerten Form der mosaischen Religion, c) die zahlenmäßig größte Gruppe der Agnostiker, die aus komplexen Gründen der Tradition oder des Stolzes dabei bleiben, sich selbst und ihre Kinder als »Juden« zu bezeichnen.

Die orthodoxen Juden außerhalb des Staates Israel sind eine kleine, im Abnehmen begriffene Minderheit. Ihre Hochburg war Osteuropa – Polen, Lettland, Litauen und die Ukraine –, wo die Raserei der Nazis ihren Höhepunkt erreichte und sie fast völlig vom Erdboden verschwinden ließ. Die verstreuten Überlebenden und die kleinen orthodoxen Gruppen in den Vereinigten Staaten bestehen zumeist aus älteren Leuten. Die Orthodoxie stirbt in der westlichen Welt aus, während der Großteil der streng traditionsgebundenen Gemeinden in Nordafrika, dem Jemen, in Syrien und dem Irak nach Israel auswandert.

So haben also die Reste der orthodoxen Judenschaft als soziale Gruppe nicht mehr viel Gewicht. Aber ihre Lage ist symbolisch für das Dilemma, vor dem das ganze Judentum steht. Seit der Zerstörung des Tempels haben die Juden niemals aufgehört, für die Wiederherstellung des jüdischen Staates zu beten, für »nächstes Jahr in Jerusalem«. Am 14. Mai 1948 wurde diese ihre Bitte plötzlich erfüllt. Nun ist aber die logische Konsequenz der Erfüllung einer Bitte, daß man aufhört, sie zu wiederholen. Wenn aber derartige Gebete nicht länger gesprochen werden, wenn die mystische Sehnsucht nach der Rückkehr nach Palästina aus dem jüdischen Glauben entfernt ist, dann sind die eigentlichen Grundlagen und der Hauptinhalt dieses Glaubens nicht mehr vorhanden. Kein Hindernis hält künftig irgendeinen orthodoxen Juden noch davon ab, sich beim israelischen Konsulat ein Visum zu beschaffen und die Überfahrt auf einer israelischen Linie zu buchen. Er steht vor der Alternative, entweder »nächstes Jahr in Jerusalem« zu sein oder aufzuhören, einen Wunsch zu wiederholen, der zu einem leeren Lippenbekenntnis geworden ist.

Tatsächlich ist der Großteil der Gebete, Riten und Symbole des Judentums seit der Wiederherstellung des jüdischen Staates sinnlos geworden. In Zukunft an ihnen festzuhalten wäre ebenso anachronistisch und absurd, wie wenn die Christen weiterhin geheime Zusammenkünfte in den Katakomben abhielten oder die Lutheraner weiter ihre Bibel heimlich läsen. Die Unabhängigkeitserklärung des Staates Israel betont, daß er »den Juden aus allen Ländern der Diaspora offenstehen wird«. Am Vorabend des Sabbats erklingt wieder das Widderhorn in den Straßen Jerusalems, um die Gläubigen zum Gottesdienst zu rufen. Der Herr Israels hat den Bund gehalten und Kanaan den Nachkommen Abrahams zurückgegeben. Der orthodoxe Jude kann nicht länger den rituellen Satz auf sich anwenden, dem zufolge er »in Exil« lebt, es sei denn, er meinte ein selbstauferlegtes Exil aufgrund wirtschaftlicher Erwägungen, die nichts mit seiner Religion zu tun haben. Wenn er es ablehnt, dem Gebot zu gehorchen und in das Land seiner Väter zurückzukehren, stellt er sich außerhalb des Bundes und schließt sich gemäß seinen eigenen darauf bezogenen Worten aus der Gemeinschaft aus, obwohl er das selbstverständlich nie zugeben wird.

Die Lage der Orthodoxen zeigt in extremer Form das Dilemma, das auch jeder liberal gewordenen, reformierten Version des Judentums innewohnt. Ich habe den wesentlich rassischen, nationalen Charakter der jüdischen Religion hinlänglich betont. Jeder auch noch so vorurteilsfreie Reformversuch, der auf Beseitigung dieses spezifischen Inhalts des Mosaismus abzielt, würde dessen eigentliches Wesen beseitigen. Eliminiert man die Idee des »Auserwählten Volkes«, die genealogische Inanspruchnahme der Abstammung von einem der zwölf Stämme, das auf Palästina als Stammort einer glorreichen Vergangenheit konzentrierte Interesse und die in den religiösen Festen fortbestehenden Erinnerungen an die nationale Geschichte, dazu auch noch das Versprechen einer Rückkehr ins Heilige Land – so ist das, was übrigbleibt, nicht viel mehr als eine Reihe archaischer Speisevorschriften und Stammesgesetze. Das wäre nicht die Reform einer Religion, sondern deren völlige Auslaugung, ein Zurückdrehen der Uhr auf die Bronzezeit.

Betrachten wir nun die Lage jener überwiegenden Mehrheit der heutigen Juden, die dem Glauben ihrer Väter gegenüber eine aufgeklärte oder skeptische Haltung einnehmen, aber aufgrund einer Anzahl verwickelter Motive ihre Kinder weiter in diesem Glauben bestärken und ihnen die »Absonderung« auferlegen, die er mit sich bringt. Paradoxerweise ist es gerade dieser Typ des »Juden ohne Eigenschaften«, der – selbst außerstande, sein Judentum zu definieren – das jüdische Problem am Leben hält.

Bei der Behandlung dieses Kernproblems werde ich wiederholt auf Professor Isaiah Berlins Artikelserie »Jüdische

Sklaverei und Emanzipation«² zurückgreifen, die heute als klassische Abhandlung gilt. Berlin beginnt mit dem Eingeständnis, es könne »keine Diskussion über die wirklich religiösen Juden geben, für die die Erhaltung des Judentums als Glaube eine absolute Pflicht darstellt, um derentwillen alles, selbst das Leben, ohne Zögern geopfert werden muß«. Und später schließt er sich der Ansicht an, daß tatsächlich für diese überzeugten Juden die Auswanderung nach Israel die einzig logische Lösung ist. Dann wendet er sich der Kategorie der »nicht klassifizierbaren« Juden zu und sagt:

... Aber nicht so klar ist es, daß diejenigen, die an die Erhaltung und Übermittlung »jüdischer Werte« glauben (die gewöhnlich etwas weniger sind als ein vollkommener religiöser Glaube, vielmehr eine Mischung von Standpunkten, kulturellen Ansichten, Rassenreminiszenzen und -gefühlen, persönlichen und sozialen Gewohnheiten), mit ihrer Annahme recht haben, diese Lebensform sei zweifellos wert, erhalten zu werden, selbst um den unglaublich hohen Preis an Blut und Tränen, der zweitausend Jahre lang die Geschichte der Juden zu einem entsetzlichen Martyrologium gemacht hat. Wenn einmal ... fragloser Glaube zu bloßer Treue gegenüber traditionellen Lebensformen verwässert wird, mag sie auch durch die Geschichte, durch das Leiden und den Glauben von Helden und Märtyrern in jeder Generation geheiligt sein, so können andere Lösungen nicht länger von der Hand gewiesen werden.

Die einzige Alternative zu einer Verewigung des jüdischen Separatismus für diese nicht klassifizierbare Mehrheit, die sowohl dem jüdischen Nationalismus als auch der jüdischen Religion entwachsen ist, besteht darin, beide aufzugeben und sich gesellschaftlich und kulturell von ihrer Umgebung absorbieren zu lassen. Alles, was ich bereits gesagt habe, führt zu diesem harten, aber letztlich unvermeidlichen Schluß.

Die psychologischen Widerstände gegen diese Alternative sind jedoch ungeheuer. Ihre Quellen liegen zum Teil in der allgemeinen menschlichen Neigung, schmerzhafte Entscheidungen zu vermeiden. Aber ebenso wichtige, gefühlsbedingte Faktoren sind geistiger Stolz, Zivilcourage, Angst, der Heuchelei oder Feigheit bezichtigt zu werden, Narben früher erhaltener Wunden und nicht zuletzt die Abneigung, von sich aus auf eine spezifisch jüdische Sendung zu verzichten.

Ich will sofort einräumen, daß es, psychologisch gesehen, jede Entschuldigung dafür gibt, daß Juden bezüglich der Frage einer solchen Lossagung unlogisch und empfindlich reagieren, auch wenn sie nicht imstande sind, genau zu sagen, wovon eigentlich sie sich nicht lossagen wollen. Aber stellen wir doch gleichfalls klar, daß jedermann berechtigt ist, unvernünftig und gegen seine eigenen Interessen zu handeln, er aber kein Recht zu einer solchen Handlungsweise hat, wenn dabei die Zukunft seiner Kinder auf dem Spiel steht. Ich möchte gerade an dieser Stelle festhalten, daß meine ganze Beweisführung und die daraus gezogenen praktischen Schlüsse nicht auf die Gegenwart, sondern auf die nächste Generation abzielen und die Entscheidungen, die Frauen und Männer, die in der jüdischen Gemeinde erzogen worden sind, für die Zukunft ihrer Kinder treffen müssen. Wenn dies einmal klar feststeht, ist damit eine Anzahl von Einwänden gegen den Prozeß der Assimilation automatisch beseitigt.

Ich werde nun einige typische Einwände herausstellen, die man erhoben, hat, seitdem ich vor mehreren Jahren zum ersten Mal die in diesen Zeilen verfochtene Lösung vorschlug. Sie sind in den Fragen gut zusammengefaßt, die mir ein Journalist des Londoner *Jewish Chronicle* nach Veröffentlichung meines Buches *Promise and Fulfilment* stellte, in dem ich versuchsweise dieses Thema angeschnitten hatte. Der Interviewer war Maurice Carr, und das Interview, aus dem die folgenden Auszüge stammen, erschien unter der Überschrift »Arthur Koestlers Abkehr«.[3] Es begann mit einer langen Einführung von Carr:

Ich wollte (die Kommentare des Autors) zu dem Nachwort in seinem Buch *Promise and Fulfilment* hören, das, kurz zusammengefaßt, folgendes aussagt:
»Die Existenz des hebräischen Staates ...stellt alle Juden außerhalb Israels vor ein Dilemma, das in zunehmendem Maß akut werden wird. Es ist die Alternative, entweder Bürger der hebräischen Nation zu werden oder auf jeden bewußten oder stillschweigenden Anspruch auf gesonderte nationale Zugehörigkeit zu verzichten.«
... Wenn es das war, was Arthur Koestler wirklich gemeint hat, dann, scheint mir, hat er sich *nolens volens* in die böse Gesellschaft der berufsmäßigen Antisemiten begeben, die mit der Logik der Gewalt die Wände mit dem Schlagwort beschmutzen: »Jude, geh nach Israel oder ins Krematorium!« ... Die unsagbare Eigenart des Judentums, die so viele verheerende Stürme in der Vergangenheit überdauert hat, wird zweifellos auch dem Angriff Arthur Koestlers widerstehen.

Frage: Wenn Sie kategorisch erklären, daß der Ewige Jude sich entscheiden muß, entweder Israeli zu werden oder sein Judentum völlig aufzugeben, denken Sie da an später oder an sofort?
Antwort: Ich glaube, daß die Wahl jetzt und hier getroffen werden muß, und zwar um der nächsten Generation willen. Für alle Juden ist die Zeit gekommen, sich zu fragen: Betrachte ich mich tatsächlich als Angehörigen eines Auserwählten Volkes, das bestimmt ist, aus der Verbannung ins Gelobte Land zurückzukehren? Mit andern Worten: Will ich nach Israel auswandern? Und wenn nicht, welches Recht habe ich, mich weiterhin als Juden zu bezeichnen und damit meinen Kindern das Stigma des Andersseins aufzudrücken? Wenn man nicht an die Rassentheorien der Nazis glaubt, muß man zuge-

ben, daß es so etwas wie eine rein jüdische Rasse nicht gibt. Das primäre Unterscheidungsmerkmal des Juden ist seine Religion. Diese Religion wird jedoch sinnlos, wenn man weiter um die Rückkehr nach Zion betet und dabei fest entschlossen ist, diesem fernzubleiben. Was bleibt da noch von ihrem Judentum? Nicht viel mehr als die Gewohnheit, sich selbst als Außenseiter anzusehen und von den andern als solcher angesehen zu werden. Aber sie verdammen auf diese Weise ihre Kinder dazu, einem ungesunden Druck durch die Umwelt ausgesetzt zu sein, der im besten Fall für ihre innere Entwicklung und ihre Karriere Hindernisse unterschiedlichen Schwierigkeitsgrades schafft und im schlimmsten Fall nach Belsen und Auschwitz führt.

Frage: Ist Ihre Eile, mit der Sie eine Entscheidung zwischen Israel und völliger Lossagung vom Judentum verlangen, auf die Angst vor einem neuen Belsen oder Auschwitz zurückzuführen?

Antwort: Der Antisemitismus ist im Zunehmen begriffen. Sogar die Engländer sind, bei all ihrer traditionellen Toleranz, in letzter Zeit davon befallen worden, sonst hätten sie Bevins Palästinapolitik nicht hingenommen. Aber meiner Meinung nach ist es nicht so sehr die Gefahr von Pogromen als das Grundübel eines abnormalen Drucks durch die Umwelt, vor dem der Ewige Jude sich selbst und kommende Generationen schützen muß.

Frage: Ist Ihnen nie der Gedanke gekommen, daß der fahnenflüchtige Jude auf der Suche nach Irrlichtern wie »Normalität« und Sicherheit seine spezifisch jüdische Eigenart einbüßen wird; und glauben Sie nicht, daß, vom weitesten humanistischen Standpunkt aus gesehen, ein derartiger Verlust jüdischen Erbes und jüdischen Talentes durch keinen Gewinn an »Normalität« zu rechtfertigen wäre?

Antwort: Es ist unzweifelhaft wahr, daß der Stimulus des Umweltdrucks bei den Juden einen größeren Prozentsatz an Intellektuellen hervorgebracht hat als bei andern Völkern. Dieser Prozeß der »Überkompensation« ist eine dem Psychologen wie dem Historiker vertraute Erscheinung – man denke nur an Adler und Toynbee. Wir wissen aber auch, daß die meisten großen Männer der Literatur, Kunst, Politik und Religion eine unglückliche Kindheit hatten, einsam und unverstanden waren und daß ihre Schaffenserfolge zum Teil ihren Reaktionen auf diese Druck-Stimuli zu verdanken waren. Aber würden Sie Eltern anraten, ihren Kindern absichtlich eine unglückliche Kindheit zu bereiten, in der Hoffnung, damit einen Einstein, Freud oder Heine heranzuziehen? Selbstverständlich – man beseitige alles Leiden in der Welt, und die Chance, außergewöhnliche Persönlichkeiten hervorzubringen, wäre abgeschafft. Aber schließlich entwickeln sich von tausend Individuen, die einem ungesunden Druck von seiten der Umgebung ausgesetzt sind, 999 zu gehemmten Charakteren, und nur aus einem wird vielleicht eine außergewöhnliche Persönlichkeit. Ich weise die vage jüdische Idee: »Wir müssen weiter verfolgt werden, damit wir Genies hervorbringen«, als völlig unhaltbar zurück. Was das Erbe jüdischer Kultur betrifft, so sind die Bibel und die Apokryphen Gemeingut der Menschheit geworden. Der Talmud ist heute nur für eine begrenzte, spezialisierte Gruppe von Interesse. Sein Studium sowie das der Bibelexegese allen jüdischen Kindern vorzuschreiben ist genauso grenzenlos absurd und unproduktiv, als ließe man alle christlichen Kinder die mittelalterliche Scholastik studieren. Auf dem Gebiet weltlicher Kultur gibt es hauptsächlich die moderne jiddische Literatur: Aber die jiddische Sprache wurde zugleich mit dem Volk, das sie in Osteuropa sprach, ausgerottet, und ich nehme an, daß Sie ihr Weiterbestehen in Amerika ebensowenig verteidigen wollen wie etwa das des Ukrainischen. Die einzige rechtmäßige, natürliche Heimat für die Erhaltung und das zukünftige Wachstum spezifisch jüdischer Kultur ist Israel.

Frage: Wie brigen Sie Ihre Maxime: »Die Mittel heiligen den Zweck« in Einklang mit Ihrem Rat an den
Ewigen Juden, vor sich selbst davonzulaufen? Nach dem
ersten feigen Schritt des Verzichts wird doch der abtrün-
nige Jude sich zu grobem Betrug erniedrigen, sich selbst,
seine Nachbarn und seine Kinder über seine jüdische
Herkunft belügen müssen. Wenn er sich andererseits
entschließt, ehrlich zu sein, und Verheimlichung ver-
schmäht, werden weder er noch seine Kinder durch und
durch Nichtjuden werden. Eher werden sie einfach
»Exjuden« sein. Wird dann ein solcher Exjude nicht eine
neue Art eines grotesken Außenseiters darstellen, von
den Juden sicher verächtlich zurückgewiesen und von
den Antisemiten aller Wahrscheinlichkeit nach immer
noch verspottet?

Antwort: Heute hat jeder Jude die Möglichkeit, nach
Israel zu gehen; es ist also kein Akt der Feigheit mehr,
wenn man die Alternative wählt, sich vom Judentum
loszusagen. Es ist ein freiwilliger Entschluß geworden,
was es vor der Wiedergeburt Israels nicht war ... An
einem überholten Status »negativen Judentums« aus reiner Halsstarrigkeit festzuhalten oder aus Furcht, für einen Feigling angesehen zu werden, ist an sich eine
umgekehrte Form von Feigheit, für die später Kinder
leiden sollen, die sich dagegen nicht wehren können.
Was die Ehrlichkeit betrifft, so ist gerade sie es, für die
ich eintrete. Der eine Jude braucht ebensoviel kompromißlose Ehrlichkeit, um sich für »nächstes Jahr in Jerusalem« zu entschließen, wie der andere für seine Loslösung. Wer das Judentum aufgibt, sollte vor seinen Kindern nichts verbergen; ebensowenig braucht er seine
Kinder vorzeitig zu verwirren. Schließlich ist es eine
Frage des Taktes und des Zartgefühls, ähnlich dem Problem der Erziehung in sexuellen Fragen.

Frage: Von all den durch Hitler verfolgten Juden haben
diejenigen unter der schrecklichsten Verzweiflung gelitten, die jede Spur ihres eigenen Judentums oder des

Judentums ihrer Väter oder Großmütter abgelegt zu haben glaubten. Könnte nicht ein ähnlich grausames Schicksal – viel ärger als irgendeins, das jemals einen wirklichen Juden treffen könnte – diese Möchtegern-Exjuden befallen?

Antwort: Was immer man im Leben tut, es gibt stets eine Möglichkeit, daß etwas schiefgeht. Aber ich bin sicher, daß die nichtjüdische Welt im großen und ganzen eine aufrichtige Assimilation der Juden begrüßen wird. Vielleicht werden individuelle Komplikationen entstehen, besonders in der ersten und zweiten Generation; aber dann wird das jüdische Problem, auch auf Grund der Mischehen, nach und nach zum Vorteil aller Betroffenen verschwinden.

Frage: Welche religiöse Erziehung würden Sie – wenn überhaupt – für die Kinder von Exjuden vorschlagen?

Antwort: Zuerst möchte ich folgendes klarstellen: Wenn ich bei denjenigen, die es ablehnen, den Grundsätzen des jüdischen Glaubens gemäß zu leben (das heißt, ins Gelobte Land zurückzukehren), dafür eintrete, daß sie ihren Glauben aufgeben, so trete ich ausdrücklich *nicht* für ihren Beitritt zu irgendeiner anderen Religion ein, es sei denn, sie fühlten sich innerlich richtig zu ihr hingezogen. Es wäre verächtliche Heuchelei. Aber ich trete mit ebensolchem Nachdruck dafür ein, daß die *Kinder* dieser Exjuden, die bis dahin weder spirituell noch formell dem von ihren Eltern aufgegebenen Glaubensbekenntnis angehört haben, ebenso erzogen werden sollen wie die anderen Kinder der Umgebung, in der sie leben. Wenn die anderen Kinder ihrer Schule in die Kirche gehen, dann soll man sie in die Kirche gehen lassen und sie nicht zu Außenseitern stempeln. Kein neugeborenes Kind kann bei der Frage mitreden, welcher Konfession es angehören soll, und es ist heutzutage in der Welt üblich, daß Eltern, die keine bestimmte religiöse Überzeugung haben, die religiöse Erziehung ihrer Kinder dem Zufall der Schule und der Umwelt überlassen. Ich glaube, es ist wichtig und wesentlich für ein Kind, daß seine geistige Entwicklung mit einem Glauben an Gott beginnt, ganz gleich, ob es ein jüdischer, kalvinistischer oder wesleyanischer Gott ist, und daß man es seine Entscheidung in religiösen Belangen treffen läßt, sobald es erwachsen ist. Ich halte es, offen gesagt, geradezu für ein Verbrechen, wenn Eltern, die weder an die jüdische Lehre glauben noch deren Vorschriften gemäß leben, einem wehrlosen Kind, das nicht danach verlangt hat, das Stigma des »Andersseins« aufzwingen.

Frage: Haben Sie nicht das Gefühl, daß etwas Verachtenswertes, Erniedrigendes an einer derartigen Kapitulation der Minderheit gegenüber der Mehrheit ist? Ohne zum Beispiel auch nur annähernd an den Katholizismus zu glauben, soll der Exjude seine Kinder in eine Jesuitenschule schicken! Er muß seine eigenen Traditionen und Erinnerungen lebendig begraben, und diese Erinnerungen enthalten unglücklicherweise bittere Verfolgung von den Händen derjenigen, deren Reihen er sich jetzt unaufgefordert zugesellt. Ist das nicht vielleicht doch zuviel verlangt?

Antwort: Um Ihre letzte Frage, die Erinnerung an vergangene Verfolgungen, zuerst zu beantworten: Sie schlagen doch gewiß nicht vor, daß man den Groll weiter nähren und alten Haß fortbestehen lassen soll? Selbstverständlich ist es niemals leicht, mit der Vergangenheit zu brechen, sich der Traditionen und Erinnerungen zu entledigen. Aber Millionen von amerikanischen Einwanderern haben das ohne besondere Anstrengung getan. Und wenn wir die Tatsache akzeptieren, daß der Antisemitismus kein vorübergehendes Phänomen ist, dann erscheint dieses Opfer in weit höherem Maße zwingend als zum Beispiel im Fall der italienischen Einwanderer in die Vereinigten Staaten. Während die Italiener nur vor der Armut flüchten, müssen die Juden dem Gespenst der Ausrottung entgehen. Es ist unbedingt nötig, daß die Juden zu ihrer Verantwortung gegenüber ihren Kindern stehen, wie sehr ihre eigenen Gefühle dabei auch leiden mögen.

Frage: Glauben Sie nicht, daß es die vernünftigste und ehrenwerteste Politik der Juden in der Diaspora ist, so weiterzumachen wie in der Vergangenheit und gleichzeitig den Staat Israel als eventuellen Rettungshafen in einer die Minderheiten verfolgenden Welt aufbauen zu helfen?

Antwort: Nein. Das ist die Tragödie der Juden, die den Kuchen gleichzeitig besitzen und verspeisen wollen. Dieser Weg führt zur Katastrophe.

Frage: Glauben Sie, daß Israel, wie Sie in Ihrem Nachwort zu *Promise and Fulfilment* sagen, jetzt so »selbständig dasteht«, daß es ohne weitere Hilfe von seiten der Diaspora fortbestehen kann? Ist nicht Ihr Ruf »Israel oder Abkehr« alles in allem verfrüht? Denn selbst wenn man annähme, daß fünf Millionen Galut-Juden sich sofort für »nächstes Jahr in Jerusalem« entschließen würden, wäre dort doch gar nicht genug Platz für sie.

Antwort: Israel steht heute nicht weniger selbständig da als irgendein europäisches Land unter kommunistischer Bedrohung. Im Hinblick auf die Größe des Problems, vor dem Israel bezüglich der Aufnahme von Einwanderern steht, würde ich vorschlagen, daß man für eine begrenzte Periode von etwa fünf Jahren die Judenschaft der Welt dazu ermunterte, die Niederlassung derjenigen Juden finanzieren zu helfen, die nach Israel einzuwandern wünschen oder dazu gezwungen sind. Nach dieser Übergangsperiode sollte es keine amerikanisch-zionistische Organisation, keinen *United Jewish Appeal*, keine zionistische Bewegung, keine Sammelfonds, ja kein einziges dieser Paradoxa eines Staates mehr geben, der stolz auf seine Unabhängigkeit ist und gleichzeitig mit dem Bettelsack hausieren geht.

Was Ihre Hypothese betrifft, daß fünf Millionen Juden geradewegs nach Israel gehen wollten, so ist das reine

Phantasie. Denn der Großteil der Juden lebt in Amerika. Aber seit der Gründung Israels sind erst ein paar hundert amerikanische Juden dorthin ausgewandert. Es wäre für Israel eine wunderbare Sache, wenn 50000 amerikanische Juden mit den richtigen Qualifikationen überredet werden könnten, sofort hinzugehen. Mit ihrer westlichen Kultur und ihrer technischen Befähigung würden sie Israel umwandeln, und sie wären heute zehnmal mehr wert als in der Zukunft.

Frage: Betrachten Sie sich noch als Juden? Wünschen Sie, daß die anderen Sie nicht mehr als Juden ansehen?

Antwort: Was die Religion betrifft, so halte ich die Zehn Gebote und die Bergpredigt für ebenso untrennbar wie Wurzel und Blume. Was die Rasse betrifft, so habe ich keine Ahnung davon und interessiere mich auch nicht dafür, wie viele Hebräer, Babylonier, römische Legionäre, christliche Kreuzfahrer und ungarische Nomaden unter meinen Ahnen sind. Ich halte es für einen Zufall, daß mein Vater jüdischen Glaubens war; aber ich war der Meinung, daß mich das moralisch verpflichtete, mich mit der zionistischen Bewegung zu identifizieren, solange es für die Verfolgten und Heimatlosen keinen Hafen gab. Im Augenblick, da Israel Realität wurde, fühlte ich mich frei von dieser Verpflichtung und frei, mich zu entscheiden, ob ich ein Israelit in Israel oder ein Europäer in Europa werden wollte. Meine ganze Entwicklung und kulturelle Abhängigkeit machten Europa zum natürlichen Gegenstand meiner Wahl. Um also auf Ihre Frage eine präzise Antwort zu geben: Ich betrachte mich erstens als Mitglied der europäischen Gemeinschaft, zweitens als naturalisierten britischen Bürger unbestimmter mischrassiger Herkunft, der die ethischen Werte unserer hellenisch-judäo-christlichen Tradition akzeptiert und ihre Dogmen ablehnt. Wie mich die anderen einordnen, ist ihre Angelegenheit.

Damit endete dieses lange Interview, dem nun Carr noch die abschließende Bemerkung folgen ließ:

> Ich fürchte, daß eine große Anzahl lauwarmer Juden im Unterbewußtsein genauso denkt, wie es Arthur Koestler formuliert hat; und für sie wird sich sein »Laut-Denken« vielleicht als außerordentlich nützlich erweisen, indem es die Aufmerksamkeit auf eine gewissermaßen unterirdisch drohende Gefahr lenkt.

Die Veröffentlichung dieses Interviews rief unter den Lesern des *Jewish Chronicle* allgemeine Entrüstung hervor. An der Spitze der Proteste stand ein Brief des Präsidenten der Anglo-Jewish Association, des Hon. Ewen E.S. Montague, O.B.E., K.C., der ein wunderschönes Beispiel für die Annahme einer erst zu beweisenden Sache, einer sogenannten *petitio principii*, war:

> Das brilliant geschriebene Interview von Maurice Carr, in dem über Arthur Koestlers Abfall vom Judentum berichtet wurde, hat gewiß die meisten Ihrer Leser mit Kummer und Schrecken erfüllt ...
> Mr. Koestler ...hat seine Handlung zu rechtfertigen versucht, indem er behauptete, es gebe jetzt nur zwei Wege, die ein Jude einschlagen könne: nach Israel auszuwandern oder auf seine Religion zu verzichten.
> Viele Juden haben sich für den ersten Weg entschieden oder werden sich dafür entscheiden, mit dem vollen Respekt, der Sympathie, dem Verständnis und den besten Wünschen ihrer Gemeinden. Aber warum sollten die vielen tausend anderen den zweiten Weg nehmen müssen – eben den, den Mr. Koestler eingeschlagen hat? Die Anglo-Jewish Association zählt zu ihren Mitgliedern viele gläubige Juden, deren Frömmigkeit niemand bezweifeln kann; aber auch sie sehen, wie alle unsere anderen Mitglieder, keine Schwierigkeit darin, unter den jetzigen Umständen ihr Judentum und den ernsten,

aufrichtigen Wunsch, daß Israel florieren möge, mit dem Stolz auf ihre britische Staatsbürgerschaft und dem gebührenden Anteil an den Pflichten, Obliegenheiten und Rechten dieser Stellung in Einklang zu bringen.

... Es ist lebenswichtig, besonders in diesem Augenblick, jeden Zweifel daran zu beseitigen, daß man gleichzeitig ein aufrichtiger Jude und ein treuer Staatsbürger des Landes sein kann, in dem man lebt.

Zusammen mit dem Brief des Präsidenten der Anglo-Jewish Association druckte die Zeitung einen weiteren Protest eines Lesers ab, der in einem Absatz erklärte: »Assimilation ... ist keine Lösung. Der Fehler, lieber Mr. Koestler, liegt nicht bei den Juden selbst, sondern in der Unduldsamkeit der Völker, unter denen sie leben ...«

Und wenige Zeilen später hieß es: »Der Jude, der den Versuch der Assimilation macht, ist für mich eine mitleiderregende Gestalt, der es an Aufrichtigkeit mangelt ...«

Eine Woche darauf schrieb die Zeitung in einem Leitartikel:

Das reichlich provozierende Interview mit Arthur Koestler, das jüngst in *The Jewish Chronicle* veröffentlicht wurde, sollte uns an die den meisten jüdischen Frauen wohlbekannte Tatsache erinnern, daß das Heim die Zitadelle ist, in der der jüdische Glaube verteidigt werden muß ... Und noch immer gibt es kein System häuslichen Alltagslebens, das man damit vergleichen könnte. Die Speisegesetze werden täglich von führenden ärztlichen Fachleuten bestätigt: Die jüdische Hausfrau wußte seit Menschengedenken, wie oft sie sich selbst und ihre Lieben vor den Plagen und Seuchen beschützt hat, die ringsumher wüteten. Soll sie nun, da die Welt so dringend gute Männer und Frauen braucht, ihren Glauben aufgeben und ihre Familie und Eigenart verleugnen, nur damit Jungen und Mädchen, ununterscheidbar voneinander, wie Roboter in Uniformen auftreten können?

In derselben Ausgabe gab es noch mehr Protestbriefe, die alle auf bedauerliche Weise zeigten, wie religiöser Eifer in Rassenstolz und immerwährendes Ressentiment ausartet, ohne daß es die Gläubigen selbst merken:

In Gemeinschaft mit der überwiegenden Mehrheit meiner Mitjuden außerhalb wie innerhalb Israels fühle ich mich nur als einer aus einer großen Schar von Waffengefährten in geistiger Rüstung, die über die weite Welt verstreut und in eine grimmige und andauernde Abwehrschlacht für eine Welt der Freiheit, Wahrheit und Gerechtigkeit verwickelt sind. Dieser Kampf begann vor etwa viertausend Jahren, als die Kinder Israels dem Sklavenstaat Ägypten den Rücken kehrten ... Vor mehr als tausend Jahren hat uns ein hebräischer Dichter oder *paitan* in *Wehi Sche'amda*, diesem wunderschönen Juwel der Haggada, die Antwort gegeben: »Das ist es, was neben unseren Vätern gestanden hat und neben uns selbst. Denn nicht ein Feind allein hat sich gegen uns erhoben, um uns zu verderben, sondern in jeder Generation erheben sie sich, um uns zu vernichten; aber der Ewige, gepriesen sei Er, befreit uns aus ihren Händen.« Koestler scheint die Tatsache nicht bekannt zu sein, daß die Bergpredigt ihren Ursprung in der rabbinischen Gedankenwelt hat und nur eine Wiederholung jüdischer Lehren ist ... Warum verwendet er seine brillante Feder nicht zu einem weit nobleren Zweck? Soll er doch streiten und andere zum Streit gegen Unduldsamkeit und Ungerechtigkeit anfeuern; aber möge er doch nicht von uns verlangen, daß wir untertänig zum Lager unserer Unterdrücker hinkriechen, in dem diese beiden Übel so lange in Blüte standen.

Eine weitere Woche später erschien in dieser Zeitung wiederum ein Leitartikel:

In Wirklichkeit ist das Dilemma, das Koestler darstellt

... grundsätzlich falsch ...Während das Heilige Land immer seine einzigartige Bedeutung für die Judenschaft behalten muß, sind die Botschaft des Judentums und die Mission des jüdischen Volkes nicht auf das Heilige Land beschränkt, sondern ihrem Charakter nach weltumspannend ... Die in unserem Glauben unvergängliche messianische Hoffnung und Sehnsucht verbietet es uns, unsere weltweite Mission im Dienst der Menschheit aufzugeben. Mehr denn je sind wir in diesen Tagen dazu berufen, in allen Ländern, in denen wir wohnen, die jüdischen Ideale der Rechtschaffenheit und Brüderlichkeit unter den Völkern hochzuhalten. Es ist nicht leicht, Koestlers Überzeugung zu teilen, daß die moderne Zivilisation für diesen Beitrag des Judentums keine Verwendung hat.

Offensichtlich betrachtet das offizielle Organ der britischen Judenschaft »das Ideal der Rechtschaffenheit und Brüderlichkeit« noch als jüdisches Monopol; tatsächlich erledigt es die Angelegenheit endgültig mit dem etwas veralteten Zitat: »Und ihr sollt mir sein ein Königreich von Priestern und ein heiliges Volk.« Wolle man die Behauptungen der Zeitung ernst nehmen, so würde das heißen, daß die Herren Ben Gurion und Mendès-France, Genosse Kaganowitsch und Henry Morgenthau, Albert Einstein und Louis B. Mayer von der Metro-Goldwyn-Mayer alle gemeinsam dabei sind, eine besondere jüdische Sendung auszuüben. Es ist gerade diese Art schwülstiger Bombast, der das Märchen von den Weisen von Zion entstehen ließ und den Verdacht einer jüdischen Weltverschwörung am Leben erhält. Aber die Diskussion hat desungeachtet einem nützlichen Zweck gedient, indem sie die Katze des Rassenstolzes aus dem religiösen Sack ließ und den tragischen Widerspruch im jüdischen Leben enthüllte. Denn wie soll die Welt den Anspruch, daß ein Engländer jüdischen Glaubens wie jeder andere Engländer sei, mit der Behauptung vereinbaren, die in derselben Nummer der Zeitschrift stand:

»Jude sein bedeutet, daran zu glauben, daß die Vergangenheit der Judenschaft seine Vergangenheit, ihre Gegenwart seine Gegenwart und ihre Zukunft seine Zukunft ist.«

Es ist bemerkenswert, daß Englands führendes jüdisches Blatt keinen einzigen Brief erhalten oder abgedruckt hat, der auch nur teilweise die Assimilation befürwortet – einen historischen Vorgang, der schließlich seit ein paar tausend Jahren vor sich geht. Die Stellen, die ich zitiert habe, geben nur einen schwachen Eindruck von der heftigen Aufregung und Kränkung, die das Interview in dieser wahrscheinlich liberalsten, tolerantesten und aufgeklärtesten jüdischen Gemeinde der Welt ausgelöst hat. Man kann den wahren Gläubigen verstehen, der mit John Donne ausruft: »Ach, es ist ein Martyrium, kein Märtyrer zu sein!« Aber gegen das Martyrium zu protestieren und es gleichzeitig seinen Kindern und Kindeskindern aufzuerlegen, ohne zu wissen warum, ist ein noch weniger vertretbarer Standpunkt.

Ich will nunmehr einige in der Diskussion aufgeworfene Punkte herausarbeiten und gleichzeitig versuchen, vom Boden abstrakter Erörterung zu den praktischen Zielsetzungen überzugehen. Es wird dabei am einfachsten sein, zur Form des imaginären Dialogs zu greifen (der in diesem Fall auf einer Reihe tatsächlicher früherer Dialoge beruht):

Frage: Alle früheren Versuche jüdischer Gemeinschaften, sich ihrem Gastvolk völlig zu assimilieren, sind schließlich gescheitert, wie zum Beispiel in Deutschland; warum sollte es diesmal anders sein?

Antwort: Der Grund für die vergangenen Fehlschläge und Tragödien besteht darin, daß bis jetzt alle Assimilationsversuche mit halbem Herzen durchgeführt wurden und auf der falschen Annahme beruhten, die Juden könnten vollwertige Mitglieder ihres Gastvolkes werden und trotzdem ihre Religion beibehalten und das Auserwählte Volk bleiben. In Wirklichkeit ist ethnische Assimilation unmöglich, wenn man am mosaischen Glauben festhält; und der mosaische Glaube wird bei ethnischer Assimilation unhaltbar.

Die jüdische Religion setzt die nationale Absonderung weiter fort – um diese Tatsache kann man nicht herumkommen.

Es gibt anderseits zumindest ein Beispiel erfolgreicher Assimilation in großem Maßstab: die spanischen Juden, die vor etwa fünfhundert Jahren den Katholizismus annahmen, da sie sonst vertrieben worden wären, und die – mit Ausnahme einer heldenhaften hartnäckigen Minderheit, die insgeheim an ihrem Judentum festhielten, bis sie als Märtyrer starben – von den Spaniern in volksmäßiger wie kultureller Beziehung völlig absorbiert wurden. Um wieder Toynbee zu zitieren: »Man kann als sicher annehmen, daß im heutigen Spanien und Portugal ein starker Prozentsatz vom Blut dieser bekehrten Juden in den Adern der Iberer fließt, besonders in denen der oberen und mittleren Klassen. Aber auch für den scharfsinnigsten Psychoanalytiker würde es schwierig sein, wenn man ihm Spanier und Portugiesen dieser Klassen vorstellte, darunter diejenigen mit jüdischen Vorfahren zu entdecken.«

Frage: Ihre Argumente beruhen auf der Annahme, daß das einzige oder zumindest das hauptsächliche Unterscheidungsmerkmal des Juden seine Religion ist. Wie verhält es sich aber mit der Rasse, den physischen Merkmalen und den Besonderheiten des jüdischen Charakters und Verhaltens, die schwer zu definieren und doch leicht herauszufühlen sind?

Antwort: Rassenanthropologie ist ein umstrittenes und verworrenes Gebiet. Es gibt jedoch eine Art minimaler Übereinstimmung unter den Anthropologen zumindest in den folgenden zwei Punkten: a) daß das biblische Volk zum Mittelmeerzweig der kaukasischen Rassen gehörte und b) daß die bunte Masse von Individuen, die über die ganze Welt verstreut sind und als »Juden« bezeichnet werden, vom Rassenstandpunkt aus eine außerordentlich gemischte Gruppe ist, die mit diesem Volk nur einen weitläufigen Zusammenhang hat und in manchen Fällen überhaupt keinen. Der Kontrast zwischen dem kleinen, drahtigen, dunkelhäutigen Juden des Jemen, der wie ein Araber aussieht, und seinem skandinavischen Glaubensgenossen ist offensichtlich. Weniger bekannt ist die Tatsache, daß sogar Juden aus geographisch benachbarten Gegenden (zum Beispiel russische und polnische Juden) äußerlich deutlich verschiedenen Typen angehören. Gewisse italienische oder spanische Gesichter sehen ausgesprochen semitisch aus, und manche spanische Familie besitzt wahrscheinlich einen höheren Prozentsatz semitischer Erbeinheiten als die Gruppen europäischer Juden, deren Vorfahren mit Kreuzfahrern oder anderen plündernden Horden zusammengestoßen sind. Aber das erstaunlichste Rassenparadoxon von allen ist das völlig unjüdische Aussehen und die Mentalität der neuen, in Israel geborenen Generation:

Der Spitzname des in Palästina geborenen Juden, *sabra*, kommt von der stacheligen, wildwachsenden, etwas geschmacklosen Frucht der Kaktuspflanze. Er ist der äußeren Erscheinung nach ausnahmslos größer als seine Eltern, robust gebaut, meist blond oder braunhaarig, häufig stumpfnäsig und blauäugig. Der auffälligste Zug des jungen Mannes ist sein völlig unjüdisches Aussehen; sogar seine Bewegungen sind eckig und schroff, im Gegensatz zu den charakteristischen runden Kurven der »jüdischen« Gesten. Die Mädchen anderseits scheinen dem osteuropäischen jüdischen Typ äußerlich näher zu bleiben. Im ganzen besteht wenig Zweifel, daß die Rasse eine merkwürdige biologische Veränderung durchmacht, die wahrscheinlich durch die plötzliche Änderung des Klimas, der Ernährung und des mineralischen Gleichgewichts des Bodens bedingt ist. Außerdem hat es den Anschein, daß bei den Frauen diese Veränderung langsamer vor sich geht, daß sie im Konstitutionstyp träger oder stabiler sind. Das ganze Phänomen ist ein eindrucksvoller Beweis dafür, daß die Umwelt einen größeren Formungseinfluß ausübt als die Vererbung und daß das, was wir gewöhnlich als typisch jüdisch ansehen, nicht Rasseneigentümlichkeiten sind, sondern ein Produkt anhaltenden gesellschaftlichen Druckes und besonderer Lebensweise, eine psychosomatische Antwort auf den Belastungsreiz.

In seiner geistigen Haltung ist der durchschnittliche junge *sabra* furchtlos bis zur Verwegenheit, anmaßend, extrovertiert und zeigt wenig Neigung, wenn nicht sogar offene Verachtung gegenüber intellektuellen Bestrebungen. Die Kinder sind ausnehmend hübsch; nach der Pubertät vergröbern sich Stimme und Aussehen, und sie scheinen nie ganz das Gleichgewicht der Reife zu erreichen. Das Gesicht des typischen *sabra* hat etwas Unfertiges an sich; den noch unbestimmten Charakter einer im Übergang begriffenen Rasse. Seine Sprechweise ist abrupt und unmoduliert, was manchmal den Eindruck von Grobheit erweckt ... Man kann nicht voraussagen, welche Art von Zivilisation er hervorbringen wird, aber eines scheint ziemlich sicher: innerhalb von ein oder zwei Generationen wird Israel ein völlig »unjüdisches« Land geworden sein.[4]

Wenn man die Trugschlüsse des Rassenvorurteils beiseite läßt, bleibt von dem biblischen Volk wahrscheinlich nur ein statistisch ganz geringer »harter Kern« von Erbanlagen zurück, die bei gewissen abgesonderten jüdischen Gemeinden weiter in gebogenen Nasen und schmachtenden Augen »ausmendeln«, wie der Biologe sagt. Aber sogar bezüglich derartiger Gesichtszüge ist es außerordentlich schwierig, zwischen wirklicher Vererbung und Umwelteinfluß zu unterscheiden. Die ziemlich übereinstimmenden Veränderungen im Gesicht von Priestern, die im Zölibat leben, von Schauspielern, von Sträflingen mit langdauernden Strafen und in anderen »Berufsgesichtern« könnten leicht als Rassenmerkmale mißdeutet werden; und die zunehmende Ähnlichkeit alternder Ehepaare ist eine ebenso erstaunliche Bestätigung der die Gesichtszüge formenden Kräfte gemeinsamer Umwelt.

Geht man von der äußeren Erscheinung der Juden zu ihren geistigen Gewohnheiten und Besonderheiten über, so variieren diese von Land zu Land so sehr, daß wir sie nur als Produkt sozialen, nicht aber biologischen Erbes ansehen können. Der typisch jüdische Abscheu vor Trunkenheit zum Beispiel ist ein unbewußter Rest jahrhundertelangen Lebens unter schwierigen Bedingungen, als ein Nachlassen der Wachsamkeit Gefahr bedeutete; der Jude mit dem gelben Stern auf dem Rücken mußte vorsichtig und nüchtern bleiben und mit belustigter oder ängstlicher Verachtung den Possen des betrunkenen Goi zusehen. Abscheu vor Alkohol und jeder anderen Form von Exzeß, vor Leichtfertigkeit und Ausschweifung war durch Generationen hindurch dem Kind von den Eltern eingeprägt worden – bis hinunter zu dem milchtrinkenden Ministerpräsidenten von Frankreich und den enthaltsamen Eigentümern des Château-Laffitte.

Jüdische Kasuistik, Haarspalterei und Spitzfindigkeit können auf die talmudischen Übungen zurückgeführt werden, die bis vor kurzem den Lehrplan der jüdischen Kinder beherrschten; wie ein hervorragender Biograph von Marx festgestellt hat, verdankt die »Dialektik« einem Hegel ebensoviel wie Marx' rabbinischer Vergangenheit[5]. Das finanzielle und forensische Genie des Juden ist offenbar eine Folge der Tatsache, daß bis zum Ende des 18. Jahrhunderts und in manchen Ländern bis weit ins 19. Jahrhundert hinein die Juden von den meisten üblichen Berufen ausgeschlossen waren; die Gründe, warum die Juden in Kunst und Literatur eine eher interpretierende als schöpferische Rolle spielen, wurden in Isaiah Berlins Essay erschöpfend analysiert.

Wir wahren also einen kleinen und irgendwie hypothetischen »harten Kern« jüdischer Merkmale im Sinne einer biologischen Vererbung und einen riesigen Komplex körperlicher und geistiger Charakteristika, die auf Umwelteinflüssen beruhen und als soziales Erbe überkommen sind. Sowohl die biologischen als auch die sozialen Merkmale sind zu komplex und verschwommen, um einen Juden auch nur mit annähernder Sicherheit als Juden identifizieren zu können; der entscheidende Test und das offizielle Erkennungszeichen bleibt seine Religion.

Frage: Vielleicht sind Ihre Argumente logisch, aber es ist nichtsdestoweniger unmenschlich zu verlangen, daß Menschen im Namen der Zweckdienlichkeit eine jahrhundertealte Tradition ablegen sollen, als wäre sie ein wertloses Kleidungsstück.

Antwort: Versuchen wir doch genau zu definieren, was wir unter »jüdischer Tradition« verstehen. Meinen wir das Konzept des Monotheismus, die Inthronisation des einen, unsichtbaren Gottes, das Ethos der hebräischen Propheten, die Weisheit Salomos, das Buch Hiob? Sie alle stehen in den christlichen Bibeln und sind Allgemeingut der westlichen Welt geworden. Alles, was nach der Bibel kam, ist entweder nicht spezifisch jüdisch oder gehört keiner lebenden Tradition an. Seit der Eroberung Jerusalems durch Titus im Jahre 71 n. Chr. haben die Juden aufgehört, ein Volk zu sein, eine eigene Sprache, eine eigene weltliche Kultur zu besitzen. Hebräisch als gesprochene Sprache kam lange vor Beginn der christlichen Ära außer Gebrauch (zur Zeit Christi war die Umgangssprache in Palästina Aramäisch); die jüdischen Gelehrten und Dichter in Spanien schrieben arabisch, so wie ihre Nachkommen italienisch, deutsch, englisch, französisch, polnisch und russisch schrieben. Es stimmt, daß gewisse abgeschlossene jüdische Gemeinden einen eigenen Dialekt oder *patois* entwickelten, wie zum Beispiel das Sephardi und das Jiddisch, aber keiner dieser Dialekte brachte eine Literatur von irgendwelcher Bedeutung hervor, die auch nur im entferntesten vergleichbar mit dem eindrucksvollen »jüdischen« Beitrag zur deutschen, österreichischen, englischen oder amerikanischen Kultur gewesen wäre.

Die einzige spezifisch jüdische intellektuelle Betätigung in den nachbiblischen Jahrhunderten erstreckte sich auf die Theologie. Aber Talmud, Kabbala und die endlosen Bände rabbinischer Exegese sind 99 Prozent des allgemeinen jüdischen Publikums unbekannt und gehören ebensowenig zur lebenden Tradition wie die kasuistischen Übungen der mittelalterlichen Scholastiker. Und doch waren sie während der letzten zweitausend Jahre das *einzige* Produkt einer spezifisch »jüdischen Tradition«, wenn dieser Ausdruck eine konkrete Bedeutung bekommen soll. Mit anderen Worten: Seit dem 1. Jahrhundert n. Chr. haben die Juden keine nationale Geschichte und keine eigene Sprache, Literatur oder Kultur besessen. Ihre philosophischen, wissenschaftlichen und künstlerischen Leistungen bestehen in Beiträgen zur Kultur ihrer Gastvölker, sie stellen kein gemeinsames kulturelles Erbe oder autonomes Element der Tradition dar. Der Irrtum, eine besondere jüdische »Mission« oder »Tradition« als gegeben anzunehmen, wird klar, wenn wir bedenken, daß in diesem Sinn Disraëli an der Mission Anteil hatte, Gladstone aber nicht, ebenso Trotzki, Lenin aber nicht; Freud ja, Jung nicht; und daß jüdische Leser lieber Proust als Joyce, lieber Kafka als Poe lesen müßten, weil jeweils der erste dieser Paare der Tradition angehört, der zweite aber nicht.

Um zusammenzufassen: Die heutigen Juden haben keine gemeinsame Kulturtradition, sondern nur gewisse Gewohnheiten und Verhaltensschemata, die von einer Religion stammen, deren Vorschriften sie ablehnen, und von dem ungesunden Druck der Umwelt auf eine abgesonderte Minderheit. Je eher das alles, zusammen mit dem Zustand der Absonderung und der Minorität, aufgegeben wird, desto besser für alle Beteiligten.

Frage: Darin liegt zu viel Spitzfindigkeit. Sie unterteilen dieses undefinierbare Ganze »Tradition« in säuberliche Begriffsklassen, als wäre es ein Braten, von dem man Stücke abschneiden kann. Wenn aber ein Jude, sogar ein hundertprozentig agnostischer Amerikaner, den uralten Ruf vernimmt: »Höre, Israel, der Herr, unser Gott, ist ein einziger Gott«, dann regt sich etwas in ihm, das alle Ihre Argumente zusammenbrechen läßt.

Antwort: Dieses Etwas, das sich in ihm regt, gibt es bei allen Menschen. Ich weise die arrogante Annahme Ihres Zeugen zurück, der glaubt, daß die Botschaft nur an ihn und die Seinen gerichtet ist. Das ist, gestatten Sie mir, es auszusprechen, ein metaphysischer Snobismus, der auf ebenso unhaltbaren genealogischen Voraussetzungen beruht wie Houston Stewart Chamberlains Mythos vom nordischen Menschen.

Frage: Sie sind sehr unduldsam gegenüber der jüdischen Gefühlsbetontheit, aber es gibt andere Minderheiten, die ebenso gefühlsbetont und traditionsgebunden sind – denken Sie zum Beispiel an die irischen Katholiken in den Vereinigten Staaten.

Antwort: Die Parallele ist irreführend. Die Bande des Amerikaners irischer Abstammung zu seiner alten Heimat sind jüngeren Datums und schwinden in der zweiten und dritten Generation dahin. Die »alte Heimat« des Juden ist nicht das Land seiner Eltern und Großeltern, sondern das eines hypothetischen Vorfahren, der es vor zweitausend Jahren verlassen hat. Die sentimentale Anhänglichkeit des amerikanischen Juden an den Staat Israel ist nicht von der gleichen Art wie zum Beispiel das Gefühl der Amerikaner italienischer Abstammung für Italien. Diese *kommen* aus Italien. Die Juden unter den Amerikanern kommen nicht aus Israel, sondern sehnen sich danach hinzugehen – oder behaupten das zumindest in ihren Gebeten.

Hierbei gibt es ein sehr ernstes praktisches Problem. In beiden Weltkriegen haben Amerikaner deutscher, italienischer und japanischer Abstammung in der amerikanischen Armee gegen ihre ursprüngliche Heimat gekämpft. Sie hatten sich assimiliert und von ihren Erbbindungen befreit; die Engländer oder Amerikaner aber, die sich ihrer Religion und Tradition nach weiter als Juden ansehen, bleiben sowohl in mystischem als auch in direkt politischem Sinn dem Staat Israel verbunden. Der Vorwurf »gespaltene Loyalität« ist ein altes antisemitisches Argument. Die Existenz des Staates Israel und der internationalen zionistischen Organisation gibt diesem Vorwurf Realität und gefährliche Bedeutung. Ich meine nicht gefährlich für England oder Amerika, sondern für die Juden selbst. Israel ist kein mystisches Versprechen mehr, sondern ein unabhängiger Staat mit unabhängiger Politik, und jede politische Ergebenheit einem fremden Land gegenüber muß in Zeiten internationaler Krisen Mißtrauen hervorrufen. Die Resultate, zu denen solches Mißtrauen führen kann, kennen wir aus der Vergangenheit nur allzu gut.

Frage: Selbst wenn alle Ihre Argumente richtig wären, würde bei jüdischen Eltern immer noch ein tiefes Gefühl der Abneigung, eine geistige und ästhetische Ablehnung des Gedankens zurückbleiben, daß sie ihre Kinder in einem Glauben aufziehen sollen, den sie selbst nicht teilen.

Antwort: Mein Vorschlag richtet sich an Eltern, die ebensowenig an die jüdische Religion glauben; an die große Mehrheit von Agnostikern und Beinahe-Agnostikern, die die ethischen Werte unseres jüdisch-christlichen Erbes akzeptieren und jede starre Doktrin ablehnen. Das Erziehungssystem in den meisten Ländern schreibt vor, daß ein Kind beim Eintritt in die Schule eine religiöse Erziehung erhalten muß. Die Entscheidung, ob es nach katholischer, protestantischer oder jüdischer Lehre erzogen werden soll, steht nicht dem Kind zu, sondern hängt vom Zufall der Konfession seiner Eltern ab. Für Eltern, die jedes Dogma ablehnen, wäre es richtig zu sagen: »Wenn mein Kind in einer bestimmten Religion aufwachsen muß, dann soll es die gleiche sein wie die, in der seine Spielgefährten aufwachsen, und nicht eine, die es durch seine archaische Rassendoktrin absondert, es zu einem Sündenbock macht und geistige Komplexe bei ihm verursacht. Es spielt keine große Rolle, in welcher besonderen Lehre es unterwiesen wird, da es sich ja als Erwachsener ohnehin selbst entscheiden wird; wichtig ist nur, daß es nicht mit einer Belastung beginnt.

Frage: Ihre Argumente verraten eine opportunistische Einstellung gegenüber religiösen Fragen, die mir zynisch und ungehörig erscheint.

Antwort: Nur weil Sie unter dem Schuldkomplex des Agnostikers leiden, der nicht imstande ist, einen Dogmenglauben zu haben, obwohl er ihn gerne haben möchte. Ich hege den Verdacht, daß das für uns alle gilt, die wir, Kinder der postmaterialistischen Ära, von metaphysischer Sehnsucht erfüllt sind, immer noch das Gefühl von einer höheren, übersinnlichen Ordnung der Wirklichkeit haben und doch verstandesmäßig zu ehrlich sind, irgendeine dogmatische Lesart davon als authentisch anzunehmen. Wenn Sie zu dieser Kategorie gehören, dann sehen Sie sicher auch die historischen Berichte über das Leben Jesu, Moses', Buddhas und Mohammeds als ewige Symbole an, als Archetypen des metaphysischen Erlebens und der spirituellen Sehnsucht des Menschen, und es macht wenig Unterschied, welche Reihe von Symbolen Ihrem Kind je nach dem Zufall seiner Geburt nahegebracht wird. Meiner persönlichen Meinung nach ist es für die moralische Entwicklung des Kindes notwendig, mit irgendeinem Glauben an eine göttliche Ordnung zu beginnen, dessen System es zuerst für unfehlbare Wahrheit hält, bis das Kind den geistigen Inhalt der Lehre als symbolisch verstehen kann. Von diesem Standpunkt aus – er bildet die Grundlage unserer Diskussion, da sich meine Beweisführung ausdrücklich *nicht* an den orthodoxen Juden richtet – ist es völlig belanglos, ob die Vorstellung des Kindes auf Moses gerichtet ist, der Wasser aus dem Felsen schlug, oder auf das Wunder der Verwandlung von Wasser in Wein zu Kana.

Gestatten Sie mir, Ihren Vorwurf zu erwidern: Ich finde es von Ihnen zynisch, Ihr Kind zu einem möglichen Opfer zu machen, indem Sie ihm beibringen, an das Wunder des Felsens zu glauben, aber nicht an das Wunder von Kana oder den Sabbat am Sonnabend zu feiern statt am Sonntag. Sind Sie sich darüber klar, daß dieser unwesentliche Kalenderstreit – weil der Jude sein Geschäft am Sonnabend schließt und am Sonntag arbeitet – während ungezählter Jahrhunderte Ursache heftiger Erbitterung und Grund des

Martyriums war? Nennen Sie es zynisch, die Massenvernichtungen jüdischer Opfer zu bedauern, die verbrannt, geschändet, beraubt, verjagt und vergast wurden, und das nur im Namen eines liliputanischen Fanatismus bezüglich der Frage, auf welcher Seite man das geistige Ei aufschlagen soll?

Frage: Kehren wir zur praktischen Seite des Problems zurück. Sie sind dafür, daß nichtdoktrinäre Juden ihre Kinder als Mitglieder der Gemeinde ihrer Nachbarn erziehen sollen; wie steht es mit den »beschränkten« Wohnbezirken und Schulen und ähnlichen Hindernissen, Handikaps und Schwierigkeiten?

Antwort: Zweifellos wird es in der ersten Generation eine Menge Schwierigkeiten geben, eine Fülle von Bitterkeit, Enttäuschung und Mißerfolg in individuellen Fällen. Aber in der zweiten Generation wird es besser sein, und in der dritten – nach Mischehen und nach Aufgabe aller Selbstabsonderungsmotive – wird die »Judenfrage« sich nach und nach verlieren und schließlich ganz verschwinden. Das offensichtliche Beispiel für diesen Prozeß ist die kulturelle und soziale Homogenität der Amerikaner dritter Generation von verschiedener Herkunft. Einwanderer der ersten Generation haben eine natürliche Neigung, mit ihren Landsleuten zusammenzustecken und anderen Gruppen gegenüber Mißtrauen und Feindseligkeit an den Tag zu legen; die zweite Generation, wenn sie einmal die amerikanische Schule besucht hat, besitzt eine ebenso natürliche Tendenz, mit den Traditionen der Eltern zu brechen, ihre unterscheidenden Merkmale abzulegen und Vollamerikaner zu werden. Unter den verschiedenen Einwanderern aus Europa haben nur die Juden diesem Prozeß des »allmählich Aufgesaugtwerdens« widerstanden und bleiben von Generation zu Generation bei ihrer religiösen, sozialen und ethischen Absonderung.

Ich wiederhole: In der Vergangenheit hat es dafür gute Gründe gegeben. Vor der Erneuerung Israels bedeutete der Verzicht auf das Judentum die Verleugnung der Solidarität mit den Verfolgten und hätte als feige Kapitulation aufgefaßt werden können. Die Juden konnten nicht an einem Tiefpunkt vom Schauplatz der Geschichte verschwinden. Aber mit der Wiedergeburt des jüdischen Staates ist der höchste Punkt erreicht, der Kreis geschlossen. Fortan ist es nicht mehr eine Frage der Kapitulation, sondern des freien Entschlusses. Daher haben die Juden die Pflicht, auf ihrer langen Reise anzuhalten, die Lage zu prüfen und den Tatsachen gegenüberzutreten, denen auszuweichen noch vor einiger Zeit entschuldbar, ja sogar rühmlich war.

Ich habe jetzt einen letzten Einwand zu behandeln, der mehr psychologisches Gewicht hat als alle anderen, weil er nicht auf Logik beruht, sondern auf der Ablehnung der Logik als Führer in menschlichen Angelegenheiten. Isaiah Berlin hat in dem oben erwähnten Essay seine Stellungnahme mit viel Einsicht und Beredsamkeit dargelegt. Nach seiner Erklärung, daß er weitgehend mit meinem Standpunkt übereinstimme, setzt Berlin seine Ausführungen mit einem »Aber« fort:

Es gibt aber ... viele Menschen in der Welt, die das Leben nicht in Form einer radikalen Entscheidung zwischen einem Kurs und einem andern sehen wollen und die wir aus diesem Grund nicht verurteilen. »Aus dem krummen Holz der Menschheit«, hat ein Philosoph gesagt, »wurde noch nie etwas Gerades gemacht.« Ängstliche Denker, deren Geist Rettung im religiösen oder politischen Dogma sucht, deren Seelen furchterfüllt sind, wollen vielleicht derartige zweifelhafte Elemente zugunsten einer klarer umrissenen Struktur eliminieren, und sie sind diesbezüglich wahre Kinder der neuen Zeit, die mit ihren totalitären Systemen versucht haben, unter den Menschen eben eine derartige Ordnung einzuführen und sie alle säuberlich nach Kategorien sortiert zusammenzustellen ... Gegen einen Teil der Bevölkerung zu protestieren, nur weil er als unbequemes Element der

Gesellschaft angesehen wird, ihm zu befehlen, seine Anschauung zu ändern oder zu verschwinden ... ist ... eine Art von engstirniger Tyrannei und kommt letzten Endes von der Überzeugung, daß menschliche Wesen kein Recht haben, sich närrisch, inkonsequent oder vulgär zu benehmen, während die Gesellschaft zu dem Versuch berechtig ist, sich – zwar mit menschlichen Mitteln – aber doch immerhin von solchen Leuten zu befreien, auch wenn sie weder Verbrecher noch Verrückte sind noch in irgendeiner Weise das Leben oder die Freiheit ihrer Mitmenschen gefährden. Diese Einstellung, die, wie man feststellen muß, manchmal die Ansichten sonst zivilisierter und vernünftiger Denker verfärbt, ist eine falsche Einstellung, denn sie ist eindeutig nicht vereinbar mit dem Fortbestehen jenes vernünftigen, humanen, »offenen« sozialen Gefüges, in dem menschliche Wesen sich der Freiheit und der persönlichen Beziehungen erfreuen können, von denen jedes erträgliche Leben abhängt.

Berlin ist ebenso skeptisch wie ich hinsichtlich der Möglichkeit, die soziale Lage der Juden zu normalisieren, solange sie daran festhalten, sich selbst als Juden zu bezeichnen und als solche bezeichnen zu lassen. Die Hälfte seines Essays ist einer eingehenden Analyse der psychologischen Faktoren gewidmet, die der jüdischen Kondition innewohnen und den vergangenen, gegenwärtigen und zukünftigen Antisemitismus unvermeidbar machen. Er stimmt auch mit der Meinung überein, daß die Wiedergeburt des Staates Israel jeden einzelnen Juden vor ein Dilemma stellt. Sein Argument ist einfach das, daß man bei Leuten weder voraussetzen noch sie dazu ermuntern soll, logisch zu handeln, und daß Unvernunft, so ärgerlich und aufreizend sie auch sein mag, dennoch geduldet werden muß.

Ich bin ganz damit einverstanden, daß nichts unvernünftiger sein könnte, als zu erwarten, daß die Menschen vernünftig handeln. Wenn man aber behauptet, daß die Juden ein Recht haben, sich von unvernünftigen Gefühlen leiten zu lassen und sich »närrisch, inkonsequent oder vulgär« zu benehmen, muß man ihren Gegnern das gleiche Recht einräumen. Das Resultat brauche ich Ihnen nicht zu nennen. Mir scheint, wenn man eine Stimme und eine Feder hat, so obliegt es einem, jene Handlungsweise zu propagieren, von der man glaubt, daß sie dem Interesse der Allgemeinheit entspricht, um so das gefährdete Gleichgewicht zwischen Vernunft und Leidenschaft in den Köpfen der Menschen zu beeinflussen. Es scheint mir aber auch, wie ich schon früher gesagt habe, daß die Leute das unveräußerliche Recht haben, ihr eigenes Leben zu verpfuschen, daß sie aber nicht berechtigt sind, das gleiche mit dem Leben ihrer Kinder zu tun, nur weil Jude sein das Verpfuschen so nahelegt. Der Druck der totalitären Kräfte von außen und innerhalb unserer westlichen Zivilisation hat bei Liberalen wie Berlin zu der Neigung geführt, jede entscheidende Stellungnahme als »totalitär« zu bezeichnen. Wenn man versucht, eine verwickelte Situation logisch zu entwirren, und dabei betont, daß sie ein Entweder-Oder zwischen zwei Handlungsweisen verlangt, wird man sofort bezichtigt, man male in Schwarzweiß. Ein gewisses Maß administrativer und ideologischer Unklarheit, ein wenig erlaubte Verworrenheit sind für das Funktionieren einer demokratischen Gesellschaft tatsächlich ebenso lebenswichtig wie die Sicherheitsventile für eine Maschine. Aber die harte, unmenschliche Präzision der totalitären Ideologien macht den liberalen Kopf geneigt, zu glauben, es komme überhaupt nur auf die Sicherheitsventile an, während Kolben, Druck und Energie als solche totalitär seien. Worte wie »Planung« oder sogar »Ordnung« haben eine abschätzige Bedeutung erhalten, seit verschiedene Formen einer »Neuen Ordnung« am Horizont aufgetaucht sind. Die verständliche menschliche Schwäche, peinliche Entscheidungen und Verantwortungen zu vermeiden, wird nun als Tugend und Quintessenz der Demokratie angesehen. Der Liberale auf dem Rückzug verlangt nicht Freiheit der Wahl, was er verlangt, ist Befreiung von der Wahl.

Wenn meine Behauptung, daß wir uns entscheiden müssen, ob wir zum Auserwählten Volk oder zu der Nation gehören, deren Bürger wir sind, wenn die revolutionäre Entdeckung, daß wir unseren Kuchen nicht gleichzeitig essen und behalten können, Produkte eines totalitären Geistes sind, dann muß ich mich zu einem totalitären Geist bekennen. Wenn »aus einem krummen Stück menschlichen Holzes nie etwas Gerades gemacht wurde«, so halte ich es doch für ehrenwerter, zu versuchen, das Holz geradezubiegen, als es um der lieben Krummheit willen noch krummer zu machen. Oder sollen wir uns an das alte Sprichwort halten:

> Wenn Gefahr, wenn Zweifel droht,
> Gehn im Kreis wir, schrei'n und tot?

Zusammenfassend möchte ich aus dem Schluß von *Promise and Fulfilment* zitieren:

Das orthodoxe Judentum ist eine im Verschwinden begriffene Minderheit. Die wohlmeinende, aber unklare Menschheit ist es, die aus Trägheit den Anachronismus fortbestehen läßt, indem sie sich an eine Tradition klammert, an die sie nicht mehr wirklich glaubt, an eine Sendung, die erfüllt ist, einen Stolz, der zu invertierter Feigheit geworden ist. Mögen diese innehalten und sich fragen, ob sie das Recht haben, die Bürde des verhängnisvollen Ranzens, der jetzt bar jeden Inhalts ist, ihren Kindern aufzuerlegen, die nicht darum gebeten haben. Um den *circulus vitiosus* des Verfolgtwerdens, weil man »anders« ist, und das »Anderssein«, weil man verfolgt wird, zu durchbrechen, müssen sie zu einer klaren Entscheidung gelangen, wie schwierig diese auch sein mag. Sie müssen entweder dem Geheiß ihrer Religion folgen und ins Gelobte Land zurückkehren – oder zugeben, daß dies nicht länger ihr Glaube ist. Den jüdischen Glauben aufgeben bedeutet nicht, daß man die beständigen Werte der jüdischen Tradition über Bord wirft. Ihre wesentlichen Lehren sind längst in den Hauptstrom des jüdisch-christlichen Erbes eingegangen. Wenn außerhalb von Israel eine jüdische Religion weiterbestehen soll, ohne ihren Anhängern das Stigma der Absonderung aufzuerlegen und sie dem Vorwurf der geteilten Loyalität auszusetzen, müßte sie ein System von Glauben und weltbürgerlicher Ethik sein, befreit von jeder Art Rassendünkel und nationaler Exklusivität. Aber eine derart reformierte jüdische Religion wäre ihres spezifisch jüdischen Inhalts beraubt.

Die Sendung des Ewigen Juden ist beendet; er muß den Ranzen weglegen und aufhören, Mitschuldiger seines eigenen Untergangs zu sein. Der Rauch der Todeskammern steht noch über Europa; jeder Leidensweg muß einmal ein Ende haben.

Betrachtungen über eine Halbinsel

Vor einigen Jahren sah man überall in London ein Werbe-
plakat für eine Schuhcreme, das ein sehr altes, aber sorgfäl-
tig gepflegtes Paar Lederschuhe zeigte. Darunter stand:
»Sie sind abgenutzt, aber sie haben sich gut gehalten.« Das
gleiche könnte als Leitspruch für unseren kleinen Kontinent dienen: Er ist abgenutzt, aber er hat sich alles in allem
gut gehalten. Während meines kürzlichen Aufenthalts in
Asien, wo ich – vor allem in Indien und Japan – mehrere
Monate verbrachte, wurde mir diese Tatsache besonders
deutlich bewußt. Da ich in die Einstellungen und Wertbe-
griffe eines fremdartigen geistigen Klimas eintauchte und
manchmal beinahe darin ertrank, konnte ich Vergleiche
ziehen und unsere kleine Halbinsel in einem neuen Licht,
aus einer anderen Perspektive sehen. Wenn man mich
aufforderte, den wichtigsten Unterschied zwischen Europa
und den anderen großen Kontinenten der Erde schlagwort-
artig zusammenzufassen, würde ich zwei herausragende
Züge erwähnen: räumliche Einheit in der Vielfalt und zeit-
liche Kontinuität durch Wandel.

Das klingt recht abstrakt, so daß ich nun ein möglichst
konkretes Beispiel für den ersten Zug anführen möchte. Der
Verfasser dieses Vortrags ist ein Kind Europas, geboren in
Ungarn, aufgewachsen in Österreich, einige seiner entscheidenden Jahre verbrachte er in Frankreich und wurde
dann trotz seines Akzents naturalisierter Brite; und heute
schreibt er die meisten seiner Bücher auf englisch. Wenn
man diesen Lebenslauf in asiatische Dimensionen transpo-
nierte, müßte man sich jemanden vorstellen, der, sagen wir,
in Ankara geboren wurde, in Benares studierte und sein
Leben als japanischer Schriftsteller beschloß. Die Parallele
scheint absurd zu sein, aber sie unterstreicht zweierlei: die
Kleinheit Europas und, mehr noch, die Homogenität seiner
Kultur. Wohin man auch blickt, ob auf bildende Kunst,

Architektur, Naturwissenschaft, Handel, Sport, Mode, Lebensstil, in allen Lebensbereichen gibt es gemeinsame Nenner, die keine territorialen und nationalen Grenzen kennen. Die Trends zur wirtschaftlichen und politischen Einheit sind nur die neuesten Manifestationen einer viel älteren Einheit der Tradition, die es einem Ungarn erlaubt, ein englischer Schriftsteller zu werden, oder einem skandinavischen Filmproduzenten, die Probleme junger Leute in Frankreich oder Italien auszudrücken. Europa ist von den uralten geographischen Abteilungen dieser Welt der einzige Kontinent, wo die ethnischen Mosaiksteine ein fest umrissenes und erkennbares Kulturmuster bilden. Diese räumliche Einheit in der Vielfalt hat ihre historischen Wurzeln in dem zweiten von mir erwähnten Aspekt, nämlich in der Kontinuität durch Wandel, die in zweieinhalbtausend Jahren europäischer Geschichte gewahrt wurde.

Die Betonung liegt auf beiden: auf Kontinuität *und* Wandel, die einander ergänzende Aspekte sind, wie – um einen biologischen Vergleich zu ziehen – die unveränderlichen Gene, die von einer Generation an die nächste weitergegeben werden, gewissermaßen als kontinuierlicher Grundbestandteil der individuellen Vielfalt. Noch eine Parallele: Die ägyptische Kunst war jahrtausendelang verblüffend konstant, und das gleiche gilt für den Hinduismus als religiöse Philosophie; beide waren jedoch Teil einer im wesentlichen statischen Gesellschaft. Europa war dagegen fast ständig in Gärung und Wandel begriffen, und es hat die natürliche und soziale Umwelt des Menschen in den letzten dreihundert Jahren so grundlegend verändert, als hätte eine neue Spezies die Herrschaft über unseren Planeten ergriffen. Während dieser explosionsartigen Entwicklung gelang es Europa jedoch, eine unverkennbare und kontinuierliche Identität, gleichsam eine historische Persönlichkeit, zu wahren – genauso wie im Laufe früherer, ebenso tiefgreifender Änderungen.

Es ist interessant festzustellen, daß diese historische *persona* – Europa – mit ihrem unverwechselbaren Profil am selben Wendepunkt der menschlichen Geschichte, nämlich dem sechsten vorchristlichen Jahrhundert, in Erscheinung trat, an dem auch Konfuzius und Laotse, Buddha, die ionischen Philosophen und die Pythagoreer auftauchten. Ein Frühlingswind schien von China bis Samos über den Globus zu wehen und das menschliche Bewußtsein zu wecken, wie der göttliche Hauch Adam zum Leben erweckte. Gleichzeitig trennten sich jedoch auch die Wege der asiatischen und europäischen Lebensphilosophie, der asiatischen und europäischen Einstellung zu den grundlegenden Problemen der Existenz. Buddhismus, Taoismus und Konfuzianismus haben einige wesentliche Merkmale gemeinsam, die in diametralem Gegensatz zum westlichen Denken stehen. In Wahrheit geht es nicht um den Kontrast zwischen dem sogenannten östlichen Spiritualismus und dem sogenannten westlichen Materialismus, sondern um den Kontrast zwischen zwei grundverschiedenen Einstellungen zum Leben. Sie sind so grundverschieden, daß der deutsche Orientalist William S. Haas[1] einen neuen Begriff für die östliche Geisteshaltung prägte: »Philousia« im Gegensatz zur westlichen »Philosophie«. Alle Belege von den Upanischaden und dem Tao te-king bis zu den zeitgenössischen Yoga–Schulen und dem Zen-Buddhismus weisen nämlich unmißverständlich darauf hin, daß östliche Denker sich weniger für faktisches Wissen – für *sophia*, Kernwort des Begriffs Philosophie – als für *ousia*, das Wesen des Seins, interessieren; sie interessieren sich mehr für das Bewußtsein an sich als für die Objekte des Bewußtseins. Ob man nun Indien, das vorrevolutionäre China oder Japan betrachtet, bei den großen Denkern findet man überall eine grundlegende Geisteshaltung, die alle Sinneserfahrung als Illusion ablehnt, die leugnet, daß die Welt der Objekte eine Realität besitzt, die unabhängig vom wahrnehmenden Subjekt ist. Für diese Weltanschauung ist Intuition wichtiger als Vernunft; sie zieht veränderliche Symbole scharf definierten Konzepten vor, denkt in Bildern statt in Kategorien und lehnt die Axiome der westlichen, also griechischen, Logik ab – zum Beispiel die Gesetze der Identität, des Widerspruchs und des ausgeschlossenen Dritten. Der östliche Weise strebt vor allem nach Selbstverwirklichung durch Ausschalten des subjektiven denkenden und fühlenden Selbst; sein Ideal ist die Entpersönlichung, das Versinken und Auflösen der Individualität im universellen Meer des Atma, Brahma, Nirwana – im Gegensatz zum westlichen Ideal von Selbstverwirklichung durch Entfalten individueller Möglichkeiten.

Diese grundsätzliche Trennung der beiden Wege scheint, wie gesagt, im 6. Jahrhundert v. Chr. stattgefunden zu haben. Es ist faszinierend zu beobachten, wie sie sich auch in Geist und Struktur der Sprache selbst äußert. Aus der Sanskrit-Wurzel *matr-* entwickelten sich zwei Schlüsselworte, *maya* und *metron*. *Maya* ist im Hinduismus und Buddhismus das Symbol einer Haltung, die die Natur als Trugwelt, als Schleier von Illusionen ansieht; *metron* dagegen, das Maß, betrachtet die Natur als etwas, das erfaßt, gemessen und vom Verstand beherrscht werden kann. Auf diese Weise ging in der ionischen Schule der Philosophie im 6. Jahrhundert v. Chr. das logische Denken aus der Traumwelt hervor, so wurden die hypnagogischen Phantasien der Mythologie in archetypische Symbole gefaßt. Es war der Beginn des großen europäischen Abenteuers, der prometheischen Suche, die unsere Spezies in den nächsten zweitausend Jahren gründlicher umformen sollte, als es in den vorangegangenen zweihunderttausend geschehen war.

An diesem Punkt möchte ich allerdings noch einmal vor dem verbreiteten Irrtum warnen, die östliche Haltung mit Spiritualismus und die westliche mit Materialismus gleichzusetzen. Der Materialismus war eine der miteinander rivalisierenden griechischen Strömungen der Philosophie und konnte sich ungefähr zwei Jahrhunderte halten; er lebte zweitausend Jahre später, im 18. Jahrhundert, wieder auf und ist heute *als Philosophie* so gut wie tot. Abgesehen von diesen beiden Episoden in der Geistesgeschichte war in der Vergangenheit jedoch die Religion oder wenigstens das religiöse Bewußtsein in dieser oder jener Form der rote Faden in Kunst, Philosophie und sozialem Leben Europas.

Zugegeben, diese Vergangenheit hat viele dunkle Stellen und ist alles andere als erbaulich. Aber die asiatische Geschichte war ebenso blutig und grausam wie die unsere. Die großen Hindu-Epen *Ramayana* und *Mahabharata* enthalten genauso viele Scheußlichkeiten und Brutalitäten wie das Alte Testament oder die Edda oder das Nibelungenlied. Die *Bhagavadgita*, das hinduistische Äquivalent zum christlichen Evangelium – falls man solche Parallelen überhaupt ziehen kann –, das oft zitiert, aber nur selten gelesen wird, ist in Wirklichkeit eine beredte Ablehnung des Pazifismus und der friedlichen Mittel durch Krischna persönlich. *Ahimsa*, Nicht-Gewalt, war in der hinduistischen Philosophie ein ebenso abstraktes Gebot wie das Hinhalten der anderen Wange in unserer – bis in die neueste Zeit hinein, als Gandhi es zu einer modernen politischen Waffe schmiedete. Doch selbst Gandhi war nie ein uneingeschränkter Pazifist, denn 1940 erklärte er sich unter der Bedingung, daß Indien die Unabhängigkeit gewährt würde, bereit, auf seiten der Engländer in den Krieg einzutreten, und 1948 gab er seine Zustimmung zur Invasion Kaschmirs. Ganz ähnlich war Gandhis Kreuzzug für die Parias, die Kaste der Unberührbaren, wie er selbst zugab, nicht vom Hinduismus, sondern vom Christentum und vom Tolstojanismus inspiriert. Sehen wir die Dinge, wie sie nun einmal sind: Die traditionelle asiatische Haltung den Kranken und Armen gegenüber ist notorisch gleichgültig, weil Kaste, Rang, Vermögen und Gesundheit des einzelnen von den Gesetzen des Karma vorherbestimmt werden. Der Hinduismus und der Buddhismus sind anderen Religionen gegenüber tolerant, kennen aber keine Barmherzigkeit dem Individuum gegenüber; beim Christentum scheint es genau anders herum zu sein. So findet die messianische Überheblichkeit des christlichen Kreuzfahrers ihre Entsprechung in der überheblichen Indifferenz des Yogi, was menschliches Leid betrifft, und die orientalische Toleranz ohne Barmherzigkeit bewirkte ebensoviel Leid und Elend wie die christliche Barmherzigkeit ohne Toleranz.

Noch einmal: Es geht nicht um den Gegensatz zwischen Spiritualität und Materialismus, sondern um den Gegensatz zwischen zwei verschiedenen Betrachtungsweisen der Realität; die eine beruht auf Intuition, symbolischen Bildern und Seinserkenntnis, die andere auf Vernunft, begrifflichem Denken und logischen Kategorien. Offensichtlich berücksichtigt keine der beiden die ganze Wahrheit; offensichtlich sollten sie einander ergänzen wie die Prinzipien männliche Logik und weibliche Intuition, das Yin und Yang der taoistischen Philosophie, einander ergänzen sollen.

Mir geht es freilich darum, daß der Akzent in der Geschichte der großen asiatischen Kulturen immer auf der einen Seite lag, auf der intuitiven, subjektiven, mystischen, gegen die Logik gewandten Seite, wogegen in der Geschichte des europäischen Denkens beide Haltungen präsent waren und abwechselnd den Schauplatz beherrschten oder um Vorherrschaft kämpften. Beispiele dieser schöpferischen Polarität sind die Prinzipien des Dionysischen und des Apollinischen, die griechischen Atomisten, die die Welt als Materie und Maß sehen, und die Eleaten, deren Betrachtungsweise mehr mit der Trugwelt des *maya* zu tun hatte – man denke nur an Empedokles' Sprung in den Ätna auf der Suche nach dem Nirwana, man denke an das Zwillingsgestirn Plato und Aristoteles. Man denke an Augustinus' mystische Ablehnung der Natur und an die Wiederentdeckung der Natur durch Thomas von Aquin; an Schopenhauers östlichen Mystizismus und Nietzsches arroganten westlichen Supermenschen; an Jungs Archetypen und Adlers Machtstreben.

So entwickelte sich das europäische Denken durch die wiederholte Paarung von Gegensätzlichem, während sich das asiatische Denken gleichsam ungeschlechtlich fortpflanzte – wie Algen, die sich vom elterlichen Organismus ablösen, um selbständige, aber völlig ununterscheidbare

Individuen zu werden. Der erste Prozeß spiegelt Kontinuität durch Wandel wider, der zweite eine sich selbst perpe-
tuierende Gleichartigkeit.

Eindrucksvoll an der Entwicklung des europäischen Denkens ist also aus asiatischer Sicht die organische Integration
der verschiedenen Strömungen, die es ausmachten. Die
erste große Synthese wurde offenbar gegen Ende jenes
ruhmreichen 6. Jahrhunderts v. Chr. von den Pythagoreern
erreicht, die beide gegensätzlichen Haltungen zu einer
einheitlichen Vision verschmolzen: Mystizismus und Naturwissenschaft, Musik und Mathematik, fließende Intuition und artikulierte Vernunft. Das Enträtseln der Naturgesetze, die Analyse der Harmonie der Sphären wurden zur
höchsten Form göttlicher Anbetung erklärt. Und diese
Form der Anbetung ist, meine ich, eine spezifisch europäische Errungenschaft. Es gab Perioden, in denen die Errungenschaft vergessen oder geleugnet wurde, wie ein rezessi-
ves Gen; aber sie verschaffte sich immer wieder Geltung.
Sie ist enthalten in dem wunderbar ambivalenten Wort
»Mysterium«. Der nüchterne Physiker versucht, die »Mysterien der Natur« zu entschlüsseln – und dabei kommt der
arme Kerl nie auf den Gedanken, daß Mysterium ein Wort
mystischen Ursprungs ist und daß das Motiv seiner Suche
nach einer einheitlichen Feldtheorie, die sowohl die
Schwerkraft als auch den Elektromagnetismus und die anderen Rätsel der Natur erfassen wird, mehr mit der Suche
nach den orphischen Mysterien zu tun hat, als man denkt.

Ein anderer Grundzug des europäischen Erbes ist eine
spezifische Methode, Emotionen zu sublimieren und für
schöpferische Zwecke einzusetzen: ein Leitmotiv, das sich
vom antiken Dionysos-Bacchus-Kult bis zu Freud und Jung
verfolgen läßt. Abermals muß ich mich auf gleichsam steno-
graphische Andeutungen beschränken. Der halb barba-
rische Kult des Bacchus, des zügellosen Gottes der Liebe
und des Weins, wurde von Thrakien nach Griechenland
gebracht, wahrscheinlich kurz vor jenem entscheidenden
6. Jahrhundert v. Chr. In Griechenland »europäisierte« man

ihn im Kult des Orpheus, der physischen Rausch in geistigen Rausch umsetzte; das Wort »Orgie« bedeutete nicht mehr trunkene Ausschweifung, sondern religiöse Ekstase, und entsprechend wurde der bacchische Saft zum Wein des Sakraments und damit zum Bestandteil des christlichen Rituals. Eine ähnliche Verwandlung erlebte der Sinn des Wortes *theoria* (von *thea* = Schauspiel und *theoris* = Publikum). Im orphischen Gebrauch bezeichnete es einen Zustand religiöser Kontemplation, bei dem sich der Zuschauer mit dem leidenden Gott identifizierte. Bei den Pythagoreern, die den orphischen Kult übernahmen, wandelte sich die religiöse Ekstase zur Ekstase der geistigen Entdeckung, und *theoria* nahm die Bedeutung »Theorie« im heutigen Sinn an. Schließlich taucht auch der bacchische Ritus vom Verzehren des erschlagenen Gottes, um seines göttlichen Wesens teilhaftig zu werden, in sublimierter Form wieder auf, nämlich in der Lehre von der Transsubstantiation, der Umwandlung von Brot und Wein in Christi Fleisch und Blut beim Abend*mahl* der Gläubigen.

Ein Arm des Hauptstroms griechischen Denkens vereinigte sich via Neuplatonismus in Augustinus' Lehren mit der jüdisch-christlichen Tradition; ein anderer führte über Aristoteles und Thomas von Aquin zum Aufstieg der Scholastik. Mir geht es hier darum, daß all diese ursprünglich unabhängigen Strömungen oder Traditionen nicht einfach mechanisch addiert wurden, um dann ein eklektisches System zu bilden. Es war vielmehr ein Prozeß der gegenseitigen Befruchtung, der Vielfalt und Wandel bewirkte und trotzdem ein kontinuierliches Erbe der Vergangenheit wahrte. Die Lehrsätze des Euklid und die Zehn Gebote, die Kategorien des Aristoteles und die Bergpredigt wurden zu einer großen Synthese verschmolzen. Sie bildete die Brücke zwischen Mystizismus und Logik, zwischen der Poesie des heiligen Johannes vom Kreuz und den Teleskopen, die die Jesuiten-Astronomen bei ihrer Suche nach Ordnung und Harmonie des Universums benutzten. Diese Synthese wurde von allen anderen großen Kulturen abgelehnt – von den asiatischen Kulturen durch ihre Zurückweisung des *metron* und der Realität der äußeren Welt; von den afrikanischen und präkolumbischen Kulturen durch ihre Hinwendung zu geistiger Nahrung anderer Art.

Griechenland wurde erobert, Alexandrien brannte, Rom und Byzanz gingen unter, doch die Kontinuität blieb erhalten. Im Zuge der Völkerwanderung wurden die müden alten Rassen um das Mittelmeerbecken durch die Vitalität barbarischer Stämme aufgefrischt, aber das führte nicht etwa zu einer Barbarisierung Europas – nein, die Barbaren wurden vielmehr europäisiert.

Nach der langen, dunklen Nacht des Mittelalters wurde Europa wiedergeboren, indem es seine Vergangenheit, sein vorübergehend verlorenes griechisches Erbe wiederentdeckte. Einige Jahrhunderte lang waren die Araber die einzigen Hüter der Schätze des griechischen Wissens gewesen. Sie waren die Vermittler, die Europa sein griechisches und alexandrinisches Erbe zurückschenkten, angereichert durch indische und persische Lehren. Trotzdem war ihre lange Verwaltung dieses umfassenden Organismus an Wissen und Erkenntnis überraschend unfruchtbar geblieben – als er wieder in die lateinische Kultur Europas integriert wurde, trug er dagegen erstaunlich schnell reiche Früchte. Das hellenische Erbe war wie ein Hauttransplantat, das von der arabischen Kultur nicht angenommen wurde und verkümmerte, kaum eine Spur hinterlassend. Als Europa seine Vergangenheit jedoch wiedereroberte, setzte sofort jene explosive Entwicklung ein, die von der Renaissance zur Moderne führte.

Kontinuität durch Wandel und Einheit in der Vielfalt sind Grundmerkmale einer Kultur, die sich weiterentwickelt. Die revolutionären Humanisten der Renaissance und die zornigen Puritaner der Reformation leiteten ihre »modernen« Ideen aus alten hebräischen und griechischen Texten ab; die Französische Revolution holte sich ihre Amtsinsignien und -bezeichnungen von den Institutionen der römischen Republik; und selbst die Lehre von Karl Marx

läßt sich auf archetypische Wurzeln im Pathos der alttesta-
mentarischen Propheten, auf platonische Elemente bei Hegel und auf dialektische Verrenkungen der aristotelischen
Gelehrten zurückverfolgen. Es gibt immer etwas Neues
unter der europäischen Sonne, aber es ist jedesmal die
organische Neuartigkeit frischer Schößlinge eines alten,
von den Säften seiner unterirdischen Wurzeln genährten
Stammes.

Darin würde ich *in nuce* das Geheimnis der einzigartigen
europäischen Resistenz und Erneuerungskraft sehen. Beide
Fähigkeiten kann man aber nur dann würdigen, wenn man
sie in ihrer Relation sieht. Trotz Yoga und Zen, die nur von
einer nicht weiter ins Gewicht fallenden Minderheit praktiziert werden, leben die Menschen Indiens und Japans heute in einem spirituellen Vakuum und sind weiter von
einem transzendentalen Glauben entfremdet als Europa.
Weder der Hinduismus noch der Buddhismus waren imstande, dem Ansturm der Industrialisierung und sozialer
Reformen zu widerstehen, weil keiner von beiden die An-
passungsfähigkeit besaß, die die hellenisch-christliche
Tradition dank eines ununterbrochenen evolutionären Prozesses entwickelte. Indien ist das Land Asiens, das am
stärksten seinen Traditionen verhaftet blieb, und Japan ist
das Land Asiens, das sich westlichen Einflüssen am weitesten öffnete – sie bilden gewissermaßen die Extreme des
asiatischen Spektrums. In der Mitte liegt das unermeßliche
China, eine der ältesten Kulturen der Erde, und trotzdem
ohne nennenswerte Widerstandskraft gegen eine materialistische Ideologie, als Roboterstaat heute nur von Science-
fiction-Modellen übertroffen. Im Vergleich dazu haben wir
es recht gut geschafft, uns gegen die Vergewaltigung des
Geistes zu wehren – von den Invasionen der Barbaren bis
zu den Invasionen der totalitären Barbarei. Zugegeben, ein
Teil des europäischen Körpers ist ihnen zum Opfer gefallen, aber der Rest hat alles in allem einen erstaunlichen
physischen und moralischen Regenerationsprozeß durchgemacht.

Seitdem sich die Wege der beiden Kontinente trennten, war die Einstellung des Europäers zu Asien widersprüchlich. Er betrachtete jenen Erdteil wie ein Eroberer oder aber wie ein Pilger, begierig, sich dem Guru zu Füßen zu werfen. Auch ich war mir dieser Zwiespältigkeit bewußt, als ich nach Asien reiste, doch als ich zurückkehrte, war ich einigermaßen stolz, ein Europäer zu sein. Vielleicht ist dieses Gefühl ein bißchen provinziell, aber es ist nicht überheblich, denn als englischer Schriftsteller, der in Ungarn geboren wurde und Frankreich liebt, als Mensch mit persönlichen Erfahrungen in Gefängnissen und Konzentrationslagern kann man nicht umhin, sich der vergangenen Sünden Europas bewußt zu sein – und der tödlichen Gefahr, in der es heute schwebt. Trotz alledem: Ein objektiver Vergleich mit anderen Kontinenten schenkt einem neues Vertrauen, neue Liebe zu unserer kleinen Halbinsel, die wie ein Zwerg auf dem Rücken des asiatischen Stiers reitet.

Mahatma Gandhi – Der Yogi und der Kommissar
Eine Neubewertung

»Die Finanzierung von Bapus Armut verschlingt eine Menge Geld ...«[1] »Bapu« ist das Gujerati-Wort für »Vater« und war in ganz Indien der für Mahatma Gandhi gebräuchliche Ehrentitel und Kosename. Die schnippische Bemerkung stammt von Sarojini Naidu, einer Dichterin, Politikerin und gleichzeitig engen Vertrauten »Bapus« (sie nannte ihn manchmal Micky Maus). Sarojini Naidu konnte zu ihrer Zeit unmöglich ahnen, welch prophetische Bedeutung ihre Worte einmal haben würden. Der Ausspruch bezog sich auf ihre redlichen Bemühungen, Gelder zur Finanzierung von Gandhis *Khadi*-Kampagne für handgesponnene Stoffe zu sammeln. Wie alle seine Kreuzzüge sollte auch diese Kampagne gleichzeitig praktischen und symbolischen Zielen dienen. Praktisch bedeutete sie einen Boykott ausländischer Waren, vornehmlich englischer Textilien, verbunden mit der unrealistischen Hoffnung, Indiens ökonomische Probleme durch einen Rückgriff auf das Spinnrad und den Handwebstuhl zu lösen. Auf einer anderen Ebene wurde das Spinnrad zu einem fast mystischen Symbol der Rückkehr zum »einfachen Leben« und der Ablehnung der Industrialisierung.

»Der Ruf des Spinnrads«, schrieb Gandhi in *Young India*, »ist der denkbar edelste, denn es ist der Ruf der Liebe ... Das Spinnrad ist für Millionen von Männern und Frauen unserer darbenden Landbevölkerung eine lebenspendende Arznei ... Ich behaupte, daß wir unseren linken Lungenflügel verloren, als wir das Spinnrad aufgaben. Deswegen leiden wir jetzt an galoppierender Schwindsucht. Die Wiedereinführung des Spinnrads wird verhindern, daß diese grausame Krankheit weiter um sich greifen kann ...«[2]

Das Spinnrad war eine fixe Idee, die Gandhi sein Leben

lang verfolgte und die ihren Höhepunkt zwischen zwei Inhaftierungen Ende der zwanziger Jahre fand. Sie wucherte unter seiner Anhängerschaft und entwickelte sich über das Stadium einer Modeerscheinung und eines Kultes zu einer wahren Mystik. Gandhis Entwurf der indischen Nationalflagge stellte das Spinnrad in den Mittelpunkt. Er bestand darauf, daß alle Mitglieder der Kongreß-Partei ihre Beiträge in selbstgesponnenem Garn zahlten. Inhaber eines Parteiamtes mußten monatlich etwa 2000 Meter gesponnenes Garn abliefern. Auf Sitzungen der Kongreß-Partei sah man abgebrühte Politiker ihr Spinnrad bewegen, während sie den Debatten aufmerksam folgten – *tricoteuses* der gewaltlosen Revolution. In den Schulen wurde Spinnunterricht auf den Stundenplan gesetzt; naturweiße Kleidung und eine weiße Kappe wurden zur Uniform der indischen Patrioten, zum »Gewand der Freiheit«, wie Nehru es nannte, und Gandhi pries das Spinnrad als »Sakrament der Millionen« und »Tor zu meiner spirituellen Befreiung«. Gleichzeitig organisierte er öffentliche Verbrennungen importierter Kleidungsstücke, warf den Lieblingssari seiner Frau in die Flammen und wurde verhaftet.

Rabindranath Tagore, der lorbeerbekränzte Dichter, war einer der wenigen indischen Intellektuellen, der gegen diesen *Khadi*-Mystizismus aufzubegehren wagte. Er hatte Gandhi sein Leben lang große Bewunderung entgegengebracht und war sich dessen Größe, aber auch dessen Verschrobenheit bewußt.

Ich zitiere hier eine längere Passage von ihm, da er die grundlegende Zwiespältigkeit von Gandhis Führungsstil in einem einzigen intuitiven Geistesblitz erfaßt zu haben scheint. Tagore kehrte nach längerer Abwesenheit voller Erwartung, den »erhebenden Hauch nationalen Erwachens einzuatmen«, 1921 nach Indien zurück – und war schokkiert von dem, was er sehen mußte:

Was ich bei meiner Ankunft in Kalkutta vorfand, deprimierte mich zutiefst. Eine bedrückende Atmosphäre schien über dem Land zu lasten ... Eine Zeitung wagte es eines Tages, bescheidene Bedenken gegen die Verbrennung ausländischer Textilien anzumelden. Am nächsten Tag wurde der Herausgeber vom Zorn seiner Leser geradezu überrollt. Wieviel Zeit würde das Feuer, das ausländische Textilien verbrennt, wohl brauchen, um auch seine Zeitung in Asche zu verwandeln? ...

Untersuchen wir einmal das Phänomen des Verbrennens ausländischer Textilien ... Welchen Grund könnte es für einen derartigen Aufruf geben? Ist es nicht ein weiteres Beispiel für magisches Denken? Die Frage der Annahme oder Zurückweisung von Stoffen aus einer bestimmten Manufaktur ist eine ökonomische Überlegung. Unsere Landsleute sollten sich bei der Diskussion dieses Problems also strikt an volkswirtschaftliche Begriffe halten. Sollte im Land tatsächlich schon ein geistiges Klima herrschen, das klares Denken unmöglich macht, dann ist unsere erste Pflicht, dieses Verhängnis zu bekämpfen, denn es ist das Erzübel, auf das alle anderen Mißstände zurückzuführen sind. Aber nein, wir bestärken uns noch darin, indem wir uns auf die geradezu magische Formel verlassen, ausländische Textilerzeugnisse seien »unrein«. Ökonomische Überlegungen werden also eiligst hintangestellt, und eine scheinheilige Moral tritt an ihre Stelle ... Sollte es am Tragen bestimmter Textilien tatsächlich etwas auszusetzen geben, dann höchstens, weil es sich mit ökonomischen, hygienischen oder ästhetischen Kriterien nicht vereinbaren ließe, aber sicherlich nicht, weil es moralischen Gesetzen zuwiderläuft ... Uns wurde befohlen, alle importierten Textilien zu verbrennen. Ich, für meinen Teil, kann diesem Befehl unmöglich Folge leisten. Wenn Mahatma Gandhi der Tyrannei der Maschinen, die heutzutage die ganze Welt bedroht, den Kampf ansagt, sind wir unter seinem Banner vereint. Aber wir müssen uns unter allen Umständen dagegen verwehren, die illusionäre und magisch-besessene Sklavenmentalität als unseren Verbündeten anzuerkennen, die die Wurzel aller Armut und aller Erniedrigung ist, unter denen unser Land stöhnt.[3]

Tagore hatte also sofort die ganze Obskurität des *Khadi*-Mystizismus erkannt. Der Boykott englischer Textilerzeugnisse hätte sich leicht als ökonomischer Schachzug im Kampf um die Unabhängigkeit des Landes rechtfertigen lassen. Auf andere Länder hätte sich der Boykott dann freilich nicht beziehen können. Einfach alle ausländischen Textilien als »unrein« zu bezeichnen war jedoch tatsächlich ein Appell an von magischem Denken beherrschte Geister. Selbst wenn es für die indische Wirtschaft von Vorteil gewesen wäre, ganz auf Importe aus dem Ausland zu verzichten und alle Textilien selbst zu produzieren, bleibt damit die Frage, ob ein Rückgriff auf Produktionsmethoden, die vor der ersten industriellen Revolution vorherrschend waren, auch durchführbar gewesen wäre, weiterhin unbeantwortet – selbst wenn dies im Namen einer Idealvorstellung vom »einfachen Leben« wünschenswert erscheinen sollte. Aber auch dieses Problem wurde einfach umgangen, indem man das Spinnrad zum »Sakrament« erhob und als »Tor zur spirituellen Befreiung« apostrophierte. In seiner Antwort auf Tagore ging Gandhi in seiner scheinheiligen Demagogie noch weiter (man wäre versucht, es so zu nennen, würde man nicht die lauteren Absichten kennen, die diesem konfusen Denken zugrunde liegen). In seiner Zurückweisung von Tagores Anschuldigung, der *Khadi*-Kult sei weniger aus einer logisch fundierten Überlegung denn aus einem Hang zum Mystizismus hervorgegangen, schrieb Gandhi:

Ich habe immer und immer wieder an den Verstand appelliert, und sei versichert, daß das Land nur nach gründlichem Nachdenken den Wert des Spinnrads schließlich anerkannt hat, da es nun davon überzeugt ist, daß es ein Spender der Fülle ist ... Jawohl, ich fordere den Dichter dazu auf, das Rad als ein Sakrament zu betrachten ... Der Hunger ist das Argument, das Indien ans Spinnrad treibt ... Unsere Vorliebe für ausländische Kleidung war es, die das Spinnrad von seinem Ehrenplatz verdrängte. Deswegen betrachte ich es als sündhaft, ausländische Kleidung zu tragen ... Aus der Erkenntnis der auf mir lastenden Schuld heraus muß ich alle ausländischen Kleidungsstücke dem Feuer überantworten, um mich selbst auf diese Weise reinzuwaschen und mich mit dem rauhen *Khadi* zufriedenzugeben, den meine Nächsten herstellen. Da ich weiß, daß meine Nächsten vielleicht kein *Khadi* produzieren, weil sie diese Beschäftigung aufgegeben haben, muß ich Dich auffordern, froh das Spinnrad aufzunehmen, wie ich es selbst auch tue, denn nur so kann es populär werden.[4]

Khadi wurde bei den Bewohnern seines Ashrams und den aktiven Mitgliedern der Kongreß-Partei tatsächlich zum Modekult – nie setzte er sich jedoch bei den anonymen Millionen durch, für die er eigentlich gedacht war. Dem Versuch, die halbverhungerten Massen der Landbevölkerung durch das Spinnrad (als »Spender der Fülle«) zu Selbstversorgern zu machen, war ein trauriger und vorauszusehender Mißerfolg beschieden. Das Spinnrad fand zwar auf der Nationalflagge seinen Platz, nicht jedoch in den Hütten der armen Bauern.

Vor ein paar Jahren vertraute mir ein Parlamentsmitglied in New Delhi an: »Wie Sie sehen, trage ich *Khadi*, und viele von uns in der Kongreß-Partei fühlen sich dazu verpflichtet, nur kostet es dreimal soviel wie normaler Baumwollstoff.«

»Bapus Armut zu finanzieren« kostete also eine Menge Geld und obendrein noch sehr viel mehr Idealismus und Energie. Es ist unmöglich, die *Khadi*-Kampagne als harmlose Verrücktheit abzutun. Im Gegenteil, das Spinnrad war als ökonomisches Allheilmittel und Tor zur Befreiung ein zentrales Symbol von Gandhis Philosophie und Sozialprogramm.

Sein erstes Buch *Hind Swaraj or Indian Home Rule* schrieb er 1909, als er vierzig Jahre alt war. Als Führer der indischen Gemeinschaft von Südafrika und Initiator mehrerer gewaltloser Massenbewegungen gegen die Rassendiskriminierung hatte er bereits internationalen Ruhm erworben. Das Buch wurde 1921 wieder aufgelegt und von Gandhi mit einer neuen Einleitung versehen, in der er ausdrücklich betonte: »Ich nehme keine meiner Aussagen zurück.« 1938 bestand er auf einer Neuausgabe zu einem niedrigen Preis, damit das Buch für jedermann erschwinglich sei. Zu dieser Neuausgabe schrieb er eine weitere Einleitung, in der er versicherte: »In den vergangenen stürmischen dreißig Jahren hat mich nichts dazu bewegen können, die in diesem Buch geäußerten Ansichten zu ändern.« *Hind Swaraj* kann demnach als autoritative Quelle für alle Ansichten gelten, denen Gandhi bis ans Ende treu blieb; es ist eine Kurzfassung seiner gesamten Philosophie. Er hebt die Tugenden der indischen Kultur in den Himmel und stellt gleichzeitig eine rigorose Abrechnung mit den Errungenschaften westlicher Zivilisation dar:

Ich glaube, daß die indische Kultur von nichts in der Welt übertroffen werden kann. Nichts kann dem Samen gleichen, den unsere Vorfahren gesät haben. Rom ging zugrunde, Griechenland teilte sein Schicksal. Die Macht der Pharaonen verfiel; Japan ließ sich schließlich verwestlichen; über China läßt sich gar nichts sagen; Indien jedoch hat immer noch – auf die eine oder andere Weise – gesunde Grundlagen. Die Völker Europas lernen aus den Schriften der Männer von Rom und Hellas, doch die frühere Blüte dieser Kulturen existiert nicht mehr. Die Europäer bilden sich ein, sie könnten die Fehler der Griechen und Römer vermeiden, wenn sie nur aus deren Vermächtnis lernten. Damit befinden sie sich in einem bedauernswerten Irrtum. Inmitten all dieser Turbulenzen bleibt Mutter Indien unberührt, und das ist ihre Stärke. Viele erteilen Indien Ratschläge, doch

Mutter Indien bleibt fest. Darin besteht ihre Schönheit ...

Wie so viele Denker und Forscher schon bewiesen haben, braucht Indien von niemandem etwas zu lernen, und so sollte es auch tatsächlich sein ... Der Kultur Indiens gebührt die Krone; die der Europäer nimmt sich dagegen nur als kurzlebige Sensation aus ... Ich empfinde gegen die Engländer keine Feindschaft, nur gegen ihre Zivilisation.[5]

Seine Ablehnung der westlichen Kultur in allen ihren Aspekten war tief in ihm verwurzelt, aufs heftigste emotional, und er versuchte sie zudem durch Argumente zu rechtfertigen, die schon ans Absurde grenzten. Die Grundübel des Westens waren für ihn Eisenbahnen, Krankenhäuser und Rechtsanwälte:

Der Mensch kann sich von Natur aus nur so weit bewegen, wie seine Hände und Füße es ihm erlauben. Würden wir auf solche verrückten Bequemlichkeiten wie Eisenbahnen und ähnliche Einrichtungen verzichten und nicht von Ort zu Ort hasten, ließe sich ein Großteil der allgemeinen Verwirrung vermeiden ... Gott setzte dem Bewegungsdrang des Menschen Grenzen, indem er den menschlichen Körper so schuf, wie er nun einmal beschaffen ist. Der Mensch jedoch hat nichts Besseres zu tun, als Mittel und Wege ausfindig zu machen, mit denen er diese Grenzen überwinden kann ... Ich bin so beschaffen, daß ich nur meinen unmittelbar Nächsten dienen kann; in meiner törichten Eitelkeit bilde ich mir jedoch ein, daß ich dazu verpflichtet bin, jedem einzelnen Individuum in dieser großen Welt mit meinem Körper dienen zu müssen. Wenn er auf diese Weise das Unmögliche versucht, kommt der Mensch mit den verschiedenen Religionen in Berührung und wird nun erst recht verwirrt. Nach solchen Überlegungen muß es Ihnen einleuchten, daß Eisenbahnen eine höchst gefährliche Einrichtung sind. Der Mensch hat sich durch sie noch weiter von seinem Schöpfer entfernt.[6]

Wenn diese Argumentation zutreffen würde, müßte nicht nur die Great Indian Peninsular Railway verdammt werden, sondern auch die *Bhagavadgita*, Gandhis Lieblingslektüre, denn der edle Arjuna, der Held dieses Buches, fährt einen Streitwagen (mit Gott Vishnu als Begleiter!) und verletzt damit in flagranter Weise Gottes Willen, der ihm doch nur erlaubt, sich so weit zu bewegen, wie seine Füße ihn tragen. Gandhi selbst verbrachte einen unverhältnismäßig großen Teil seines Lebens in Eisenbahnwaggons, immer auf der Reise, stets »von Ort zu Ort hastend« und überzeugt von der alten Tradition, daß ein Volksführer mit seinem Volk ständig in Kontakt bleiben muß. Dies war jedoch nicht der einzige Widerspruch in Gandhis Leben; jedes der Hauptprinzipien von Gandhis Zurück-zur-Natur-Philosophie führte sich in ähnlicher Weise selbst ad absurdum, versehen mit dem Stempel tragischer Ironie. (Selbst als Vorsitzender der Kongreß-Partei bestand er darauf, 3. Klasse zu reisen; dabei wurde ihm jedoch immer ein Sonderwagen zur Verfügung gestellt.)

Anwälte kamen in Gandhis Weltsicht nicht besser weg als Eisenbahnen:

Die Menschen wären weniger unmenschlich, wenn sie ihre Auseinandersetzungen durch offenen Kampf oder durch ein Schiedsgericht ihrer Verwandten beilegen würden. Als sie anfingen, bei Gerichten Zuflucht zu suchen, wurden sie nur feiger und unmenschlicher. Auseinandersetzungen durch Kampf zu entscheiden ist ein Zeichen von Barbarei. Es ist nicht weniger barbarisch, eine dritte Partei zu bitten, zwischen dir und mir zu entscheiden. Allein die Beteiligten wissen, wer von ihnen im Recht ist, und deswegen sollte es auch bei ihnen liegen, die Angelegenheit aus der Welt zu schaffen.[7]

Wenn man das liest, sollte man sich vergegenwärtigen, daß Gandhis erster Schritt auf dem Weg zum Volkstribun ein erfolgreicher Prozeß war, den er als Anwalt in Pretoria gewann. Seine Erfolge bei Verhandlungen mit den Briten beruhten ebenso auf dem Charisma des »nackten Fakirs« – um Churchill zu zitieren – wie auf seiner guten Kenntnis der englischen Gesetze.

Die Einführung der modernen Medizin stellt vielleicht den wichtigsten Aktivposten auf dem komplexen Bilanzbogen der Kolonialherrschaft des British Raj in Indien dar. In Gandhis Bewertungskatalog kam die Einrichtung moderner Hospitäler jedoch am schlechtesten weg:

Wie entstehen Krankheiten? Sicherlich durch unser Mitverschulden und unsere Genußsucht. Ich esse zuviel, ich leide an Verdauungsstörungen, ich gehe zum Arzt, der verschreibt mir ein Mittelchen. Ich werde geheilt. Ich esse wieder zuviel und schlucke auch wieder dieselben Pillen. Hätte ich schon beim ersten Mal auf die Einnahme der verschriebenen Medizin verzichtet, dann hätte ich zwar die gerechte Strafe erleiden müssen, mich aber auch schwerlich ein zweites Mal überfressen ... Ich habe mich dem Laster hingegeben und mir dabei eine Krankheit zugezogen; der Arzt heilt mich – mit dem Ergebnis, daß ich dem Laster erneut erliege. Wäre der Arzt nicht dazwischengetreten, dann hätte die Natur das ihrige getan, und ich hätte gelernt, mich zu beherrschen, wäre von allem Laster frei und glücklich.
Krankenhäuser sind Einrichtungen, die ausschließlich der weiteren Verbreitung der Sündhaftigkeit Vorschub leisten. Die Menschen achten immer weniger auf ihren Körper, und die Sittenlosigkeit nimmt zu.[8]

In einem Brief an einen Freund schrieb er als Vierzigjähriger:

Krankenhäuser sind Werkzeuge des Teufels, die er dazu benutzt, seine Ziele zu verfolgen und die Macht über sein Königreich zu erhalten. Sie helfen, Laster, Elend, Entartung und echte Versklavung zu verewigen.[9]

Während seines ganzen Lebens versuchte er durch Experimente mit natürlichen Heilverfahren seinen Überzeugungen treu zu bleiben; er nahm Medikamente der ayurvedischen Medizin und schwor auf vegetarische Küche oder gar Rohkost. Aber zu verschiedenen Zeiten in seinem Leben wurde er von Fisteln, Blinddarmentzündung, Malaria, Hakenwurm–Krankheit, Amöbenruhr und zu hohem Blutdruck befallen und erlitt schließlich als Endsechziger zwei Nervenzusammenbrüche. Jeder ernsthaften Erkrankung versuchte er zuerst durch natürliche Heilkuren beizukommen und verschmähte westliche Behandlungsmethoden und chirurgische Eingriffe; aber jedesmal mußte auch er klein beigeben und sich Medikamenten, Injektionen und Operationen bei Narkose unterwerfen. Einmal mehr führten sich seine Prinzipien auf die schmerzlichste Weise selbst ad absurdum. War es bis zu einem gewissen Grad naiver Glaube, der ihn annehmen ließ, Krankheiten seien ein Zeichen von »Fahrlässigkeit, Genußsucht und Lasterhaftigkeit«, so war seine Überzeugung von der Macht des Geistes über den Körper doch andererseits eine Quelle großer Kraft, die ihn durch seine heroischen Fastenperioden und Hungerstreiks trug.

Schulen und einer Schulerziehung, die sich darauf beschränkte, Lesen und Schreiben zu lehren, stand er nicht weniger ablehnend gegenüber als Hospitälern, Eisenbahnen und Gerichtshöfen.

Was bedeutet eigentlich Schulbildung? Nicht mehr als die Kenntnis von Buchstaben. Schulbildung ist nur ein Instrument oder Mittel, und wie jedes Instrument kann man sie richtig anwenden oder mißbrauchen ... Wir können täglich beobachten, wie viele Menschen sie mißbrauchen und wie wenige sie richtig anwenden: wenn diese Beobachtung tatsächlich stimmt, dann haben wir gleichzeitig bewiesen, daß Schulbildung mehr Schaden anrichtet, als daß sie nützt...

Der Unterricht in Lesen, Schreiben und Rechnen wird allgemein als Elementarerziehung bezeichnet. Ein Bauer verdient sein Brot auf ehrenhafte Weise. Er weiß so viel von der Welt, wie er muß. Er weiß, wie er sich seinen Eltern, seiner Frau, seinen Kindern und den übrigen Dorfbewohnern gegenüber zu verhalten hat. Er versteht und befolgt die allgemein anerkannten Sittengesetze. Was bietet man ihm eigentlich, wenn man ihm die Kenntnis der Buchstaben vermittelt? Macht man ihn damit tatsächlich glücklicher? Ist es wirklich unsere Absicht, ihn seiner Hütte und seinem Schicksal zu entfremden?

Betrachten wir nun einmal die sogenannte höhere Schulbildung.

Ich habe etwas über Geographie, Astronomie, Algebra, Geometrie usw. gelernt. Was soll mir das? Welchen Nutzen habe ich daraus gezogen, und was nützt es allen denen, die um mich sind?...

Auch nicht einen einzigen Augenblick konnte ich annehmen, daß mein Leben sinnlos gewesen wäre, hätte ich weder die Grundschule besucht noch eine höhere Schulbildung genossen... Und selbst wenn ich Nutzen daraus ziehe, kommt er doch nicht den Massen zugute...

Unser altes indisches Erziehungssystem ist völlig ausreichend... Millionen von Menschen Englisch zu lehren heißt, sie zu versklaven. Die Grundlagen, die Macauley für das jetzige anglo-indische Bildungswesen geschaffen hat, versklaven uns... Heuchelei und Tyrannei nehmen nur zu; Inder, die über Englischkenntnisse verfügen, zögern nicht einen Augenblick, das Volk zu betrügen oder es in Angst und Schrecken zu versetzen...[10]

Gandhi versuchte, seinem Bildungsideal treu zu bleiben, und schickte seine Söhne auf keine Schule. Er wollte sie

169

selbst unterrichten, doch fehlte ihm die Zeit dazu. Einen Beruf zu erlernen blieb ihnen verwehrt. Mit seinen eigenen Worten:

> Ich möchte nicht behaupten, daß mir ihre Schulbildung völlig gleichgültig war, aber ich zögerte gewiß keinen Augenblick, sie den Interessen zu opfern, die meiner Meinung nach die höheren sind. Meine Söhne haben also Grund, mir deswegen ein wenig zu grollen ... Wäre es mir möglich gewesen, ihrer Ausbildung mit strenger Regelmäßigkeit täglich eine Stunde Zeit zu widmen, hätte ich ihnen, davon bin ich überzeugt, die bestmögliche Erziehung angedeihen lassen. Ich bedaure es sehr, daß es mir nicht gelungen ist, sie in dieser Hinsicht ausreichend zu schulen ... Aber ich bin nicht davon abzubringen, daß ich ihre Bildung der Aufgabe geopfert habe, welche meiner ehrlichen Überzeugung nach im Dienst am ganzen indischen Volk bestand ... Alle meine Söhne hatten hierin Grund zur Klage. Wo immer sie auf jemanden treffen, der einen M. A. oder B. A. vorweisen kann oder der auch nur in einer Schule oder Universität eingeschrieben ist, fühlen sie sich durch ihre fehlende Bildung benachteiligt. Trotzdem bin ich der Meinung, ich hätte sie aller Möglichkeiten beraubt, die das Lernen durch Erfahrung und der ständige Kontakt zu den Eltern bieten, wenn ich darauf bestanden hätte, sie auf irgendeine Schule zu schicken ...[11]

Ich werde noch auf die Auswirkungen zurückkommen, die dieser »ständige Kontakt« auf die Söhne Gandhis hatte. Seine Feindseligkeit gegenüber allen indischen Intellektuellen mit englischem Bildungshintergrund, die Indien nur »versklavten«, hinderte ihn nicht daran, Jawaharlal Nehru, ein Produkt von Harrow und Cambridge, zu seinem politischen Nachfolger zu bestellen. Wenn die westliche Zivilisation Gift für Indien war, dann hat Gandhi den gefährlichsten Giftmischer zu seinem Erben erkoren.

Im Alter von dreißig, fünfunddreißig Jahren nahmen zwei Vorstellungen Gandhis feste Gestalt an, die mit ungeheurer Kraft sein ganzes weiteres Leben bestimmen sollten: *Satygraha* und *Brahmacharya*. *Satyagraha* bedeutet in umfassendstem Sinne gewaltloses Handeln; *Brahmacharya* sexuelle Enthaltsamkeit. Beide Begriffe hatten aber eine noch sehr viel weiterreichende spirituelle Bedeutung. In seiner Philosophie sind sie unentwirrbar miteinander verwoben, und in seinem Privatleben nimmt ihre Verbindung schon fast groteske Formen an. Es ist kein Zufall, daß er im gleichen Jahr – 1906, im Alter von siebenunddreißig Jahren – das Gelübde der Keuschheit für den Rest seines Lebens ablegte und zugleich seine erste Kampagne gewaltlosen Widerstands startete.

Gandhis negative Einstellung zur Sexualität erinnert an Tolstoi und ist teilweise auch von ihm inspiriert, doch erscheint sie leidenschaftlicher und verwirrender. Eine Teilerklärung ihrer Ursachen mag jene berühmte Episode liefern, die er in seiner Autobiographie erzählt: Als sein Vater starb, schlief Gandhi gerade mit seiner Frau. Er war damals sechzehn Jahre alt (er hatte mit vierzehn geheiratet) und hatte den Abend wie gewöhnlich damit verbracht, seinem kranken Vater mit einer Fußmassage Erleichterung zu verschaffen, bis sein Onkel ihn ablöste. Was wäre natürlicher gewesen, als sich daraufhin seiner jungen Frau zuzugesellen? Ein paar Minuten später klopfte jedoch ein Diener an die Tür, um ihm den Tod des Vaters mitzuteilen – diese Entwicklung hatte offensichtlich niemand voraussehen können:

Ich rannte in das Zimmer meines Vaters und mußte sehen, daß, hätte nicht tierisches Verlangen mich geblendet, ich mir die qualvolle Trennung vom Vater während seiner letzten Augenblicke hätte ersparen können. Ich hätte bei ihm bleiben sollen, ihn massieren sollen, und er wäre in meinen Armen gestorben ...
Die Schande meiner Fleischeslust, die mich selbst in der

171

Todesstunde meines Vaters übermannte, ist ein Makel, den ich nie vergessen oder wegwischen konnte ... Ich brauchte lange Zeit, bis ich mich aus den Fesseln der Lust befreien konnte, und ich mußte viele schwere Prüfungen durchstehen, bevor es mir gelang, sie zu überwinden.[12]

Wieviel diese Episode dazu beitrug, Gandhis Einstellung zur Sexualität in eine bestimmte Richtung zu drängen, bleibt Spekulation und läßt sich letztlich nicht entscheiden. Aber die Wirkung, die diese Einstellung auf seine eigenen Söhne hatte, ist wohlbekannt. Er weigerte sich, sie zur Schule zu schicken, weil er sie unbedingt nach seinem eigenen Bild formen wollte: und da er dem Sex Valet gesagt hatte, erwartete er von ihnen das gleiche. Als Harilal, sein Ältester, mit achtzehn Jahren heiraten wollte, verweigerte Gandhi seine Zustimmung und wünschte, »vorläufig« nichts mehr mit ihm zu tun zu haben. Harilal brachte den Mut auf, trotzdem zu heiraten – er hatte eine gewisse Unabhängigkeit vom Vater erreicht, da er bei Verwandten in Indien lebte, als Gandhi noch in Südafrika weilte. Nach dem Tod seiner Frau während einer Grippe–Epidemie 1918 wollte sich der damals dreißigjährige Harilal wiederverheiraten; Gandhi lehnte erneut ab. Von da an begannen sich bei Harilal Zeichen psychischer Zerrüttung bemerkbar zu machen. Er begann zu trinken, ließ sich mit Prostituierten ein und wurde Moslem; unter dem Pseudonym »Abdullah« veröffentlichte er einen scharfen Angriff auf seinen Vater. Als er in ein dunkles Geschäft verwickelt wurde, schrieb ein Anwalt einen Beschwerdebrief an Gandhi. Gandhi veröffentlichte diesen Brief zusammen mit seiner Antwort in *Young India* (in der Ausgabe vom 18. Juni 1925); er ging darin so weit, Harilal in aller Öffentlichkeit an den Pranger zu stellen:

Es ist mir tatsächlich beschieden, der Vater von Harilal M. Gandhi zu sein. Es ist mein ältester Sohn, er ist jetzt mehr als sechsunddreißig Jahre alt und Vater von vier Kindern. Seine und meine Vorstellungen divergieren – wie wohl bekannt sein dürfte – seit mehr als fünfzehn Jahren, und er lebt seitdem von mir getrennt … Harilal war leider dem Einfluß der westlichen Zivilisation ausgesetzt, die auch mein Leben zeitweise bestimmt hatte. Seine Geschäfte unternahm er völlig unabhängig von mir … Er war ehrgeizig und ist es wahrscheinlich immer noch. Er möchte gern reich werden, am liebsten natürlich ohne Mühe … Ich weiß nicht, wie es im Augenblick um ihn steht, ich weiß nur, daß er sich auf einem schlechten Weg befindet … Gute Männer müssen nicht unbedingt auch gute Kinder haben.[13]

Vater und Sohn trafen sich fast nie mehr. Gandhis Frau Kasturbai verlangte auf dem Sterbebett nach ihrem Erstgeborenen. Harilal kam – betrunken und mußte aus ihrer Nähe entfernt werden; »sie weinte und schlug sich gegen die Stirn«.

Auch bei Gandhis Verbrennung war er zugegen. Obwohl es Pflicht und Privileg des ältesten Sohnes ist, auf dem Verbrennungsplatz den Scheiterhaufen des aufgebahrten Vaters zu entzünden, hielt sich Harilal im Hintergrund – oder wurde dort gehalten. Er starb einen Monat später in einer Tuberkulose-Klinik. Sein Name taucht in der umfangreichen Gandhiliteratur nur selten auf.

Harilal mag auch unter anderen Umständen ein schwieriger Mensch gewesen sein, der zweite Sohn, Manilal, war es jedoch nie. Manilal blieb bis zum Ende der treue und ergebene Sohn. Trotzdem behandelte ihn Gandhi ebenso unmenschlich – es gibt einfach kein anderes Wort dafür.

Als er zwanzig war, beging Manilal die unverzeihliche Sünde, seine Keuschheit bei einer Frau zu verlieren. Als Gandhi das erfuhr, machte er eine öffentliche Szene, nahm ein Bußfasten auf sich und erklärte, er werde Manilal nie erlauben, eine Ehe einzugehen. Er konnte die sich schuldig fühlende Frau dazu überreden, ihr Haar zu scheren. Ganze fünfzehn Jahre mußten vergehen, bevor Gandhi sich erweichen ließ und nach Kasturbais unermüdlichen Vermittlungsversuchen in Manilals Ehe einwilligte – Manilal war mittlerweile fünfunddreißig Jahre alt geworden. In der Zwischenzeit jedoch war er ohnehin aus Gandhis Gegenwart und Ashram verbannt worden, weil er dem in Ungnade gefallenen Harilal von seinen eigenen Ersparnissen etwas geliehen hatte. Als Gandhi davon erfuhr, gab es einen großen Auftritt, und er beschuldigte Manilal des Vertrauensbruchs, denn schließlich wären die Ersparnisse des Ashramiten Eigentum des Ashrams. Manilal wurde ins »Exil« geschickt. Er sollte bei einem Weber in die Lehre gehen und den Namen Gandhi nicht länger führen. »Darüber hinaus«, erzählte Manilal später Gandhis Biographen Louis Fischer, »zog Vater eine Fastenperiode in Erwägung, aber ich blieb eine ganze Nacht bei ihm und bat ihn inständig, davon Abstand zu nehmen. Mein Flehen wurde schließlich erhört. Als ich meine geliebte Mutter und meinen Bruder Devadas verlassen mußte, weinten sie beide ...«[14] Nach einem Jahr als Weberlehrling und Assistent eines Verlegers, schickte ihn Gandhi nach Natal, um *Indian Opinion* herauszugeben. Von kurzen Besuchen abgesehen, blieb Manilal bis zu Gandhis Tod ein Verbannter.

Natürlich ist es nur fair, Gandhis Verhalten seinen beiden älteren Söhnen gegenüber vor dem Hintergrund der traditionellen Hindu-Großfamilie zu sehen, über die der Vater unbeschränkte Machtbefugnisse besitzt. Sich seinen Entscheidungen zu widersetzen ist undenkbar; solange Bapu lebt, werden die Söhne als noch nicht ganz erwachsen betrachtet. Aber selbst vor diesem historisch-soziologischen Hintergrund erscheint Gandhis schonungslose Willkür seinen Söhnen gegenüber als Sonderfall – er trieb sie wie der Djinn einer arabischen Legende vor sich her; seine jungen Opfer konnten diesen Quälgeist in Gestalt eines alten Mannes einfach nicht abschütteln. »Zur Zeit von Harilals Empfängnis war ich ein Sklave sinnlicher Leidenschaften«, pflegte er zu sagen. »Ich führte ein sinnliches und ausschweifendes Leben.« Daraus wird ersichtlich, daß er die Söhne für die eigenen Sünden strafte. Mit seinen Anstrengungen, sie von einer Heirat abzuhalten, wollte er sie ihrer Männlichkeit berauben und war obendrein noch von seinem Recht überzeugt, nur weil er seiner eigenen freiwillig entsagt hatte. Ihr Verbrechen, das er ihnen nie vergeben konnte, bestand darin, daß sie ihm auf dem edlen Pfad des *Brahmacharya* die Gefolgschaft verweigerten.

Das wird noch wesentlich deutlicher, wenn man sein Verhalten ihnen gegenüber mit der Gunst vergleicht, die er einem jungen Vetter zweiten Grades, Maganlal, bezeugte. »Maganlal steht mir näher als ein leiblicher Sohn, dessen einziges Verdienst darin besteht, als mein Sohn geboren zu sein«, schrieb Gandhi an seinen Bruder. Und während er seinen eigenen Söhnen einen Schulbesuch nicht zugestand, schickte er Maganlal (und einen anderen jungen Vetter zweiten Grades) zum Studium nach England. Warum dieser Widerspruch? Als Maganlal im Alter von fünfundvierzig Jahren starb, erwähnte Gandhi die Gründe dafür in seinem Nachruf: »Er, den ich zum Erben meines ganzen Vermächtnisses auserwählt hatte, er ist nicht mehr. Er hatte aus meinem spirituellen Werdegang wahrhaft etwas gelernt und folgte ihm treu ergeben. Und wenn ich meinen Mitarbeitern, selbst verheirateten Männern, sobald sie ehrlich nach Wahrheit strebten, *Brahmacharya* als Lebensmaxime empfahl, war Maganlal der erste, der die Schönheit und Notwendigkeit dieser Übung einsah.«[15]

Gandhi bezeichnet den Liebesakt fast immer als einen Ausbruch »fleischlicher Lust« und »tierischer Leidenschaft« und sieht die Frau dabei in der Rolle des »Opfers« oder »Lustobjekts«. Natürlich war ihm bewußt, daß auch Frauen sexuelles Verlangen spüren, aber er hatte eine sehr einfache Antwort dafür parat: »Erlaube ihr, ihre Liebe zu verwandeln, damit sie sich schließlich der ganzen Menschheit zuwenden kann, laß sie vergessen, daß sie jemals das Objekt männlichen Begehrens gewesen ist oder sein kann.«[16] Der Geschlechtsverkehr, so lehrte er, sei lediglich zum Zwecke der Fortpflanzung erlaubt; dient er der Befriedigung der »Fleischeslust«, offenbart sich damit nur ein »Rückfall in die Tiernatur«. Dementsprechend lehnte er auch jede Geburtenregelung bedingungslos ab, einschließlich der Mittel, die sogar die katholische Kirche anerkennt. Als Dr. Margaret Sanger, eine Pionierin auf dem Gebiet der Familienplanung, Gandhi 1936 aufsuchte, sprach sie zu ihm über die katastrophalen Auswirkungen, die die sich abzeichnende Bevölkerungsexplosion in Indien und anderswo haben würde, und bat um seine Unterstützung, denn schließlich »wird Ihr Wort von Tausenden und Millionen als das Wort eines Heiligen anerkannt«. Aber während der ganzen Unterhaltung »hielt er an seinen Vorstellungen und seinem Gedankengang fest und fuhr, sobald man nur zu reden aufgehört hatte, mit seinen Worten fort, so, als hätte er überhaupt nicht zugehört ... Auch wenn er für sich in Anspruch nahm, äußerst aufgeschlossen zu sein und keinerlei Vorurteile zu haben, war er doch stolz darauf, seine Meinungen nicht zu ändern ... Er beschuldigte sich selbst der Brutalität, weil er seine Frau in jüngeren Jahren sexuell begehrt hätte, und bezeichnete alle sexuellen Beziehungen als Akte menschlicher Entwürdigung, auch wenn sie zum Zwecke der Fortpflanzung manchmal unvermeidlich seien. Er pflichtete mir bei, daß keine Familie mehr als drei oder vier Kinder haben sollte, doch bestand er zugleich darauf, daß sich die Geschlechtsbeziehungen eines Ehepaares auch für ihr ganzes Leben auf diese drei oder vier Gelegenheiten zu beschränken haben.«[17]

Als Lösungsvorschlag für Indiens Bevölkerungsproblem war dies ungefähr so realistisch wie die Rückkehr zum Spinnrad, doch war es eine von Gandhis tiefreligiösen Überzeugungen. Wenn *Khadi* das Tor zur Befreiung darstellte, dann war *Brahmacharya* der »Weg, der direkt zu Gott führt« – entsprechend der wörtlichen Bedeutung dieses Begriffs. Um seinen Sekretär und Biographen Pyarelal zu zitieren: »*Brahmacharya* wurde zur Kernlehre von Gandhis

Streben nach *Satyagraha* ... Für alle, die nach einem spirituell höheren Leben dürsten, wurde es zum *sine qua non*.«[18] Damit mußten sich alle Ashramiten, gleichgültig ob verheiratet oder nicht, dieser heiligen Übung unterwerfen. Wie sehr ihm dies am Herzen lag, wird durch eine Geschichte deutlich, die sich in Gandhis erstem Ashram, Phoenix Settlement in Südafrika, ereignete:

Einmal, als ich gerade in Johannesburg weilte, erhielt ich die Nachricht von einem groben Verstoß gegen die Moral durch zwei Bewohner des Ashrams. Die Nachricht von einem Fehlschlag oder einer negativen Entwicklung im (politischen) Kampf würde mich nicht aus der Fassung bringen, aber diese Nachricht traf mich wie Donnerschlag. Noch am selben Tag fuhr ich mit dem Zug nach Phoenix zurück. Herr Kallenbach bestand darauf, mich zu begleiten, denn er hatte bemerkt, in welchem Zustand ich mich befand. Er konnte es nicht dulden, mich allein fahren zu lassen, schließlich war er es gewesen, der mir diese Botschaft überbracht hatte. Während der Fahrt wurde ich mir meiner Verantwortlichkeit bewußt. Ich fühlte sehr deutlich, daß ein Vormund oder Lehrer, zumindest teilweise, für den Fehltritt eines seiner Schüler geradestehen muß. Mir war auch klar, daß die an dieser Schandtat Beteiligten meinen Kummer und die Tiefe ihres Falls besser würden ermessen können, wenn ich mir eine Buße auferlegte. Deshalb beschloß ich, sieben Tage lang streng zu fasten, und gelobte darüber hinaus, während der nächsten viereinhalb Monate nur eine Mahlzeit pro Tag zu mir zu nehmen. Herr Kallenbach versuchte mich davon abzubringen, vergeblich. Schließlich mußte auch er einsehen, wie berechtigt diese Buße war, und bestand darauf, es mir gleichzutun ... So fühlte ich mich schon sehr erleichtert, als wir endlich in Phoenix ankamen. Dort führte ich die notwendigen Untersuchungen durch und machte mich mit den Details vertraut, die ich noch wissen mußte. Meine Buße betrüb-

te alle sehr, doch wurde die Atmosphäre dadurch bereinigt. Jedem wurde bewußt, welch schweres Vergehen
Sündhaftigkeit darstellt.[19]

Diese Episode – einschließlich der Reaktion des unglückli-
chen Herrn Kallenbach – gibt uns einen Vorgeschmack auf
die seltsame Atmosphäre, die in Gandhis späteren Ashrams herrschen sollte. Obwohl Gandhi in politischen Fragen stets einen Kompromiß anstrebte, wurde er bei allem,
was *Brahmacharya* betraf, im Laufe der Jahre nur noch
fanatischer. Er mißbrauchte seine geradezu sprichwörtliche
Anziehungskraft auf Frauen dazu, sie zu einem Keuschheitsgelübde zu überreden, ganz gleich, ob die Ehegatten
damit einverstanden waren oder nicht. Damit zerstörte er
mehr als eine Ehe; in anderen Fällen blieben die Eheleute
zwar zusammen, doch waren beide Partner für den Rest
ihres Lebens unglücklich (darunter der traurige Fall eines
persönlichen Freundes). Man ist versucht zu sagen, daß die
jungen Frauen, die Gandhis Einfluß unterlagen, zur
Keuschheit verführt wurden.

Die Folgen dieser Praxis wurden von einem der engeren
Mitarbeiter Gandhis, Professor Nirmal Kumar Bose, einem
der wenigen Menschen, die offen mit ihm darüber zu reden
wagten, drastisch beschrieben.

»Wenn eine Frau einen Mann liebt«, sagte er zum Mahatma, »dann findet ihr psychischer Hunger im normalen
Leben teilweise durch Vergnügen und die Freude Befriedigung, die sie beim körperlichen Zusammensein empfindet.
Empfindet eine Frau jedoch für Sie Liebe, dann gibt es
keine Möglichkeit zu solcher Befriedigung, mit dem Ergebnis, daß alle jene, die Ihnen persönlich nahekommen, etwas
verschroben werden. Natürlich sind wir alle mehr oder
weniger neurotisch. Aber der Kontakt zu Ihnen bringt
einige Ihrer Getreuen – ganz gleich, ob männlichen oder
weiblichen Geschlechts – unzweifelhaft in Gefahr.«[20]

Sexuelle Enthaltsamkeit bringt vielleicht Mönchs- oder
Nonnengemeinschaften, die vom anderen Geschlecht ge-

trennt und vor allen Versuchungen geschützt leben, spirituell einen Nutzen. Aber Gandhi hatte für sich einen ganz besonderen und harten Weg ausgesucht, über den er *Brahmacharya* zu verwirklichen gedachte; er wollte sich immer wieder der Versuchung aussetzen, um die Fortschritte seiner Selbstbeherrschung zu testen. Er betrachtete diese Tests – er führte sie bis an sein Lebensende durch, als er nahezu achtzig war – als eine Pioniertat; ein weiteres »Experiment mit der Wahrheit« (wie er seine Autobiographie betitelte). Nachdem er das Keuschheitsgelübde abgelegt hatte, begann er diese Versuche mit seiner Frau und setzte sie später mit jüngeren Frauen fort.

In einem Brief an Bose, in dem er diese Übungen rechtfertigte, schrieb Gandhi:

Ich bin erstaunt über Ihre Vermutung, meine Experimente gingen von der Annahme aus, Frauen seien zweitrangige Geschöpfe. Das wäre doch wohl nur der Fall, wenn ich sie voll sexueller Gier und ohne ihre Einwilligung betrachten würde. Ich bin immer von der völligen Gleichheit zwischen Mann und Frau ausgegangen. Meine Frau war mir »untertan«, als sie nur ein Objekt war, an dem ich meine Lust befriedigte. Sie ist es nicht mehr, seitdem sie nackt neben mir liegt wie eine Schwester. Wären wir nicht in Körper und Geist durch Lust verwirrt, würde unser Zusammensein beide erheben. Besteht denn überhaupt ein Unterschied, wenn sie jetzt nicht mehr meine Frau ist, in dem Sinne, in dem sie es einmal war, sondern einfach eine andere Schwester? Ich hoffe sehr, daß Sie mich davon freisprechen, irgendwelche lüsternen Hintergedanken über die Frauen und Mädchen gehegt zu haben, die irgendwann einmal nackt bei mir lagen. A's oder B's hysterischer Anfall hat mit meinem Experiment nicht das geringste zu tun, so hoffe ich wenigstens. Sie waren schon vor diesem Experiment, wie sie heute sind; vielleicht sind sie inzwischen sogar weniger hysterisch.

Zwischen Manu und anderen zu unterscheiden ist für unsere Diskussion nicht relevant ...[21]

Die in diesem Brief erwähnte Manu war die Enkelin einer Cousine und das letzte Versuchskaninchen im Kampf um *Brahmacharya*. Als Kind hatte sie ihre Mutter verloren, und Kasturbai hatte sich ihrer angenommen. Nach Kasturbais Tod kam sie unter Gandhis Fittiche. »Vielen bin ich ein Vater gewesen, nur für Dich war ich eine Mutter«[22], schrieb er an sie; so seltsam es auch klingen mag, er meinte das wörtlich – so wörtlich, daß Manu später ein Buch veröffentlichte, das den Titel *Bapu: My Mother* trug. Als »erblühendes Mädchen von achtzehn Jahren« – um Gandhis Worte zu benutzen – behauptete sie, von allen sexuellen Gefühlen frei zu sein. Pyarelal erklärt jedoch in seiner Biographie:

Gandhi hatte das untrügliche Gefühl, daß sie entweder sich selbst nicht kannte oder sich und andere betrog. Als »Mutter« mußte er es wissen ... Mädchen verheimlichen oft ihre wahren Gefühle vor ihren Vätern, ihre Mutter können sie jedoch nicht täuschen. Gandhi hatte für sich in Anspruch genommen, ihre »Mutter« zu sein, und sie hatte dies ausdrücklich bekräftigt. Wenn die Wahrheit je endgültig getestet werden könnte, lag hier der Schlüssel zu dem Problem, das ihn am meisten beschäftigte. Es würde ihn außerdem erkennen lassen, wie weit er auf dem Weg des *Brahmacharya* schon zu völliger Loslösung vom Sex fortgeschritten war ... Er tat für sie all das, was eine Mutter für ihre Tochter tut. Er übernahm ihre Erziehung und achtete darauf, was sie aß, wie sie sich kleidete, und wachte darüber, daß sie genug Ruhe und Schlaf fand. Um sie genauer überwachen und leiten zu können, ließ er sie mit sich in einem Bett schlafen. Ein Mädchen, das noch in völliger Unschuld lebt, sollte keinerlei Peinlichkeit dabei verspüren, bei ihrer Mutter zu schlafen.[23]

Man ist versucht, Sarojini Naidu zu paraphrasieren: Bapus

Keuschheit zu erhalten erfordert eine Menge Versuchungen.

Manu empfand dies alles offenbar durchaus nicht als peinlich. Sie dankte ihm seine Führung, indem sie ihm während seiner Fastenperioden und Krankheiten beistand. In ihrem Tagebuch erwähnt sie einmal zwischen zwei politischen Botschaften die Wirkungen eines Einlaufs, den sie ihm verabfolgt hatte, und die Ermahnungen, die er ihr aus der Badewanne zurief: »Bapu sprach sehr liebevoll zu mir, während er in der Badewanne saß, und streichelte dabei auch meinen Rücken.«[24] Im Hinblick auf den traditionellen Mangel an Privatsphäre in Indien, vor allem unter den Bewohnern eines Ashrams, konnten solche Zärtlichkeiten in verhältnismäßiger Unschuld ausgetauscht werden.

Für Gandhi war dieses Experiment von allergrößter Bedeutung. Im Falle eines Erfolges wäre damit bewiesen, »daß seine Suche nach Wahrheit zum Guten führte. *Seine Makellosigkeit müßte dann selbst den Moslems, seinen Gegnern in der Moslem Liga und selbst Jinnah offenbar werden*, die alle seine Aufrichtigkeit bezweifelten, zu ihrem eigenen und zum Schaden ganz Indiens«.[25] Gandhi glaubte aus vollem Herzen daran, ein Werkzeug Gottes zu sein: »Gott führt mich, damit ich auf alle Situationen angemessen reagiere.«[26] Aber ein solches Werkzeug muß völlig rein sein, befreit vom Makel fleischlichen Verlangens; und um diese Freiheit zu erringen, mußte er das Experiment des *Brahmacharya* bestehen. Es brachte ihn »in unmittelbare Berührung mit dem Unendlichen«[27]; gleichzeitig sollte es das Hindu-Moslem-Problem beilegen helfen, die gegenseitigen Massaker beenden, die Moslem Liga von seinen guten Absichten überzeugen und sie so von ihrer Forderung nach einem unabhängigen Pakistan abbringen.

Vom Standpunkt des Mahatmas aus waren alle diese Schlußfolgerungen nur logisch. Für ihn waren seine öffentlichen politischen Schritte und Maßnahmen und seine persönlichen »Experimente mit der Wahrheit« untrennbar zusammengehörig; *Satyagraha* und *Brahmacharya* bedingten sich gegenseitig. Denn *Satyagraha* bedeutet nicht nur »gewaltloses Handeln«; *Satyagraha* ist eine Aktion, der die unwiderstehliche Kraft der Seele oder der Wahrheit innewohnt (*Sat* = Wahrheit, *Agraha* = Kraft, Festigkeit). Während seiner beiden letzten Lebensjahre hing für ihn alles von seinem Experiment mit Manu ab; das mag eine Erklärung dafür sein, warum er gegen allen Rat so unnachgiebig darauf bestand, sie solle das Bett mit ihm teilen.

Nur so können wir auch verstehen, warum Gandhi in den für Indien schicksalsentscheidenden Monaten Juni und Juli 1947 die indische Öffentlichkeit mit einer Serie von sechs Artikeln konfrontierte – alle zum Thema *Brahmacharya*. Er hatte die Moslemdörfer Ostbengalens (des heutigen Bangla Desh) bereist, ein Versuch, den gewalttätigen Ausschreitungen durch seinen persönlichen Einfluß Einhalt zu gebieten. Dabei waren Manu, Bose und ein Stenograph fast seine einzigen Gefährten. Einige seiner Mitarbeiter, auch enge persönliche Freunde, protestierten gegen das Manu-Experiment (obwohl ihnen auch frühere ähnlich gelagerte Fälle hätten bekannt sein müssen). Sie gaben Gandhi deutlich zu verstehen, daß sie darin nicht mit ihm übereinstimmten, und einige verließen ihn daraufhin sogar. Ein öffentlicher Skandal wurde gerade noch vermieden, aber Gandhi fühlte sich der bedingungslosen Bewunderung beraubt, einsam und verstoßen. Auch Bose verließ ihn nach hitzigen Auseinandersetzungen, in deren Verlauf er Gandhi vergeblich von der negativen psychologischen Wirkung seines Experiments auf beide beteiligte Partner zu überzeugen versuchte – ohne je an der Lauterkeit ihrer Motive zu zweifeln; er stellte jedoch ein paar Monate später seine Dienste Gandhi erneut zur Verfügung. Die zu unglücklichem Zeitpunkt veröffentlichten *Harijan*-Artikel, die der Öffentlichkeit schwer zu schaffen machten, waren Gandhis Antwort an die Dissidenten.

Er richtete außerdem ein Schreiben an Acharya Kirpalani, den Vorsitzenden der Kongreß-Partei: »Dies ist ein sehr persönliches Schreiben, jedoch nicht privaten Inhalts. Manu Gandhi, meine Enkelin, teilt das Bett mit mir ... Ich habe darüber meine teuersten Gefährten verloren ... Ich habe sehr lange und intensiv über diese Angelegenheit nachgedacht. Mag mich auch die ganze Welt verlassen, ich kann mich nicht von etwas distanzieren, was ich persönlich für richtig halte ... Ich habe mich schon früher nicht gescheut, mich der Verdammnis auszusetzen. Wenn es denn so sein muß, kann ich daran auch nichts ändern.«[28] Und weiter bittet er den Acharya darum, die Angelegenheit mit anderen Politikern der Kongreß-Partei zu besprechen – mitten in der entscheidenden Verhandlungsrunde über die Unabhängigkeit.

Ich bin aus zwei Gründen recht ausführlich auf Gandhis Ringen um Keuschheit eingegangen; erstens, weil uns damit ein entscheidender – nach Gandhis eigenen Aussagen sogar *der* entscheidende – Schlüssel zu Gandhis Persönlichkeit gegeben ist; und zweitens wurde das soziale und kulturelle Klima des Landes auch nach Gandhi entscheidend davon geprägt.

Nach Gandhis Tod versuchte das indische Establishment die tatsächlichen Umstände seines letzten »Experiments mit der Wahrheit« totzuschweigen. Ein Beispiel für diese Verschwörung des Schweigens ist die Geschichte des Buches von Nirmal Kumar Bose, *My Days with Gandhi*, das ich mehrmals zitiert habe. Prof. Bose, ein anerkannter Anthropologe und Theoretiker von Gandhis Philosophie, hatte bereits zwei Bücher zu und über Gandhi veröffentlicht: *Studies in Gandhism* und *Selections from Gandhi*. Während der Rundreise durch Ostbengalen war er Reisegefährte des Mahatma gewesen, und in *My Days with Gandhi* widmete er den Auswirkungen des Manu-Experiments ein ganzes Kapitel, ohne dabei auf das Experiment selbst im einzelnen einzugehen. Es ist ein sehr diskretes, einfühlsames und respektvolles Werk; trotzdem wurde es nicht nur von allen Verlagen zurückgewiesen, an die Bose sich wandte, es wurden auch energische Schritte »aus den höchsten Kreisen des Landes« gegen eine Veröffentlichung dieses Buches unternommen.

Fünf Jahre nach Gandhis Tod entschloß Bose sich zu einer Publikation im Eigenverlag. Das Buch ist in Indien nicht aufzutreiben, und Geoffrey Ashe, Gandhis bisher letzter Biograph bemerkt dazu: »Es ist allgemein bekannt, daß eines der bedeutenden biographischen Werke über Gandhi teilweise unterdrückt und verleugnet wurde. Es mir nicht ganz leichtgefallen, herauszufinden, wo sich in England das wahrscheinlich einzige vorhandene Exemplar befindet.«[29] Nicht einmal das Britische Museum verfügt über eine Kopie des Werkes. Eines meiner eigenen Bücher[30], in dem ich Bose zitiere, wurde in Indien mit der Begründung auf den Index gesetzt, »es enthielte respektlose Angriffe auf Gandhi«. (Daraufhin sandte mir ein indischer Leser eine komplette Xerokopie von Boses Buch.) Es ist eine Ironie des Schicksals, daß drei Jahre nach Bose Pyarelal den ersten Band seiner monumentalen autorisierten Biographie Gandhis herausgab, in der alle Aussagen Boses bestätigt wurden (ohne daß Bose namentlich genannt würde). Die folgende Passage aus *My Days with Gandhi* ist in diesem Zusammenhang höchst aufschlußreich:

Viele, die Gandhi nahestanden, wußten über diese Vorfälle Bescheid, doch fürchteten sie, ihn in falschem Licht erscheinen zu lassen, und zogen es deshalb vor, diesen Teil seines Lebens jeder kritischen Betrachtung zu entziehen. Der Autor war jedoch schon immer der Meinung, daß eine solche Einstellung nicht zu rechtfertigen ist. Vielleicht hat sich tief in unserem Innern der Glaube verfestigt, daß Gandhi nicht richtig handelte; und in unserem nur allzu durchschaubaren Bemühen, seiner Größe keinen Abbruch zu tun, entschließen wir uns möglicherweise dazu, einen Schleier des Vergessens über bestimmte Ereignisse zu breiten, von denen wir persönlich gewußt haben. Aber das können wir nur erreichen, wenn wir auf den meiner Meinung wichtigsten Schlüssel verzichten, der uns ein Verständnis für

diese in unserem Zeitalter einmalige Persönlichkeit erschließen könnte.

... Wir können nur bezeugen, was wir erlebt haben, und
es im Geist größter Wahrhaftigkeit auf das genaueste
beschreiben ... damit, wenn unsere Zeit vergangen ist
und viele der Werte, für die wir eingetreten sind, in der
Rumpelkammer der Geschichte ihr Ende gefunden haben, die Menschheit die Möglichkeit besitzt, alles nur
denkbar Mögliche über einen Mann zu erfahren, der
einmal wie ein Berg alle überragte, die mit ihm zusam-
menleben durften.[31]

In der westlichen Welt hätte man Gandhis Besessenheit in
bezug auf *Brahmacharya* achselzuckend als persönliche
Schrulle hingenommen. In Indien jedoch traf sie tiefe, archetypische Saiten. Gandhis Keuschheitspredigten sind
von einer geheimen Botschaft erfüllt – dem westlichen
Leser mag sie verborgen bleiben, aber jeder Hindu begreift
sie sofort: Sie bezieht sich auf die positive Wirkung, die
sexuelle Enthaltsamkeit auf den Körper hat. Nach den Lehren der traditionellen Hindu-Medizin *(Ayurveda)* ist die
»Lebenskraft« eines Mannes in seiner Samenflüssigkeit
konzentriert. Seine körperlichen und geistigen Fähigkeiten
basieren auf diesem wertvollen Sekret, einer Art Lebens-
elixier – manchmal *bindu,* manchmal *soma-rasa* und manchmal »Lebenssaft« genannt. Jeder Ausfluß dieses »Lebenssaftes« führt zu körperlicher Schwächung und einer Erschöp-
fung der spirituellen Entfaltungsmöglichkeiten. Umgekehrt
führt eine Ansammlung von *bindu* durch sexuelle Enthaltsamkeit zu Gesundheit, langem Leben und einer Erweiterung der spirituellen Möglichkeiten (Gandhi hoffte, 125
Jahre alt zu werden). Weiterhin fördert es einen glatten
Teint und den strahlenden Glanz, der den Körper aller
wahren Heiligen umgibt – zu denen sich der Mahatma
auch zählte. Verschiedene halb geheime Hatha-Yoga-Prak-
tiken dienen dazu, den »Lebenssaft« selbst beim Geschlechtsverkehr zurückzuhalten.

Gandhi war von der *ayurvedischen* Medizin völlig überzeugt und hatte sie bei sich und Mitgliedern seiner Familie sowie engen Freunden selbst angewandt. In seinen Schriften ist vielfach belegt, daß auch er felsenfest davon überzeugt war, es sei für jeden von äußerster Wichtigkeit, sich den »Lebenssaft« zu erhalten. In seinem Pamphlet »Schlüssel zur Gesundheit« schrieb er:

> Es heißt, daß ein impotenter Mann nicht frei von sexuellem Verlangen ist ... Die bewußt herbeigeführte Impotenz eines Mannes jedoch, der sein sexuelles Verlangen vollkommen geläutert hat und dessen Sexual-Sekrete in »Lebenssaft« umgewandelt worden sind, unterscheidet sich davon völlig. Dies ist ein für jeden erstrebenswertes Ziel.[32]

Oder:

> Die Fähigkeit, den Lebenssaft zurückzuhalten und umzusetzen, erfordert ein langes Training. Einmal erlangt, stärkt sie Körper und Geist. Der »Lebenssaft«, der ja schließlich auch ein so wunderbares Wesen wie den Menschen zeugt, kann, wenn er in der rechten Weise zurückgehalten wird, nur in unüberwindbare Energie und Stärke umgewandelt werden.[33]

Dem Hinduismus ist eine notorisch ambivalente Einstellung zum Sex eigen. Auf der einen Seite existieren der *Lingam*-Kult, die erotischen Tempelfiguren, das *Kama-Sutra* und zahllose »Sex-Apotheken« mit einem schwunghaften Aphrodisiaka-Handel; auf der anderen Seite Prüderie, Heuchelei, Lippenbekenntnisse zum Keuschheitsideal, verbunden mit einer geradezu hysterischen Furcht vor dem Verlust des »Lebenssaftes« und dem damit einhergehenden Kräfteverlust. »Spermaphobie« scheint geradezu typisch für einen Hindu zu sein. Da die Frauen Ursache dieses Übels sind, gesellt sich zu den phobischen Ängsten nur allzuleicht eine unterschwellige Ablehnung der Frau. Das hinduistische Götterpantheon kann keinen Eros vorweisen und keinen Amor – nur Kama, die Triebkraft der Lust.

Typisch für diese Einstellung ist da ein an Gandhi gerichteter Brief, in dem der Schreiber bedauert, daß er bisher dem Keuschheitsideal nicht entsprechen konnte: »Oft frage ich mich, warum denn überhaupt noch hinein in dieses schmierige Loch?« Typisch ist auch Gandhis Antwort darauf: »Ich kann nur Unwissenheit darin erkennen, wenn man Frauen mit einem schmierigen Topf vergleicht. Allein der Gedanke ist für Mann und Frau gleichermaßen beleidigend. Warum sollte der Sohn nicht Seite an Seite mit seiner Mutter sitzen, warum ein Mann mit seiner Schwester nicht die gleiche Bank teilen?« Seine Verteidigung der Frau beschränkt sich auf ihre Rolle als Mutter und Schwester; die Frau als Frau verteidigt er nicht. Eigentlich war er derselben Meinung wie der Briefschreiber. Margaret Sanger gegenüber bemerkte er bitter: »Wenn die Frauen nur verstünden, sich ihren Männern zu widersetzen, wäre ja alles gut. Frauen, die zu mir kamen, habe ich lehren können, wie sie ihren Männern widerstehen. Das eigentliche Problem ist jedoch, daß sehr viele gar nicht widerstehen wollen ...«[34]

Gandhis lebenslanger Kampf um Befreiung von »Fleischeslust« und »tierischer Leidenschaft«; sein öffentliches *mea culpa*, wenn er wieder einmal einen sexuellen Traum gehabt hatte (auf den dann ein sechswöchiges Buß-Schweigen folgen mußte); sein unerschütterlicher Glaube an die Macht des »Lebenssaftes« – all das machte ihn zum lebendigen Symbol der schuldbesessenen Hindueinstellung zur Sexualität und ermutigte obendrein die gläubigen Massen, daran festzuhalten. Der Handel mit potenzstärkenden Mittelchen blüht also nach wie vor – eingebettet in eine Atmosphäre frömmelnder Heuchelei.

Ein eher nebensächliches, aber trotzdem bezeichnendes Merkmal des gandhischen Erbes ist die weitverbreitete Überempfindlichkeit bei allem, was Nahrung und Verdauung betrifft. In einem Land, das von Amöbenruhr, Hakenwurm-Krankheit und anderen Plagen heimgesucht wird, ist das an sich nicht weiter verwunderlich. Aber Gandhis lebenslange Beschäftigung mit den unterschiedlichsten Diäten stand ebenfalls in enger Beziehung zu seinem Ringen um Keuschheit. Als er das Keuschheitsgelübde ablegte, schrieb er: »Die Kontrolle über den Gaumen ist die erste wichtige Voraussetzung für die Einhaltung des Gelübdes ... Die Nahrung eines *Brahmacharin* sollte maßvoll, einfach, ungewürzt und, wenn möglich, ungekocht sein ... Die Versuche der letzten sechs Jahre haben mir gezeigt, daß Früchte und Nüsse für einen *Brahmacharin* die geeignete Nahrung sind.«[35] Selbst Milch hielt er für ein »Aphrodisiakum« und mied sie – es ist nicht ganz einfach, dies mit seinem Pamphlet »Wie können wir am besten der Kuh dienen?«[36] zu vereinbaren.

Einer von Gandhis Biographen, Louis Fischer, nannte ihn eine »einmalige Persönlichkeit, eine große Persönlichkeit, vielleicht die größte, die während der letzten neunzehnhundert Jahre auf der Erde gelebt hat«. Andere vergleichen ihn mit Christus, Buddha oder dem heiligen Franziskus.

Man erhob ihn in die Unsterblichkeit, weil er – in einer Welt, die der Gewalt überdrüssig war – die Gewaltlosigkeit als politische Waffe entdeckt hatte. Die Teilerfolge seiner ersten Kampagnen in passivem Widerstand, zivilem Ungehorsam und Verweigerung sämtlicher Zusammenarbeit; die Märsche der Unbewaffneten gegen Polizei und bewaffnete Truppen; die ersten Sitzstreiks, das freudige Annehmen einer Verhaftung, die öffentlichen Fastenperioden – all das war für die Politik völlig neu, etwas, wovon man noch nie gehört hatte; es war eine hoffnungsvolle Botschaft, fast eine Offenbarung – um so erstaunlicher, daß dieses System obendrein zu funktionieren schien. Gandhis Verdienst war nicht die »Befreiung Indiens« – John Grigg[37] und andere haben bewiesen, daß die Unabhängigkeit Indiens ohne Gandhi sogar noch sehr viel früher gekommen wäre –, sondern die Tatsache, daß er der Welt vor Augen geführt hat, daß die gängigen Methoden der Machtpolitik nicht die einzig denkbaren sind und daß sie unter bestimmten Voraussetzungen durch Gewaltlosigkeit – *Ahimsa* – ersetzt werden können. Aber die Betonung dabei liegt auf *unter bestimmten Voraussetzungen*; Gandhis Tragödie war, daß seine Methode nur sehr bedingt tauglich ist. Sie war mehr oder weniger ein edles Spiel, das man nur gegen einen Gegner spielen kann, der sich an bestimmte Regeln hält, auf deren Tradition er stolz ist. Andernfalls wird sie zum Massenselbstmord.

Wie alle Erneuerer glaubte auch Gandhi zuerst an die universelle Anwendbarkeit des von ihm formulierten philosophischen Systems. Er erlitt seinen ersten ernüchternden Schock 1919, als die erste nationale Kampagne in zivilem Ungehorsam im ganzen Land in gewaltsamen Aufruhr ausartete. Gandhi brach die Aktion ab, nahm ein Buß-Fasten auf sich und bekannte, einen »Himalayan blunder« (einen Fehler, so riesig wie der Himalaya) begangen zu haben, da er sich nicht vor Beginn der Kampagne vergewissert hatte, ob seine Anhänger in Geist und Methode des *Satyagraha* ausreichend geschult waren.

Zusammen mit den Moslems startete er ein Jahr später eine neue Bewegung, die auf die Verweigerung jeglicher Zusammenarbeit (mit den Engländern) hinauslief. Auch das führte im gesamten Land zu Aufständen, die im Massaker von Chauri Chaura gipfelten; und auch diese Aktion brach er ab und begann erneut zu fasten.

Seine erfolgreichste Bewegung war die Kampagne in zivilem Ungehorsam, die sich 1930/31 gegen die Salzverordnungen richtete; ihr Höhepunkt war der »Marsch zum Meer«, ein aufsehenerregendes Schauspiel. Auch dabei kam es zu Gewaltausbrüchen, aber er ließ die Kampagne weiterlaufen, bis eine Kompromißvereinbarung mit dem Vizekönig erzielt war.

Die späteren *Satyagraha*–Bewegungen (1932–34, 1940/41 und 1942/43) endeten erfolglos. Was konkrete Ergebnisse anbelangt, ist das alles in allem keine besonders erfolgreiche Bilanz. Die allgemeine Wirkung auf Politiker und Intellektuelle und überhaupt auf die ganze Welt war jedoch außerordentlich; sie machte Gandhi schon zu seinen Lebzeiten zum Mythos. Achtzehn öffentliche Fastenperioden und insgesamt sechseinhalb Jahre Haft – die erste davon in einem dunklen Loch irgendwo in Johannesburg, die letzte im Palast des Aga Khan – trugen zu seiner weiteren Heroisierung bei.

Aber auch Gandhis Vorstellung vom Einsatz gewaltloser Methoden war voller »Himalaya-Widersprüche«, und die Ratschläge, die er für andere Nationen parat hatte, waren oft über jedes vertretbare menschliche Maß hinaus unverantwortlich. Obwohl er nicht müde wurde, zu wiederholen, daß nur spirituell entwickelte Menschen in der Lage sind, gewaltlosen Widerstand zu leisten, zögerte er nicht, ihn als Allheilmittel anzupreisen, selbst für so tragische und dafür mehr als ungeeignete Situationen wie die der deutschen Juden unter der Naziherrschaft. Nach dem ersten großen Judenpogrom schrieb er 1938: »Ich nehme mir die Freiheit zu sagen, wenn die Juden fähig sind, jene Kraft der Seele, die nur durch Gewaltlosigkeit entstehen kann, heraufzubeschwören, wird Herr Hitler sich vor diesem Mut verneigen, denn dieser ist wahrhaftig größer als alles, was seine SA-Leute jemals werden zeigen können.«[38] Und 1946, nach Bekanntwerden der ungeheuren Nachricht von sechs Millionen vergasten Opfern: »Die Juden hätten sich selbst an das Messer ihrer Schlächter liefern müssen, sie hätten sich von den Klippen ins Meer stürzen sollen ... Die Welt und das deutsche Volk hätten sich erhoben.«[39]

Für solche und ähnliche Äußerungen gibt es nur einen mildernden Umstand: Gandhis absolute Unkenntnis der internationalen Lage.

Bei Ausbruch des Zweiten Weltkriegs erklärte er seine moralische Unterstützung für die Sache der Alliierten. Nach Frankreichs Kapitulation lobte er Pétain für seinen Mut zur Niederlage, und am 6. Juli 1940 veröffentlichte er einen »Aufruf an alle Briten«, in dem er sie aufforderte, dem

Beispiel Frankreichs zu folgen (er bestand darauf, daß der Vizekönig den Text dieses Aufrufs dem englischen Kriegskabinett übermittelte):

... Ich wünsche weder Englands Niederlage noch Englands Sieg in einem Schlagabtausch der brutalsten Gewalt ... Ich wünsche, daß England den Faschismus ohne Waffen mit den Mitteln der Gewaltlosigkeit bekämpft. Ich möchte, daß Sie die Waffen strecken, denn diese Waffen bringen der Menschheit keinen Segen. Laden Sie Herrn Hitler und Signor Mussolini ein, von dem Land, das Sie Ihr eigen nennen, zu nehmen, was sie begehren. Lassen Sie sie von Ihrer schönen Insel mit all ihren herrlichen Gebäuden Besitz nehmen. Sie geben ihnen all dies bereitwillig hin, nicht jedoch Ihre Seele oder Ihren Geist. Fühlen sich diese Gentlemen dazu berufen, Ihr Haus zu besetzen, dann gewähren Sie ihnen Unterkunft. Und lassen sie Sie nicht frei ziehen, dann übergeben Sie sich dem Feind, lassen Sie sich – Mann, Frau und Kind – töten, aber verweigern Sie ihnen jegliche Untertanenpflicht.[40]

Bapus Gewaltlosigkeit wäre nur mit einem Berg von Leichen zu erkaufen gewesen.

Den Tschechen, Polen, Finnen und Chinesen gab er ähnliche Ratschläge. Am letzten Tag seines Lebens, einige Stunden vor dem Attentat, wurde er von einem Korrespondenten der Zeitschrift *Life* gefragt: »Wie würden Sie auf einen Atomangriff reagieren ... mit Gewaltlosigkeit?« Er antwortete:

»Ich werde mich nicht verkriechen. Ich werde mich offen zeigen, damit der Pilot sehen kann, daß ich gegen ihn keinen bösen Gedanken hege. Natürlich weiß ich, daß der Pilot aus seiner großen Höhe unsere Gesichter nicht sehen kann. Aber die Stimme unseres Herzens und unser Wunsch, er möge keinen Schaden nehmen, würden ihn erreichen und ihm die Augen öffnen.«[41]

Diese Aussage und andere, die er bei früherer Gelegenheit in ähnlichem Sinn geäußert hatte, könnten uns glauben machen, daß Gandhi den Prinzipien der Gewaltlosigkeit absolut vertraute (in seinem »Aufruf an alle Briten« schrieb er: »Mir ist kein einziger Fall bekannt, in dem Gewaltlosigkeit ihr Ziel verfehlt hätte«). Bei einer Reihe kritischer Gelegenheiten ließ er seine Prinzipien jedoch recht lauthals im Stich. Zum Beispiel, als er 1918, obwohl man diese Episode nicht für allzu bedeutend halten sollte, für die britische Armee Soldaten anwarb. Im Kheda Distrikt sagte er in einer Rede:

> Um den Dominion-Status im britischen Empire zu erreichen, sollten wir in der Lage sein, uns selbst zu verteidigen, das heißt, wir müssen fähig sein, Waffen zu tragen, und wissen, wie man damit umgeht … Nur wenn wir uns zum Dienst in der Armee verpflichten, können wir das Waffenhandwerk mit der notwendigen Schnelligkeit erlernen.[42]

Drei Jahre später bestätigte er:

> Auch im Falle der Unabhängigkeit würde ich all jenen, die Waffen zu tragen wünschen, nicht davon abraten, sondern sie darin bestärken und sie auffordern, für ihr Land zu kämpfen.[43]

Später erklärte er diesen offensichtlichen Widerspruch dadurch, daß er »noch nicht den rechten Boden unter den Füßen hatte … und daß er noch nicht hundertprozentig gewußt habe, wo er stehe«;[44] keinesfalls würden seine Äußerungen einen Mangel an Vertrauen in die Prinzipien der Gewaltlosigkeit ausdrücken. Aber diese Entschuldigung kann man sicher nicht für die dramatischen Ereignisse seiner beiden letzten Lebensjahre gelten lassen – für die Massaker zwischen Hindus und Moslems, die zur Teilung des Landes führten, und für die Kämpfe in Kaschmir, bei denen die Politik der Gewaltlosigkeit endgültig Schiffbruch erlitt. Auf seiner Rundreise durch die vom Terror heimgesuchten Dörfer Ostbengalens, als er »überall nur die schrecklichste Finsternis sah«, gestand er Bose gegenüber einmal ein, daß er es jedenfalls momentan aufgegeben habe, »nach einer Methode der Gewaltlosigkeit zu suchen, die auch von den Volksmassen verstanden und befolgt werden könne«. Einige Tage danach schrieb er: »Gewalt ist etwas Schreckliches, doch ist sie wohl manchmal nötig, um sich selbst zu verteidigen.« Aber nur wenige Tage später heißt es in einem anderen Brief: »Gewaltlosigkeit ist das beste Mittel der Selbstverteidigung, sie ist unbesiegbar.«[45]

Er war mit seinem Latein am Ende.

In einem der verwüsteten Dörfer empfing er einen Moslem-Geistlichen, der mehreren Hindu-Familien dadurch das Leben gerettet hatte, daß er sie zu einem Pseudoübertritt zum Islam überreden konnte. »Gandhi wandte sich an ihn und sagte, daß es einem religiösen Lehrer angemessener gewesen wäre, sie als Hindus davon zu überzeugen, ihr Leben ihrem Glauben zu opfern, anstatt ihn feige zu verraten. Der Geistliche wandte ein, daß ein solcher Glaubensübertritt von der Religion gerechtfertigt ist, wenn es darum geht, Menschenleben zu retten. Gandhi wurde daraufhin sehr ungeduldig und sagte schon fast ärgerlich, wenn er jemals Gott treffen sollte, würde er ihn fragen, warum er einen Menschen mit solchen Ansichten zum Geistlichen bestellt habe. Der Geistliche wurde daraufhin sehr schweigsam und entfernte sich nach einem kurzen Austausch von Höflichkeiten.«[46]

Gandhi hatte sich mit allen Kräften gegen die Teilung des Landes gestemmt; er nannte sie »die Sezierung Indiens und damit die Sezierung meiner selbst«. Auf der historischen Versammlung der Kongreß-Partei vom 14. und 15. Juni 1947, auf der es um die Entscheidung für oder gegen die Teilung ging, hielt der Vorsitzende Acharya Kirpalani, der Zeit seines Lebens mit Gandhi befreundet war, eine denkwürdige Rede, in der er für die zukünftige indische Regierung

Abschied von der Gewaltlosigkeit nahm. Im Gegensatz zu Marc Anton begann er mit einem Loblied auf Gandhi, nur um ihn schließlich politisch zu begraben. Er dankte Gandhi für seine Rundreisen durch Bengalen und Bihar, die dazu beitragen sollten, Hindus und Moslems miteinander zu versöhnen und somit eine Alternative zur Teilung zu schaffen, aber er bezweifelte die Wirksamkeit der Methode: »Es ist unser aller Unglück, daß er (Gandhi) zwar die Richtlinien der Politik formulieren kann, doch daß es andere sind, die die eigentlichen Entscheidungen fällen, und diese anderen sind leider von seiner Denkungsart nicht zu überzeugen. So schmerzlich diese Lage der Dinge auch sein mag, sie hat mich dazu bewogen, der Teilung Indiens zuzustimmen.«[47]

Für alle völlig überraschend sprach sich auch Gandhi in seiner Rede plötzlich für die Teilung aus, denn »manchmal sind bestimmte Entscheidungen, so unangenehm sie auch sein mögen, nicht zu umgehen«. Drei Monate später standen sich das nun unabhängige Indien und das nun unabhängige Pakistan in Kaschmir gegenüber. In einer Rede nach einer seiner regelmäßigen Andachten sagte Gandhi dazu, »er wäre immer gegen jeden Krieg gewesen. Wenn es jedoch tatsächlich keinen anderen Weg gäbe, auf dem eine gerechte Regelung mit Pakistan erzielt werden könnte, wenn Pakistan auf seinem offensichtlichen Irrtum beharrte und weiterhin danach strebte, sich Territorium der indischen Union einzuverleiben, dann gäbe es für die indische Union keine andere Alternative, als in den Krieg zu ziehen. Krieg sei kein Spaß. Keiner wollte den Krieg, denn Krieg hieße Zerstörung. Aber er habe noch nie jemandem raten können, sich mit einer Ungerechtigkeit abzufinden.«[48]

»Meine aufrichtige Zuneigung für Gandhi«, schrieb Kingsley Martin nach seinem letzten Indienbesuch, »und meine ehrliche Überzeugung, daß er ein großer Mann war, litten nicht unter der Entdeckung, daß er trotz allem ein Hindu-Nationalist und ein unvollkommener Schüler des Mahatma war.«[49] Ich bin nicht so sicher, ob er eine Bewegung mitgetragen hätte, deren Ziel eine einseitige nukleare Abrüstung Indiens gewesen wäre – nur um den Fall einmal theorethisch durchzuspielen. Gegenüber den Engländern, Franzosen, Tschechen, Polen und Juden war er mit seinen Ratschlägen ja sehr großzügig gewesen und hatte ihnen empfohlen, die Waffen zu strecken und sich in ein Unrecht zu ergeben, mit dem man das Unrecht, das Pakistan Indien angetan hatte, nun wirklich nicht vergleichen konnte. Wie schon bei früheren kritischen Gelegenheiten, als sich das hehre Ideal nicht mit der harten Wirklichkeit vertrug, kam Gandhis politische Vernunft zum Vorschein, und der Yogi mußte sich dem Kommissar unterwerfen.

Er glaubte an natürliche Heilverfahren und wandte sie auch an, war er jedoch ernsthaft krank, rief er nach in westlicher Medizin ausgebildeten Ärzten, für die er sonst doch nur Geringschätzung übrig hatte. *Ahimsa* und *Satyagraha* hatten auf die Briten fast wie Magie gewirkt, erwiesen sich bei den Moslems aber als stumpfe Waffen. Waren sie also wirklich das Allheilmittel für die ganze Menschheit, wie er immer geglaubt hatte? Vierzehn Tage vor seinem Tod bekannte Gandhi Bose gegenüber, als er Premier Sirdar Patels Entscheidung, Truppen nach Kaschmir zu senden, kommentierte:

Als ihm (Patel) Machtbefugnisse übertragen wurden, mußte er einsehen, daß er die Waffe der Gewaltlosigkeit nicht länger einsetzen konnte, obwohl er sie früher mit großem Erfolg gehandhabt hatte. Ich habe festgestellt, daß das, was ich und alle, die mit mir waren, Gewaltlosigkeit – *Ahimsa* – genannt haben, diesen Namen eigentlich nicht verdient, denn es ist nur eine schwache Kopie davon, es ist nur passiver Widerstand. Einem Herrscher kann passiver Widerstand natürlich herzlich wenig nützen.[50]

Einem anderen Interviewer gegenüber – Professor Stewart Nelson – wiederholte er, daß das, »was er fälschlicherweise für *Satyagraha* gehalten hatte, nicht mehr war als passiver Widerstand, tatsächlich nur eine Waffe der Schwachen ... Gandhi fuhr fort, es sei leider wahr, daß er die ganze Zeit einer Illusion aufgesessen sei. Trotzdem würde er nichts bedauern. Er habe inzwischen auch gesehen, daß Indien nicht da stehen würde, wo es heute steht, wenn er dieser Illusion nicht erlegen wäre.«[51]

Aber auch das ist vielleicht nicht mehr als nur eine Illusion. Indien wurde nicht aufgrund von *Ahimsa* unabhängig, sondern weil das britische Empire sich freiwillig selbst auflöste. Das Spinnrad fand seinen Platz auf der Nationalflagge, aber die dazugehörige gandhische Mystik spielte bei der Bildung des neuen Staates keine Rolle mehr, obwohl dieser Staat mit entsprechenden Lippenbekenntnissen immer rasch zur Stelle war. Die bewaffneten Konflikte mit Pakistan und China führten zu chauvinistischen Ausbrüchen und Massenhysterien, unter deren Eindruck man sich wirklich fragen mußte, ob der Mahatma als Apostel der Gewaltlosigkeit irgendeine spürbare Wirkung hinterlassen hat; und die wiederholten blutigen Auseinandersetzungen zwischen Maharatis und Gandhis eigenen Gujeratis fügen dem Gesamtbild einen Hauch bitterer Ironie bei. Als man Gandhis spirituellen Erben, Vinobha Bhave, »den Wanderheiligen«, fragte, ob er den bewaffneten Widerstand gegen die chinesischen Grenzverletzungen guthieße, antwortete er bejahend und griff dabei auf Gandhis frühere Entschuldigung zurück, die Massen seien noch nicht reif für den gewaltlosen Widerstand. Dazu ließe sich der heilige Augustinus paraphrasieren: »Herr, gib uns Gewaltlosigkeit, nur jetzt noch nicht.«

In Momenten, wo sein Blick nicht »durch Illusionen getrübt war«, sah Gandhi diese Entwicklung selbst voraus. Am Unabhängigkeitstag, am 15. August 1947, als alle Welt zu diesem geschichtlichen Augenblick eine Botschaft von ihm erwartete, verweigerte er sich. Abgesandte der neuen Regierung machten ihn darauf aufmerksam, daß dies einen schlechten Eindruck hervorrufen würde. Er antwortete darauf: »Wenn dem so ist, dann soll es auch so sein …« Bose notierte in seinem Tagebuch: »Er sagte, daß es eine Zeit gegeben habe, in der Indien ihm Gehör schenkte. Heute sei er aus der Mode gekommen. Man habe ihm gesagt, daß in der neuen Ordnung kein Platz für ihn sei; sie wollten Maschinen, eine Marine, eine Luftwaffe und was sonst nicht noch alles. Er könne daran niemals teilnehmen.« Schließlich ließ auch die Teilnahme an seinen Gebetszusammenkünften rapide nach, und die Reden, die er anschließend zu halten pflegte, »riefen nicht mehr denselben Enthusiasmus wach wie früher. Seine Stimme schien ihre magische Qualität eingebüßt zu haben.«[52]

Pyarelal war ebenfalls Zeuge dieser Agonie.

»Ein Satz, den er ständig wiederholte, war: ›Siehst du nicht, ich liege schon auf dem Verbrennungsplatz‹ … Manchmal fragte er sich, ob er nicht wie ein Leichnam auf seinen Mitstreitern und dem ganzen Land lasten würde. Ein lebender Anachronismus und etwas seltsamer Kauz in einer neuen Ära, die sich um ihn herum zu entwickeln begann und zu deren Bildung er mehr als jeder andere beigetragen hatte … Tag für Tag sah ich den matten, traurigen Blick auf seinem hageren Gesicht, der eine innere Qual zum Ausdruck brachte, die man nur schwer ertragen konnte.«[53]

Die Prinzipien, nach denen er Indien hatte formen wollen und die er vierzig Jahre vorher in *Hind Swaraj* niedergelegt hatte, hatten sich allesamt selbst ad absurdum geführt. Inmitten der Feierlichkeiten zur Unabhängigkeit wurde ihr – und damit sein – Versagen endgültig offenbar. Besiegelt wurde es durch einen Attentäter, der nicht einmal aus dem feindlichen Lager, sondern ein gläubiger Hindu war.

J.F. Horrabin hat von seinem Zusammentreffen mit Gandhi im St.James Palast berichtet, wo 1931 eine Konferenz am runden Tisch stattfand:

Wir unterhielten uns ein paar Minuten in einem kleinen

Vorzimmer. Plötzlich schaute er auf eine Uhr und erinnerte sich, daß er noch eine andere Verabredung hatte, entschuldigte sich und eilte von dannen. Ich folgte ihm mit den Augen und sah, wie er am Ende eines langen Palastkorridors verschwand; sein Obergewand wippte auf und ab, und seine Sandalen huschten über den Fußboden, denn er beeilte sich. Das Bild erinnerte mich unweigerlich – ich bin sicher, daß zumindest keiner seiner Freunde mich mißverstehen wird – an einen Chaplin–Film, an dessen Ende die kleine Gestalt in Richtung Horizont enteilt und schließlich in der Ferne verschwindet.[54]

Diese Bemerkung, die alles andere denn respektlos gemeint war, führt uns direkt zu dem Geheimnis der ungeheuren Macht, die Gandhi über seine Landsleute hatte, und der glühenden Liebe, die sie für ihn empfanden. Chaplin mit seiner Melone war das Symbol des kleinen Mannes der westlichen Industriegesellschaften. Gandhi mit seinem Lendentuch war das Symbol des kleinen Mannes eines von Armut heimgesuchten Indien. Er selbst war sich dieser Tatsache voll bewußt. Als J. P. Patel ihn einmal fragte, »was in ihm eine solche enorme Gefolgschaft erzeugte«, antwortete er, »der Mann auf der Straße sieht, daß ich so lebe wie er und daß ich ein Teil seines eigenen Selbst bin«.[55]

Der fortschrittliche und verwestlichte Nehru betrachtete Gandhi oft als politische Schuldmasse, aber er unterlag trotzdem seiner Faszination, denn Gandhi war für ihn nach seinen eigenen Worten »die Seele Indiens«.

Die Seele und das Lendentuch gehörten zusammen; sie waren unzertrennbar. Als Gandhi bei George V. und Queen Mary zum Tee im Buckingham-Palast erschien, trug er Sandalen, ein Lendentuch und einen Schal um seine Schultern; dahinter steckte mehr als nur eine publikumswirksame Schau. Dieses Ereignis wurde sofort zur Legende, die selbst ins entfernteste indische Dorf drang. Der Vizepräsident der Universität von Poona, der Gandhi bis zu den

Toren des Buckingham-Palastes begleitet hatte, berichtete viele Jahre später darüber: »Er besuchte den König im Anzug des armen Mannes, und ein Bein blieb dabei unbekleidet. Der König sagte: ›Wie geht es Indien, Mr. Gandhi?‹, und Gandhi antwortete: ›Sehen Sie mich an, und Sie sehen, wie es Indien geht.‹ Jeder indische Dorfbewohner mit nackten Beinen, der Gandhi als ›Teil seines eigenen Selbsts‹ anerkannte, fühlte sich für einen Augenblick gleichrangig mit dem König von England. Gandhis größtes Geschenk an sein Volk war vielleicht, daß er ihm nach Jahrhunderten der Lethargie die ersten Ansätze von nationaler Selbstachtung vermitteln konnte.

Aber er segnete auch alle ihre von einer versteinerten Tradition ererbten Mängel ab, ihre Einstellung zur Sexualität, zur Ernährung, zur väterlichen Gewalt, zu Medizin, Industrialisierung und Erziehungswesen; und er bestärkte sie in der »illusionären und magisch-besessenen Sklavenmentalität«, die Tagore als »die Wurzel aller Armut und Erniedrigung« gebrandmarkt hatte. Selbst wo er sich gegen die Tradition wandte, tat er dies auf dem traditionellen Boden der Einheit aller Gegensätze: die Unberührbaren wurden zu Harijans, Kindern Gottes; die Ursachen ritueller Verunreinigung wurden zu Objekten der Anbetung, und Latrinenscheuern wurde für alle frommen Ashramiten zum Sakrament – freilich nur für sie.

Gandhi übte einen so überwältigenden Einfluß auf den Geist der Massen aus, daß viele ihn für einen Avatar, eine Wiedergeburt Krischnas hielten. Man kann sich des Gedankens nicht erwehren, daß, hätte er sich für eine gescheite Familienplanung eingesetzt, anstatt die unmögliche Forderung der Enthaltsamkeit für Eheleute zu postulieren, Indien jetzt anders dastände. Viele Worte verlor er über das von Armut gezeichnete Leben der indischen Landbevölkerung und ihre Unfähigkeit, die zahlreiche Nachkommenschaft zu ernähren; als Heilmittel konnte er ihnen jedoch nur Keuschheit und das Spinnrad anbieten.

Nur ungern hörte er den vernünftigen Argumenten seiner Kritiker zu, beherzigen tat er sie nie. Mit den Worten von T. A. Raman, einem anerkannten indischen Journalisten: »Der bezeichnendste Zug von Gandhis Charakter wird durch die Tatsache verdeutlicht, daß es rein unmöglich ist, mit ihm zu argumentieren. Er ist ein Mann des Glaubens, und Männer des Glaubens haben von Natur aus wenig für den langsamen Prozeß des Abwägens und Überlegens übrig ... Dies, und die unerschütterliche Überzeugung, daß er sich im Recht befindet, machen Auseinandersetzungen mit Gandhi amüsant (denn er ist ein sehr aufmerksamer Zuhörer), aber sinnlos.«[56]

Genauso amüsant und sinnlos ist es, mit Intellektuellen zu diskutieren, die dem Gandhi-Kult anhängen und Lippenbekenntnisse für eine Philosophie ableisten, die man zwar nicht hoch genug loben kann, deren Verwirklichung jedoch hundertprozentig unmöglich ist. Diese Einstellung überschattet die indische Gegenwart mit dem Zwielicht des Unwirklichen, der Wirrköpfigkeit und der scheinheiligen Vermeidung lebenswichtiger Entscheidungen. Bapus heilig-kränklicher Zauber ist immer noch gegenwärtig, doch läßt sein Einfluß nach, da immer mehr Inder zu der Einsicht gelangen, daß, ob man will oder nicht, Spinnräder im Wettbewerb mit Fabriken nicht Schritt halten können und daß der wichtigste »Lebenssaft« das Wasser ist, welches man von Staudämmen auf die ausgedörrten Felder des Landes leiten kann.

Wenn alles gesagt ist, bleibt uns nur noch zusammenzufassen, daß der Mahatma mit seinem ergeben-heroischen Auftreten der größte aller lebenden Anachronismen des 20. Jahrhunderts war; und daß, so blasphemisch es auch klingen mag, Indien ohne Gandhis Erbe heute wahrscheinlich besser und mit einem gesünderen Geist dastände.

Kann man den Psychiatern trauen?

Es gibt Tatsachen, die so offensichtlich sind, daß man sie leicht übersieht. Eine solche Tatsache ist, daß sich die Medizin zu einer Zeit entwickelt hat, als es eine systematische Erforschung der Physiologie noch nicht gab. Wenn wir einen Blick auf die Vergangenheit werfen, erscheint uns der Arzt als eine Person, die wie ein indischer Yogi frei im Raume schwebt, ohne festen Boden unter den Füßen zu haben. Der Psychiater befand sich in der gleichen peinlichen Lage, nur daß er gleichsam auf seinen ungesicherten Intuitionen dahinschwebte. Am somatischen Ende des psychosomatischen Spektrums – sagen wir: dem infraroten Ende – hat sich die Situation sehr schnell gebessert, seit die Biologie in steigendem Maße zu einer exakten Wissenschaft wurde; auf dem Gebiet der Infektionskrankheiten können wir heute jedenfalls wahre Wunder vollbringen. Aber am ultravioletten Ende des Spektrums, dort, wo der Psychiater arbeitet, ist bis jetzt noch keine vergleichbare Entwicklung in Sicht; denn die auf unseren Universitäten betriebene Psychologie hat es nicht vermocht, eine solide Grundlage zu schaffen, auf welcher der freischwebende Psychiater Fuß fassen könnte. Er steht vor der verantwortungsvollen Aufgabe, seelische Störungen zu behandeln, ohne genaue und verläßliche Informationen über jene Prozesse zu besitzen, von denen seelische Gesundheit abhängt. Pawlows Hunde, Skinners Ratten und Tauben sowie Lorenz' Graugänse haben uns wertvolle Analogien zu gewissen einfachen Aspekten menschlichen Verhaltens geliefert. Aber diese Analogien sind von geringem Nutzen, ja, manchmal erweisen sie sich sogar als Hindernis für das Verständnis so komplexer Phänomene, wie sie die Sprache und Sprachstörungen darstellen. Das gleiche gilt für das Speichern und Abrufen von Gedächtnisinhalten und die dabei auftretenden pathologischen Störungen.

Die Psycholinguistik im Sinne von Chomsky und seiner Schule ist ein neuer Zweig der Psychologie, der sich zum ersten Mal mit dem Problem befaßt, wie es ein vierjähriges Kind fertigbringt, sich die unendlich verwickelten Sprachregeln und -strukturen anzueignen, wie es ihm möglich ist, Sätze zu bilden, die es noch nie zuvor gesprochen hat, noch nie gehörte Sätze zu verstehen und erfolgreich einen syntaktischen oder semantischen Mechanismus zu handhaben, dessen Funktionieren einem Kind völlig undurchsichtig ist – wie übrigens dem Erwachsenen ebenfalls. Seit über einem Jahrhundert hat es die auf unseren Universitäten betriebene Psychologie nicht nur versäumt, dieses Problem anzugehen – sie hat es nicht einmal gesehen. Aber der Neurochirurg und Psychiater ist mit der Nase darauf gestoßen worden; er mußte sich um eine Erklärung der verschiedenen bizarren Typen von Aphasie und verwandten Störungen bemühen, ohne dabei irgendwelche Hilfe von den Psychologen zu erhalten. Man könnte im Gegenteil ohne große Übertreibung sagen, daß die Psychologen ihr geringes gesichertes Wissen über die Mechanismen der Sprache und des Gedächtnisses der Neurochirurgie verdanken. Der große Psychologe Frederick Bartlett[1] bezog seinen so fruchtbaren Begriff des »Schemas« vom Neurologen Henry Head. Und die ziemlich müßigen Erörterungen der Frage, ob Denken lediglich ein »inneres Sprechen« sei, das heißt unterbewußte Innervationen der Stimmbänder, oder ob es nicht doch mehr ist, würden ad infinitum fortgeführt worden sein, hätte nicht der klinische Nachweis einer nominalen oder phonemischen Aphasie das Vorkommen einer nicht wortgebundenen Denktätigkeit bewiesen. Penfields Elektrode, die den Patienten veranlaßte, die Abbildung eines Schmetterlings in seiner Vorstellung mit einer Motte zu vergleichen, obwohl er unfähig war, sich auch nur an eines der beiden Wörter hierfür zu erinnern, hat zu unserem Verständnis der Sprache mehr beigetragen als alle Diskussionen von Vertretern der psychologischen Selbstbeobachtung, von Verhaltensforschern und Gestaltpsychologen.[2] Dennoch war und ist es im Grunde eine eingleisige Sache.

Die akademisch betriebene Psychologie hat sich gegenüber der Psychiatrie nicht nur als wenig hilfreich erwiesen, sondern was sie in dieser Hinsicht anzubieten hatte, hat die bestehende Verwirrung manchmal nur noch vergrößert, wie das von gewissen Testverfahren gilt, die auf spezifischen Gedächtnismodellen beruhen – Modellen, die ein verzerrtes Bild vom Zustand des Patienten geben können. Vor zwei Jahren organisierte der mittlerweile verstorbene George Talland von der Medical School der Harvard University ein internationales Symposion über »Die Pathologie des Gedächtnisses«, zu dem ich eine ehrenvolle Einladung erhalten hatte – von Schriftstellern nimmt man eben an, daß sie über eine ganz besondere Art von Gedächtnis verfügen. Während die auf dem Symposion gehaltenen Vorträge im Druck waren, starb George Talland. Aber das Buch ist gerade erschienen,[3] und ich möchte hier einige Passagen aus Tallands denkwürdigem Vortrag anführen:

Jeder Psychologe, der Patienten mit Gedächtnisstörungen untersucht, testet sie aufgrund der einen oder anderen Version der Merkfähigkeit. Jedoch machen wir immer wieder die Erfahrung, daß Männer und Frauen, die sich kaum an ein wichtiges Ereignis aus der letzten Woche erinnern, normale Gedächtnisleistungen bei der Durchführung von Zahlentests aufweisen. Ist aber das Ausmaß des Behaltens von unverknüpften Daten, deren sofortige Reproduktion verlangt wird, in irgendeiner Weise relevant für ein normales Funktionieren des Gedächtnisses? ... Patienten mit ernsten Gedächtnisstörungen schneiden bei diesen Tests nicht viel schlechter ab als gesunde und normale Personen ... Ein hervorragender Vertreter der Experimentalpsychologie ... hat die Ansicht geäußert, daß »mechanisches Einprägen von Wörtern von ausschlaggebender Bedeutung für jeden menschlichen Lernprozeß sei«. Alle Erkenntnisse, die ich aus dem Studium von gestörten Gedächtnisfunktionen gewonnen habe, sprechen aber dafür, daß diese Ansicht falsch ist … Die Gedächtnisleistung, der objektive Beweis, auf den sich die Psychologie des Behaviorismus stützt, streift oft nur flüchtig die Oberfläche des Phänomens einer Gedächtnisstörung und ist geeignet, uns in die Irre zu führen, wenn wir sie als alleiniges Beweismittel zulassen.

Talland erwähnt dann mehrere Fälle solcher irreführenden Versuchsergebnisse und bemerkt dazu: »Diese und andere Beispiele könnten angeführt werden, um die Unzulänglichkeit jener Konzepte zu veranschaulichen, bei denen der Grad des Aufnehmens und Behaltens, wie er in verbalen und anderen Experimenten festgestellt worden ist, zur Analyse pathologischer Störungen des Gedächtnisses verwendet wird.« Er schließt damit, ein Programm experimenteller Forschung auf einem komplexeren Niveau zu fordern, und ruft dazu auf, Tests zu entwerfen, »die die Richtigkeit einer klinischen Vermutung zu überprüfen vermögen« und die zum Entwurf »psychologischer Modelle führen, die besser den gegenwärtigen Modellen von Gehirnfunktionen entsprechen, als das bei den meisten der zur Zeit verwendeten der Fall ist«.

Es ist nicht schwer, hinter diesen zurückhaltenden Formulierungen die Notlage des Psychiaters zu erkennen, der sich in exponierter Stellung befindet. Die Mißlichkeit seiner Situation wird natürlich am deutlichsten auf dem Gebiet der Diagnose und Klassifikation. Da ich anscheinend der einzige Außenseiter auf diesem Kongreß von Psychiatern bin, darf ich wohl annehmen, daß ich hier den Patienten repräsentieren soll, jene teuflische Plage im Leben des Psychiaters. Gewöhnlich kommen natürlich zu viele Patienten auf einen Psychiater, während hier die Situation umgekehrt ist – wodurch jedoch ein anderer Aspekt der Wirklichkeit aufscheint; muß es doch jeder Patient in Kauf nehmen, auf sehr unterschiedliche Weise diagnostiziert und klassifiziert zu werden, je nach der Schule der Psychiatrie, der ethnischen Herkunft und offensichtlich auch der Altersgruppe, zu der sein Arzt gehört. Wenn ich also das Mißgeschick haben sollte, mit einem komplizierten Symptombild in eine englische Nervenheilanstalt eingeliefert zu werden, würde die Wahrscheinlichkeit, als manisch-depressiv eingeordnet zu werden, zehnmal größer sein als in einem entsprechenden Krankenhaus in den Vereinigten Staaten. Und wenn ich dabei gerade an meine Altersgruppe denke, dann würde das Verhältnis von Patienten, die in England und Amerika als manisch-depressiv klassifiziert werden, 21 : 1 stehen. Wenn ich allerdings in Amerika überschnappen sollte, wäre die Wahrscheinlichkeit, als ein Fall von zerebraler Arteriosklerose eingestuft zu werden, zehnmal größer als in England, und die Aussicht, als schizophren zu gelten, um 33 Prozent höher. In den USA würde man vielleicht auch herausfinden, daß mein Verhalten Anzeichen einer »psychotisch-depressiven Reaktion« verrät, eine Klassifikation, die man in England und Wales nicht kennt.[4]

Selbst wenn man mit mir die Versuche von Martin Katz und seinen Mitarbeitern wiederholte – das heißt, wenn man mich einem psychiatrischen Interview unterzöge, das gefilmt und dann einer Anzahl erfahrener Kliniker vorgeführt würde, mit der Aufforderung, nach der Symptom-Bewertungsskala eine Diagnose meines Zustands zu erstellen –, wäre die Wahrscheinlichkeit, zu erfahren, was mir fehlt, nicht größer. Obwohl Sie sicherlich die entsprechenden Ergebnisse kennen, darf ich die vorliegenden Zahlen vielleicht noch einmal kurz anführen[5]: Im ersten Experiment diagnostizierten 14 von 35 amerikanischen Psychiatern, »alles erfahrene Veteranen«, wie Zubin[6] bemerkte, den Patienten als neurotisch und 21 als psychotisch. Bei einem anderen Fall, zu dem 42 amerikanische Psychiater befragt wurden, hielt ein Drittel der Ärzte die Patientin, die als eine »attraktive Frau Mitte Zwanzig« beschrieben wird, für schizophren, ein Drittel meinte, sie sei neurotisch, und das restliche Drittel kam zu dem Schluß, sie leide unter »Persönlichkeitsstörungen«. Aber als dieselbe Versuchsperson von britischen Psychiatern beurteilt wurde, diagnostizierte sie *nicht ein einziger* als schizophren, und 75 Prozent kamen zu dem Ergebnis, daß sie unter »Persönlichkeitsstörungen« leide. Als man die Auswertung der Symptome seitens der amerikanischen und britischen Psychiater verglich, stellte man als Hauptursache für diese so gegensätzlichen Diagnosen die Tatsache fest, daß die Amerikaner bei der betreffenden Patientin sehr ausgeprägte Symptome von Apathie feststellten, während ihren britischen Kollegen nichts Dergleichen aufgefallen war.

Ich wiederhole, daß ich mich nur ungern auf dieses bereits so gründlich beackerte Feld begebe. Ich tue das nicht etwa, um unnötig Staub aufzuwirbeln, sondern weil das alles eine einfache, vielleicht sogar naive Hypothese nahelegt: Könnte es sein, daß Psychiater, die das hektische Leben in Amerika gewohnt sind, dazu neigen, da Anzeichen von Apathie zu sehen, wo ihre englischen Kollegen nur ausgeprägte Gemütsruhe oder britisches Phlegma sehen? Die Amerikaner diagnostizierten bei derselben Patientin auch »paranoide Projektionen« und »Wahrnehmungsstörungen«, während die englischen Psychiater diese Symptome nicht entdecken. Könnte es vielleicht sein, daß Psychiater aus einem so dezidiert konformistischen Land wie Amerika bereits dort paranoide Züge konstatieren, wo die Briten lediglich eine stark ausgeprägte persönliche Eigenart oder eine harmlose Form von Verschrobenheit feststellen?

Wie dem auch sei, wie Katz und seine Mitarbeiter in ihrer Abhandlung betonten, führen diese quantitativen Unterschiede auf der Bewertungsskala zu qualitativ unterschiedlichen Diagnosen – zum Beispiel Schizophrenie statt neurotischer Störung – mit all den damit gegebenen Implikationen hinsichtlich Prognose, Hospitalisierung und Therapie. Wenn man bedenkt, daß ein Drittel der amerikanischen Psychiater, *aber kein einziger britischer Psychiater* denselben Patienten als schizophren bezeichnete, fällt einem noch eine andere merkwürdige Diskrepanz auf. Es ist eine bekannte Tatsache, daß in den Vereinigten Staaten sich ein viel höherer Prozentsatz von wohlhabenden Leuten einen sogenannten »zahmen Analytiker« hält, als das bei dem entsprechenden Personenkreis in England der Fall ist. Ist der Begriff der »Neurose« in den Vereinigten Staaten bereits so verwässert worden, daß bei einem Patienten, der Symptome wirklicher Störungen zeigt und nicht nur einen unwiderstehlichen Drang zur »Couch«, dann nichts Geringeres als die Diagnose einer Psychose in Frage kommt?

Das sind Spekulationen eines Laien, aber sie geben ihm ein sehr unbehagliches Gefühl. Joseph Zubin verglich in einer kürzlich erschienenen Abhandlung die klinische Methode der Diagnose, die seiner Ansicht nach »ein schöpferischer Akt auf einem Gebiet ist, wo es auf Entdeckungen ankommt«, mit der biometrischen Methode, die »von einer objektiven Messung des Verhaltens eines Patienten ausgeht, zur Einordnung solchen Verhaltens klassifizierende Kategorien anwendet und sich schließlich auf eine statistische Auswertung verläßt, um damit die Zuverlässigkeit und Gültigkeit einer Diagnose zu bestimmen, die man dem Patienten dann gleichsam als Etikett anheftet. Beide Verfahren sind von wesentlicher Bedeutung, denn ohne den Kliniker gäbe es nichts zu messen, und ohne Messungen würde der Kliniker bald ein Spielball jeder Modeströmung werden.«

Der Laie zollt dem natürlich respektvollen Beifall, wenn auch nicht ohne eine gewisse Skepsis. Dem ehrgeizigen Unternehmen, das kürzlich unter der Bezeichnung »A Cross-National Study of Diagnosis of the Mental Disorders« (Studie über die in verschiedenen Ländern erstellte Diagnose von seelischen Störungen) gestartet wurde, wird es vielleicht gelingen, solche klaffenden Unterschiede in der Bewertung von Krankheitssymptomen, wie ich sie gerade angeführt habe, auszuschließen. Aber es scheint doch eine utopische Hoffnung zu bleiben, daß wir jemals imstande sein werden, Symptome wie »Apathie«, »feindselige Aggressivität« oder »Tendenz zur Selbstbestrafung« auch nur annähernd mit solcher Exaktheit zu messen, wie das bei elektrostatischen Ladungen der Fall ist. Hinter der Biometrie steht gewiß ein anerkennenswertes Bemühen, aber es fragt sich doch, ob ein allzu großes Vertrauen in sie nicht das Erstrebte zunichte machen würde – ja, ob nicht sogar ein Widerspruch zwischen Ziel und Weg vorliegt.

Das führt mich schließlich zu meinem Ausgangspunkt zurück und zu George Tallands Kritik an solchen Tests, die sich auf die Leistung bei mechanischem Auswendiglernen oder die Lösung ähnlicher Aufgaben stützen. Man kann sich kaum der Schlußfolgerung entziehen, daß wenigstens vorläufig noch der beste Helfer des Psychiaters seine Intuition ist und daß er nur dann festen Boden unter den Füßen gewinnen wird, wenn sich die Psychologie von ihrer einseitigen Konzentration auf Ratten in einem Labyrinth löst und zu einer wirklichen Wissenschaft der menschlichen Seele entwickelt. Die Psychiater können diese Entwicklung fördern, wenn sie ihren akademischen Kollegen zu einem besseren Verständnis der Wirklichkeit verhelfen.

Teil II: Der Mensch im Labyrinth der Sackgassen

Evolution und Revolution in der Geschichte der Wissenschaft

Es scheint dem Geist unserer Zeit zu entsprechen, in der Kulturlandschaft eifrig Hinweisschilder aufzustellen: UNBEFUGTE WILLKOMMEN – WILDERN ERLAUBT – BEWUNDERN SIE UNSERE ANSICHTEN – SAGEN SIE UNS, WAS DARAN NICHT STIMMT. Eben das gedenke ich zu tun.

Ich möchte einige Bemerkungen über die Psychologie der Kreativität vorausschicken. Alles in allem gibt es zwei extreme Einstellungen zu diesem Problem. Das eine Extrem bildet jene Schule des Behaviorismus, die in den letzten fünfzig Jahren, von Thorndike über John B. Watson und Clark Hull bis zu Professor B. F. Skinner von der Harvard University einen beherrschenden Einfluß auf die amerikanische Psychologie ausübte. Am anderen Ende des Spektrums finden wir Gestaltpsychologen, Jungianer, existentielle Psychologen, Zen-Buddhisten und Meskalin-Anbeter. Die erstgenannte Schule verläßt sich auf Versuch und Irrtum und hat eine geradezu irritierende Ähnlichkeit mit unserem alten Freund, dem Affen an der Schreibmaschine; die zweite Richtung verläßt sich auf spontane Eingebungen und erinnert an ein Medium in Trance beim automatischen Schreiben. Welches Extrem kommt der Wahrheit näher?

Wenn wir ein Problem betrachten, beginnen wir unwillkürlich, in unserem geistigen Repertoire nach einer Regel oder einem Trick zu suchen, die oder der uns früher geholfen hat, ein ähnliches Problem zu lösen. Bei Routineproblemen sieht man auf den ersten Blick die Analogien zu früher aufgetretenen Situationen und weiß dann, mit welcher Technik sie zu bewältigen sind. Doch selbst Routineprobleme erfordern ein gewisses strategisches Geschick in der Auswahl und Anwendung der richtigen Sub-Routinen – wie Extrapolieren, Schematisieren, Umsetzen von Daten.

Vor allem erfordern schwierigere Routineaufgaben die *Kombination* verschiedener Sub-Routinen. Betrachten wir zwei Aufgaben aus einem typisch englischen (unübersetzbaren) Kreuzworträtsel: »*Discussed a creature caught in the very act* (7 Buchstaben)«. Lösung: *act* ist gleich *deed;* das darin enthaltene (»gefangene«) Geschöpf ist eine *bat* Fledermaus) – *de-bat-ed* – *discussed.* Und: »*Badly scare an Arab who was once a tough fighter* (7 Buchstaben).« Lösung: Der Araber, der einst ein wilder Kämpfer war, ist ein *Saracen* (Sarazene) – Anagramm von *scare an.* Zur Lösung eines Kreuzworträtsels gehört nun kein schöpferisches Genie, nicht einmal ein origineller Geist. Aber ein flexibler Geist gehört dazu, denn die betreffende Fertigkeit besteht in Wahrheit aus einer Hierarchie von Sub-Fertigkeiten: Das gesuchte Wort oder ein Teil davon könnte ein Anagramm sein, es könnte ein Synonym sein oder eine Metapher oder ein Wortspiel oder ein Hinweis auf die Stellung (die mitten in *deed* enthaltene Fledermaus); und dann gibt es noch mehrere andere Sub-Routinen, die jeweils ihre eigenen Spielregeln haben.

Lassen Sie mich an meinen Ausgangspunkt zurückkehren und untersuchen, welche der beiden Methoden sich für das Lösen von Kreuzworträtseln eignet: »Manipulation durch Versuch und Irrtum« oder »spontane Einsicht«. Versuch und Irrtum gehören zweifellos dazu – aber nicht aufs Geratewohl, denn die Skala der erlaubten Versuche wird durch die Regeln jedes Spiels selektiv eingeschränkt: Synonyme, Metapher, Änderung und Stellung, Umstellen von Buchstaben usw. Sogar das Anagramm – das der Situation des Affen an der Schreibmaschine am nächsten kommt – wird nicht durch Umstellungen aufs Geratewohl gelöst, sondern durch Zusammensetzen von Buchstaben zu Silben, vertrauten Präfixen und Suffixen und durch Verschieben, Verwandeln, Kombinieren dieser Untereinheiten. Der Affe arbeitet hier an einer hierarchisch programmierten Schreibmaschine, die nur vernünftige Sequenzen druckt. Und da die Regeln auf jeder höheren Stufe der Hierarchie komplexer werden, werden die Versuche schwieriger, die Irrtümer feiner. Bertrand Russell schrieb vor langer Zeit, selbst ein Newton habe nur durch Versuche aufs Geratewohl lernen können, seinen Weg durch ein Labyrinth zu finden. Einige Jahre später hat man jedoch entdeckt, daß sogar die Ratte Hypothesen bildet, wenn sie lernt, sich einen Weg durch ein neues experimentelles Labyrinth zu suchen. Eine Hypothese ist ein impliziter Versuch, und auf unserem Weg zu höheren Stufen der Hierarchie setzen die Versuche immer mehr implizite Formen voraus: tastende Verallgemeinerungen, empirische Induktionsschlüsse, zögerndes Kombinieren von Ideen, schließlich Anleitung durch Eingebungen. Die ganze Verwirrung der Psychologie des Problemlösens begann mit der falschen Identifizierung von Versuch und Irrtum mit Wahllosigkeit – mit dem Verhalten der zornigen Katze in Thorndikes *puzzle-box*. Die Methode von Versuch und Irrtum ist zweifellos für jeden forschenden Wissenschaftler ein legitimes Arbeitswerkzeug, aber der Psychologe wird sie nur dann richtig anwenden können, wenn er aufhört, nur Ketten von konditionierten Reaktionen zu sehen, und anfängt, in kognitiven Hierarchien zu denken.

Das wird sofort deutlicher, wenn wir uns der entgegengesetzten Ansicht zuwenden, nach der man durch spontane Einsichten zu kompletten Lösungen kommt – also nicht durch einen Eliminierungsprozeß, sondern durch unmittelbare Eingebung, begleitet von jener plötzlichen emotionalen Katharsis, dem Heureka-Ruf oder der Aha-Reaktion. Wir alle kennen jene Momente köstlicher Euphorie, die auf die Lösung eines ganz trivialen Problems folgen, wenn die Mosaiksteine unversehens an den richtigen Platz gerutscht sind – wobei es keine Rolle spielt, ob der Lösung tastende Versuche und Irrtümer vorangingen oder ob sie ganz plötzlich kam. In beiden Fällen liegt das eigentliche Phänomen nämlich darin, daß Ordnung aus der Unordnung wird, ein Signal aus dem Lärm, Harmonie aus der Dissonanz, ein sinnvolles Ganzes aus sinnlosen Fetzen, Kosmos aus dem

Chaos. Das ist der Auslöser der kathartischen Reaktion, ob bei der Lösung eines Rätsels oder bei der Formulierung eines neuen Axioms.

Aber was bedeutet dann »spontane Einsicht«? Ich meine, es bedeutet eben das, was ich gerade zu sagen versucht habe: das Auftauchen einer neuen Synthese, eines Ganzen, das auf einer höheren Stufe der Hierarchie steht als die Teile, die zu diesem Ganzen zusammengesetzt und verschmolzen wurden. Und das Auftauchen des neuen Ganzen hat immer etwas Spontanes und Plötzliches, wieviel tastendes Suchen ihm auch vorausging, weil der letzte, entscheidende Schritt der kombinatorischen Tätigkeit wie der Auslöser eines Springteufelchens wirkt. Die Strategie, die man bei der Lösung von Routineproblemen anwendet, besteht also darin, die geeigneten Sub-Routinen in der richtigen Reihenfolge durchzuführen und sie, wichtiger noch, *auf verschiedene Arten zu kombinieren, wenn keine von ihnen für sich genommen zur richtigen Lösung führt.* Das klingt banal, aber eben diese »kombinatorische Tätigkeit« scheint der Schlüssel zur Kreativität zu sein.

Bisher habe ich nur von Routineproblemen gesprochen; aber wo ziehen wir eigentlich die genaue Trennungslinie zwischen dem Lösen von Routineproblemen und schöpferischer Originalität? Lassen Sie mich dazu zwei Meinungen zitieren – die eines Historikers und die eines Mathematikers. Der Historiker, Thomas Kuhn, spricht von »Aufräumtätigkeiten«, die »die meisten Wissenschaftler während ihrer gesamten Laufbahn beschäftigen«, und erklärt dann: »Die vielleicht überraschendste Eigenart der normalen Forschungsprobleme ... ist, daß sie so wenig bestrebt sind, bedeutende Neuheiten hervorzubringen, sei es als Begriff oder als Phänomen.«[1] Der Mathematiker, George Polya, definiert ein Routineproblem als eine Aufgabe, »die sich entweder lösen läßt, indem man ein früher gelöstes allgemeines Problem durch besondere Daten ergänzt oder indem man ein nützliches, sich aufdrängendes Beispiel Schritt für Schritt, ohne jede Spur von Originalität, befolgt«.[2] Anschließend stellt er das Routineproblem den »Regeln der Entdeckung« gegenüber: »... die erste Regel der Entdeckung besteht darin, daß man Grips und Glück hat. Die zweite Regel der Entdeckung besteht darin, daß man still dasitzt und wartet, bis man eine glänzende Idee hat.« Wenn man diese Feststellung ernst nähme, müßte man folgern, daß die Vertreter der Wissenschaft entweder Generäle oder Fußvolk, Genies oder Handlanger sind. Betrachten wir lieber ein konkretes Beispiel und versuchen wir zu entscheiden, ob es als Routineangelegenheit oder als originelle Entdeckung einzustufen ist.

Vor einigen Jahren las ich in einer Wissenschaftskolumne den folgenden Bericht über einen Physiker aus Albuquerque, New Mexico, der an Radarausrüstung arbeitete. Sein Problem bestand darin, die lästigen Nebenwirkungen (der Kapazität und Induktivität) von Widerständen zu reduzieren, wenn kurze Impulse von Hochfrequenzströmen hindurchgeschickt werden. Eines Tages, so der Bericht, »ließ er seinen Geist umherschweifen und erinnerte sich an ein altes Zauberkunststück, die Möbiussche Schleife. Die Mathematik verband sich plötzlich mit der Elektronik, und er hatte, was er suchte.«

Einige Monate nach Erscheinen des Artikels wurde im *Scientific American* Reklame für den neuen, nicht-reaktiven »Möbius-Widerstand« gemacht. Er entsteht, indem man zwei Streifen Aluminiumfolie an den Enden eines nicht leitenden Plastikbandes befestigt, das Band dann so windet, daß die leitenden Streifen eine Schleife bilden, und zuletzt Leitungsdrähte an die entgegengesetzten Seiten der Schlinge lötet. Wenn man dann einen Strom durch die Leitungsdrähte schickt, teilt der Impuls sich, fließt in beiden Richtungen durch die Folie, und da die Möbiussche Schleife die phänomenale Eigenschaft hat, zwei Seiten, aber nur eine einzige kontinuierliche Oberfläche zu besitzen, strömen die Impulse anscheinend durcheinander hindurch. Als der Erfinder gefragt wurde, wie die Sache eigentlich funktioniert, antwortete er: »Maxwell könnte es uns vielleicht sagen, aber der ist tot.«

Wir haben es hier mit einer verblüffenden Kombinationsleistung zu tun. Untersuchen wir einmal, warum sie so verblüffend ist. Drei Gründe fallen einem da sofort ein: Erstens, weil es eine originelle Kombination ist, die eine Neuerung schafft. Zweitens, weil es eine unerwartete Kombination ist, da die beiden Bezugsrahmen, die miteinander verbunden wurden, bis dahin ein Eigenleben geführt hatten. Drittens, weil dem Erfinder die Idee kam, während »er seinen Geist umherschweifen ließ«; die Idee kam, anders ausgedrückt, spontan und ohne bewußte Anstrengung. Und da Ideen irgendeinen Ursprung haben müssen, bleibt uns nur die Schlußfolgerung übrig, daß sie in einem außerbewußten Prozeß entstand.

Wir haben also drei Faktoren: a) Originalität; b) die bisherige Beziehungslosigkeit der Kontexte, die miteinander verbunden wurden – ein Faktor, den wir grob als »Unwahrscheinlichkeit der Kombination« bezeichnen können; c) das Eingreifen von außerbewußten Prozessen.

Ich habe in meinem Buch *Der göttliche Funke* die Theorie aufgestellt, daß diese drei Faktoren – und ein vierter, der gleich noch hinzugefügt werden wird – als Kriterien für jenes Phänomen dienen können, das wir Kreativität nennen.

Originalität schafft nicht unbedingt etwas Neues. Originalität ist ein psychologischer Begriff, das Neue ist eine historische Tatsache. Es hat sicher viele Genies gegeben, die keine Spur in den Annalen der Wissenschaft hinterlassen haben, während andere sich vor allem durch Prioritätsgezänk hervortaten. Nach einer neueren Untersuchung sind Mehrfach-Erfindungen in der Geschichte der Wissenschaft nicht etwa die Ausnahme, sondern die Regel; so enthalten Lord Kelvins Werke wenigstens zweiunddreißig eigene Entdeckungen, die, wie er später herausfand, auch von anderen gemacht worden waren. Zu den »anderen« gehörten geniale Männer wie Henry Cavendish und Hermann von Helmholtz, aber auch einige kleinere Leuchten.

»Eine Erfindung oder Entdeckung«, schrieb Jacques Hadamard, »geschieht, ob in der Mathematik oder auf einem anderen Gebiet, durch das Kombinieren von Ideen.«[3] Wir haben es also, anders ausgedrückt, mit der Verschmelzung oder Bisoziation von bisher getrennten kognitiven Strukturen zu tun. Bisoziation ist ein scheußliches Wort, aber es lenkt die Aufmerksamkeit auf das spezifische Wesen des Vorgangs, und über seine Bedeutung scheint endlich einmal mehr oder weniger Übereinstimmung zwischen Naturwissenschaftlern und Psychologen zu bestehen. Um nur einige wenige zu nennen: Henri Poincaré erklärte die Entdeckung in einem vielzitierten Referat als das Ergebnis einer glücklichen Verschachtelung der »aufgespießten Atome« des Denkens. Nach Sir Frederick Bartlett ist »das wesentlichste Kennzeichen experimentellen schöpferischen Denkens das Entdecken einer Überschneidung ... wo man bisher nur Isolation und Unterschiedlichkeit gesehen hat«; Jerome Bruner sieht in jeder Form von Kreativität das Ergebnis »kombinatorischer Tätigkeit«, P. McKellar spricht von der »Fusion« von Wahrnehmungen, L. S. Kubie von der »Entdeckung unerwarteter Zusammenhänge zwischen den Dingen«, und so geht es weiter, bis hin zu Goethes »Verbinden, immer verbinden«. Wir befinden uns also durchaus noch auf sicherem Boden und können uns ermutigt fühlen, den bisoziativen Prozeß als Schlüssel für bestimmte geheimnisvolle Phänomene in der Geschichte der Wissenschaft etwas genauer unter die Lupe zu nehmen.

Wie wir gesehen haben, gehören selbst zum Lösen eines Kreuzworträtsels kombinatorische Fähigkeiten, und zwar recht ausgeprägte – wenn man zum Beispiel Methoden zur Rätsellösung und gleichzeitig Anagramm-Techniken benutzen muß. Warum also sollen wir dies nicht ebenfalls als bisoziativen Akt bezeichnen? Weil diese verschiedenen Sub-Routinen Teile einer einzigen, integrierten Fertigkeit des erfahrenen Kreuzworträtsel-Lösers sind, während Möbiussche Schleifen und Radar-Widerstände bis zu dem

Augenblick, in dem sie im Geist des Erfinders plötzlich miteinander verschmolzen, zu getrennten Bezugsrahmen gehörten. Wenn der Kreuzworträtsel-Löser seine edle Kunst ohne fremde Hilfe erlernte und ganz allein entdeckte, daß sie die Kombination von zwei oder mehr verschiedenen Methoden erfordert, dann hätte er das Recht, dies eine kleine Bisoziation zu nennen und sogar Heureka zu rufen. In der Entwicklung des Individuums und in der historischen Entwicklung der Wissenschaft gibt es eine hierarchische Folge kombinatorischer Prozesse, die jeweils zu einer Hierarchie kognitiver Strukturen führt. Die Entdeckungen von gestern sind die Gemeinplätze von heute, und wir staunen über die einstige Blindheit des Menschen, was die Bewegung des Mondes und die Bewegungen der Gezeiten betrifft – er betrachtete sie als getrennte Phänomene, während sie in unserem Geist untrennbar miteinander verbunden sind. Noch einmal: Originalität ist zwar eine relative Sache, aber jeder bisoziative Akt ist, ob bescheiden oder gewaltig, ein Schritt, der sich deutlich von jeder assoziativen Routine abhebt. Die geistige Evolution verläuft diskontinuierlich, gleichsam in Quantensprüngen von einer Stufe der Hierarchie zur nächsten.

Diese Diskontinuität spiegelt sich außerdem in der Binsenweisheit wider, daß das Ganze, die neue Synthese, mehr ist als die Summe seiner Teile und daß seine Eigenschaften nur zu einem kleinen Teil aus den Eigenschaften der Teile extrapoliert werden können. Als Newton die Keplerschen Gesetze der Planetenbewegungen mit Galileis Untersuchungen über die Bewegung von Projektilen kombinierte, entstand ein völlig neues Universum. Eines der spannendsten Kapitel in der Geschichte der Wissenschaft ist die Reihe von Verschmelzungen bisher getrennter Disziplinen, von Hans Christian Oersteds Beobachtung, daß der von einem elektrischen Strom verursachte »elektrische Konflikt« eine Magnetnadel ablenkt, bis zu James Clerk Maxwells epochaler Erkenntnis, »daß das Licht aus transversalen Wellenbewegungen des gleichen Trägers besteht, der Ursache elektrischer und magnetischer Erscheinungen ist«.

Jede wichtige neue Synthese fordert jedoch einen Preis. Die Bezugsrahmen, die das neue Ganze bilden, werden nicht einfach miteinander gekoppelt; sie müssen integriert werden, und bei diesem Integrationsprozeß werden sie auf verschiedene Weise und in unterschiedlichem Ausmaß modifiziert. Im allgemeinen resultieren nur technische Neuerungen und kleinere Entdeckungen aus einem einfachen Additionsprozeß, bei dem die einzelnen Komponenten intakt bleiben – weder die Möbiussche Schleife noch die Prinzipien des elektrischen Widerstands waren nach ihrer Verbindung schlechter dran. Als Einstein freilich Raum und Zeit bisoziierte, erhielten beide verwirrende neue Dimensionen; und ebenso war es bei Energie und Materie. Die Bahn der Wissenschaft ist, wie ein uralter Wüstenpfad, übersät mit den ausgebleichten Skeletten verworfener Theorien, Doktrinen und Axiome, die in ihren Tagen ewiges Leben zu besitzen schienen. Die dramatischen Verschmelzungen des letzten Jahrhunderts führten zur Opferung von Glaubenssätzen, die das Rückgrat ihrer jeweiligen Disziplin gebildet hatten – Phlogistonen, Wärmekörper, »Lebensflüssigkeiten« und leuchtender Äther, die elektrischen und magnetischen Emanationen.

Jede Revolution hat also etwas Destruktives. Aber die Zerstörungen, die im 19. Jahrhundert stattfanden, waren im Vergleich zu denen des 20. Jahrhunderts von geradezu viktorianischer Bescheidenheit. Innerhalb der Lebensspanne unserer Generation sind wir Zeuge geworden, wie sich die Materie verflüchtigte, wie die Kausalität erschüttert, die Parität des Raums entthront, die Unendlichkeit an ihren Platz (wo immer er sein mag) verwiesen wurde; vor allem schenkte man uns aber eine Neufassung des Zweiten Gebots: Du sollst dir kein Bildnis machen von dem, was im Himmel oben oder in den Atomen unten ist.

Auf der positiven Seite haben wir damit eine Reihe von Zusammenflüssen der verschiedenen »Emanationen« zu einem einheitlichen Energiebegriff, der rund neunzig chemischen Elemente zu denselben subatomaren Bausteinen – wie in einem großen Stromsystem. Zuletzt wurden alle – Energie und Masse, Teilchen und Welle – von dem majestätischen Flußdelta aufgenommen. Auf der negativen Seite dagegen haben wir eine ebenso eindrucksvolle Reihe von Überschwemmungen und verheerenden Erosionen. Dem Wesen des bisoziativen Prozesses entsprechend, erscheint jede Matrix nämlich nach ihrer Fusion mit der anderen in einem neuen Licht, so daß Lehrsätze, die bisher als selbstverständlich betrachtet wurden, und stillschweigende Voraussetzungen, auf denen sie irgendwie beruhten, unbarmherzig widerlegt werden. Eines dieser Axiome – alles, was sich bewegt, muß einen Beweger haben – hielt sich ungefähr zweitausend Jahre. Ein anderes – wir haben das Recht, unsere Vorstellung von der Wirklichkeit auf das unendlich Große und das unendlich Kleine auszudehnen – ist erst kürzlich zusammengebrochen. Und Einsteins »Gott spielt nicht mit der Welt Würfel«, das bis aufs Alte Testament zurückgeht, steht immer noch vor den Schranken des Gerichts. Die zerstörerischen Folgen der wissenschaftlichen Revolution weisen ebenfalls eine hierarchische Ordnung auf: Je näher sie den grundlegenden Axiomen des Denkens kommen, um so quälender ist die Revision des Denkens, die sie erzwingen.

Wissenschaft wird aber von Wissenschaftlern gemacht, und deshalb muß der zerstörerische Aspekt wissenschaftlicher Revolutionen ein zerstörerisches Element im wissenschaftlichen Geist widerspiegeln, oder, um es höflicher auszudrücken, irgendeine Bereitschaft, rücksichtslos gegen allgemein akzeptierte Glaubenssätze vorzugehen. Diese destruktiv-konstruktive Mentalität möchte ich nun als viertes Kriterium der schöpferischen Tätigkeit vorschlagen. Sie hängt mit Originalität zusammen, sollte aber nicht damit verwechselt werden – die Erfindung des Reißverschlusses war höchst originell, aber nicht destruktiv. Sie hängt außerdem mit dem dritten Kriterium zusammen, das noch kurz

besprochen werden muß: dem Eingreifen von außerbewußten Prozessen, geläufig unter dem Namen »Eingebungen«.

Am sichersten wäre die Annahme, daß Eingebungen
vom Storch gebracht werden, genau wie Babys. Man könnte ein ganzes Nachschlagewerk mit Zitaten über Eingebungen unbekannten Ursprungs jenseits des Bewußtseins füllen, von Pythagoras bis zu Einstein. Das Konzept der unbewußten Geistestätigkeit verliert jedoch sowohl seine mystische Aura als auch seinen klinischen Beigeschmack, wenn
wir den Cartesianischen Irrtum vermeiden, geistige Tätigkeiten mit bewußtem Denken gleichzusetzen, und statt
dessen anerkennen, daß die Bewußtheit der eigenen Tätigkeiten graduell ist, kontinuierlich abgestuft vom Unbewußten homöostatischer Regulierungen über randbewußte
Wahrnehmungen bis hin zum optimalen konzentrierten
Bewußtsein. Dieser Optimalzustand ist freilich nicht immer
der produktivste. »Volles Bewußtsein ist ein schmaler
Grat«, schrieb Einstein und fügte hinzu, sein schöpferisches Denken sei eine Art »Zusammensetzspiel« von Elementen unbestimmter, visueller oder kinästhetischer Natur. Offenbar ist das exakte Ausleuchten eines Problems
mit dem scharfen Lichtstrahl des konzentrierten Bewußtseins zu gewissen Perioden und in gewissen Stadien der
geistigen Arbeit unerläßlich, während es in anderen Situationen hinderlich werden kann.

Solche Situationen entstehen, wenn das Problem nicht
mit Hilfe einer konventionellen Spielregel lösbar ist und
irgendeine überraschende, unkonventionelle Kombination
von Ideen erfordert, die für den nüchternen, disziplinierten
Geist nicht akzeptabel zu sein scheint. Der wahre Wissenschaftler hat wie der wahre Künstler etwas von einem
Abenteurer und etwas von einem Pedanten. Nach einem
chinesischen Sprichwort gibt es eine Zeit zum Fischen und
eine Zeit zum Netzetrocknen – und es gibt Zeiten, wo der
in dem Pedanten eingekerkerte Abenteurer hinausmöchte,
um zu fischen. Normalerweise sind die disziplinierten
Denkvorgänge im Rahmen einer einzigen konventionellen

Matrix die Werkzeuge des wissenschaftlichen Fortschritts; in Krisenzeiten jedoch, die durch neuartige Daten oder eine neue Frage ausgelöst werden, kann eine Matrix, die ihren Nutzen überlebt hat, zur Zwangsjacke werden. Verlernen ist oft schwieriger als Lernen, und es sieht so aus, als könne man starre kognitive Strukturen nicht immer im Licht des bewußten, rationalen Geistes aufbrechen und zu einer neuen Synthese zusammenfügen. Das geht oft nur, indem man zu jenen unbestimmten, weniger zielgerichteten Formen der geistigen Tätigkeit zurückkehrt, die normalerweise in der Zwielichtzone jenseits des konzentrierten Bewußtseins oder auf einer weniger spezialisierten Stufe der geistigen Hierarchie stattfinden. Diese Eingriffe außerbewußter Prozesse beim schöpferischen Akt reichen vom Nebensächlichen bis zum Spektakulären, vom James Watts Kessel bis zu Kekulés Traum. Zu diesem Thema gibt es jedoch eine umfassende Literatur, so daß wir uns hier nicht eingehender damit zu beschäftigen brauchen.

Wenn man die Geschichte irgendeines Zweigs der Wissenschaft aus der Vogelperspektive betrachtet, entdeckt man, daß ziemlich lange Zeiträume relativ friedlicher Entwicklung und kürzere Perioden explosiv-revolutionären Wandels einander abwechseln. Nur in den friedlichen Perioden, die auf einen größeren Umbruch folgen, ist der Fortschritt der Wissenschaft im strengen Sinn stetig und kumulativ. Es sind Perioden, in denen man die aufgestellten Grenzen festigt, die neuen Synthesen prüft, anwendet, verbessert und erweitert: die Zeit zum Netzetrocknen. Sie kann wenige Jahre oder mehrere Generationen dauern, doch früher oder später führt das Auftauchen neuer empirischer Daten, neuer Entwicklungen auf irgendeinem benachbarten Wissensgebiet oder eine Änderung des philosophischen Klimas zu Stagnation, zur Verhärtung der Matrix, ihrer Verwandlung in ein geschlossenes System und zum Aufstieg einer neuen Orthodoxie. Das ruft eine Krise hervor, eine Zeit der fruchtbaren Anarchie, in der rivalisierende Theorien blühen – bis die neue Synthese erreicht ist und der Zyklus wieder beginnt, der diesmal freilich in eine andere Richtung zielen, anderen Parametern folgen, eine andere Frage stellen kann.

Das bringt uns wieder zu dem Axiom zurück, daß Wissenschaft von Wissenschaftlern gemacht wird und nicht umgekehrt. Der eben beschriebene historische Zyklus ließe sich als eine Projizierung der verschiedenen Stadien des Prozesses individueller Entdeckungen betrachten, nach dem klassischen Schema von Helmholtz und Graham Wallas: bewußte Vorbereitung; Inkubation; Erleuchtung; Verifizierung und Konsolidierung. Auf der historischen Ebene geht das letzte Stadium eines Zyklus in das erste Stadium des nächsten über. Die Zeit der »fruchtbaren Anarchie«, die die Krise kennzeichnet, entspricht den fieberhaften kombinatorischen Spielen in der Inkubationszeit; die Erleuchtung endlich – das Auftauchen der neuen Synthese – geschieht meist durch einen schnelle Folge individueller Entdeckungen, oft sogar Mehrfach-Entdeckungen.

Man könnte die revolutionären Phasen auch als die romantischen und die friedlichen Phasen als die klassischen Abschnitte der Geschichte der Wissenschaft bezeichnen. Erstere gehören dem rücksichtslosen Abenteurer, letztere dem skrupulösen Pedanten im janusköpfigen Wissenschaftler. Diese gespaltene Persönlichkeit scheint mir Glanz und Tragik des wissenschaftlichen Menschen zu sein. Glanz, weil er im besten Falle die Aufschwünge der Phantasie mit ehrfürchtiger Achtung vor den Fakten vereinigt, den Kopf in den Wolken hat, mit den Füßen aber fest auf dem Boden der Tatsachen steht; Tragik, weil beide Gesichter zur häßlichen Grimasse werden können – zur Fratze des Besessenen oder zur Fratze der scheuklappenbewehrten Orthodoxie. Das mag erklären, warum so viele Epochen der Geschichte der Wissenschaft entweder als Chronik heroischer Leistungen oder als Skandalchronik geschrieben wurden. In letzter Zeit ist die Skandalchronik Mode geworden, und es gibt in der Tat kaum eine Periode oder Disziplin der Wissenschaft ohne ihre Skandale, Märtyrer und Leichen im

Keller. Kein geringerer als Max Planck schrieb aus bitterer Erfahrung, daß »eine wissenschaftliche Wahrheit nicht triumphiert, indem sie ihre Gegner überzeugt und ihnen das Licht zeigt, sondern vielmehr, weil ihre Gegner schließlich sterben und eine neue Generation heranwächst, die mit ihr vertraut ist«.[4]

Doch übertreiben wir nicht, und betrachten wir auch die Kehrseite der Medaille – ohne die nötige Skepsis, ohne eine gewisse Bedächtigkeit und ein gewisses emotionales Engagement für die vorherrschenden Theorien und Spielregeln würde das ganze wissenschaftliche Gebäude zusammenbrechen. Michael Polanyi hat diese unvermeidbare Subjektivität und zwangsläufige Emotionalität in der Haltung des Wissenschaftlers umfassend analysiert.[5]

Ich habe vier Kriterien der schöpferischen Tätigkeit vorgeschlagen: Originalität, die Unwahrscheinlichkeit der Kombination, den konstruktiv-destruktiven Aspekt und das Eingreifen außerbewußter Faktoren. Wir brauchen uns hier nicht länger mit jenen Faktoren zu beschäftigen, die das Gegengewicht, den notwendigen Ballast für den kreativen Abenteurer liefern. Wir sollten aber auf die offensichtliche Tatsache hinweisen, daß fast alles, was ich über den Wissenschaftler gesagt habe, mutatis mutandis auch für seinen Stiefbruder, den Künstler, gilt.

Lassen Sie mich nun ein letztesmal vom einzelnen Wissenschaftler zur Wissenschaft insgesamt kommen. Die allgemeine Untersuchung evolutionärer und revolutionärer Zyklen, die ich in zwei früheren Werken vornahm, hat gewisse Parallelen zu der Theorie, die Thomas Kuhn unabhängig davon in seinem Buch *Die Struktur wissenschaftlicher Revolutionen* entwickelte. Er nennt die friedlichen Perioden »normale Wissenschaft« und die revolutionären Durchbrüche »Paradigma-Wechsel«. Das ist ein ganz anderer Ansatz als George Sartons bekannte These, nach der die Geschichte der Wissenschaft die einzige Geschichte ist, die einen kumulativen Fortschritt des Wissens aufweist, so daß der Fortschritt der Wissenschaft den einzigen Maßstab für den Fortschritt der Menschheit insgesamt bildet.

Vielleicht ist das so – vorausgesetzt, wir sind uns im klaren, daß der Fortschritt nicht wie eine Kurve verläuft, die ihrer Asymptote zustrebt, sondern wie eine Zickzacklinie, und daß der Maßstab ein relativistischer Maßstab ist. Das heißt selbstverständlich nicht, die Wissenschaft schreite nicht fort – sie schreitet nur auf unberechenbare, sprunghafte, oft erratische Weise fort. Ich habe die großen begrifflichen Synthesen der letzten hundert Jahre mit einem Flußdelta verglichen. Auf jeden Zusammenfluß folgt aber eine neue Abzweigung spezialisierter Arme, die wiederum immer feinere Kapillare bilden. Um das Bild zu wechseln: Zunehmende Spezialisierung ist wie das Verzweigen von Arterien; die Folge der Zusammenflüsse ist wie die Vereinigung der Venen auf dem Rückweg zum Herzen. Der daraus resultierende Zyklus läßt die Evolution von Ideen als ständig wiederholte Differenzierungen, Spezialisierungen und Re-Integrierungen auf einer höheren Stufe der Hierarchie erscheinen, als Fortschreiten vom Urzustand der Einheit über die Vielfalt zu vielschichtigeren Formen von Einheit in der Vielfalt.

Revolte in einem Vakuum

In der Hoffnung, endlich zu erfahren, was das Verb *to educate* (»bilden«, »erziehen«) bedeutet, schlug ich neulich im *Concise Oxford Dictionary* nach und fand zu meinem Vergnügen die folgende Definition: »*Give intellectual* and *moral training to* ...« (»Geistig und moralisch ›unterweisen‹, ›abrichten‹ ...«). Weiter unten hieß es noch unmißverständlicher: »Unterweisen, abrichten von ... Tieren und Menschen.« Es würde mich nicht überraschen, bei der nächsten Revolution ein Freudenfeuer von Oxford-Dictionaries zu sehen, denn diese Definition mit ihren Pawlowschen Untertönen verdient es nicht besser. Ich bezweifle jedoch, ob viel gewonnen wäre, wenn man die anstößige Bezeichnung »Unterweisung« durch »Anleitung« ersetzte. Das klingt zwar lieb und nett, geht dem eigentlichen Problem aber nur aus dem Weg. Welche einfühlsamen Methoden man auch anwenden mag, Anleitung beinhaltet immer, daß man irgendwie seine Macht über den Geist eines anderen Menschen – in diesem Fall eines jüngeren Menschen – geltend macht. Und die ethische Grundlage dieser Prozedur, die wir noch bis vor kurzem nie in Frage gestellt hätten, wird immer problematischer.

Ich persönlich würde den Zweck der Bildung in einer »geistigen Katalyse« sehen. Beeinflussen heißt letzten Endes beherrschen; ein Katalysator dagegen löst eine chemische Reaktion aus oder beschleunigt sie, ohne an dem Ergebnis irgendwie teilzuhaben und ohne selbst verändert zu werden. Auf die Gefahr hin, eine Binsenweisheit von mir zu geben: Jemand, der bildet, fungiert im Idealfall als Katalysator, nicht als Konditionierer. Konditionieren oder, um mit Skinner zu sprechen, »soziale Manipulation mittels Verhaltenskontrolle« ist eine ausgezeichnete Methode zur Unterweisung von Samurais, doch auf dem Campus angewendet, birgt sie zwei entgegengesetzte Gefahren: Sie kann zu einer Art experimenteller Neurose bei den Versuchspersonen führen, die sich in heftiger Ablehnung jeder Kontrolle oder Beeinflussung durch Autorität äußert. Sie kann aber auch zu erfolgreich sein und das Phänomen des Konformismus bewirken, in all seinen Schattierungen von einer durch die Massenmedien manipulierten Gesellschaft tumber Jasager bis hin zum totalitären Staat, der von den Worten des Vorsitzenden Mao beherrscht wird.

Die Alternative zum Konditionieren ist die Katalyse der geistigen Entwicklung. Was das heißt, kann ich vielleicht am besten erklären, indem ich einen Abschnitt aus einem Buch über Kreativität in Wissenschaft und Kunst zitiere, das ich vor einigen Jahren geschrieben habe.

»Um aber Freude an der Kunst der Entdeckung (wie an allen anderen Künsten auch) zu finden, muß der Konsument, in diesem Fall der Student, den schöpferischen Prozeß wenigstens in bestimmten Grenzen nachvollziehen. Mit anderen Worten: Man muß ihn dahin bringen – mit entsprechender Anleitung und Hilfe –, bestimmte Entdeckungen selbst noch einmal zu machen, bestimmte Erleuchtungen, die den Weg der Wissenschaft erhellt haben, selbst noch einmal nachzuerleben. Das heißt, daß die Geschichte der Wissenschaft einen adäquaten Platz im Lehrplan haben und die Wissenschaft im Lichte ihrer historischen Entwicklung dargeboten werden sollte und nicht als eine in voller Rüstung geborene Athene. Das bedeutet weiterhin, daß die Paradoxa, die ›blockierten Situationen‹, vor denen sich Archimedes, Kopernikus, Galilei, Newton, Harvey, Darwin oder Einstein sahen, in ihrem historischen Bezugsrahmen dargestellt und dem aufnahmebereiten jungen Menschen als Rätsel ›aufgegeben‹ werden sollten; denn das Lösen von Problemen ist die produktivste Form des Lernens. Die traditionellen Methoden dagegen stellen den Schüler gar nicht erst vor das *Problem,* sondern sofort vor die *fertige Lösung,* versagen ihm also jeden Nervenkitzel, ersticken jede schöpferische Regung und reduzieren das Abenteuer der Menschheit zu einem staubigen Haufen von Theoremen.

Kunst ist eine Form von Kommunikation, die ein Echo ihrer Schöpfung auslösen will. Bildung sollte als Kunst betrachtet werden und daher ihrerseits die Methoden verwenden, die der Kunst dieses Echo sichern. Der junge Mensch, der im Laufe seiner pränatalen Entwicklung die Hauptstadien der Evolution seiner Spezies durchläuft und während seiner Kindheit und Jugend die Entwicklung vom Wilden zum Mitglied einer zivilisierten Gesellschaft nachvollzieht, sollte anschließend sein Leben so fortsetzen können, daß er die entscheidenden Episoden, Engpässe und Wendepunkte bei der Eroberung des Wissens nachvollzieht. Unsere Lehrbücher und Unterrichtsmethoden repräsentieren ein statisches, präevolutionäres Weltbild – der Mensch kann aber die Vergangenheit nicht erben, er muß sie neu erstehen lassen.«[1]

Das meinte ich mit Bildung als katalytischem Prozeß. Wenn wir darin übereinstimmen, daß die ideale Methode, Wissenschaft zu lehren, darin besteht, dem Schüler die Möglichkeit zu geben, Newtons Gesetze von der Bewegung mehr oder weniger selbständig neu zu entdecken – kann man dieselbe Methode dann auch beim Vermitteln ethischer und moralischer Werte anwenden? Zunächst meinen wir unwillkürlich, daß Ethik im normalen Lehrplan nichts zu suchen hat, es sei denn, man spezialisiert sich auf Philosophie oder Theologie. Diese Antwort ist jedoch übereilt, denn bei allem, was wir in irgendeinem Fach unterrichten oder schreiben, vermitteln wir stillschweigend oder sogar ausdrücklich moralische Prinzipien und Werturteile. Der größte Aberglaube unserer Zeit ist der Glaube an die Wertfreiheit der Wissenschaft. Schon das Schlagwort Wertfreiheit beinhaltet ein Programm und ein Credo.

Kein Schriftsteller oder Lehrer oder Künstler kann der Verantwortung entrinnen, andere zu beeinflussen, ob absichtlich oder nicht, ob bewußt oder nicht. Dieser Einfluß beschränkt sich nicht auf seine explizite Botschaft; er ist um so stärker und heimtückischer, als er größtenteils implizit ausgeübt wird – ein verborgener Verführer, dessen Lehren unbewußt aufgenommen werden. Die Physik ist doch wohl eine wertfreie Wissenschaft? Aber Einstein wandte sich gegen den Trend der modernen Physik, die Kausalität durch die Wahrscheinlichkeit zu ersetzen, mit den berühmten Worten: »Ich weigere mich zu glauben, daß Gott mit der Welt Würfel spielt.« Er gab seine metaphysische Voreingenommenheit ehrlicher zu als viele seiner Kollegen, und eben diese in einer wissenschaftlichen Hypothese enthaltene metaphysische Voreingenommenheit ist es, die andere unbewußt beeinflußt. Die Römische Kirche war schlecht beraten, als sie sich gegen Galilei und Darwin stellte, und hinkte, rational gesehen, hinter der Zeit zurück. Intuitiv war sie jedoch der Zeit voraus, da sie erkannte, welche Konsequenzen die neue Kosmologie und die Evolutionstheorie für die Vorstellung des Menschen von sich selbst und seinem Platz im Universum haben würde.

Wolfgang Köhler, einer der größten Psychologen unserer Zeit, suchte sein Leben lang nach dem »Platz des Werts in einer Welt der Tatsachen« – so der Titel des Buchs, in dem er seine persönliche Philosophie darlegte. Es ist aber nicht nötig, einen solchen Platz zu suchen, denn die Werte sind in allen Wissenschaften enthalten wie die unsichtbaren Luftbläschen im Wasser eines Sees, und wir sind gleichsam die Fische, die sie mit den Kiemen der Intuition aufnehmen. Angefangen von der Physik, über die Biologie und Genetik bis hin zur Verhaltens- und Sozialwissenschaft – unser Bildungsestablishment vermittelt den Studenten nolens volens eine Weltanschauung, ein System von Werten, die als Fakten verpackt sind. Die Wahl und Form des Pakets werden jedoch von seinem unsichtbaren Inhalt festgelegt, oder – um ein anderes Bild zu gebrauchen – unsere impliziten Werte liefern die nicht-euklidische Krümmung, die subtilen Verzerrungen der Welt der Tatsachen.

Ich habe eben die Bezeichnung »Bildungsestablishment« benutzt, und man könnte nun einwenden, so etwas gäbe es gar nicht. Natürlich hat jede Nation, jede Universität und jede ihrer Fakultäten ihren spezifischen Charakter, ihr persönliches Gesicht – oder ihre Gesichtslosigkeit. Doch selbst wenn wir die Vielfalt konzedieren und wenn wir Ausnahmen konzedieren, gibt es bestimmte gemeinsame Nenner, die das kulturelle Klima und die methaphysische Voreingenommenheit bestimmen, die hoffnungsvollen Studenten praktisch überall in der freien Welt vermittelt wird, von Kalifornien bis zur amerikanischen Ostküste, von London bis West-Berlin, in Bombay und Tokio. Dieses Klima läßt sich natürlich nicht ohne eine extreme Vereinfachung definieren; ich werde also extrem vereinfachen und sagen, daß es vom »Dreigespann RRZ« beherrscht wird.

Das erste R steht für Reduktionismus. Seine Philosophie läßt sich mit einem Zitat zusammenfassen, das aus einem neueren College-Lehrbuch stammt und allen Ernstes definiert, der Mensch sei »nichts als ein komplizierter biochemischer Mechanismus, dessen Energie von einem Verbrennungssystem geliefert wird, das Computer mit Energie versorgt, die unerhört reich an Speichern für die Aufbewahrung verschlüsselter Informationen sind«. Das ist gewiß eine zugespitzte Formulierung, aber sie gibt die Quintessenz jener Philosophie wieder.

Natürlich ist es vollkommen legitim, Analogien zwischen dem zentralen Nervensystem und einem Fernsprechamt, einem Computer oder einem Holographen zu sehen. Die reduktionistische Häresie liegt in den beiden Worten »nichts als«. Wenn man in dem oben zitierten Satz die Worte »nichts als« durch »bis zu einem gewissen Grad« oder »unter einem bestimmten Blickwinkel« oder »auf einer bestimmten Stufe seiner vielschichtigen Struktur« ersetzt, ist alles in Ordnung. Der Reduktionist proklamiert seine Teilwahrheit als die ganze Wahrheit, einen bestimmten spezifischen Aspekt des Phänomens als das ganze Phänomen. Für den Behavioristen ist das Handeln des Menschen *nichts als* eine Kette konditionierter Reaktionen; für den orthodoxen Freudianer ist die künstlerische Schöpfung nichts als ein Ersatz für zielgehemmte Sexualität; für den mechanistisch orientierten Biologen sind die Phänomene des Bewußtseins nichts als elektrochemische Reaktionen. Und die grundlegende reduktionistische Häresie besteht darin, das Ganze als nichts als die Summe seiner Teile zu betrachten – ein Relikt der groben atomistischen Konzepte der Physik des 19. Jahrhunderts, die selbst der Physiker schon längst fallengelassen hat.

Das zweite R ist das, was ich an anderer Stelle die Philosophie des Rattomorphismus genannt habe. Zu Beginn unseres Jahrhunderts warnte Lloyd Morgan die Biologen vor dem Irrtum, menschliche Gedanken und Gefühle in Tiere zu projizieren; seitdem schlug das Pendel in die entgegengesetzte Richtung aus, so daß wir heute nicht mehr eine anthropomorphe Vorstellung von der Ratte, sondern eine rattomorphe Vorstellung vom Menschen haben. Nach dieser Vorstellung sind unsere Wolkenkratzer nichts als riesige Skinner-Boxen, in denen wir zwar nicht auf Pedale treten, um Essen zu bekommen, aber doch operante Reaktionen produzieren, die bei aller Vielschichtigkeit von denselben Gesetzen beherrscht werden wie das Verhalten der Ratte. Auch hier gibt es ein häßliches Körnchen Wahrheit, wenn man die Worte »nichts als« überhört. Wenn das menschliche Leben jedoch zu einem Rattenrennen geworden ist, dann nur, weil der Mensch mit einer rattomorphen Philosophie imprägniert wurde. Man denkt unwillkürlich an die alte bissige Bemerkung: »Psychoanalyse ist die Krankheit, die zu heilen sie vorgibt.« Sagen Sie jemandem, er sei nichts als eine überdimensionale Ratte, und er wird anfangen, Schnurrhaare zu entwickeln und Sie in den Finger beißen.

Vor rund fünfzig Jahren, in der Blütezeit des bedingten Reflexes, war Pawlows auf den Labortisch geschnallter speichelnder Hund das Paradigma menschlichen Verhaltens. Dann kam die Ratte im Käfig. Und nach der Ratte kamen die Gänse. Konrad Lorenz stellt in seinem Buch *Das sogenannte Böse* die Theorie auf, Zuneigung zwischen gesellig zusammenlebenden Tieren sei stammesgeschichtlich auf Aggression zurückzuführen. Das Band, das die Partner zusammenhalte, sei (ob mit oder ohne sexuelle Komponente) »nicht mehr und nicht weniger als die Umwandlung von Aggression in ihr Gegenteil«. Ob man dieser Theorie zustimmt oder nicht, ist ohne Belang; ich erwähne sie nur deshalb, weil Lorenz' Argumente beinahe ausschließlich auf seinen Beobachtungen der sogenannten Siegeszeremonie der Graugans beruhen, die ihn, wie er selbst sagt, veranlaßten, dieses Buch zu schreiben. Abermals bietet man uns eine Weltanschauung an, die auf einer außerordentlich spezialisierten Art von Beobachtungen basiert, eine Teilwahrheit, die sich als ganze Wahrheit ausgibt. Um den österreichischen Psychiater Viktor E. Frankl zu zitieren: »Die Gefahr liegt also gar nicht darin, daß sich die Forscher spezialisieren, sondern darin, daß die Spezialisten generalisieren.«

Ein letztes Beispiel für das zweite R. Vor einigen Jahren stand ein populärwissenschaftliches Werk über Anthropologie an der Spitze der Bestsellerlisten in Europa und Amerika: *Der nackte Affe* von Desmond Morris. Es begann mit der Feststellung, der Mensch sei ein haarloser Affe, der sich den Namen Homo sapiens gegeben habe. »Ich bin Zoologe, Tierforscher«, fuhr Morris fort, »und der nackte Affe ist ein Tier. Deshalb ist es durchaus berechtigt, wenn ich in ihm ein Wild für meine Feder sehe.« Zu welchen Extremen dieser zoomorphe Ansatz führen kann, mag das folgende Zitat illustrieren:

»Das Innere des Hauses, der Etage, der Wohnung kann man ganz nach Lust und Laune mit Möbeln, Bildern, Vasen, Antiquitäten und allerlei Kleinkram ausstatten und dadurch unverwechselbar werden lassen. Als Erklärung für solches Tun wird gemeinhin angeführt, man wolle seine Wohnung ›besonders hübsch‹ haben. Tatsächlich aber handelt es sich hier um ein genaues Äquivalent dessen, was andere Arten mit Revierbesitz dadurch erreichen, daß sie die Grenze des Reviers mit ihrem persönlichen Duft markieren. Wenn Sie Ihr Namensschild an die Tür schrauben oder ein Bild an die Wand hängen, so machen Sie nichts anderes als beispielsweise der Wolf oder der Hund, der sein Bein hebt: Sie markieren Ihr Revier mit Ihrem persönlichen Zeichen.«

Lassen Sie mich, um Mißverständnissen vorzubeugen, noch einmal betonen, daß es für die wissenschaftliche Forschung legitim und auch notwendig ist, konditionierte Reflexe bei Hunden, operante Reaktionen bei Ratten und rituelle Tänze bei Gänsen zu untersuchen – solange uns diese Phänomene nicht als Paradigma für menschliches Verhalten überhaupt aufgezwungen werden. Aber eben dies ist den größten Teil unseres betagten Jahrhunderts geschehen.

Das letzte Glied meines Dreigespanns, das Z, heißt Zufall oder Ziellosigkeit. Die biologische Evolution sei nichts als zufällige Mutationen, die von der natürlichen Auslese bewahrt würden; die geistige Evolution sei nichts als ziellose Versuche, die durch Verstärkung erhalten würden. Zitieren wir aus dem Lehrbuch eines führenden Evolutionsforschers: »Es sieht so aus, als wäre das Problem der Evolution jetzt prinzipiell gelöst ... Es erweist sich als ein im Grunde materialistischer Faktor, ohne Anzeichen eines Ziels ... Der Mensch ist das Ergebnis eines ziellosen materialistischen Prozesses ...«[2] Um Einstein zu paraphrasieren – ein nicht existierender Gott würfelt blind mit der Welt. Selbst die physikalische Kausalität, der solide Fels, auf dem das Universum errichtet wurde, ist durch den Treibsand der Statistik ersetzt worden. Wir alle scheinen uns in der Situation zu befinden, die der Physiker Brownsche Bewegung nennt – das unberechenbare Zickzack eines Rauchpartikels, das von den Luftmolekülen ringsum herumgeschubst wird.

Auch einige Schulen der modernen Kunst haben sich dem Kult der Zufälligkeit oder Ziellosigkeit verschrieben.

Die Vertreter des Action-Painting schleudern aufs Geratewohl eine Farbladung nach der anderen gegen die Leinwand; ein französischer Bildhauer kam zu internationalem Ruhm, indem er Gebrauchtwagen von Pressen zu Zufallsgebilden formen ließ; andere setzen Alteisenteile zu abstrakten Gebilden oder Flitter- und Flusenkram zu Collagen zusammen; einige Komponisten elektronischer Musik benutzen von Computern oder anderen Maschinen ausgeworfene Zufallssequenzen, um ihre Effekte zu erzielen. Ein Romancier, der »in« ist, hat sogar damit geprahlt, er schneide sein Manuskript mit der Schere in Streifen und klebe die einzelnen Streifen dann aufs Geratewohl untereinander.

Diese Schulen der zeitgenössischen Kunst scheinen ihre Eingebungen aus der verbreitetsten Voreingenommenheit in den Wissenschaften vom Leben zu beziehen – eine Sekundärinfektion, könnte man sagen. Ziellosigkeit, bekommen wir zu hören, ist die Grundtatsache des Lebens. Wir leben in einer Welt, die mit harten Fakten vollgestopft ist, und sie hat keinen Platz für Ziel, Werte oder Sinn. Nach einem Sinn und nach Werten zu suchen wird also als ebenso absurd betrachtet wie der Versuch eines Astronomen, mit dem Teleskop nach Dantes himmlischem Paradies Ausschau zu halten. Und ebenso absurd wäre es, jenes Gespenst in der Maschine, den bewußten Geist, mit seinen geisterhaften Eigenschaften freie Wahl und moralische Verantwortlichkeit unter dem Mikroskop zu suchen.

Rufen wir uns noch einmal ins Gedächtnis zurück, daß das Wesen des Lehrens nicht in den weitergegebenen Fakten und Daten liegt, sondern in den Deutungen, die es stillschweigend oder ausdrücklich vermittelt. In der modernen Kommunikationstheorie besteht der Hauptteil der Information aus Interpretationen. Das ist der Kern des Pakets, die gelieferten Daten sind nur die Verpackung. Die bitteren Kontroversen, die in der Geschichte der Wissenschaft immer wieder aufleben, beweisen jedoch, daß dieselben Daten unterschiedlich interpretiert und zu verschiedenen Mustern geordnet werden können. Ich habe weiter oben einen angesehenen Biologen der orthodoxen neodarwinistischen Schule zitiert. Lassen Sie mich jetzt einen anderen berühmten Biologen, nämlich C. H. Waddington, zitieren, der aufgrund derselben verfügbaren Daten zu einer entgegengesetzten Ansicht kommt: »Geht man von der Annahme aus, die Evolution der so vorzüglich adaptierten biologischen Mechanismen beruhe lediglich auf einer selektiven Auswahl aus einer Reihe von Varianten, die ihr Entstehen dem blinden Zufall verdanken, dann könnte man ebensogut behaupten, daß, wenn wir fortfahren, Ziegelsteine zu Haufen zusammenzuwerfen, wir schließlich ein ideales Wohnhaus vorfinden werden.«[3]

Man könnte die Reihe der diametral entgegengesetzten Schlußfolgerungen, die verschiedene Wissenschaftler aus denselben Daten gezogen haben, noch lange fortsetzen. Zum Beispiel kann man kaum erwarten, daß Neurophysiologen die Rolle von Gehirnmechanismen im geistigen Leben gering schätzen, und viele von ihnen meinen auch tatsächlich, geistiges Leben sei nichts als Gehirnmechanismen. Aber Sir Charles Sherrington war ein unerschrockener Dualist; er schrieb: »Daß unser Wesen aus *zwei* fundamentalen Elementen bestehen soll, hat – wie ich glaube – keine größere Unwahrscheinlichkeit für sich als die Ansicht, es bestehe nur aus *einem* solchen Element.« Und der große kanadische Gehirnchirurg Wilder Penfield sagte bei einem interdisziplinären Symposion über »Kontrolle des Geistes«, an dem auch ich teilnahm: »Wenn man behauptet, diese beiden Dinge [Gehirn und Geist] seien ein und dasselbe, dann heißt das noch lange nicht, daß sie es auch tatsächlich sind. Aber eine derartige Behauptung hemmt in der Tat den Fortschritt der Forschung.«

Ich führe das nicht etwa an, weil ich ein kartesianischer Dualist bin – was nicht zutrifft –, sondern weil ich unterstreichen möchte, daß man präzise neurophysiologische Daten unterschiedlich interpretieren kann. Es ist, mit anderen Worten, einfach nicht wahr, daß die von der Wissenschaft gelieferten Daten automatisch zu dem Schluß führen, das Leben sei ohne Sinn und Zweck, sei nichts als Brownsche Bewegung in den Zufallsströmungen des kosmischen Wetters. Wir sollten vielmehr sagen, daß der Zeitgeist dazu neigt, voreingenommene Schlußfolgerungen aus den Daten zu ziehen, eine Tendenz zur Entwertung der Werte und zur Eliminierung von Sinn aus der Welt um uns und in uns besitzt. Das Ergebnis ist ein existentielles Vakuum.

An diesem Punkt möchte ich noch einmal Viktor E. Frankl, den Begründer der sogenannten Dritten Wiener Schule der Psychiatrie, zitieren. Er postuliert, daß es neben Freuds Lustprinzip und Adlers Willen zur Macht noch einen dritten, ebenso fundamentalen menschlichen Trieb gibt – den »Willen zum Sinn«: »Nun gehört es zum Wesen des menschlichen Daseins, über sich selbst hinauszulangen und nach so etwas wie Sinn und Werten zu streben ... Im Gegensatz zum Tiere sagen dem Menschen keine Instinkte, was er muß; und dem Menschen von heute sagen keine Traditionen mehr, was er soll ... Tausende und Abertausende junger Studenten sind heute der Indoktrination eines reduktionistischen Konzepts vom Leben ausgesetzt, das die Existenz von Werten leugnet. Das Ergebnis ist ein weltweites Phänomen – mehr und mehr Patienten kommen in unsere Krankenhäuser und klagen über eine innere Leere, das Gefühl einer totalen und letztlichen Sinnlosigkeit des Lebens.«[4]

Er nennt diese Art von Neurose »noogen«, im Gegensatz zu Sexualneurosen und anderen, und behauptet, daß etwa 20 Prozent aller in der Wiener Psychiatrischen Klinik (deren Leiter er ist) behandelten Fälle noogenen Ursprungs seien. Weiter erklärt er, der betreffende Prozentsatz liege bei klinisch behandelten Studenten aus Mitteleuropa doppelt so hoch und steige bei amerikanischen Studenten auf das Vierfache.

Ich sollte erwähnen, daß ich über die Behandlungsmethode dieser Schule – die Logotherapie – so gut wie nichts weiß und nicht die Möglichkeit habe, ihre Wirksamkeit zu beurteilen. Das Gebiet wird jedoch in vielen Büchern behandelt, und ich habe es nur deshalb zur Sprache gebracht, weil die ihm zugrundeliegende Philosophie für unser Thema relevant zu sein scheint. Doch wie dem auch sei: Das von dem enttäuschten Willen zum Sinn hervorgerufene »existentielle Vakuum« scheint mir eine passende Beschreibung für die weltweit, besonders bei jungen Leuten und Intellektuellen, verbreitete Stimmung einer ansteckenden Rastlosigkeit zu sein.

Es mag interessant sein, diese Stimmung mit der in der »Pink Decade«, den dreißiger Jahren, herrschenden Gemütslage zu vergleichen. Damals wurde die westliche Welt von wirtschaftlicher Depression, Arbeitslosigkeit und Hungermärschen erschüttert, und das sogenannte Große Sozialistische Experiment, eingeleitet durch die Russische Revolution, schien für eine ganze Menge jugendlicher Idealisten, mich selbst nicht ausgenommen, die einzige hoffnungsvolle Alternative zu sein. In *Der Gott, der keiner war* schrieb ich über jene Zeit: »Hingabe ans reine Utopia und Auflehnung gegen eine verpestete Umwelt sind die beiden Pole, die die Spannung aller militanten Glaubensbekenntnisse erzeugen. Zu fragen, welche von beiden den Strom fließen läßt – Anziehung durch das Ideal oder Abstoßung durch die soziale Umwelt –, hieße die alte Frage stellen, wer zuerst da war, das Huhn oder das Ei.«

Man vergleiche das mit der gegenwärtigen Grundstimmung. Heute sind die abstoßenden Kräfte stärker denn je, aber die Anziehung durch das Ideal fehlt, weil sich das vermeintliche Utopia als ein zynischer Schwindel herausstellte. Das Ei ist da, aber kein Huhn, um es auszubrüten. Die Revolte läuft leer – in einem Vakuum.

Noch ein Vergleich kommt mir in den Sinn: die Parallele zu einer anderen historischen Situation, in der die traditionellen Werte einer Kultur zerstört wurden, ohne daß neue Werte ihren Platz einnahmen. Ich meine den verheerenden Einfluß der europäischen Eroberer auf die einheimischen Zivilisationen der amerikanischen Indianer und Pazifik-Insulaner. In unserem Fall beruhte das Zerstörungswerk allerdings nicht auf der Habgier und dem missionarischen Eifer fremder Invasoren. Die Invasion kam vielmehr von innen, verkleidet als eine Ideologie, die sich wissenschaftlich gibt und mit ihrem Leugnen von Wertbegriffen, Sinn und Zweck in Wahrheit eine neue Version des Nihilismus ist. Die Ergebnisse sind jedoch in beiden Fällen vergleichbar: Wie die Einheimischen, die ohne Traditionen und Glauben in einem Vakuum zurückgelassen wurden, scheinen auch wir uns in zielloser Trance zu bewegen.

Es stimmt natürlich, daß es in verschiedenen Epochen unserer Geschichte ganz ähnliche negative Grundstimmungen gab, ob sie nun das Etikett *mal de siècle,* romantische Verzweiflung, russischer Nihilismus oder apokalyptische Erwartungen erhielten. Und es hat Ranter – eine antinomistische Sekte unter Cromwell –, Messianische Bewegungen und Veitstänzer gegeben, die alle ihre verblüffenden zeitgenössischen Parallelen haben. Die gegenwärtige Situation ist jedoch insofern von einer einzigartigen und noch nie dagewesenen Dringlichkeit, als das Tempo des Wandels heute wie eine immer steilere Exponentialkurve verläuft und die Geschichte sich beschleunigt wie die Moleküle in einer Flüssigkeit kurz vor dem Siedepunkt. Es dürfte sich erübrigen, die Bevölkerungsexplosion, die urbane Explosion, die Explosion der Explosionskraft anzuführen; wir leben mitten darin, im Auge des Hurrikans.

Das bringt mich wieder zu meinem Ausgangspunkt zurück. Das Ideal des Lehrers als Katalysator ist momentan unerreichbar. Er war, von Ausnahmen abgesehen, immer ein konditionierender Faktor, und die Bedingungen, die er schuf, laufen auf ein explosives Vakuum hinaus.

Ich glaube nicht, daß die Bildungskrise durch die Lehrer gelöst werden kann. Sie sind selbst Produkte jenes Zeitgeists, der die Krise heraufbeschwor. All unsere löblichen Bemühungen, das Universitätswesen zu reformieren, können bestenfalls lindern und einige Symptome zum Verschwinden bringen. Die revoltierenden Studenten sind sich dessen, wie ich meine, auf irgendeine unbestimmte Weise auch bewußt, und deshalb sind sie so hilflos, wenn man sie um konstruktive Vorschläge bittet, deshalb kann keine vorgeschlagene Reform ihren unmäßigen Hunger stillen. Sie hungern einfach nach dem Sinn, den ihre Lehrer ihnen nicht zu vermitteln vermögen. Sie fühlen, daß ihre Lehrer nur Kaninchen aus leeren Hüten hervorzaubern können, mehr nicht. Bis zu einem gewissen Grad ist es den Revoltierenden gelungen, dieses Bewußtsein unserer Gesellschaft insgesamt zu vermitteln, und das scheint mir trotz der grotesken Methoden, die dabei angewendet wurden, eine beachtliche Leistung zu sein.

Der Dämon des Sokrates

Schöpferische Tätigkeit könnte man als eine Art Lernprozeß bezeichnen, bei dem Lehrer und Schüler ein und dieselbe Person sind. Schöpferische Menschen schreiben die Rolle des Lehrers gern einer Wesenheit zu, die sie das Unbewußte nennen und als so etwas wie einen sokratischen Dämon betrachten – während andere seine Existenz bestreiten und wieder andere sie zwar einräumen, aber die mangelnde Klarheit des Begriffs bedauern. Ich gehöre zur letzten Gruppe, und ich glaube, daß die mangelnde Klarheit vor allem auf die altehrwürdige Tradition zurückgeht, ein und dasselbe Wort für eine Vielfalt unterschiedlicher Phänomene zu gebrauchen.

Das erste dieser Phänomene ist die *Bewußtheit einer kontinuierlichen Tätigkeit.* Wir alle wissen aus Erfahrung, daß Bewußtheit nichts fest Abgegrenztes ist, sondern die verschiedensten Abstufungen aufweist – von der Bewußtlosigkeit nach einem Schlag auf den Kopf über die außerbewußten viszeralen Vorgänge, das kaum bewußte Binden von Schnürsenkeln und andere randbewußte Tätigkeiten und Wahrnehmungen bis hin zur überscharfen Bewußtheit äußerster Konzentration. Diese Stadien kann man auf einer linear ansteigenden Skala anordnen – von Weiß über Grau zu Schwarz. Durch Lernen erworbene neue Fertigkeiten – perzeptivische, motorische und kognitive Fertigkeiten – neigen dazu, zu Gewohnheiten zu erstarren und in die Zwielichtzone des Bewußtseins zu wandern. Ich kann ein Gespräch fortsetzen, während ich Auto fahre, und das Lenkrad dabei dem Autopiloten in meinem Nervensystem übergeben. H. Gastaut und E. Beck[1] haben die Theorie aufgestellt, feste Gewohnheiten würden vielleicht von der Großhirnrinde an das limbische System oder an andere Strukturen des Zwischenhirns delegiert. Dieser Mechanismus dürfte freilich ein bißchen zu grob sein, um jene feinen

Schattierungen unserer linearen Skala zu erklären. Doch wie dem auch sei, halten wir einmal fest, daß *automatisierte Fertigkeiten nicht unbedingt starr und stereotyp werden.* Autofahren erfordert eine flexible Strategie, und der Nachtklub-Pianist, der eine Melodie in eine andere Tonart transponiert oder Chopin paraphrasiert, während er mit der Bardame flirtet, zeigt eine bemerkenswerte Virtuosität, obgleich er halbautomatisch, auf den unteren Stufen der Bewußtheitsskala, funktioniert.

Die Gewohnheitsbildung beinhaltet also eine ständige Abwärtsbewegung auf der Skala, wie auf einer Rolltreppe, die nach unten fährt. Die Abstufung nach unten bedeutet aber nicht zwangsläufig, daß die Fertigkeit dadurch abgewertet wird, und schließt auch eine gewisse Virtuosität – die oft fälschlicherweise für Kreativität gehalten wird – nicht aus. Man betrachte nur einen Schlosser, der mit einem einfachen gebogenen Draht das Innere eines komplizierten Schlosses ertastet und den Mechanismus, wie von einer geheimnisvollen Intuition geleitet, plötzlich aufschnappen läßt. Seine Tätigkeit wird in Wahrheit gelenkt von bestimmten *festgelegten Spielregeln*, die für alle Schlösser gelten, und von einer flexiblen *Strategie;* beides entwickelte sich aus zahllosen vorangegangenen Erfahrungen und wurde die »Rolltreppe« hinuntergeschickt. Die vielbewunderten Meister der verschiedenen Zen-Künste vom Fechten bis zum kalligraphischen Malen haben sich immer um diese Art von Virtuosität bemüht, wobei sie *unbewußte Automatismen mit unbewußter Eingebung* verwechselten. Mit einem Fahrrad über ein Drahtseil zu fahren oder Rechenkunststücke zu vollbringen sind bewundernswerte Leistungen, aber das Gegenteil von schöpferischer Originalität.

Wenn wir also sagen, daß die Kreativität in gewissen entscheidenden Augenblicken auf Eingebungen unbewußten Ursprungs beruht, meinen wir irgendeine *Aufwärts*bewegung auf der Rolltreppe. Das kann man unterschiedlich interpretieren. »Eingebung« kann man verstehen als eine

Botschaft aus »*dem* Unbewußten«, das wiederum als autonome Kraft gesehen wird – als eine separate Abteilung des Geistes, in der der sokratische Dämon unsere Hausaufgaben macht. Ich glaube, daß diese Theorie unhaltbar ist, obwohl sie nicht nur von romantisch veranlagten Künstlern, sondern auch von Mathematikern wie Henri Poincaré vertreten wurde. Schon die Bezeichnung »das Unbewußte« ist einigermaßen irreführend, weil sie eine strukturelle Wesenheit impliziert, eine Art Schachtel, in der bestimmte Tätigkeiten stattfinden, während Bewußtheit doch eine veränderliche *Dimension* von Tätigkeiten ist; sogar viszerale Funktionen können offenbar durch Yoga-Methoden und ähnliche Techniken unter bewußte Kontrolle gebracht werden.[2] Das Gegenteil passiert, wenn man nach dem Erwachen versucht, die Erinnerung an einen Traum festzuhalten, der einem wie Sand zwischen den Fingern des bewußten Zugriffs zerrinnt. Man könnte dieses Phänomen »Oneirolyse« nennen (von *oneiros* = Traum, und *lysis* = Auflösung); ich werde gleich darauf zurückkommen.

Wenn wir die Vorstellung vom »Unbewußten« als einer Art Deus ex machina verwerfen, können wir uns für eine andere, sachlichere Interpretation entscheiden. Danach erscheint die plötzliche Erleuchtung, der offenbar spontane kreative Sprung als Resultat bekannter und definierbarer geistiger Vorgänge, die freilich auf den unteren Stufen der Skala, unterhalb des konzentrierten und sogar des peripheren Bewußtseins, stattfinden. Die verwirrende Frage lautet folgendermaßen: Warum scheinen diese dunklen Zwischenspiele so unerläßlich für die hellwachen Bemühungen der Wissenschaft zu sein? Weil, so die Antwort, die einem zuerst in den Sinn kommt, die jeweilige geistige Tätigkeit, die in der sogenannten Inkubationszeit stattfindet, nicht genügend artikuliert und logisch ist, um in das konzentrierte Bewußtsein des hellwachen Zustands Eingang zu finden, weil sie nämlich unsere gewohnten Denkprozesse heillos in Unordnung bringen würde, wenn sie ungehindert Zugang hätte. Unter außergewöhnlichen Umständen, wenn die Routineprozesse versagen, bringt ein vorübergehender Rückschritt zu diesen prärationalen Formen der Geistestätigkeit jedoch das Kunststück fertig.

Lassen Sie mich zuerst klarstellen, *was* für ein Kunststück erwünscht ist; dann werde ich beschreiben, wie der Rückschritt zu prärationalen Stufen dazu beitragen kann, es zu vollbringen.

Entdeckungen können hochdramatisch oder enttäuschend einfach vonstatten gehen, es gibt jedoch ein Muster, das dem gesamten Spektrum von Entdeckungen zugrunde liegt. Man kann es mit dem Verb »zusammenschütteln« – lateinisch *co-agitare* – beschreiben: Was bisher getrennt war, wird miteinander verbunden. Wolfgang Köhlers Schimpansen besaßen die Fertigkeit, Bananen zu greifen, die vor ihrem Käfig lagen, indem sie einen Arm oder ein Bein durch die Gitterstäbe steckten; bezeichnen wir das als Fertigkeit Nr. 1. Außerdem hatten sie gelernt, Stöcke spielerisch zu benutzen, um die Erde aufzukratzen oder Gegenstände umherzustoßen: Fertigkeit Nr. 2. Wenn eine Banane außerhalb der Reichweite des Schimpansen liegt, wird er lange Zeit vergeblich versuchen, sie mit Hilfe der Routinebewegungen von Fertigkeit Nr. 1 zu greifen – bis zu jenem spannenden Moment, in dem er seinen Blick auf den Stock richtet, der im Käfig liegt, ihn nimmt und als Harke benutzt. Dann hat er zum ersten Mal die beiden bisher getrennten Fertigkeiten miteinander verbunden.

Eine eindrucksvolle Zahl menschlicher Entdeckungen beruht auf demselben Prinzip: Irgendeine spielerische, nur als *l'art pour l'art* ausgeübte Technik liefert die unerwartete Lösung eines Problems auf einem völlig anderen Gebiet. Galilei verblüffte die Welt, als er ein primitives, von holländischen Optikern erfundenes Spielzeug in ein astronomisches Instrument verwandelte; die Geometrie der Kegelschnitte, die Apollonius von Perge im 4. Jahrhundert v. Chr. studiert hatte, verhalf Kepler zweitausend Jahre später zu seinen elliptischen Planetenbahnen. Die Wahrscheinlichkeitsrechnung entstand, weil Pascal sich für die Glücksspiele eines Freundes, des Chevalier de Méré, interessierte; die Relativitätstheorie und die Quantenmechanik verdanken fast alles der nichteuklidischen Geometrie und anderen absurden Spielereien, die Mathematiker – wie einer von ihnen sagte – *seul en l'honneur de l'esprit humain,* allein zu Ehren des menschlichen Geistes, spielten. Der schöpferische Akt schafft nicht etwas aus dem Nichts; er manipuliert, kombiniert, synthetisiert bereits bestehende Fakten, Ideen, Bezugsrahmen, kognitive Fertigkeiten. D.O. Hebb kam aufgrund seiner Phasensequenz-Hypothese[3] zu ähnlichen Schlußfolgerungen, nur daß sie auf physiologischen Erwägungen beruhten. Vielleicht werden Helmut Schmidt oder Holger Hydén eines Tages mit einem Modell aufeinandergelegter Muster von Frequenzmodulationen in Neuronennetzen an die Öffentlichkeit treten.

Newton kombinierte Keplers Gesetze der Planetenbewegung mit Galileis Gesetzen der Bewegung von Projektilen; er zählte gewissermaßen zwei und zwei zusammen und bekam fünf heraus. Je vertrauter die Teile, um so überraschender das neue Ganze. Die Bewegungen der Gezeiten und die Phasen des Mondes waren jede für sich seit undenklichen Zeiten bekannt, aber es bedurfte abermals eines Newton, um sie zusammenzubringen. Gutenberg erfand die Druckerpresse mit beweglichen Typen, indem er die Technik des Prägestocks mit der Technik der Weinkelter verband. Darwin kam auf die Evolution durch natürliche Auslese, indem er zoologische Daten mit Malthus' Abhandlung über menschliche Populationen kombinierte. Maxwell machte Anleihen bei der Hydrodynamik, um ein Modell für die Fortpflanzung elektromagnetischer Wellen zu schaffen.

Dieser Akt der Querbefruchtung – oder vielmehr Selbstbefruchtung zwischen zwei kognitiven Bezugsrahmen in einem einzigen Hirn – scheint mir das Wesen des schöpferischen Akts zu sein; ich habe dafür die Bezeichnung »Bisoziation« vorgeschlagen, zur Unterscheidung von dem gewohnten assoziativen Denken in einer einzigen Matrix. Der Begriff »Matrix« steht hier für irgendeine Fähigkeit,

Gewohnheit oder Fertigkeit, die von einem unveränderlichen Kodex von »Spielregeln« beherrscht wird, der ihr Kohärenz und Stabilität verleiht, jedoch gleichzeitig genügend Freiheit für variable Strategien läßt; diese Strategien werden wiederum dem Umwelt-Input angepaßt. Ich habe an anderer Stelle zu zeigen versucht, daß das Konzept von der Matrix als einem Verhaltenssystem mit einem unveränderlichen »Kodex« und variablen Strategien ein breites Anwendungsgebiet auf allen Stufen der organischen Hierarchie hat. Hier geht es uns jedoch nur um kognitive Matrices, also um die kognitiven Strukturen, die wir Bezugsrahmen, assoziative Kontexte, Gedankengebäude, Denkbereiche, Schemata usw. nennen, einschließlich jener rudimentären Formen der Geistestätigkeit, die eine frühere Phase der Entwicklung des Individuums oder der Spezies widerspiegeln. (Die reizvolle Mehrdeutigkeit des Wortes »Kodex« – Sittenkodex, kodierte Nachricht – spiegelt außerdem die Eigenschaft des Nervensystems wider, körperliche Vorgänge durch kodierte Signale zu lenken.)

Wenn das Leben uns vor ein Problem stellt, versuchen wir, das Problem entsprechend dem Regelkodex zu bewältigen, der uns bisher die Möglichkeit gab, mit ähnlichen Problemen fertig zu werden. Wenn wir bei gleichbleibenden äußeren Umständen wiederholt auf eine bestimmte Aufgabe treffen, werden unsere Reaktionen stereotyp und degenerieren zu starren Verhaltensmustern. Andere, neue äußere Umstände führen dagegen häufig zur Entwicklung flexibler Verhaltensmuster. Das Neuartige kann allerdings – im Leben oder im Labor – so weit reduziert werden, daß die Situation in manchen Aspekten noch früheren, in der Vergangenheit bewältigten Situationen ähnelt, aber unbekannte Merkmale, Daten oder Schwierigkeiten aufweist, die es nicht mehr erlauben, das Problem mit den Spielregeln zu lösen, die auf jene Situationen der Vergangenheit angewendet wurden. In diesem Fall ist das Problem blockiert – was einem unter Umständen erst nach einer Reihe erfolgloser Lösungsversuche oder aber überhaupt nicht bewußt wird.

Eine blockierte Situation vergrößert den Streß, der durch das erfolglose Bemühen um eine Lösung erzeugt wird. Wenn alle zunächst erfolgversprechenden Versuche, das Problem mit traditionellen Mitteln zu lösen, scheitern, wenn diese Mittel ausgeschöpft sind, ist die »Periode des Vorbereitens« zu Ende, und das Denken läuft ziellos im Kreis wie die Katze in Thorndikes *puzzlebox*, bis die gesamte Persönlichkeit von dem Problem beherrscht wird. In diesem Stadium – der »Inkubationszeit« – bewirkt die Einseitigkeit der schöpferischen Obsession einen Zustand der Empfänglichkeit, eine Bereitschaft, günstige Zufallskonstellationen zu nutzen und von jedem beiläufigen Hinweis zu profitieren. Lloyd Morgan sagte dazu: »Laß dich ganz von deinem Gegenstand durchdringen ... und warte!« Bei Entdeckungen von der Art, bei der sowohl rationales Denken als auch die Auslösefunktion des Zufalls eine bedeutende Rolle spielen, besteht der wichtigste Beitrag der unbewußten Geistestätigkeit also darin, das Problem ständig präsent zu halten, während die bewußte Aufmerksamkeit andern Dingen gilt, einem Buch von Malthus oder der Weinlese zum Beispiel. Unser Freund, der Dämon, scheint alle wichtigen Rezeptoren im Gehirn mit verborgenen Mikrophonen versehen zu haben, um zu gewährleisten, daß kein eventuell nützlicher Informationsfetzen verlorengeht. Und an dieser Stelle könnte man Pasteur zitieren: »Der Zufall hilft nur dem ... der darauf vorbereitet ist.«

Bei anderen Arten von Entdeckungen greift die unbewußte geistige Tätigkeit offenbar gezielter, aktiver ein: zunächst, um eine wahllose Vermischung von Ideen zu fördern, und dann, um als Kuppler zu fungieren. Oder, ernsthafter ausgedrückt, sie hat einen katabolischen und einen anabolischen Aspekt.

Der katabolische oder regressive Aspekt liegt im Ausschalten bestimmter rationaler Kontrollmechanismen, die notwendig sind, um die Routinevorgänge des artikulierten Denkens abzusichern, aber den kreativen Sprung verhindern, wenn die Routine nicht mehr weiterhilft. Sobald die Kontrollmechanismen ausgeschaltet sind, kommt es, bildlich gesprochen, zu einer Entdifferenzierung des kognitiven Gewebes, einem Rückschritt von den hochspezialisierten, artikulierten Stufen des Denkens zu früheren, weniger disziplinierten Arten der Ideenbildung, die von laxeren Spielregeln gelenkt werden. Häufig geschieht das als Regression vom präzisen verbalen Denken in eine unbestimmte Welt von Bildern. Jacques Hadamards Umfrage unter amerikanischen Mathematikern führte zu dem verblüffenden Ergebnis, daß fast alle von ihnen weder in verbalen Begriffen noch in genauen algebraischen Symbolen dachten, sondern sich auf vage, verschwommene Bilder verließen. Typisch dafür war Einsteins Feststellung: »Die Wörter oder Sätze, wie sie geschrieben oder gesprochen werden, scheinen in meinem Denkmechanismus keine Rolle zu spielen. Die physikalischen Einheiten, die offensichtlich als Denkelemente fungieren, sind bestimmte Zeichen oder mehr oder minder klare Bilder ... [Sie] sind in jedem Fall visueller Natur, einige auch motorischer ... Außerdem scheint mir das, was Sie volles Bewußtsein nennen, ein Grenzfall zu sein, der nie ganz erreicht werden kann, weil Bewußtsein ein schmaler Grat ist.« Soweit man der Studie entnehmen kann, dachten die meisten der Wissenschaftler, die sich die Mühe machten, ihre Arbeitsmethoden zu beschreiben, in Bildern und schienen die Meinung von R. S. Woodworth zu teilen: »Oft müssen wir uns von der Sprache lösen, um klar zu denken.« John B. Watson war in der Tat sehr naiv, ebenso wie jene, die in seiner Nachfolge Denken mit »implizitem verbalem Verhalten« gleichsetzen. Worte kristallisieren Gedanken, sie artikulieren und präzisieren vage Bilder und unklare Eingebungen, aber ein Kristall ist keine Flüssigkeit mehr. Die Sprache kann sich als Trennwand zwischen dem Denkenden und der Wirklichkeit erweisen, und die Kreativität beginnt häufig dort, wo die Sprache aufhört, das heißt, durch einen Rückschritt auf die präverbalen Stufen der geistigen Hierarchie.

Dieser Prozeß des *reculer pour mieux sauter* – zurückweichen, um besser springen zu können – scheint, spezifischer
ausgedrückt, Denkmuster in Aktion treten zu lassen, die in
der Kindheit und in primitiven Gesellschaften vorherrschen, beim gebildeten Erwachsenen aber normalerweise
unterdrückt werden. Die Anthropologie, die Psychiatrie
und besonders die Schule Jean Piagets haben uns mit
einigen allgemeinen Zügen dieser ansonsten außerordentlich vielfältigen Formen der Geistestätigkeit vertraut gemacht. Einige dieser Züge sind: Gleichgültigkeit gegenüber
Widersprüchen und formaler Logik überhaupt; Subjekti-
vierung von Zeit und Raum; Regression von physikalischer
Kausalität zu magischer Kausalität und Animismus; Symbolisierung, Konkretisierung und Dramatisierung abstrakter Begriffe; eine Tendenz, augenscheinlich unvereinbare
Ideen miteinander zu verbinden, verborgene Analogien
zwischen Kohlköpfen und Königen wahrzunehmen [*Alice
im Wunderland*].

Die Vorzüge dieser Regression liegen auf der Hand. Der
Regelkodex, der eine Routinetätigkeit, ob Radfahren oder
verbales Argumentieren, beherrscht, ist immer auf einer
niedrigeren Stufe der Bewußtheit angesiedelt als die Tätigkeit selbst; der Kodex ist ein verborgener Verführer. K. S.
Lashleys Ausspruch »... bei all unseren Wahrnehmungen
sind wir uns einer geordneten Struktur bewußt; das Ord-
nen selbst wird nie empfunden« scheint auf allen Ebenen
zu gelten, von dem visuell gleichbleibenden Phänomen
über die Regel von Grammatik und Syntax, die in den
Lücken zwischen den Worten operieren, bis zu den Vorur-
teilen und verborgenen Leitsätzen, die in unsere routine-
mäßigen Denkprozesse eingebaut sind. Die Regression
beinhaltet eine zeitweilige Aufhebung dieser Regeln; der
arbeitende Geist wird von der Tyrannei starrer, übergenau-
er Schemata befreit; er kann »verlernen« und sich eine neue
Unschuld des Blicks, eine größere Flexibilität des Denkens
zulegen. (Natürlich auch eine größere Leichtgläubigkeit;
falsche Eingebungen sind leider von derselben spontanen

Überzeugungskraft wie richtige – und übertreffen diese zahlenmäßig um ein Vielfaches; die gefürchtete Verifizierung findet erst post factum statt.)

Soweit der katabolische Aspekt; er befreit die Ideen aus ihrem althergebrachten, starren Rahmen und gibt uns die Fähigkeit, ein vertrautes Ereignis unter einem überraschenden Blickwinkel, in einem neuen Licht zu sehen. Die Befreiung als solche genügt allerdings nicht; das Wort »Intuition« beinhaltet auch eine konkrete Anleitung, die zum Ziel führt. Wie diese Anleitung funktioniert, können wir leider nur indirekt erschließen. Ich habe eben einige Grundzüge jener rudimentären Denkformen erwähnt; einer davon war die *Symbolisierung und Konkretisierung* abstrakter Begriffe. Eben das tat Michael Farady, der die magnetischen »Kraftlinien«, die er erfunden hatte, als Kurven im Raum sah und sich vorstellte, das ganze Universum werde von ihnen strukturiert. Und dann haben wir natürlich noch August Kekulés Traum von der Schlange, bei der wir unwillkürlich an ein Gemälde von Blake denken, während die Kurven, die Faradays Universum durchziehen, uns eher an Van Goghs von Luftwirbeln durchzogene Himmel erinnern. Dann gibt es die *magische Kausalität* – die für einen Naturwissenschaftler nicht sehr hilfreich zu sein scheint. Und doch gründete Johannes Kepler die moderne Astronomie auf seinem Glauben, der Sonne entströme eine »Tugend« oder Kraft, die die Planeten treibe, wie Gottvater durch den Heiligen Geist wirke. Und als er zum ersten Mal behauptete, die Gezeiten gingen auf die Anziehungskraft des Mondes zurück, verwarf Galilei, ein außerordentlich rationaler Mann, das als okkulte Phantasterei, als Rückkehr zu Animismus und Zauberei. Und Isaac Newton akzeptierte aus demselben Grund – wie sein Brief an Bentley zeigt – nur mit äußerstem Widerwillen die Tatsache der Fernwirkung. Die Physik nach Werner Heisenberg ist ganz gewiß keine Regression zu uralter Magie, aber die grundlegenden Paradoxa der Unbestimmtheitsrelation, die Relativierung von Zeit und den Löchern im Raum – ganz zu schweigen von der negativen Zeit und den Löchern im Raum – sind gewiß leichter in den Griff zu bekommen, wenn man jenes »bewegliche« Denken zu Hilfe nimmt, das einem wie der Roten Königin in *Alice im Wunderland* erlaubt, vor dem Frühstück sechs unmögliche Dinge zu glauben. Die kürzlich gemachte Prophezeiung von der Existenz des Partikels Omega-Minus beruhte auf einer Eingebung, die stark an den pythagoreischen Zahlenzauber erinnert, und das gleiche gilt für einige Spekulationen Arthur Eddingtons. Noch verblüffender sind die zahlreichen Versicherungen von Physikern und Mathematikern (Planck, Poincaré, Einstein, G. H. Hardy, Hadamard usw.), die Paul Dirac in der lakonischen Bemerkung zusammengefaßt hat: »Die Schönheit der Gleichungen ist wichtiger als ihre vollkommene Übereinstimmung mit dem Experiment.«[5]

Schönheit gehört aber nun zu den wenigen Dingen, über die der Cro-Magnon-Mensch ebensoviel wußte wie wir, und es scheint, als habe der Weg zur Entdeckung des Positrons durch die Höhlen von Lascaux geführt.

Man hat einmal gesagt, es sei das Wesen der Entdeckung, dort eine Analogie zu sehen, wo noch nie jemand eine gesehen hat. Und die wichtigste Form der unbewußten Anleitung ist zweifellos der Hinweis auf *verborgene Analogien*. Aber wo war die Analogie verborgen, und wie wird sie gefunden? Die Mathematik begann laut Bertrand Russell mit der Entdeckung, daß ein Paar Fasane und ein Paar Tage etwas gemeinsam haben: die Zahl 2. Eine solche Analogie ist nicht irgendwo in einem Schrank verborgen; sie wird im Geiste hergestellt, indem man ein Merkmal x abstrahiert, das zwei Phänomene gemeinsam haben, obwohl es sich um ein nebensächliches Merkmal handelt, das durch die Tatsache, daß es in zwei verschiedene Bezugsrahmen eingebettet ist, noch weiter in den Hintergrund tritt. Das ist kein logischer Prozeß, sondern ein bisoziativer Akt. Sobald aber eine neue Analogie hergestellt wurde, liegt sie für jedermann auf der Hand – genau wie ein dichterisches Bild, das, einmal geschaffen, bald zu einem Klischee verblassen kann.

Regression kann zu einer reichen Ernte launischer Analogien führen. Ein Exempel ist das Wortspiel – Analogie durch Klang –, das im Traum und verbalen Ausrutschern entsteht und häufig von Kindern gebildet wird, die leidenschaftlich gern mit »Worten spielen«. Die Bedeutung, die Freud Wortspielen im Traum zumaß, was oft belächelt wurde, ist kürzlich von R. J. Bergers experimentellen Studien gerechtfertigt worden.[6] »Ihre Vorteile für den Dichter sind offensichtlich: Der Reim ist nichts als ein glorifiziertes Wortspiel, zwei Ideensträngen, die in einem akustischen Knoten bisoziiert wurden.« Das gleiche gilt für das, was man als bildliche Wortspiele bezeichnen könnte – wenn Salomo im Hohelied den Hals der Sulamit mit einem Elfenbeinturm vergleicht, bisoziiert er eine visuelle Form mit zwei verschiedenen Bedeutungen. Es sind einige Entdeckungen überliefert, die offenbar durch solche rein visuellen Analogien ausgelöst wurden (William Harvey, Lord Kelvin, Mitscherlich und der allgegenwärtige Kekulé), aber diese spektakulären Fälle sind eher die Ausnahme.

Wichtiger für unser Thema scheint mir eine Form der unbewußten Anleitung oder Führung zu sein, die weniger direkt ist. Sie ist allerdings auch schwieriger zu beschreiben. Der Traum (oder der Tagtraum) treibt mühelos von einem Bezugsrahmen zum nächsten, er bisoziiert auf eine passive, ungebundene Weise. Er produziert Analogien, die nutzlos sind (oder nur ganz persönlichen Zwecken dienen) und sich auflösen, sobald der Träumer erwacht; er kann ihnen keine präzise verbale Form geben: »Irgend etwas hat mich an irgend etwas erinnert, aber ich weiß nicht mehr, warum ...« Das habe ich weiter oben als Oneirolyse bezeichnet. Bei der schöpferischen Obsession, bei der das Denken auf allen Stufen zweckgebunden ist, wird dieser Vorgang womöglich zu einer Art »Oneirosynthese« umgekehrt. Das soll natürlich nur ein spekulativer Fingerzeig auf die Art und Weise sein, wie diese »Etwasse« uns vage an andere »Etwasse« erinnern, so daß sich allmählich eine Analogie herausschält. Das kann, wie Einsteins motorische

Denkelemente, eine unklare, tastende Angelegenheit sein, und ihre Form kann sich vom Kamel zum Wiesel entwikkeln wie Hamlets Wolke. Die unbewußten Bereiche fruchtbarer Geister wimmeln sicher von solchen entstehenden Analogien, verborgenen Ähnlichkeiten und den wolkigen Formen unbekannter Dinge. Aber die meisten Wolken bilden sich und lösen sich dann wieder auf; und Wolkenbrüche sind eine Seltenheit.

Um es anders auszudrücken: Es ist fünfzig Jahre her, seit Ariens Kappers für die gegenseitige Annäherung funktionell verwandter Nerven – die schließlich miteinander in Kontakt kommen – die Bezeichnung »Neurobiotaxe« prägte. In ihrer ursprünglichen Form war die Theorie nicht zeitgemäß; viele Forscher entwickelten andere Hypothesen – von chemischen Gradienten, Kontaktführung usw. –, um den geheimnisvollen Mechanismus zu erklären, der die Nerven ihrer funktionellen Bestimmung zuführt. Und dann gab es den bemerkenswerten Salamander von Paul Weiß, mit seinem fünften, implantierten Bein, das innerhalb kurzer Zeit in völliger Harmonie mit dem normalen Bein an seiner Seite arbeitete, obgleich seine Muskeln von Nervenfasern in Bewegung gesetzt wurden, die sich in der Narbe an der Implantationsstelle aufgeteilt hatten und so lange aufs Geratewohl vorgedrungen waren, bis einige von ihnen die degenerierten Nervenbahnen in den Muskeln des Implantats trafen. Als ich das Schaubild des tastenden, sich verästelnden Nervenstamms des Weißschen Salamanders zum ersten Mal sah, mußte ich unwillkürlich an eine berühmte Passage aus der *Logique de Port-Royal* von Antoine Arnauld und Pierre Nicole denken, in der es um Problemlösung geht. Darin heißt es ungefähr, wenn jemand feststellen wolle, ob er vom hl. Ludwig abstamme, könne er eine von zwei Methoden oder eine Kombination von beiden anwenden. Er könne die Nachkommen des hl. Ludwig vom Stammvater nach unten verfolgen, oder er könne seinen eigenen Stammbaum immer weiter nach oben verfolgen. Er könne aber auch an beiden Stellen zugleich beginnen und sich in beide Richtungen vorarbeiten, um zu sehen, ob sich die Zweige irgendwo treffen. (Die Verfasser setzten den aufwärts gerichteten Prozeß mit Analyse, den abwärts gerichteten Prozeß mit Synthese gleich, aber diese formale Unterscheidung interessiert uns hier nicht weiter.) Eine Problemlösung läßt sich folgendermaßen beschreiben: Man überbrückt die Kluft zwischen der anfänglichen Situation und dem Ziel mit einem vermittelnden Konzept, das als Verbindungsglied dient. Die Suche nach jenem Konzept ähnelt wahrscheinlich dem Bemühen im Fall des hl. Ludwig, das heißt, es handelt sich um die Prüfung versuchsweise aufgestellter Hypothesen, ein Tasten in eine irgendwie geahnte Richtung, bei dem man sich von dabei entstehenden Analogien leiten läßt und irgendwelchen unbekannten Gradienten oder wem auch immer folgt. Hier eröffnet sich, mit anderen Worten, ein weites Feld der Unwissenheit. Was ich damit sagen will? Nur dies: Wenn wir die Äußerung von Carl Friedrich Gauß – »Ich habe meine Lösung, aber ich weiß nicht, wie ich darauf gekommen bin« – und die vielen ähnlichen Feststellungen anderer Mathematiker hören, haben wir nicht das Recht, die Möglichkeit eines damit angedeuteten Prinzips, das unterhalb der Bewußtheits-Stufe wirksam ist und als schöpferische Psychotaxe bezeichnet werden könnte, von vornherein von der Hand zu weisen.

Biologische und geistige Entwicklung:
eine Übung in Analogie

Ich möchte Sie nun zu einem Flug auf den trügerischen Schwingen der Analogie einladen, der uns zuerst in das Gebiet der Genetik führen soll. Kreativität – das Hauptthema dieses Vortrags – ist ein notorisch schwierig zu definierender Begriff, und es ist manchmal ganz praktisch, sich einem schwierigen Thema durch Kontrastierung zu nähern. Das Gegenteil des kreativen Menschen ist der Pedant, der Sklave seiner Gewohnheiten, dessen Denken und Handeln in starren Bahnen verlaufen. Sein Gegenstück im Tierreich ist das überspezialisierte Tier. Nehmen wir zum Beispiel den rührenden und reizenden Koalabären, der sich auf den Verzehr der Blätter einer ganz bestimmten Art von Eukalyptusbäumen spezialisiert hat und nichts anderes frißt; anstelle von Fingern hat der Koala hakenähnliche Klauen, die sich ideal für das Festklammern an der Rinde dieser Bäume eignen – jedoch für nichts anderes. Manche unserer Universitätsfakultäten scheinen einzig und allein zur Züchtung menschlicher Koalabären bestimmt zu sein.

Sir Julian Huxley hat die Überspezialisierung als Hauptgrund dafür bezeichnet, daß alle Zweige des Tierreichs – mit Ausnahme des menschlichen – offenbar in Stagnation oder Auslöschung endeten. Der Schluß, den er aus dieser Feststellung zieht, dürfte allerdings nicht ganz so überzeugend sein. »Die Evolution«, erklärte er, »besteht aus einer ungeheuren Zahl von Sackgassen, und nur selten führt ein Weg zur Höherentwicklung. Sie ist so etwas wie ein Labyrinth, in dem fast alle Abzweigungen falsche Abzweigungen sind.«[1] Bei allem Respekt – ich finde, dieses Bild entspricht verdächtig der überholten behavioristischen Ansicht, das Verhalten der Ratte im experimentellen Labyrinth sei ein Paradigma für menschliches Lernverhalten. In bei-

den Fällen geht man von der ausdrücklichen oder stillschweigenden Voraussetzung aus, Fortschritt resultiere aus
einer Art Blindekuhspiel, bestehe aus zufälligen Mutationen, die durch natürliche Auslese erhalten würden, oder
aus Versuchen aufs Geratewohl, die durch Verstärkung
erhalten blieben – und damit habe sich die Sache. Man
kann jedoch von dieser These abweichen, ohne sich gleich
auf einen Deus ex machina oder einen sokratischen *daimon*
zu berufen, indem man einfach annimmt, daß zufällige
Ereignisse zweifellos viel zu dem Bild beitragen, aber daß
sich die Sache damit eben doch nicht hat.

Ein Fluchtweg aus dem Labyrinth wird von einem Phänomen angezeigt, das Studenten der Evolution unter dem
häßlichen Namen Pädomorphose bekannt ist, eine Bezeichnung, die vor etwa vierzig Jahren von W. Garstang[2] geprägt
wurde. Man weiß zwar, daß es dieses Phänomen gibt, aber
in den Lehrbüchern wird es kaum erwähnt, vielleicht, weil
es nicht dem Zeitgeist entspricht. »Pädomorphose« besagt,
daß die Evolution ihre Schritte unter bestimmten Umständen *rückgängig* machen kann, und zwar auf dem Weg, der
in eine Sackgasse führen würde, um dann in einer anderen,
mehr Erfolg versprechenden Richtung von neuem zu beginnen. Pädomorphose bedeutet, einfacher ausgedrückt,
das Auftauchen einer evolutionären Neuheit in der *larvalen*
oder *embryonalen* Phase des Ahnentiers, einer Neuheit, die
verschwinden kann, ehe das Erwachsenenstadium erreicht
ist, um dann aber im *ausgewachsenen* Nachkommen wieder
zu erscheinen. Dieser kleine evolutionäre Zauber wird er-
möglicht durch den bekannten Mechanismus der Neotenie,
das heißt, der stufenweisen Verzögerung der körperlichen
Entwicklung bis nach der Geschlechtsreife, so daß die Fortpflanzung stattfindet, während das Tier noch larvale oder
jugendliche Merkmale aufweist. Alister Hardy[3], Gevin de
Beer[4] und andere haben betont: Wenn diese Tendenz zur
»verlängerten Kindheit« von einer entsprechenden Eliminierung der späteren erwachsenen Stadien der Ontogenese
begleitet würde, käme es zu einer Verjüngung und Entspe-

zialisierung der Rasse, die damit einen Teil ihrer verlorengegangenen adaptiven Flexibilität wiedergewänne. Noch wichtiger als dieses Zurückdrehen der biologischen Uhr ist die Tatsache, daß der Selektionsdruck bei der pädomorphen Evolution in den frühen, formbaren Stadien der Ontogenese wirkt. Im Gegensatz dazu steht die Gerontomorphose, das Erscheinen neuer Merkmale im späten Erwachsenenstadium, die nur die Strukturen ändern kann, die bereits hochspezialisiert sind. Dementsprechend könnte man erwarten, daß die größeren evolutionären Fortschritte auf Pädomorphose und nicht auf Gerontomorphose beruhen – auf Änderungen im larvalen oder embryonalen und nicht im ausgewachsenen Stadium.

Lassen Sie mich ein Beispiel anführen, das deutlicher macht, worauf ich hinauswill. Reichhaltiges Beweismaterial spricht heute für die 1922 von Garstang[2] aufgestellte Theorie, daß die Chordatiere und somit auch wir, die Wirbeltiere, von der larvalen Phase eines primitiven Stachelhäuters abstammen, der vielleicht dem Seeigel oder der Seegurke ähnelte. Freilich scheint die ausgewachsene Seegurke nicht gerade ein Ahne zu sein, für den man sich begeistern könnte – sie ist eine träge Kreatur, die auf dem Meeresgrund liegt und aussieht wie eine schlecht gefüllte Wurst mit lederartiger Haut. Ihre frei schwimmende Larve wirkt jedoch erheblich vielversprechender: Im Gegensatz zur ausgewachsenen Seegurke ist die Larve bilateral symmetrisch gebaut wie ein Fisch; sie hat ein Ziliarband – ein Vorläufer des Nervensystems – und einige weitere differenzierte Merkmale, die man beim ausgewachsenen Tier nicht mehr vorfindet. Wir müssen annehmen, daß das ausgewachsene Tier, das auf dem Meeresboden ruht, auf die mobilen Larven angewiesen war, um diese Spezies in den Gewässern des Ozeans auszubreiten, ähnlich wie etwa Pflanzen ihre Samen im Wind verstreuen; daß ferner die Larven, auf sich gestellt und einem weit stärkeren Selektionsdruck ausgesetzt als die erwachsenen Tiere, dadurch allmählich immer fischähnlicher wurden; daß sie schließlich die sexuelle Reife erreichten, während sie sich noch in der frei schwimmenden larvalen Phase befanden – und daß sie auf diese Weise eine neue Tierform hervorbrachten, die sich nicht mehr auf dem Meeresgrund niederließ und die senile, seßhafte Seegurke völlig aus ihrem Lebensablauf strich.

Der gleiche Rückschritt mit dem Ziel, den Sackgassen des Labyrinths zu entkommen, fand offenbar an jedem entscheidenden Wendepunkt der Evolution statt – zuletzt, soweit wir wissen, als die Linie, die zu unserer eigenen Spezies führte, von irgendeinem Primaten und Vorfahren des Menschen abzweigte. Heute ist allgemein anerkannt, daß der erwachsene Mensch eher dem Embryo eines Affen ähnelt als einem ausgewachsenen Affen. Bei beiden ist die Gewichtsrelation vom Gehirn zum Gesamtkörper unverhältnismäßig hoch; bei beiden verzögert sich die Schließung der Suturen zwischen den Schädelknochen, um eine Ausdehnung des Gehirns zu ermöglichen. Die Achse durch den menschlichen Kopf – das heißt die Richtung seiner Sehlinie – steht im rechten Winkel zu seiner Wirbelsäule; eine Anordnung, die man bei Affen und anderen Säugetieren nur im Embryonalzustand vorfindet. Das gleiche gilt auch für den Winkel zwischen dem Rückgrat und dem Urogenitaltrakt – woraus sich erklärt, daß der Mensch als einziges Wesen den Geschlechtsverkehr von Angesicht zu Angesicht vollziehen kann.

Andere embryonale, oder um Louis Bolks Ausdruck zu gebrauchen, fötale Merkmale des erwachsenen Menschen sind das Fehlen von Augenbrauenwülsten, die spärliche Körperbehaarung, das verzögerte Wachstum der Zähne und so fort. Wie J.B.S. Haldane gesagt hat: »Wenn die Evolution des Menschen sich nach den gleichen Prinzipien fortsetzen sollte wie in der Vergangenheit, dann wird sie vermutlich zu einer noch weitgehenderen Prolongation der Kindheit und zu einer weiteren Verzögerung des Reifungsprozesses führen. Einige der Eigenschaften, die den erwachsenen Menschen auszeichnen, werden dann wohl verlorengehen.« Aber auch diese Medaille hat eine Kehrseite, auf die zum Beispiel Aldous Huxley in *Nach vielen Sommern* ironisch hingewiesen hat: Die künstliche Verlängerung der absoluten Lebensspanne des Menschen könnte Merkmalen des ausgewachsenen Affen erlauben, bei Methusalem wiederaufzutreten. Aber das nur nebenbei.

Das Wesentliche des eben beschriebenen Prozesses ist die Regression von hochspezialisierten erwachsenen Körper- und Verhaltensstrukturen zu einem früheren, flexibleren und weniger festgelegten Stadium, gefolgt von einem plötzlichen Schritt in eine neue Richtung. Es ist, als habe der Strom des Lebens vorübergehend seinen Lauf umgekehrt, sei eine Weile bergauf geflossen und habe sich dann ein neues Bett gebahnt, wobei der Koalabär wie eine ad acta gelegte Theorie an seinem Eukalyptusbaum hängenblieb. Wir stehen damit am entscheidenden Punkt unseres Ausflugs, denn mir scheint, daß dieser Prozeß des *reculer pour mieux sauter* – zurückweichen, um besser springen zu können – ein gundlegendes Moment jedes signifikanten Fortschritts ist, ob in der biologischen oder geistigen Evolution.

Wie ich meine, kann man zeigen, daß diese beiden Arten des Fortschritts – das Auftauchen biologischer Neuheiten und das Schaffen geistiger Neuheiten – analoge Prozesse auf verschiedenen Stufen der Entwicklungshierarchie sind. Um die Verbindung jedoch demonstrieren zu können, müssen wir uns schrittweise von niederen zu höheren Lebewesen bewegen. Eine der grundlegenden Eigenschaften lebender Organismen ist ihre Kraft der Selbstreparatur, und die dramatischste Äußerung dieser Kraft sind die Phänomene der Regeneration (die Joseph Needham[7] als »einen der spektakulären Zaubertricks im Repertoire der lebenden Organismen« bezeichnet hat). Primitive Lebewesen wie Plattwürmer können, selbst wenn man sie in ein halbes Dutzend Scheiben schneidet, aus einem einzigen Fragment ein vollständiges neues Tier regenerieren; Amphibien können neue Gliedmaßen und Organe bilden; und auch hier besteht der Zauber im *reculer pour mieux sauter* – in der Regression spezialisierter Gewebe auf eine genetisch weniger festgelegte, gleichsam embryonale Stufe, eine Entdifferenzierung oder Entspezialisierung, gefolgt von einer neuerlichen Differenzierung.

Die Erneuerung eines verlorenen Gliedes oder Auges ist natürlich ein Phänomen ganz anderer Ordnung als die Anpassungsprozesse, die unter normalen Umständen ablaufen. Man könnte die Regenerierung als Meta-Adaption an traumatisierende Herausforderungen bezeichnen. Die Kraft zu solchen Meta-Adaptionen entwickelt sich nur dann, wenn die Herausforderung eine kritische Grenze überschreitet und ihr nur mit Hilfe der genetischen Flexibilität des Embryonalstadiums begegnet werden kann. Wie wir eben gesehen haben, wurden die größeren stammesgeschichtlichen Veränderungen durch einen ähnlichen Rückschritt von erwachsenen zu embryonalen Formen bewirkt. Die Hauptentwicklungslinie, die zu unserer Spezies führte, könnte sogar als eine Reihe von stammesgeschichtlichen Selbstreparaturen betrachtet werden: als eine Reihe von geglückten Fluchtversuchen aus Sackgassen mittels Auflösens und Neuzusammenfügens schlecht angepaßter Strukturen.

Die Selbstreparatur eines Individuums bewirkt natürlich keine evolutionäre Neuheit, sondern stellt lediglich den Status quo ante wieder her. Mehr braucht das Individuum aber auch nicht, um sein normales adaptives Gleichgewicht in einer statischen Umwelt wiederzuerlangen (vorausgesetzt, die traumatisierende Störung war nur vorübergehend). Stammesgeschichtliche »Selbstreparatur« erfordert dagegen Veränderungen des Genotyps, um das adaptive Gleichgewicht in einer sich wandelnden Umwelt wiederherzustellen.

Bei den höheren Lebewesen wird die Kraft zur Regenerierung körperlicher Strukturen mehr und mehr durch die ebenso bemerkenswerte Fähigkeit des Nervensystems ersetzt, seine Funktionsweise umzustellen. (Letztlich erfordert diese Umstellung natürlich auch strukturelle Veränderungen, nur sind sie feiner, betreffen Schaltkreise, Molekularaufbau und dergleichen – aber wir bewegen uns weiterhin auf einer kontinuierlichen Linie.) Karl Lashley[8] brachte seinen Ratten bei, zwischen verschiedenen Gegenständen visuell zu unterscheiden; als er ihr Sehfeld operativ entfernte, war diese Fähigkeit erwartungsgemäß verschwunden, doch wider Erwarten waren die verstümmelten Ratten imstande, die Fertigkeit von neuem zu erlernen. Irgendeine andere Partie des Gehirns, die normalerweise nichts mit visuellem Lernen zu tun hat, mußte die Aufgabe übernommen haben, also für die herausoperierte Partie eingesprungen sein. Ähnliche Fälle von Meta-Adaption sind von Insekten, Vögeln, Schimpansen und anderen Tieren belegt.

Doch kommen wir nun zum Menschen und jenen erhabenen Formen der Selbstreparatur, die wir unter dem Begriff Selbstverwirklichung zusammenfassen und zu denen die Kreativität im weitesten Sinne gehört. Die Psychotherapie hat vom Schamanentum bis zu den zeitgenössischen Encountergruppen immer auf das zurückgegriffen, was Ernst Kris einmal »Regression im Dienst des Ichs« nannte. Der Neurotiker mit seinen Zwangsvorstellungen, Phobien und raffinierten Abwehrmechanismen ist ein Opfer von fehlangepaßter Spezialisierung – ein Koalabär, der sich sein liebes Leben lang an einen nackten Telegraphenmast klammert. Der Therapeut verfolgt das Ziel, eine vorübergehende Regression herbeizuführen, den Patienten bis zu dem Punkt zurückgehen zu lassen, wo etwas schiefging, um ihn dann verwandelt, neugeboren wieder auftauchen zu lassen. Goethes »Stirb und werde«, die unzähligen Variationen des Urmotivs von Tod und Auferstehung, dunkler Nacht und spiritueller Wiedergeburt drehen sich alle um dieses grundlegende Paradigma – Joseph im Brunnen, Jesus im Grab, Buddha in der Wüste, Jonas im Bauch des Wals.

Es gibt keine scharfe Trennungslinie zwischen Selbstreparatur und Selbstverwirklichung. Jede kreative Tätigkeit ist so etwas wie eine Do-it-yourself-Therapie, ein Versuch, mit traumatisierenden Erfahrungen fertig zu werden. Beim Wissenschaftler besteht das Trauma in einem offensichtlichen Paradoxon der Natur, einer Anomalie in der Bewegung der Planeten, in Daten, die einander widersprechen, eine akzeptierte Theorie erschüttern und seine gehätschelten Überzeugungen ad absurdum führen. Beim Künstler äußern sich Herausforderung und Reaktion in dem qualvollen Kampf, das Unausdrückbare auszudrücken, sein widerspenstiges Medium zu meistern, den Verzerrungen und Schranken zu entkommen, die ihm von den konventionellen Stilen und Methoden seiner Zeit auferlegt werden.

Die sogenannten Revolutionen in der Geschichte von Wissenschaft und Kunst sind, mit anderen Worten, erfolgreiche Fluchtversuche aus Sackgassen. Die Evolution der Wissenschaft ist weder kontinuierlich noch rein kumulativ, mit Ausnahme jener Perioden der Konsolidierung und Verfeinerung, die unmittelbar auf einen größeren Durchbruch folgen. Früher oder später mündet der Prozeß der Konsolidierung jedoch in zunehmender Starrheit und Orthodoxie und damit in die Sackgasse der Überspezialisierung. Das Wuchern unverständlicher Fachjargons, das diese Phase zu kennzeichnen scheint, erinnert einen manchmal an die monströsen Schaufeln des irischen Elchs und manchmal an die raffinierten Abwehrmechanismen, die der Neurotiker angesichts der Herausforderungen der Wirklichkeit entwickelt. Zuletzt führt der Prozeß zu einer Krise und damit zu einem neuen revolutionären Durchbruch – gefolgt von der nächsten Periode der Konsolidierung, und so beginnt der Zyklus abermals.

In der Kunstgeschichte zeigt sich dieser zyklische Prozeß noch deutlicher: Phasen kumulativen Fortschritts innerhalb einer bestimmten Schule und Technik enden unweigerlich mit Stagnation, Manierismus oder Dekadenz, bis die Krise durch eine revolutionäre Verlagerung von Sensibilität, Betonung und Stil gelöst wird.

Jede Revolution hat einen destruktiven und einen konstruktiven Aspekt. In der Wissenschaft äußert sich die

Destruktion darin, daß bisher unangreifbare Doktrinen, darunter einige anscheinend selbstverständliche Axiome, über Bord geworfen werden. In der Kunst beinhaltet sie eine ebenso qualvolle Revision von akzeptierten Wertbegriffen, Relevanzkriterien, Wahrnehmungsgefügen. Wenn wir die Evolution von Kunst und Wissenschaft aus der nüchternen Perspektive des Historikers betrachten, erscheint dieser Vorgang des Auflösens und Neuzusammenfügens als normaler und unvermeidlicher Bestandteil des Ganzen. Wenn wir unsere Aufmerksamkeit dagegen auf einen bestimmten Menschen richten, der eine revolutionäre Änderung in Gang gesetzt hat, werden wir uns sofort der ungeheuren intellektuellen und emotionalen Hindernisse bewußt, die er dabei überwinden mußte. Ich meine damit nicht etwa das Trägheitsmoment der Gesellschaft; die Hauptbarriere gegen ketzerische Neuerungen liegt im Schädel desjenigen, der dabei ist, sie zu entwickeln. Das wird zum Beispiel durch den Ausruf Keplers deutlich, als er entdeckte, daß die Planeten elliptische Bahnen beschreiben: »Wer bin ich, Johannes Kepler, daß ich die göttliche Symmetrie der kreisförmigen Umlaufbahn zerstören soll!« Sogar die Versuchspersonen von Jerome Bruner[10] erlebten etwas von dieser Qual, als ihnen ein Sekundenbruchteil lang eine Spielkarte mit einer schwarzen Herzkönigin gezeigt wurde, die sie »rot« sahen – was sie »eigentlich« ja auch sein sollte. Als man ihnen die Karte abermals, nur länger, zeigte, reagierten sie mit Abscheu auf diese Perversion der Naturgesetze. Verlernen ist oft schwieriger als lernen, und es sieht so aus, als könne man starre kognitive Strukturen nicht immer im Licht des bewußten, rationalen Geistes aufbrechen und zu einer neuen Synthese zusammenfügen. Das geht oft nur, indem man zu jenen unbestimmten, weniger zielgerichteten und spezialisierten Formen der Ideenbildung zurückkehrt, die normalerweise in der Zwielichtzone jenseits des konzentrierten Bewußtseins angesiedelt sind. Selbst Behavioristen mit einer ausgeprägt positivistischen Tendenz konzedieren heute allgemein, wenn auch manchmal widerwillig, daß unbewußte Prozesse auf diese Weise beim schöpferischen Akt eingreifen. Lassen Sie mich deshalb voraussetzen, daß der schöpferische Mensch in der Inkubationszeit – um den Ausdruck von Graham Wallas[11] zu benutzen – vorübergehend zu Denkmustern zurückkehrt, die beim rationalen Erwachsenen normalerweise blockiert sind.

Es wäre freilich eine zu große Vereinfachung, diese Muster, wie es manchmal geschieht, mit Freuds sogenanntem Primärprozeß gleichzusetzen. Der Primärprozeß ist angeblich ohne jede Logik, wird vom Lustprinzip beherrscht, kann Wahrnehmung und Einbildung verwechseln, drückt sich in spontanem Handeln aus und wird von einer starken affektiven Entladung begleitet. Meiner Meinung nach müssen wir zwischen diesem Primärprozeß und dem sogenannten Sekundärprozeß, der vom Realitätsprinzip beherrscht wird, eine ganze Hierarchie kognitiver Strukturen annehmen, die nicht einfach Mischungen von Primär- und Sekundärprozeß, sondern selbständige Systeme sind und jeweils von bestimmten Regeln beherrscht werden. Der paranoide Wahn, der Traum, der Tagtraum, die freie Assoziation, die Denkweise von Kindern verschiedenen Alters und von Primitiven verschiedener Entwicklungsstadien sollten nicht in einen Topf geworfen werden, denn jedes dieser Phänomene besitzt seine eigene Logik bzw. seine eigenen Spielregeln. Sie unterscheiden sich also in vieler Hinsicht deutlich voneinander, haben aber auch bestimmte Merkmale gemeinsam, denn sie sind ontogenetisch und vielleicht auch phylogenetisch älter als die Ideenbildung des zivilisierten Erwachsenen. Ich habe sie an anderer Stelle[12] »Spiele des Untergrunds« genannt, weil sie zurückgedrängt werden müssen, wenn sie nicht die Routine des geordneten Denkens stören sollen. Aber wenn man mit geordnetem Denken nicht weiterkommt, kann man den Untergrundspielen zeitweilig ihren Lauf lassen und dadurch plötzlich auf eine Lösung stoßen, die außerhalb der Reichweite des bewußten, rationalen Geistes war. Diesen

Prozeß habe ich recht eingehend in einem meiner Bücher[12] diskutiert, so daß ich ihn hier nur streife. Es geht mir darum, daß die Schaffung von etwas Neuem in der geistigen Evolution nach demselben Schema des *reculer pour mieux sauter* — einer zeitweiligen Regression auf eine naive oder jugendliche Stufe, gefolgt von einem Sprung nach vorn — abläuft, das wir in der biologischen Evolution beobachtet haben. Wir können die Analogie noch weiter führen und die Aha-Reaktion oder den Heureka-Ruf als Signal eines geglückten Fluchtversuchs aus einer Sackgasse interpretieren, als einen Akt der geistigen Selbstreparatur mittels Entdifferenzierung kognitiver Strukturen zu einem flexibleren Stadium und anschließender Freisetzung des schöpferischen Potentials — das Pendant zur Freisetzung genetischer Wachstumspotentiale in sich regenerierenden Geweben.

Es ist eine Binsenweisheit, daß das soziale Erbgut bei der geistigen Evolution das genetische Erbgut ersetzt. Doch zwischen der Stammesgeschichte und der Evolution von Ideen gibt es noch eine weniger banale Parallele: Keine von beiden verläuft als stetige, rein kumulative Kurve. Isaac Newton sagte einmal, wenn er weiter gesehen habe als andere, dann nur, weil er auf den Schultern von Riesen stand. Stand er aber wirklich auf ihren Schultern — oder auf einem anderen Teil ihrer Anatomie? Er übernahm Galileis Fallgesetze, aber er verwarf Galileis Astronomie. Er übernahm Keplers Gesetze der Planetenbewegungen, aber er zerstörte das restliche Keplersche Gedankengebäude. Er wählte als seinen Ausgangspunkt nicht etwa ihre fertigen ausgewachsenen Theorien, sondern ging zurück bis zu dem Punkt, an dem sie in die Sackgasse gefahren waren. Auch das Keplersche Gebäude wurde nicht auf dem des Kopernikus errichtet. Kepler riß vielmehr die baufällige Struktur der Epizyklen ein und behielt nur die Fundamente bei. Und auch Kopernikus baute nicht einfach dort weiter, wo Ptolemäus aufgehört hatte: Er ging zweitausend Jahre zurück, bis zu Aristarchos von Samos. Die großen revolutionären Wendepunkte in der Evolution der Ideen zeigen

265

alle einen entschiedenen pädomorphen Charakter. Das neue Paradigma, um Thomas Kuhns[13] Begriff zu gebrauchen, das aus der Revolution hervorgeht, wird nicht von einem bisher benutzten »erwachsenen« Paradigma abgeleitet – nicht von der alternden Seegurke, sondern von ihrer beweglichen Larve, die sich von den Strömungen des Ozeans treiben läßt. Nur in den vergleichsweise friedlichen Phasen der Konsolidierung und Verfeinerung finden wir eine Gerontomorphose – kleine Verbesserungen eines ausgereiften Wissensorganismus. In der Kunstgeschichte wird dieser Prozeß abermals überdeutlich; wir brauchen uns nicht länger damit aufzuhalten.

Ich habe mit einer nachdenklichen Bemerkung über die trügerischen Schwingen der Analogie begonnen, wobei ich mir durchaus bewußt war, daß jeder, der diesen wächsernen Gebilden vertraut, früher oder später das Schicksal des Ikarus erleiden wird. Es ist jedoch eines, mit Analogien zu argumentieren, und etwas ganz anderes, auf eine offensichtliche Parallele hinzuweisen, die vielleicht nicht genügend beachtet worden ist, und anschließend zu fragen, ob sie irgendwie relevant oder aber nebensächlich und irreführend ist. Ich glaube, daß die Parallele zwischen bestimmten, der biologischen und geistigen Evolution zugrunde liegenden Prozessen relevant ist. Man könnte die biologische Evolution als eine Geschichte erfolgreicher Fluchtversuche aus den Sackgassen der Überspezialisierung und die Evolution der Ideen als eine Reihe erfolgreicher Fluchtversuche aus der Knechtschaft der geistigen Gewohnheit bezeichnen; der Fluchtmechanismus beruht in beiden Fällen auf denselben Prinzipien. Die Phänomene der Regenerierung, die Neubildung von Strukturen und die Umstellung von Funktionen, alles Dinge, die nur dann stattfinden, wenn die Herausforderung eine kritische Grenze überschreitet, lassen uns ahnen, wie jene Mechanismen aussehen. Die Kraft der Regenerierung läßt auf das Vorhandensein unvermuteter »meta-adaptiver« Potentiale schließen, die bei Routinetätigkeiten blockiert sind oder schlummern und uns, wenn sie freigesetzt werden, manchmal das Gefühl geben, daß wir in einer Welt nichtangezapfter Ressourcen und unerforschter Möglichkeiten umhertappen wie Schlafwandler.

Man könnte nun einwenden, ich hätte eine reduktionistische Sicht der Dinge präsentiert; es sei ein Sakrileg, das Schaffen einer Brahms-Sinfonie oder der Maxwellschen Feldgleichungen einen Akt der Selbstreparatur zu nennen und mit der Mutation einer Seegurkenlarve, der Regenerierung eines Molchschwanzes oder der Wiederherstellung von Patienten durch Psychotherapie zu vergleichen. Ich denke jedoch, daß eine solche Betrachtungsweise alles andere als ein Sakrileg ist. Sie läßt, wie zögernd auch immer, auf die Existenz eines gemeinsamen Nenners, eine gewisse Zielstrebigkeit schließen, ohne einen Deus ex machina zur Hilfe zu rufen. Sie leugnet keineswegs, daß Versuch und Irrtum jeder progressiven Entwicklung immanent sind. Zwischen den wahllosen Versuchen des Affen an der Schreibmaschine und dem Prozeß, den ich mangels einer besseren Bezeichnung *reculer pour mieux sauter* genannt habe, liegen jedoch Welten. Beim ersten Phänomen werden alle nur möglichen Reaktionen aus dem Repertoire des Organismus abgespult, bis zufällig die richtige an die Reihe kommt und durch Verstärkung eingebaut wird. Das zweite Phänomen kann meinetwegen immer noch als Versuch und Irrtum qualifiziert werden, aber es hat einen zielgerichteten Aspekt und benutzt vielschichtigere, differenzierte Methoden: ein Tasten und Suchen, ein Zurückweichen und abermaliges Voranschreiten zum Ziel. »Zielstrebigkeit«, schreibt H. J. Muller[14] in diesem Zusammenhang, »ist nicht etwas, das wir in die Natur hineinprojizieren, und man braucht sich nicht den Kopf darüber zu zerbrechen, als wäre sie ein ... rätselhafter oder göttlicher Faktor ... sie ist einfach ein Merkmal der biologischen Organisation.« Diese Zielgerichtetheit grundlegender Prozesse ist durchgängig zu beobachten, vom bewußten Verhalten bis hinunter zu dem, was Joseph Needham[7] »das

Streben der Blastula, zu einem Küken heranzuwachsen«, nannte. Wie hartnäckig und erfinderisch dieses Streben ist, wurde in der experimentellen Embryologie von Speeman bis Paul Weiß demonstriert – man hat die Lektionen nur noch nicht richtig verarbeitet.

Er ist also wieder vertretbar geworden, von Zielgerichtetheit oder Zielstrebigkeit in der Ontogenese zu sprechen. Was die Phylogenese betrifft, so scheint der Affe weiterhin auf der Schreibmaschine zu hämmern, vielleicht weil die angebotenen Alternativen – amorphe Entelechien oder die Lysenko-Schule des Lamarckismus – den wissenschaftlichen Geist noch mehr abstießen. Andererseits haben die starren, atomistischen Vorstellungen der Mendelschen Genetik in den letzten Jahren einen gewißen Aufweichungsprozeß durchgemacht und sind durch eine ganze Reihe neuer Konzepte mit beinahe holistischem Beigeschmack ergänzt worden. So erfahren wir, daß das genetische System eine »Mikrohierarchie« darstellt, die ihre selektive und regulierende Kontrolle auf der Stufe der Moleküle, Chromosomen und Zellen ausübt; daß die Entwicklung durch »Entwicklungshomöostase«[15] oder »evolutionäre Homöostase« kanalisiert, stabilisiert wird, so daß Mutationen nicht nur ein einziges Merkmal, sondern »ein ganzes Organ auf harmonische Weise«[16] ändern; und schließlich, daß diese verschiedenen Formen der »inneren Auslese« ein begrenztes »Mutationsspektrum«[17] schaffen oder sogar einen »unmittelbaren formenden Einfluß [haben können], der den evolutionären Wandel auf bestimmten Wegen leitet«[18] – und all dies geschieht, ehe die äußere, Darwinsche Auslese ans Werk geht. Wenn das aber so ist, wird die Rolle der glücklichen Zufallsmutation auf die des Auslösers reduziert, der die koordinierte Tätigkeit des Systems in Gang setzt, und wer weiterhin behauptet, die Evolution sei das Ergebnis blinden Zufalls, verwechselt die einfache, von den Gesetzen der Statistik bestimmte Tätigkeit des Auslösers mit den vielschichtigen, zielgerichteten Prozessen, die er beginnen läßt. Ihre Zielstrebigkeit äußert sich in unterschiedlicher Form auf verschiedenen Stufen der Hierarchie, von den selbstregulierenden Kräften des genetischen Systems bis hin zu der inneren und äußeren Auslese und gipfelt vielleicht in den Phänomenen der phylogenetischen Selbstreparatur: Fluchtwege aus Sackgassen und Aufbrüche in neue Richtungen. Vor rund zwanzig Jahren erregten E. Tolman und I. Krechevsky ungeheures Aufsehen mit ihrer Erklärung, die Ratte lerne, aus ihrem Labyrinth herauszukommen, indem sie Hypothesen aufstelle; wir können dieses Bild womöglich bald weiter fassen und sagen, daß die Evolution fortschreitet, indem sie Hypothesen entwickelt und verwirft.

Jeder zielgerichtete Prozeß, ob man ihn nun als Anpassungs-, Auslese- oder Erwartungsprozeß qualifiziert, beinhaltet einen Bezug auf die Zukunft. Die Finalität von Entwicklungsprozessen, das Streben der Blastula, allen Hindernissen und Fährnissen zum Trotz zu einem Embryo heranzuwachsen, könnte den vorurteilslosen Beobachter zu dem Schluß veranlassen, daß die Anziehungskraft der Zukunft ebenso real und manchmal wichtiger ist als der Druck der Vergangenheit. Man kann den Druck mit der Wirkungsweise einer zusammengedrückten Feder und die Anziehungskraft mit einer auseinandergezogenen Feder vergleichen, wobei die Feder jeweils um die Achse der Zeit verläuft. Keines der beiden Phänomene ist mehr oder weniger mechanistisch als das andere. Wenn die Zukunft im Laplaceschen Sinn uneingeschränkt prädeterminiert ist, dann kann man nicht zwischen den Wirkungsweisen der beiden Federn wählen. Wenn sie im Heisenbergschen Sinn unbestimmt ist, dann zielt die Unbestimmtheit gewissermaßen in beide Richtungen – und die ferne Vergangenheit ist ebenso vage und unerfahrbar wie die Zukunft. Und wenn es schließlich in den Luftblasen des Stroms der Kausalität so etwas wie eine freie Wahl gibt, dann muß sie auf die Zukunft abzielen und sich nach dem Feedback aus der Vergangenheit richten.

Exakte Wissenschaft und Parawissenschaft

In den 1950er Jahren wurde in England von dem Physiker Dr. Irving John Good eine bemerkenswerte Zeitschrift herausgegeben, mit dem Titel *Journal of Half-Baked-Ideas* (»Zeitschrift für halb-ausgegorene Ideen«). Ein Teil ihrer Beiträge erschien später als Buch: *The Scientist Speculates: An Anthology of Partly Baked Ideas* (»Der Wissenschaftler spekuliert: Eine Auswahl unausgegorener Ideen«)[1]. Was ich Ihnen jetzt vortragen möchte, wird sich als eine Art Drei-Schichten-Sandwich unausgegorener Ideen erweisen. Die oberste Schicht, mit der ich beginnen werde, besteht aus einer voll durchgebackenen Kruste, die so lange äußeren Einflüssen ausgesetzt war, daß sich die darin enthaltenen Ideen fast zu Klischees verhärtet haben. Die darunter liegenden Schichten werden zunehmend weniger ausgegoren sein, bis wir zur untersten Schicht von unverfroren krasser Spekulation kommen.

In einem kürzlich veröffentlichten Buch[2] versuchte ich nachzuweisen, daß die unvorstellbaren Phänomene der Parapsychologie im Lichte der unvorstellbaren Postulate der Quantenphysik nicht ganz so widersinnig erscheinen. Dieses Argument ist keineswegs neu; es ist so oft und so brillant vorgetragen worden, daß es mittlerweile fast zu einem Gemeinplatz geworden ist. Aber es kann auch in modifizierter Form, auf die klassische Physik der Zeit vor Heisenberg angewandt werden. Um nur ein Beispiel anzuführen: Vom Standpunkt des gesunden Menschenverstandes ist die Art der Fernwirkung, die als Telepathie bezeichnet wird, nicht rätselhafter als jene andere Fernwirkung, die man universale Schwerkraft nennt. Als Kepler achtzig Jahre vor Newton mit der abenteuerlichen Vermutung hervortrat, daß die Gezeiten durch die Anziehungskraft des Mondes verursacht würden, lehnte Galilei diese Idee als okkulte Wahnvorstellung ab, die im Widerspruch zu den

Naturgesetzen stehe. Und Newton selbst lehnte die Vorstellung einer universalen Schwerkraft ab, falls es nicht irgendein interstellares Medium gebe, welches als ihr Träger wirken könne. In seinem dritten Brief an Bentley schrieb er: »Daß ein Körper über eine Entfernung, durch ein Vakuum hindurch, wirken könne, ohne Vermittlung irgendeines stofflichen Trägers ... ist für mich ein solcher Widersinn, daß kein Mensch, der seine fünf Sinne beisammen hat, ihm verfallen kann.«

Und doch verfielen wir ihm alle, wie Schuljungen in einem Klassenzimmer, ohne daß wir uns unseres Zustands des Gefallenseins bewußt wurden. So groß ist die Macht der Gewohnheit im Denken. Mit einem Pradox zu leben ist wie eine Ehe mit einer ewig nörgelnden Xanthippe; nach einer gewissen Zeit wird man taub gegenüber ihrem ständigen Nörgeln, und man nimmt die Haltung ergebener Resignation ein.

So konnte selbst die klassische Physik nur dadurch Fortschritte machen, daß sie den gesunden Menschenverstand mißachtete und die früher als heilig geltenden Naturgesetze umstieß und neu formulierte. Die moderne Physik mußte diese beiden Sünden in noch schrofferer Form wiederholen. Auch die Parapsychologie trägt eine ähnliche Sündenlast. Einstein, de Broglie und Schrödinger haben jeder auf seine Weise die Materie entmaterialisiert wie der Zauberkünstler, der die Dame aus ihrer Kiste auf der Bühne verschwinden läßt. Heisenberg ersetzte den Determinismus durch das Unbestimmtheitsprinzip und die Kausalität durch Statistik; Dirac postulierte Löcher im Weltraum, die mit Elektronen negativer Masse angefüllt seien; Thomson ließ ein Teilchen gleichzeitig durch zwei Löcher in einer Platte passieren – was, wie Cyril Burt bemerkte, ein Kunststück sei, das bisher noch keinem körperlosen Geist gelang. Photonen mit einer Ruhemasse von Null sind beobachtet worden, wie sie sich in Zwillingspaare mit fester Ruhemasse verwandelten; Feynman ließ auf seinen Diagrammen die Zeit rückwärts laufen. Und das sind nur einige Ausblicke auf jene surrealistische Welt, die die Quantenphysik uns eröffnet hat. Um einen alten Ausspruch zu variieren: Das Innere des Atoms ist der Ort, wo sich Dinge ereignen, die gar nicht geschehen.

Die Astronomen haben eine ähnlich verrückte Zeit. Die Streitfrage, ob »Urknall« oder »kontinuierliche Schöpfung«, würde mittelalterliche Theologen entzückt haben. Radioastronomen behaupten, daß sie ein Rauschen hören können, das auf den ursprünglichen Schöpfungsknall zurückgehen müsse. In jüngster Zeit entdeckte man im Weltall sogenannte Schwarze Löcher, deren Schwerkraftfelder die Masse kollabierender Sterne mit Lichtgeschwindigkeit einsaugen, »aufheben« und so für immer aus unserem Weltall in das große Jenseits verschwinden lassen. Das Universum entpuppt sich somit in der Tat als ein sehr merkwürdiges Gebilde, und wir brauchen keine Gespenster mehr, die uns die Haare zu Berge stehen lassen.

Wenn ich Ihnen diese wohlbekannten Entwicklungen in Erinnerung rufe, wollte ich damit nur noch einmal die Tatsache unterstreichen, daß die mechanistische und deterministische Weltsicht, die immer noch in der Soziologie, den Verhaltenswissenschaften und beim breiten Publikum vorherrscht, keinerlei Grundlage mehr besitzt; sie ist zu einem Anachronismus der Viktorianischen Zeit geworden. Das Uhrwerkmodell des Universums, wie es das 19. Jahrhundert kannte, ist ein Scherbenhaufen, und da die Materie selbst entmaterialisiert worden ist, kann der Materialismus nicht mehr den Anspruch erheben, eine wissenschaftlich begründete Philosophie zu sein.

Als ein Nebenprodukt dieser philosophischen Krise können wir eine seltsame Wechselwirkung zwischen den exakten Wissenschaften auf der einen und der Parapsychologie auf der anderen Seite beobachten. Während der letzten fünfzig Jahre haben unsere führenden Physiker ihr Spiel mit immer obskureren Entwürfen getrieben, deren mehr oder weniger mystische Implikationen durch technischen Jargon und mathematischen Formalismus getarnt wurden.

Wenn Galilei noch lebte, würde er ihnen sicherlich vorgeworfen haben, sich auf okkulte Phantastereien einzlassen. Gleichzeitig hätte er vielleicht einen wohlwollenden Blick auf das wachsende Vertrauen geworfen, mit dem sich die Parapsychologen strenger statistischer Methoden, genauer Kontrollen, mechanischer Apparaturen und elektronischer Computer bedienen. So scheint sich also die wissenschaftliche Tendenz in beiden Lagern genau entgegengesetzt entwickelt zu haben: Den Schülern von Rhine ist manchmal wegen ihrer statistischen Orientierung wissenschaftliche Pedanterie vorgeworfen worden, während man den Nachfolgern Einsteins vorhielt, mit Gespenstern zu flirten, die als Teilchen ohne Masse, Gewicht oder ohne bestimmten Ort im Raum auftreten.

Ich glaube, daß diese offensichtliche Konvergenz mehr ist als nur ein peripheres Phänomen. Dennoch muß man vorsichtig mit den daraus gezogenen Schlußfolgerungen sein. Die Zeit, wo sich Physik und Parapsychologie glücklich in die Arme fallen können, ist noch nicht gekommen. Was beide in wachsendem Maße gemeinsam haben, sind die beiden negativen Aspekte, die ich gerade erwähnt habe: Beide bieten sowohl dem gesunden Menschenverstand als auch den früher geltenden Naturgesetzen Trotz. Sie treten beide provozierend und bilderstürmend auf. Und um es noch einmal zu sagen: Die verwirrenden Paradoxa, welche die eine produziert, lassen die Paradoxa der andern nicht mehr ganz so unsinnig erscheinen. Wenn ganze Sterne in Schwarzen Löchern verschwinden können, ist es schließlich auch möglich, daß es Eigentümlichkeiten im Raum-Zeit-Kontinuum gibt, die Poltergeister erzeugen.

Man könnte das eine Art negativer Affinität nennen. Konkret betrachtet heißt das nicht viel, aber in philosophischer und emotionaler Hinsicht scheint es mir bedeutsam. Es hilft uns über einige beunruhigende Zweifel hinweg. Es ist tröstlich zu wissen: Wenn auch der Parapsychologe an einem Abgrund steht, so balanciert der Physiker auf einem Drahtseil.

Aber unvermeidlich stellt sich hier die Frage, ob nicht am Horizont irgendwelche Anzeichen einer *positiven* Affinität oder Konvergenz zwischen einer nach-materialistischen Physik und einer nach-spiritualistischen Parapsychologie sichtbar sind. Ich bin der Ansicht, daß man zwei solche Zeichen erkennen kann, das erste subjektiver, das zweite objektiver Natur.

Eine eindrucksvolle Anzahl von hervorragenden Physikern, darunter mehrere Nobelpreisträger, zeigen eine Neigung, mit der Parapsychologie zu liebäugeln – man betrachte nur die Liste der Präsidenten der britischen Society for Psychic Research. So war der Entdecker des Elektrons, Sir Joseph J. Thomson, einer der ersten Mitglieder dieser Gesellschaft. Woran liegt es aber nun, daß vor allem Physiker so anfällig sind für den ASW-Bazillus? Die Antwort darauf läßt sich in den autobiographischen Schriften und metaphysischen Spekulationen der bedeutendsten unter ihnen finden. Deren vorherrschender Tenor ist fast durchwegs ein starkes Gefühl von Frustration, das auf der Einsicht beruht, daß die Naturwissenschaft nur bestimmte Aspekte oder Ebenen der Wirklichkeit erfassen kann, während sich die letzten Fragen stets ihrem Zugriff entziehen und immer weiter ins Unendliche zurückweichen, wie Bilder in einem Spiegelsaal. »Physik ist mathematisch«, schrieb Bertrand Russell, »nicht, weil wir so wenig wissen; nur die mathematischen Eigenschaften können wir erkennen.«[3] Dieser resignierende Agnostizismus führt entweder in eine geistige Wüste – Schrödinger zum Beispiel hängte in seinen mittleren Jahren die Physik mit Abscheu an den Nagel – oder aber, was häufiger der Fall ist, zu einer neuen geistigen Aufgeschlossenheit, einer Art reifer Unschuld auf einer höheren Windung der Spirale.

So viel zu dem, was ich als die subjektive Komponente der Konvergenz bezeichnet habe. Der nächste Schritt verlangt, daß wir nach *objektiven* Konvergenzen Ausschau halten, das heißt nach Gebieten, wo die Belange der Physik und Parapsychologie in unmittelbare Berührung miteinander kommen könnten. Aber dieser Schritt erfordert, daß wir uns mit einer tieferen Schicht unseres Sandwich befassen, einer Schicht, die nicht mehr so ganz durchgebacken ist. Es ist dazu nicht nötig, auf frühere, voreilige Bemühungen einzugehen, eine physikalische Erklärung für ASW durch den Hinweis auf Radiowellen oder ähnliches zu liefern. Es waren an sich ehrenhafte Bemühungen, dem Wolf einen Schafspelz umzulegen, aber sie waren natürlich von vornherein zum Scheitern verurteilt. Mit dem Aufkommen der Quantentheorie erreichten diese Bestrebungen jedoch ein wesentlich höheres Niveau – man könnte sagen, daß sie aus dem zu einem Viertel durchgebackenen Stadium ins halb-durchgebackene kamen. Beispiele hierfür sind Axel Firsoffs Hypothese einer ASW-Kommunikation mit Hilfe von *Mindons,* den hypothetischen kleinsten Teilchen eines allgegenwärtigen »Geiststoffs«, die neutrino-ähnliche Eigenschaften haben könnten, oder Martin Ruderfers verwikkelte Theorie von einem Meer von Neutrinos, die in Wechselwirkung zur Materie stehen. Zu nennen wären hier auch des verstorbenen Adrian Dobbs' *Psitronen,* Schwärme von Elementarteilchen mit imaginärer Masse, die sich pfeilartig entlang einer zweiten hypothetischen Zeitdimension bewegen und imstande sind, unmittelbar auf Neutronen bei Wahrnehmungsprozessen im Gehirn einzuwirken.

Diese Theorien zeugen von immenser Erfindungsgabe und Scharfsinn, und ich glaube nicht, daß Physiker offensichtliche Irrtümer an ihnen entdecken könnten. Und dennoch steht es mit ihnen wie mit anderen ähnlichen Bemühungen: Sie vermögen nicht zu befriedigen, weil sie den Eindruck hinterlassen, daß sie nur improvisierte Brücken über den schwindelerregenden Abgrund der Unendlichkeit sind, deren Stützen *ad hoc* erdachte Hypothesen sind. Man kann sich des Gefühls nicht erwehren, daß diese phantasievollen Bemühungen anregend wirken, aber zu früh kommen, und daß sie unter dem leiden, was Whitehead »unangebrachte Konkretisierung« nannte. Um es anders auszudrücken: Ihre Urheber scheinen immer noch im Banne der

Konzepte und Kategorien der Physiker zu stehen, statt ihre eigenen autonomen Begriffssysteme zu entwerfen, ein psychisches Universum mit Vorstellungen und Begriffen, die den Phänomenen ihres Gebiets angemessen sind, wie das die Biologie bis zu einem gewissen Grade getan hat. Ich möchte hier gern einen Festredner auf einem ihrer früheren Kongresse zitieren, den Professor der Physik an der Yale University:

»Ich habe die Physik nach Anregungen durchforscht, die sie für die Lösung derartiger Probleme anbieten kann, denen Sie als Parapsychologen gegenüberzustehen scheinen. Das Ergebnis, fürchte ich, ist mager und enttäuschend ausgefallen, wenngleich es auch einer Beachtung wert ist. Doch warum, möchte ich nun gern fragen, ist es notwendig, alle anerkannten Konzepte einer älteren Naturwissenschaft bei dem gegenwärtigen Stand der Entwicklung in eine neue Disziplin zu übernehmen? Die Physik hing niemals sklavisch an den griechischen rationalistischen Formulierungen, die ihr vorangingen, sie war gezwungen, ihre eigenen spezifischen Denkgebäude aufzubauen ...

Der Parapsychologe, glaube ich, ... muß auf eigene Faust vorangehen und mit kühneren Vorstellungen argumentieren, als es die gegenwärtige Physik vermag.«[4]

Das bedeutet natürlich nicht, daß die Parapsychologie sich gegenüber dem Hauptstrom naturwissenschaftlicher Forschung abschließen und in einen Elfenbeinturm zurückziehen sollte. Aber jener Hauptstrom selbst fließt kühn in neue Richtungen, die auf eine indirekte Art der Konvergenz in der Zukunft hindeuten, nicht durch voreilige Abkürzungen, sondern durch eine Art von Isomorphismus oder Gestaltverwandtschaft. Ich beziehe mich hier auf eine Entwicklung, die man den *mentalistischen Trend* in der Biologie und der Physik nennen könnte, mit ihrer expliziten wie impliziten Anerkennung der Macht des Geistes über die Materie. Dieser Trend scheint eine indirekte Folge jener paradoxen Entwicklungen in der Physik zu sein, die ich schon erwähnte. Während der Anfänge dieser Entwicklung machte Sir James Jeans seine berühmte Bemerkung: »Heute ist man sich ziemlich einig darüber und auf der physikalischen Seite der Wissenschaft nahezu völlig einig, daß der Wissensstrom auf eine nichtmechanische Wirklichkeit zufließt; das Weltall sieht allmählich eher wie ein großer Gedanke als wie eine große Maschine aus.«[5]

Diese Feststellung war nicht als poetische Metapher gedacht, sie bedeutete die unbehagliche, aber unausweichliche Folgerung, die aus den Ergebnissen unserer physikalischen Laboratorien zu ziehen ist. Sie hatte mehrere Aspekte; doch ihr allerwichtigster war das Prinzip der Komplementarität, das feststellt, daß die kleinsten Bestandteile des Universums zweideutige, janusköpfige Wesen sind, die sich unter bestimmten Umständen wie harte kleine Kugeln verhalten, unter anderen Bedingungen jedoch wie Wellen, die sich in einem nichtmateriellen Medium fortpflanzen. Diese beiden Verhaltensformen schließen einander aus, aber sie ergänzen sich auch gegenseitig. Heisenberg war offensichtlich der erste, der erkannte, daß diese Komplementarität als ein Paradigma für den Dualismus von Materie und Geist betrachtet werden könnte. In seiner Autobiographie äußerte er sich noch deutlicher. »Atome sind keine *Dinge*«, schrieb er. »Wenn man bis zu den Atomen hinabsteigt, gibt es eine objektive Welt in Raum und Zeit gar nicht.«[6] Von hier aus ist es nur ein Schritt zu der Einsicht, daß die Inhalte mentaler Erfahrung sich auch jeglicher Definition in Begriffen von Raum, Zeit und Substanz entziehen und dennoch irgendwie mit der Gehirnmaterie verbunden sind – geradeso wie die Wellenfunktion des Elektrons mit seinem stofflichen Aspekt verknüpft ist. Man könnte wie Dr. Good (in dem Werk *Phantasie in der Wissenschaft*) zu dem Schluß kommen, daß »die grundlegende Wellengleichung des Physikers – Schrödingers Psi-Funktion – so mysteriös ist, daß sie zu der Vermutung reizt, sie könne in gewisser Hinsicht psychische Vorgänge erklären. Vielleicht ist das Psi der Quantenphysik vom Psi der Parapsychologen abhängig.« Andere Physiker haben halb scherzhaft, halb im Ernst die verborgenen Sympathien zwischen den beiden Psis hervorgehoben.

So besteht nicht nur eine negative Konvergenz zwischen den beiden Bereichen in dem Sinne, daß sie mit gesundem Menschenverstand und intellektueller Selbstgefälligkeit nichts zu tun haben wollen; es gibt auch Anzeichen einer tastenden *positiven* Annäherung, die jedoch mehr implizit als explizit ist, eher potentiell als tatsächlich, mehr intuitiv als logisch – eine Art Gestaltaffinität, wie ich gerade schon sagte. Die weitere Entwicklung dieser positiven Konvergenz sollte nicht zu sehr beschleunigt oder gar forciert werden. Ich bin noch altmodisch genug, um der Ansicht zu sein, eine gewisse Zeit der Werbung habe einer ehelichen Verbindung vorauszugehen.

Die großen Synthesen in der Geschichte des Denkens kommen dann zustande, wenn die Zeit dafür reif ist, wenn alle Elemente, die in die neue Synthese eingehen sollen, bereits gegeben sind. Offensichtlich hat weder die exakte Wissenschaft noch die Parawissenschaft dieses Stadium bereits erreicht.

Ich möchte in diesem Zusammenhang noch beiläufig bemerken, daß es auch in der Biologie eine wachsende Bereitschaft gibt, die Macht der Psyche über die Materie anzuerkennen. Vor zwanzig Jahren sorgte Sir John Eccles für einige Aufregung, als er die Hypothese äußerte, daß ein Willenseinfluß – ein unanständiges Wort in der behavioristischen Psychologie –, der ein einziges Neutron in der Hirnrinde affiziert, Änderungen in der Aktivität weiter Bereiche des Gehirns auslösen könnte. Seitdem haben auch andere Forscher nachgewiesen, daß der bewußte Wille, unterstützt von verschiedenen Typen der Biofeedback-Apparatur, die Aktivitäten des autonomen Nervensystems beeinflussen und den Alphawellen-Rhythmus des Gehirns in Gang setzen können.

Wir sind nun bei der letzten der drei Schichten unseres Sandwich angekommen, jener Schicht, die kaum »angebakken« ist. Ich nehme sie mit einigem Bangen in die Hand, und das um so mehr, als ich in diesem Zusammenhang auf einiges anekdotische Material zurückgreifen muß, aber das mag uns vielleicht etwas entspannen nach all dem Gerede über die Quanten.

Nachdem mein letztes Buch, *Die Wurzeln des Zufalls*, veröffentlicht worden war, erhielt ich eine Menge Briefe von Leuten, die mir unbedingt von ihren »Erlebnissen« berichten wollten. Auf zwei dieser Briefe, die mir, jeder in seiner besonderen Art, bemerkenswert erscheinen, möchte ich hier näher eingehen.

Den Inhalt des ersten muß ich in einer gewissen »Tarn-Version« wiedergeben, um die Gefühle der betroffenen Personen zu schonen. Dieser Brief berichtet von einem jungen Architekten, der sich nach einem Nervenzusammenbruch in einer Londoner U-Bahn-Station unter einen einfahrenden Zug geworfen hatte. Er erlitt einen Beckenbruch, innere Verletzungen im Unterleib, Zerrungen am Rücken und schwere Quetschungen, aber er kam mit dem Leben davon. Man mußte den Wagen hochwinden, um zu ihm zu gelangen. Er lag unter dem Wagen, aber die Räder waren gerade noch vor ihm zum Stehen gekommen. Laut dem Bericht des behandelnden Krankenhausarztes an die Angehörigen des Opfers, ein Bericht, den später ein Beamter des London Transport bestätigte, wurde der Zug nicht durch das Bremsen des betreffenden Fahrers zum Halten gebracht (soviel Zeit war anscheinend gar nicht mehr), sondern weil ein Passagier im Zug, der in keiner Weise ahnte, was da vor sich ging, die Notbremse gezogen hatte.

Ich berichtete den Fall einem Freund, der bereit war, der Sache nachzugehen – Mr. Tom Tickel, Redaktionsmitglied des *Guardian*. Mr. Tickel wandte sich an die Verwaltung von London Transport, aber er verfing sich mit seinen Bemühungen bald in den Schlingen der Bürokratie. Angeblich war der Name des Passagiers, der die Notbremse gezogen hatte, unbekannt. Der Fahrer des betreffenden Zuges wurde schließlich ermittelt, jedoch nicht seine Adresse. Ein Brief an ihn, adressiert c/o London Traffic, blieb unbeantwortet. So verlief das Ganze im Sande, wie das ja oft passiert.

Der nächste Fall liegt anders. Den Brief, aus dem ich jetzt zitiere, schrieb mir J. B. Priestley nach der Lektüre meines Buches. Zweifellos wissen Sie, daß Priestley mit der Archäologin Jacquetta Hawkes verheiratet ist.

»Meine Frau kaufte drei große Farblithographien von Graham Sutherland. Als sie bei uns aus London eintrafen, nahm sie die Bilder mit in ihr Schlafzimmer, um sie am nächsten Morgen aufzuhängen. Sie standen gegen einen Stuhl gelehnt, und das äußerste der drei Bilder, dessen Schauseite dem Raum zugewandt war, zeigte eine Heuschrecke. Als Jacquetta an jenem Abend schlafen ging, hatte sie die ganze Zeit das Gefühl, etwas bewege sich in ihrem Bett. Darum stand sie auf und schlug die Decke zurück. Im Bett saß eine Heuschrecke. Noch niemals zuvor war in diesem Zimmer eine Heuschrecke gesehen worden, und auch später ist das nicht wieder vorgekommen. Im ganzen Haus ist weder vorher noch später je eine Heuschrecke gesehen worden.«[8]

Die erste dieser Geschichten könnte vielleicht mit ASW, die den unbekannten Fahrgast zum Ziehen der Notbremse veranlaßte, erklärt werden; die zweite, gleich vielen anderen Fällen vom Zusammentreffen zweier Ereignisse, läßt sich weder mit herkömmlichen noch parapsychologischen Kategorien erklären. Auch für die Theologen bleiben diese Geschichten ein Rätsel; denn wenn man auch die Aktion des Fahrgastes zur Not göttlicher Vorsehung zuschreiben könnte – was sollte sie dazu veranlassen, eine Heuschrecke in Mrs. Priestleys Bett zu stecken? Noch niemals hat jemand, soviel ich weiß, bei der Vorsehung Sinn für Humor entdeckt.

Ob man nun glaubt, daß solche höchst unwahrscheinlichen, aber sinnträchtigen Koinzidenzen Manifestationen irgendeines unerforschten Prinzips sind, das jenseits physikalischer Kausalität wirksam ist, oder ob man annimmt, daß sie von dem sprichwörtlichen Kobold an der Schreibmaschine produziert werden, ist eine Sache des Temperaments und der persönlichen Einstellung. Ich habe zu meiner Überraschung feststellen können, daß die Mehrzahl meiner Bekannten, meistens Naturwissenschaftler, zur ersten Gruppe gehört, obwohl manche von ihnen das nur sehr widerwillig zugeben, aus Angst, sich lächerlich zu machen. Jung machte dieselbe Erfahrung bei seinen Patienten, was kaum überrascht. Erstaunlicher ist dagegen, daß der Nobelpreisträger Wolfgang Pauli (einer der Schöpfer der Quantentheorie, der die Existenz des Neutrinos vorhersagte) mit Jung zusammenarbeitete bei der Abfassung von dessen berühmter Abhandlung »Synchronizität als ein Prinzip akausaler Zusammenhänge«.[9] Jung definiert Synchronizität als »die Gleichzeitigkeit zweier sinngemäß, aber akausal verbundener Ereignisse«; und der akausale Faktor hinter solchen Ereignissen wird als »gleichrangig der Kausalität als Prinzip der Deutung von Phänomenen« bezeichnet.

Die Ursprünge des Jung-Paulischen Konzepts der Synchronizität können bis zu Schopenhauer und dem österreichischen Biologen Paul Kammerer zurückverfolgt werden, der 1919 ein Buch mit dem Titel *Das Gesetz der Serie*[10] veröffentlichte, was ihm den Verlust seines akademischen Lehramts einbrachte. Er vertrat die These, daß gleichzeitig mit der Kausalität ein akausales Prinzip im Universum wirksam sei und daß das Universum zur Einheit strebe. In gewisser Hinsicht ist dieses akausale Prinzip der universalen Schwerkraft vergleichbar, aber ungleich der Schwerkraft, die auf jede träge Masse geichermaßen einwirkt, wirkt diese Kraft durch Affinität oder eine Art selektive Resonanz. »Es entsteht«, so schreibt er, »das Bild eines Weltmosaiks und Weltkaleidoskops, das trotz stetig wechselnder und ständig neuer Arrangements auch immer wieder Gleiches zu Gleichem bringt.«

So etwas hört sich im 20. Jahrhundert wie das Gerede eines Phantasten an. Aber tatsächlich kann diese Auffassung bis zu Hippokrates zurückverfolgt werden, der eine

»Sympathie zwischen allen Dingen« postuliert: »Es gibt ein gemeinsames Fließen, ein gemeinsames Atmen, alle Dinge stehen in einer Sympathie zueinander.« Diese Lehre, daß alles im Universum zusammenhängt, und zwar nicht durch mechanische Kausalität, sondern durch verborgene Affinitäten, die die augenscheinlichen Koinzidenzen erklären, lag nicht nur der primitiven Magie, Astrologie und Alchemie zugrunde; sie zieht sich wie ein Leitmotiv durch die Lehren der Pythagoreer, Neuplatoniker und der Philosophen der Frührenaissance. Jungs Dualismus von Kausalität und akausaler Synchronizität wurde bereits treffend von Pico della Mirandola formuliert, und zwar *anno domini* 1457: »Erstens gibt es eine Einheit der Dinge, durch die jedes Ding eins mit sich selbst ist, aus sich selbst besteht und mit sich selbst zusammenhängt. Zweitens gibt es eine Einheit, durch die ein Geschöpf mit allen anderen vereint ist, und alle Teile der Welt ergeben eine Welt.«[11]

Im Zuge der wissenschaftlichen Revolution brach man mit dieser Denkweise und erhob die mechanistische Kausalität als absolute Herrscherin über Materie und Geist auf den Thron. Aber drei Jahrhunderte danach erleben wir nun einen Ausschlag des Pendels nach der entgegengesetzten Seite. Auf der Ebene der Quantenphysik ist die absolute Herrschaft der Kausalität gebrochen; und Schrödingers Psi-Funktion, die das Wesen eines einzelnen Elektrons definiert, wird in der Denkweise Mirandolas auf das gesamte Universum übertragen. Und hinsichtlich des Kosmos stellte das Machsche Prinzip das Postulat auf, daß die Trägheitskräfte auf der Erde durch die Gesamtmasse des uns umgebenden Universums bestimmt werden. Es wurde von Einstein bekräftigt, und Whitehead bemerkte dazu:

»Es fällt schwer, die Vorstellung ernst zu nehmen, daß diese irdischen Phänomene vom Einfluß der Fixsterne abhängen. Ich kann mich nicht zu dem Glauben durchringen, daß ein einzelner funkelnder Stern das Pendel von Foucault in der Pariser Weltausstellung von 1851 rotieren ließ.«[12]

Aber so steht es nun. Das Machsche Prinzip ist ein

integraler Bestandteil der modernen Physik, obwohl es nach hippokratischer »Sympathie zwischen allen Dingen« riecht. Denn es besagt letzten Endes nicht nur, daß das ganze Universum die Schwerkraft der irdischen Körper beeinflußt, sondern daß auch die Vorgänge auf unsere Erde auf die gesamte Masse des Universums einwirken, und sei es auch noch so minimal. Alles steht in einem wechselseitigen Zusammenhang. Der Mikrokosmos wirkt auf den Makrokosmos und unterliegt gleichzeitig seinen Einwirkungen.

Auch in der Biologie sucht man nach neuen Kategorien – oder vielleicht ist es auch nur eine Wiederaufnahme früherer Erkenntnisse –, die uns die schöpferischen Aspekte der Evolution in angemessenerer Weise erschließen, als das der Neo-Darwinismus trotz all seiner historischen Verdienste vermochte. Jacques Monods *Zufall und Notwendigkeit* (1971) mag sich in dieser Hinsicht als der Schwanengesang einer etwas vorschnellen Generation von Naturforschern erweisen, die behaupteten, daß zufällige Mutationen zusammen mit der natürlichen Auslese die *vollständige* Erklärung des Auftretens höher organisierter Lebensformen, komplexerer Strukturen und Verhaltensweisen darstellen. Heute kommen immer mehr Biologen zu der Erkenntnis, daß Zufallsmutationen uns vielleicht einen Aspekt dieser Entwicklung erklären, keineswegs jedoch ihre vollständige Erklärung liefern, vielleicht nicht einmal einen besonders wichtigen Teil davon.

Gleichzeitig scheint sich die Tyrannei des zweiten Hauptsatzes der Thermodynamik mit der ihm innewohnenden Tendenz, den Kosmos in Chaos zu verwandeln, dem Ende zuzuneigen. Eine Folge der Erkenntnis, daß dieser Hauptsatz nur für sogenannte »geschlossene Systeme« gilt, während in »offenen Systemen«, wie sie lebende Organismen darstellen, eine entgegengesetzte Tendenz am Werke zu sein scheint, eine Tendenz, die Ordnung aus Unordnung, Kosmos aus Chaos schafft und Modelle entwirft, wo es zuvor keine gab. Das Wirken dieses allgegenwärtigen schöpferischen Prinzips ist von verschiedenen Denkern unter verschiedenen Namen postuliert worden. Es erinnert an Galens und Keplers *facultas formatrix*, Goethes Begriff der *Gestaltung* und Bergsons *élan vital;* in jüngster Zeit schlug der deutsche Biologe Woltereck den Begriff »Anamorphose« vor, den er von Bertalanffy übernahm, während L. L. Whyte hierfür den Ausdruck »morphogenes Prinzip« wählte. All die angeführten Begriffe sind verwandt mit Schrödingers Konzept von Organismen, die ihre Nahrung aus negativer Entropie beziehen, ein Vorgang, der wiederum verwandt ist mit dem, was ich an anderer Stelle die »Integrative Tendenz«[2] genannt habe.

Was all diese versuchsweise vorgeschlagenen Formulierungen gemeinsam haben, ist, daß sie die morphogene, gestaltbildende, integrative Tendenz, dieses Streben nach höheren Verkörperungen von Einheit-in-der-Vielheit als einen wesentlichen Faktor in der biologischen und geistig-seelischen Evolution betrachten, als ein letztes Prinzip, das für alle mit den Phänomenen des Lebens befaßten Wissenschaften ebenso grundlegend ist wie sein Antagonist, der Zweite Hauptsatz der Thermodynamik, im Hinblick auf die unbelebte Materie. Ob man nun ein solches Prinzip kausal oder akausal nennt, ist eine Sache der Semantik.

Ich möchte meine Ausführungen mit der kurzen Schilderung von zwei etwas bizarren, aber phantasievollen Experimenten schließen. Ein graduierter Student der California Medical School namens Stuart Kaufman sorgte vor vier oder fünf Jahren für einige Aufregung, indem er ein Netz von mehreren hundert einfachen binaren Ein-aus-Schaltern herstellte. Jeder Schalter empfing die Stromzuleitung von zwei anderen Schaltern, die beliebig angeknipst wurden, wobei jedem Eingangskanal die Funktionen der Boolschen Logik – ja, nein, und, oder – zugeordnet wurden, und zwar wieder ganz wahllos. Dann leitete er einen Stromstoß in das chaotische System und beobachtete, was geschah. Was sich ereignete war, daß das Ganze sehr bald eine zyklische Routine entwickelte, indem die Stromimpulse sich über das

System in einem komplexen stabilen Muster verteilten; aus Unordnung war Ordnung entstanden. Noch erstaunlicher war, daß sich dieses Muster von selbst wieder herstellte, wenn seine Routine gestört worden war. Das ursprünglich ungeordnete System bekundete eine Art von Gestaltresistenz (Homoeostase).[13]

Das zweite Experiment ähnelt ein wenig dem Phänomen des »Gespenstes im Schrank« der britischen Society for Psychic Research (S.P.R.). Ich beziehe mich da auf die berühmte Kontroverse um Spencer Brown vor zwanzig Jahren. Brown behauptete, daß er bei einem Vergleich von Zufallszahlenpaaren, wobei die erste Zahl einen ASW-Rateversuch und die zweite die Zielzahl darstellte, eine signifikant von der Zufallserwartung abweichende Trefferzahl erhalten habe. Mr. Arthur T. Oram, ein versierter Statistiker, unterzog sich dann mit Unterstützung mehrerer freiwilliger Helfer der Aufgabe, Browns Ergebnisse zu verifizieren. Sein Team stellte nicht weniger als 500 000 Zahlenpaare zusammen, die es aus wahllos zusammengestellten Zahlentafeln entnahm. Das Ergebnis entsprach genau der Zufallserwartung, somit war Spencer Brown widerlegt, und alles schien in bester Ordnung zu sein. Aber dann unternahm Spencer Brown eine gründliche Analyse von Orams Tafeln und entdeckte den klassischen Absinkungseffekt in der Zahl von Treffern entgegen der Zufallserwartung in dem Verhältnis von 7000:1.[14] Ich muß hier betonen, daß Brown die Gültigkeit der in ASW-Experimenten erzielten Ergebnisse nicht in Frage stellte; er nahm sie als gegeben hin, so wie sie es beanspruchen durften. Er glaubte aber, daß sie auf irgendeine Anomalie oder einen verborgenen Faktor im Konzept der Zufallsmäßigkeit selbst hindeuteten. Er ging der Natur der vermuteten Anomalie nicht weiter nach; aber seine Gedanken kommen dem Konzept der »Serialität« von Kammerer oder Jung-Paulis »Synchronizität« sehr nahe, jener morphogenen, musterbildenden oder integrativen Tendenz, die sich sogar in dem nüchternen Bereich von willkürlich zusammengestellten Zahlentafeln zeigte – so wie sie sich auch in Kaufmans völlig willkürlich angeordneten Stromkreisen zur Geltung brachte. Es scheint so, daß die Natur Spaß daran hat, Rauchringe in die Luft zu blasen.

In seinen »Gifford Lectures« erklärte Sir Alister Hardy, er neige zu der Annahme, daß Spencer Brown auf der richtigen Spur war. Damit seien, wie er betonte, keineswegs die Beweise für echte ASW in spontanen Fällen wie auch in einigen Laboratoriumstests widerlegt. Aber er vermutete, daß die Ergebnisse von gewissen Kartenexperimenten und anderen statistischen Versuchen »vielleicht doch etwas ganz anderes als Telepathie manifestieren ..., daß es etwas nicht weniger Fundamentales und Interessantes sein könnte ..., etwas, das im Wesen und in der Bedeutung der Zufallsmäßigkeit selber liegt ... Ob nun nachgewiesen werden kann, daß die Mehrzahl der Karten- und Würfelexperimente auf etwas gänzlich anderes als auf Telepathie und Psychokinese zurückgeführt werden kann oder nicht, möchte ich doch sagen, daß ihre Durchführung meiner Meinung nach keine verlorene Mühe gewesen ist; sie werden eine herrliche Fundgrube für die Untersuchung eines höchst bemerkenswerten neuen Prinzips darstellen.«[15]

Ich darf hinzufügen, daß Hardy selbst inzwischen umfangreiches Beweismaterial zu baldiger Veröffentlichung[7] gesammelt hat, das dieses hypothetische Prinzip zu stützen vermag, ein Prinzip, das, wie ich bereits erwähnt habe, auf Hippokrates zurückgeht. Es scheint nach E. M. Forsters Motto zu funktionieren: Verbinden, immer verbinden! Wie es wirkt, wissen wir nicht. Wir wissen lediglich, daß es nicht im Rahmen der klassischen Kausalität wirken kann, genausowenig wie die von der Quantenphysik beobachteten Phänomene in diesen Rahmen gepreßt werden können. Vielleicht ist es auf irgendeine Weise verwandt mit dem »Gott der Lücken« der Physiker. Vielleicht entspringen die Wurzeln des Zufalls diesen Lücken. Zu erklären versuchen, wie die Heuschrecke in Mrs. Priestleys Bett kam, wäre ein grotesker Fall von unangebrachter Konkretisierung. Aber der Mystiker, der in jenem großen Naturwissenschaftler verborgen ist und der sich danach sehnt, aus seiner Verborgenheit hervorzutreten, sieht hier vielleicht eine Verbindung, die frühere Kulturen stets als gegeben betrachtet haben. Wenn man mich bäte, diese nicht ganz ausgegorenen Ideen am Ende dieses meines Vortrags in einem Satz zusammenzufassen, würde ich in Abwandlung eines Wortes von Spinoza sagen: »Die Natur verabscheut alle Zufälligkeit.«

Worüber man nicht sprechen darf ...?

I

Bertrand Russell erzählt in seinen *Unpopulären Betrachtungen*[1] eine aufschlußreiche Anekdote:

»Der Gelehrte Frederick Myers, den der Spiritismus zum Glauben an ein Fortleben im Jenseits bekehrt hatte, fragte einmal eine Frau, die vor nicht langer Zeit ihre Tochter verloren hatte, was ihrer Ansicht nach aus der Seele des Mädchens geworden sei. Die Mutter antwortete: ›Nun, ich hoffe zu Gott, daß sie die Freuden der ewigen Seligkeit genießt; aber ich wollte, Sie sprächen lieber nicht von so unerfreulichen Dingen.‹«

Das klingt wie das vollkommene Paradigma des gespaltenen menschlichen Geistes, in dem Glaube und Unglaube eine qualvolle Koexistenz führen. Die Unerfreulichkeit des Todes ist eine harte, kalte Tatsache. Andererseits werfen aber nicht nur ewige Seligkeit (oder ewige Höllenqual), sondern auch die subtileren Formen des Lebens nach dem Tod Probleme auf, die unser Geist nicht bewältigen kann: Sie liegen jenseits der rationalen Kräfte unserer Spezies (wenn auch vielleicht nicht anderer Spezies auf Millionen von älteren Planeten). Im Computerjargon würde man sagen, daß wir für die Aufgabe nicht programmiert sind. Angesichts einer Aufgabe, für die er nicht programmiert ist, schweigt ein Computer entweder, oder er spielt verrückt. Letzteres scheint in den verschiedensten Kulturen mit beklemmender Regelmäßigkeit geschehen zu sein. Ausgeliefert dem unauflösbaren Paradoxon eines Bewußtseins, das aus dem Nichts kommt und im Nichts versinkt, spielte der Geist verrückt und erfüllte die Atmosphäre mit den Gespenstern der Toten und anderen unsichtbaren Wesen, die bestenfalls launenhaft und unberechenbar, meist aber böswillig waren und mit grotesken Ritualen, einschließlich Menschenopfern und Ketzerverbrennungen, versöhnt werden mußten. Die Belege aus der Anthropologie, vom Altertum bis zur Neuzeit, sind ein schlüssiger Beweis für den paranoiden Zug, der unserer Spezies endemisch ist und möglicherweise auf einem evolutionären Schnitzer im Aufbau ihres Nervensystems beruht.

Selbstverständlich hat auch dieses Ding zwei Seiten. Wir erinnern uns an den alten Weisen, der sagte, die Philosophie sei die Geschichte der Bemühungen des Menschen, mit dem Tod ins reine zu kommen. Gäbe es das Wort »Tod« in unserem Sprachschatz nicht, wären unsere großen Werke der Literatur nie geschrieben worden, hätte man keine Pyramiden und Kathedralen errichtet, gäbe es auch keine Werke der religiösen Kunst – und letzten Endes ist alle Kunst religiösen oder magischen Ursprungs. Die Pathologie und Kreativität des menschlichen Geistes sind zwei Seiten derselben Medaille, geprägt von demselben Münzmeister.

Ein zynischer Beobachter von einem anderen Planeten könnte fragen, ob das so sein müsse, ob der Ruhm der einen Seite die Greuel der anderen wert sei. Hegel dachte, wir lebten in der besten aller möglichen Welten; man fragt sich, ob die Gottesanbeterin seine Meinung teilen würde, während sie den Preis des eigenen Lebens für den Ruhm der Fortpflanzung zahlt. Oder ob der arme Teufel, der mit der *vile garrotte* stranguliert wird, Trost aus dem Gedanken schöpfen würde, daß Goya ihn unsterblich machen sollte. Wird das Gleichgewicht zwischen dem Ruhm und der Pathologie dadurch wiederhergestellt? Unser zynischer Fremder würde eher zu dem Schluß kommen, daß dieser Planet von einer fehlkonzipierten Spezies beherrscht und verwüstet wird: ein fehlgeschlagenes Experiment des Münzmeisters.

Nach den Theorien von Paul MacLean, die unter Neurophysiologen zunehmend Anklang finden, führte die Vergrößerung des menschlichen Neocortex, die in den letzten fünfhunderttausend Jahren mit noch nie dagewesener Geschwindigkeit stattfand, zu einer mangelhaften Koordinierung zwischen dieser stammesgeschichtlichen Neuentwicklung – der »Denkhaube«, die das rationale Denken beherrscht – und den archaischen Gehirnstrukturen, die wir mit den Reptilien und niederen Säugetieren gemeinsam haben und die unsere Emotionen beherrschen. Dieser evolutionäre Mißklang soll wiederum einen Zustand der »Schizophysiologie«, eine Kluft zwischen Vernunft und Fühlen, bewirkt haben, die in die menschliche Spezies eingebaut ist. Die Emotion ist der ältere und stärkere Partner in dem geteilten Haushalt, und sobald ein Konflikt entsteht, wird die vernünftige Hälfte des Gehirns veranlaßt, Scheinrechtfertigungen für die Wünsche und Launen des Seniorpartners zu liefern. Darum scheinen einige paranoide Wahnideen so hartnäckig und zwingend zu sein – Wahnsinn, aber mit Methode –, beispielsweise die seltsamsten Vorstellungen vom Leben nach dem Tod. Der Neocortex mag seine langweiligen logischen Schlußfolgerungen noch so oft wiederholen (»Alle Menschen müssen sterben; Sokrates ist ein Mensch«, also ...), das alte Hirn, das den größten Teil unseres Schädels einnimmt, lehnt die Vorstellung von der persönlichen Nicht-Existenz leidenschaftlich ab. Es ist unfähig, kategorisch zwischen dem Ich und der Welt zu unterscheiden, und das Ende des Ichs ist für das alte Hirn gleichbedeutend mit dem Ende der Welt – das offensichtlich undenkbar ist. Dementsprechend betrachtet es das Weiterleben als selbstverständlich und überträgt seinem schüchternen und pedantischen Juniorpartner die Aufgabe, die postmortale Leere mit irgendeinem Sciencefiction-Modell zu füllen. In Anbetracht des unbegrenzten Spielraums der Phantasie ist es überraschend, wie wenig sie ihre Chance genutzt hat. Hölle, Gehenna, Hades, Scheol tauchen mit monotoner Regelmäßigkeit wieder auf wie die abgenutzten Requisiten der Gruselromane des 19. Jahrhunderts, während die himmlischen Gefilde eigens dafür gemacht zu sein scheinen, die Toten so zu langweilen, daß sie am liebsten ... sterben möchten. Ich will hier nicht blasphemisch sein; es geht mir nur darum zu zeigen, wie arm die menschliche Phantasie selbst dann ist, wenn sie ein so unendlich großes Betätigungsfeld hat.

Ich habe die Science-fiction erwähnt: Sie erteilt eine ernüchternde Lektion. Ihre Helden, die uns Tausende von Jahren voraus sind, reisen schneller als das Licht durch den Hyperraum zu fernen Galaxien, aber ihre Gedanken, Gefühle und Worte sind auf die schmale Skala der Gegenwart beschränkt. Der diesseitig-ungehobelte Astronaut, der auf dem dritten Planeten des Aldebaran landet, benimmt sich genauso, wie er sich in einem Drugstore in Minnesota benehmen würde; die Milchstraße ist eine Fortsetzung der Hauptstraße geworden. Ihre Bewohner mögen geniale Eidechsen sein, die mittels radargesteuerter Telepathie kommunizieren, aber das läßt uns kalt: Das Interesse bleibt ein paar Seiten lang wach, aber sie sind zu merkwürdig, um wahr zu sein, und wir langweilen uns bald. Unsere Phantasie hat enge Grenzen, wir können uns nicht in die ferne Zukunft versetzen, nicht einmal in die ferne Vergangenheit. Die Person eines ägyptischen Schulmeisters der 18. Dynastie ist nur ein Schemen; wir sind nicht imstande, ihr Leben einzuhauchen. Daher das Scheitern des historischen Romans. Jede Kultur ist eine Insel; sie kommuniziert zwar mit anderen Inseln, kennt aber nur sich selbst – und die Inseln der Lebenden sind getrennt vom Atlantis der Toten.

II

Diese Trennung braucht jedoch nicht total zu sein. »Je genauer die Bilder vom Leben nach dem Tod sind«, schrieb Renée Haynes, »desto unannehmbarer scheinen sie zu sein.« Wir müssen uns offenbar in die entgegengesetzte Richtung bewegen: fort von Bildern und Einzelheiten, von »unangebrachter Konkretheit«, wie Alfred N. Whitehead es ausdrückte. Das bedeutet ein großes Aufräumen auf dem Lagerplatz des visuellen und verbalen Schrotts, der Götzenbilder und der ganzen paranoiden Phantasmagorien. Schließlich waren die Bilderstürmer des Mittelalters Anhänger einer zutiefst religiösen Bewegung, die von Whiteheads Warnung hätte inspiriert sein können.

Nach dem Frühjahrsputz wird die Luft vielleicht gesünder und klarer. Atlantis scheint womöglich noch weiter entfernt zu sein, aber gleichzeitig könnte sich ein nüchternerer Ansatz aufdrängen. Ich beziehe mich dabei auf die Fortschritte in der Wissenschaft von der Parapsychologie und in der Avantgarde-Physik die sich zwar nicht unmittelbar mit der Frage befassen, aber die einzigen *objektiven* Fingerzeige zu liefern scheinen. (Der *subjektive* Ansatz der Mystik ergänzt sie wie das Yin das Yang, ist aber im Augenblick nicht mein Thema.) Renée Haynes und Rosalind Heywood haben bereits auf die atemberaubenden Paradoxa der zeitgenössischen Physik hingewiesen, und ich habe an anderer Stelle ausführlicher darüber gesprochen.[2] Jetzt werde ich mich mit einer kurzen Zusammenfassung der philosophisch relevanteren Punkte begnügen, an denen die Grenze zwischen Physik und Metaphysik verschwimmt.

III

Gegen Ende der zwanziger Jahre hatten Einstein, Louis-Victor de Broglie, Erwin Schrödinger und Werner Heisenberg die Materie praktisch entmaterialisiert. Was uns als feste Masse – m – erscheint wurde als Äquvalent konzentrierter Energiebündel – E – nachgewiesen, und die einfache Gleichung $E = mc^2$ (c ist die Lichtgeschwindigkeit), vielleicht die einzige mathematische Formel, die jemals die Phantasie der Öffentlichkeit beschäftigte, wurde von der Atombombe und, weniger dramatisch, von Laborversuchen bestätigt. Bei letzteren wies man schlüssig nach, daß sich die sogenannten Elementarteilchen der Materie wie Elektronen, Protonen, Neutronen usw. je nach den Umständen wie massive Partikel oder immaterielle Wellen verhalten. »Das Elektron«, verkündete de Broglie, »ist gleichzeitig Korpuskel und Welle.«[3] Dieser Dualismus ist grundlegend für die moderne Physik und wird nach Niels Bohr »Komplementaritätsprinzip« genannt. Um mit Heisenberg zu sprechen: »Diese beiden Betrachtungsweisen schließen sich zwar gegenseitig aus, aber sie ergänzen sich auch, und erst durch das Nebeneinander der beiden widersprechenden Betrachtungsweisen wird der anschauliche Gehalt des Phänomens voll ausgeschöpft.«[4] An einer anderen Stelle läßt er dann gleichsam die Katze aus dem Sack: »Was die Kopenhagener Schule Komplementarität nennt, stimmt recht hübsch mit dem kartesianischen Dualismus von Geist und Materie überein.«

Ein anderer Pionier der modernen Physik, Wolfgang Pauli, drückte den gleichen Gedanken aus: »Das allgemeine Problem der Beziehung zwischen Psyche und Physis, zwischen Innen und Außen, dürfte aber kaum gelöst sein mit dem Begriff ›psychophysischer Parallelismus‹, den man im letzten Jahrhundert aufgestellt hat. Die moderne Naturwissenschaft hat uns jedoch vielleicht einer befriedigenderen Auffassung dieser Beziehung nähergebracht, indem sie bereits innerhalb der Physik den Begriff der *Komplementarität* aufgestellt hat.«[5]

Diesen Zitaten könnte man eine fast beliebig lange Reihe ähnlicher Äußerungen von anderen Bahnbrechern der modernen Physik zur Seite stellen. Es liegt auf der Hand, daß sie die Parallele zwischen den beiden Arten der Komplementarität – Körper/Geist und Teilchen/Welle – nicht nur als oberflächliche Analogie betrachteten. Es ist in Wahrheit eine sehr tiefe Analogie, doch um uns bewußt zu machen, was sie bedeutet, müssen wir wenigstens annähernd verstehen, was der Physiker mit den »Wellen« meint, die die Materie bilden. Der gesunde Menschenverstand, jener schlechte Ratgeber, sagt uns, wo eine Welle sei, müsse auch etwas sein, *das sich bewegt* – eine vibrierende Klaviersaite oder fließendes Wasser oder ein Luftstrom. Aber die Konzeption der Materiewellen schließt schon per definitionem jedes Medium mit physikalischen Eigenschaften als Wellenträger aus. Wir stehen also vor der Aufgabe, uns das Vibrieren einer Saite ohne die Saite oder das Lächeln einer Cheshire-Katze *[Alice im Wunderland]* ohne die Katze vorzustellen – noch ein Problem, für das wir nicht »programmiert« worden sind. Wir können aber einigen Trost aus der Analogie zwischen den beiden Komplementaritäten schöpfen. Der Bewußtseinsinhalt, der durch den Geist strömt, ist – von den Farbwahrnehmungen bis zu Gedanken und Bildern – ein substanzloses »luftiges Nichts«, steht aber trotzdem in Verbindung mit dem materiellen Gehirn, wie die substanzlosen »Wellen« und »Felder« der Physik irgendwie mit den materiellen Aspekten der subatomaren Teilchen verbunden sind. Das meinte Sir James Jeans, als er in seinem berühmten *Pronunciamento* erklärte, die Physiker entfernten sich fast ausnahmslos von der materialistischen Betrachtung der Wirklichkeit, denn »das Weltall sieht allmählich eher wie ein großer Gedanke als wie eine große Maschine aus«.[6]

Das wurde 1937 geschrieben. Damals hatte sich die feste Materie gleichsam aus den Physiklabors verflüchtigt, war in Muster konzentrierter Energie verwandelt und schließlich auf die Belastungen und Verzerrungen der Krümmung des Raums reduziert worden. Parallel zu dieser Verflüchtigung erwiesen sich unsere Vorstellungen von Raum, Zeit und Kausalität, für die der Computer in unserem Schädel programmiert war, als völlig unzureichend, wenn sie auf Vorgänge des subatomaren oder supragalaktischen Bereichs angewandt wurden. »Atome sind offenbar keine Dinge mehr«, schrieb Heisenberg, und: » ...wenn man zu den Atomen hinabsteigt, gibt es keine objektive Welt in Raum und Zeit.«[7]

Auch die strikte Kausalität und der starre Determinismus sind auf dieser Ebene außer Kraft gesetzt. Die Unbestimmtheitsrelation ist für die moderne Physik ebenso grundlegend wie Newtons Bewegungsgesetze für die klassische

Mechanik. Sie besagt, daß sich das Universum zu jedem beliebigen Zeitpunkt in einem gleichsam unentschiedenen Zustand befindet und daß sein Zustand im darauffolgenden Augenblick nicht vorherbestimmt, sondern »frei« ist. Wenn ein Superfotograf das Universum also in einem bestimmten Moment mit einer Superkamera aufnähme, würde das Bild wegen des unbestimmten Zustands seiner elementaren Bestandteile verschwommen wirken.[8]

So ist es in den letzten fünfzig Jahren bei Physikern zur Binsenweisheit geworden, daß die streng deterministische, mechanistische Weltbetrachtung nicht mehr aufrechterhalten werden kann; sie wurde zu einem viktorianischen Anachronismus (obgleich sich die behavioristische Schule der Psychologie und große Teile der gebildeten Öffentlichkeit immer noch daran klammern). Das kosmische Modell des 19. Jahrhunderts, ein mechanisches Uhrwerk, ist zerstört, und da der Begriff der Materie mit dem Aufstieg der Relativität und der Quantentheorie selbst entmaterialisiert wurde, kann der Materialismus nicht mehr den Anspruch erheben eine wissenschaftliche Philosophie zu sein.

Wie sehen die Alternativen aus?

IV

Ich habe einige der Geistesheroen – ausnahmslos Nobelpreisträger – zitiert, die das antiquierte Uhrwerk in der ersten Hälfte (genauer: den ersten drei Jahrzehnten) unseres Jahrhunderts gemeinsam auseinandernahmen und dann versuchten, es durch ein vollkommeneres Modell zu ersetzen, das flexibel genug war, um auch logischen Paradoxa und bislang für undenkbar gehaltenen Ideen Raum zu bieten. In dem halben Jahrhundert, das seit jener Revolution in den zwanziger Jahren vergangen ist, wurden zahllose neue Entdeckungen gemacht – von Radioteleskopen, die den Himmel absuchten, und in Vakuumkammern, in denen man subatomare Vorgänge verfolgen kann –, aber man hat noch kein befriedigendes Modell und keine konsequente Philosophie gefunden, die mit der klassischen, Newtonschen Physik vergleichbar wäre. Man könnte diese Jahre als eine jener Perioden der »schöpferischen Anarchie« bezeichnen, die es in der Geschichte der Wissenschaft immer wieder gibt, sobald die alten Begriffe überholt sind, ohne daß man schon den zu einer neuen Synthese führenden Weg erkennt. Das letzte derartige Interregnum der Kosmologie dauerte fast anderthalb Jahrhunderte lang, vom Erscheinen von Kopernikus' *De Revolutionibus* im Jahre 1541 bis zum Erscheinen von Newtons *Principiae*, 1684. Infolge der Beschleunigung der Geschichte – zu der auch die Geschichte der Ideen gehört – wird die jetzige Phase der schöpferischen Anarchie wahrscheinlich viel kürzer sein, und wenn die neue Synthese da ist, werden wir über unsere bisherige Blindheit staunen. In dem Augenblick, in dem diese Sätze geschrieben werden, scheint die theoretische Physik selbst in einer Vakuumkammer zu stecken, in der sich die gewagtesten Hypothesen im Zickzackkurs überschneiden. Immerhin kann man gewisse allgemeine Trends beobachten. Erstens besteht weithin Übereinstimmung darüber, daß das »Modell« des Universums nur ein abstraktes, mathematisches Modell sein kann, das sich jedem Versuch einer optischen Darstellung entzieht, weil wir Phänomene nur im dreidimensionalen Raum darstellen bzw. uns vorstellen können, an einer einzigen Zeitachse von Ursache zu Wirkung, während ein wahres Modell der Mikro- und Makrovorgänge mehr erfordern würde, vermutlich – so meinen einige Wissenschaftler – eine unbegrenzte Zahl von Dimensionen, wo Ursachen und Wirkungen in gordischen Knoten miteinander verknüpft sind. Wenn zeitgenössische Physiker trotzdem gegen das Tabu verstoßen und Bilder vom Atom oder vom Kosmos zeichnen, scheinen sie es gewissermaßen mit einem Augenzwinkern zu tun. So erklärt John A. Wheeler, Physikprofessor an der Universität Princeton und einer der bedeutendsten Vertreter der Avantgarde-Physik, selbst die Geometrie des dreidimensionalen Raums fluktuiere »heftig in kurzen Entfernungen«. Anschließend zeichnet er das folgende surrealistische Bild: »Der Raum der Quanten-Geometrodynamik läßt sich mit einem Schaumteppich auf einer Landschaft mit sanften Hügeln vergleichen ... Die dauernden mikroskopisch kleinen Veränderungen im Schaumteppich, die durch die Bildung neuer Blasen und das Zerplatzen alter bewirkt werden, symbolisieren die Quantenfluktuation in der Geometrie.«[9]

Dieses bewegte Meer winziger Schaumblasen soll Wheelers Konzept des Superraums darstellen oder vielmehr symbolisieren: »Die Bühne, auf der sich der Raum des Universums bewegt, ist gewiß nicht der Weltraum selbst. Nichts und niemand kann eine Bühne für sich selbst sein; man braucht eine größere Arena, um sich zu bewegen. Die Arena, in der sich der Raum bewegt, ist auch nicht die Raum-Zeit Einsteins, denn Raum-Zeit ist die Geschichte der Geschwindigkeit, die sich mit der Zeit ändert. Die Arena muß ein größeres Ding sein: der *Superraum* ... Er hat nicht drei oder vier Dimensionen – er hat eine *unendliche* Zahl von Dimensionen. Jeder einzelne Punkt des Superraums bildet eine abgeschlossene, dreidimensionale Welt ...«[10] Der Superraum – oder Hyperraum – gehört seit langer Zeit ebenso zu den Requisiten der Science-fiction wie die Vorstellung von Paralleluniversen und umgekehrter oder vieldimensionaler Zeit. Dank der Radioteleskope und Teilchenbeschleuniger gewinnen sie zunehmend akademisches Ansehen. Je merkwürdiger die unumstößlichen experimentellen Daten werden, desto merkwürdiger werden aber auch die Theorien, mit denen man sie zu erklären versucht. Professor R. P. Feynman vom Caltech interpretierte die Spuren der Positronen in der Vakuumkammer als Beweis dafür, daß die Teilchen sich für winzige Zeiträume in der Zeit zurückbewegen, und wurde dafür nicht etwa ausgelacht, sondern erhielt den Nobelpreis 1965.

Wheelers Superraum hat einige außergewöhnliche Eigenschaften, zum Beispiel die Möglichkeit »mehrfacher

Verbindungen«. Das besagt, einfach – und vereinfacht – ausgedrückt, daß Gebiete, die in unserer hausbackenen dreidimensionalen Welt weit voneinander entfernt sind, durch Tunnel oder »Löcher« im Superraum vorübergehend in direkten Kontakt zueinander gebracht werden können. Man bezeichnet die Löcher als »Wurmlöcher«. Angeblich wird das Universum durchzogen von solchen Wurmlöchern, die in ungeheuer schneller Folge entstehen und wieder verschwinden, was zu ständig neuen Mustern führt – ein kosmisches Kaleidoskop, geschüttelt von unsichtbarer Hand.

(Übrigens sollte man die Wurmlöcher im mikroskopischen Schaum nicht mit den Schwarzen Löchern der Astronomen verwechseln, deren Existenz ebenfalls zuerst von Wheeler postuliert wurde. Schwarze Löcher sind Gebiete im Universum, die die Masse ausgebrannter Sterne nach deren Schwerkraftkollaps aufsaugen, um sie dann zu vernichten – oder die Masse taucht in einem anderen Universum des Superraums wieder auf. So phantastisch das klingen mag – in dem Augenblick, in dem diese Sätze geschrieben werden [Juli 1975], haben Astronomen schon versuchsweise mehrere Schwarze Löcher identifiziert, und in zahlreichen Observatorien wird fieberhaft nach weiteren gesucht.)

V

Die Schwingen der Analogie sind notorisch trügerisch, eignen sich aber trotzdem für kurze Flüge oder vielmehr Sprünge, wenn wir dabei im Auge behalten, daß eine Metapher noch lange kein Beweis ist. Seien wir also dieser Warnung eingedenk, wenn wir sagen, daß es offensichtliche Analogien zwischen der modernen Naturwissenschaft und der Parawissenschaft, der modernen Physik und der Metaphysik gibt. Die erste, der wir begegnet sind, war die augenscheinliche Affinität zwischen den beiden Grundprinzipien der Komplementarität: Teilchen/Welle und Körper/Geist. Wir können nun die nächste Frage stellen: Wenn Materie ihre Masse in Strahlung verwandeln und damit reine »körperlose« Energie werden kann, ist es dann immer noch so absurd, von körperloser, geistiger Energie zu sprechen, wie es das vielleicht vor fünfzig Jahren war, ehe die Revolution in der Physik die Materie entthronte und uns lehrte, daß Atome keine »Dinge« sind? Und ist es noch gerechtfertigt, den von Eddington geprägten Begriff »Geiststoff« als unwissenschaftlich abzutun, wenn ein Physiker das Universum als Schaumbad im Superraum bezeichnen kann? Dr. I. J. Good, berühmt geworden durch sein Buch *The Scientist Speculates*,[11] ging sogar noch weiter: »Materie ist ätherisch, und Geist ist fester Fels ... Es ist nur ein kurzer Schritt bis zu der Annahme, daß aller Geist Teil eines einzigen Systems ...«[12] ist. Ist es immer noch gerechtfertigt, die Möglichkeit telepathischer Signale zu leugnen, wenn Physiker Fernwirkung in verschiedener Form, von der Wurmlöcher-Schwerkraft bis zum sogenannten Einstein-Podolsky-Rosen-Paradoxon[13] akzeptieren?

Ähnliche Fragen könnte man bei Analogien stellen, die vielleicht nicht ganz so schlüssig, aber doch sehr einleuchtend sind – Fragen über andere Kategorien parapsychologischer Phänomene, darunter Psychokinese und Präkognition, wo der Pfeil der Zeit in entgegengesetzter Richtung zu fliegen scheint, aber das würde Abstecher in noch abstrusere und schwierigere Bereiche der theoretischen Physik erfordern. Wichtig ist hier, daß Phänomene, die noch vor einem halben Jahrhundert den Naturgesetzen zu widersprechen schienen, heute weniger anstößig wirken, weil jene Gesetze nicht mehr als uneingeschränkt gültig betrachtet werden. Die merkwürdigen Theorien, die man aufstellt, um jene parapsychologischen Phänomene zu erklären, scheinen heute nicht mehr so widersinnig zu sein, weil die von den Physikern entwickelten Theorien den gesunden Menschenverstand des Durchschnittsbürgers noch mehr beleidigen. Das Universum der klassischen Physik, das aus harten kleinen Billardkugeln besteht, die in strenger Befolgung der Gesetze der Mechanik voneinander abprallen, ist durch den unbestimmbaren Quantenschaum ersetzt worden; seine scharfen Konturen haben sich verwischt, seine Struktur ist aufgeweicht, seine Gesetze sind weitmaschiger und flexibler geworden. Ein Objekt, das ohne physikalische Ursache durch die Luft fliegt, wie bei den häufig beobachteten Poltergeist-Phänomenen, verletzt nicht mehr die Naturgesetze, sondern nur noch die Gesetze der Wahrscheinlichkeit. Und diese Gesetze, die die Kausalität in der modernen Naturwissenschaft ersetzt haben, sind keine physikalischen Gesetze im strengen Sinn des Wortes. Sie *funktionieren* – wie jeder Physiker, jede Versicherungsgesellschaft oder jeder Croupier bezeugen kann; aber niemand kann erklären, wie und warum sie funktionieren. Johann von Neumann, der größte Mathematiker unserer Zeit, nannte sie einmal »schwarze Magie«. Dabei können wir es belassen.

VI

Ein Aspekt der modernen Naturwissenschaft scheint für unser Thema besonders wichtig zu sein: der Trend zu einem neuen Konzept des Holismus. Eingeleitet wurde er um die Jahrhundertwende durch das sogenannte Machsche Prinzip, nach dem die Trägheitseigenschaften der irdischen Materie von der Gesamtmasse des uns umgebenden Universums bestimmt werden. Auch hier gibt es keine befriedigende Erklärung, *wie* dieser Einfluß ausgeübt wird, und doch nimmt das Machsche Prinzip (in seiner Neuformulierung durch Einstein) eine Schlüsselstellung in der modernen Kosmologie ein. Es ist von grundlegender metaphysischer Bedeutung, denn es besagt nicht nur, daß das Universum als Ganzes lokale irdische Ereignisse beeinflußt, sondern auch, daß lokale Vorgänge einen wenn auch noch so minimalen Einfluß auf das Universum als Ganzes haben.

Physiker mit einem Hang zur Philosophie sind sich dieser Implikationen bewußt – was einige mit Befriedigung, andere mit Mißvergnügen erfüllt. Bertrand Russell bemerkte respektlos, obgleich das Machsche Prinzip formal korrekt sei, »schmecke es nach Astrologie«,[14] während Henry Margenau, Professor der Physik an der Yale-Universität, nachdenklich erklärte: »Trägheit ist keine immanente Eigenschaft des Körpers; sie wird durch den Umstand herbeigeführt, daß der Körper vom ganzen Universum umgeben ist ... Wir kennen keinen physischen Effekt, der dieses Phänomen hervorruft; sehr wenige Leute machen sich die Mühe, nach einer physischen Kraft zu fragen, die es weiterleitet. Soweit ich sehe, ist das Machsche Prinzip ebenso geheimnisvoll wie Ihre unerklärten parapsychologischen Erscheinungen, und seine Formulierung scheint mir fast ebenso unklar zu sein ...«[15]

Wenn wir uns vom Makrokosmos zum Mikrokosmos wenden, finden wir dort ähnliche »Holismen«. So Heisenberg: »Das System, das mit den Methoden der Quantenmechanik behandelt wird, ist in Wahrheit Teil eines viel größeren Systems (vielleicht der ganzen Welt).«[16] Es gibt keine selbständigen Teile, die in *splendid isolation* vom Rest des Universums funktionieren: » ... nur wenn das gesamte Universum in den Gegenstand des wissenschaftlichen Wissens eingeschlossen ist, kann die Vorbedingung ›für ein isoliertes System‹ erfüllt werden.«[17] Oder der Physiker Dr. Fritjof Capra: »Was wir als isoliertes Partikel bezeichnen, ist in Wirklichkeit das Produkt seiner Interaktion mit seiner Umgebung. Es ist deshalb unmöglich, irgendeinen Teil des Universums vom Rest zu trennen.«[18] Und zuletzt Professor David Bohm vom Birkbeck College der Universität London: »Es herrscht weitgehend Übereinstimmung darüber, daß die Quantentheorie viele verblüffend neue Züge aufweist ... Unserer Meinung nach hat man jedoch nicht genug auf das wichtigste neue Charakteristikum, das heißt, die enge Wechselwirkung zwischen verschiedenen, räumlich nicht verbundenen Systemen, hingewiesen. Es zeigte sich besonders deutlich bei den bekannten Experimenten von Einstein, Podolsky und Rosen ... Kürzlich wurde das Interesse für diese Frage durch die Arbeiten Bells geweckt, der genaue mathematische Kriterien für die experimentellen Konsequenzen dieses Charakteristikums der ›Quantenverbundenheit getrennter Systeme‹ erarbeitete ... So kommen wir zu einem neuen Begriff der *ungebrochenen Ganzheit*, der die klassische Vorstellung von der Zerlegbarkeit der Welt in getrennte und voneinander unabhängig existierende Teile leugnet.«[19]

Diese Zitate (die sich beliebig fortsetzen ließen) stammen nicht etwa von einsamen Rufern in der Wüste, sondern stehen für einen Chor angesehener Physiker, die sich der revolutionären Bedeutung ihrer Forschung bewußt sind. Das daraus entstehende Gesamtbild erinnert an das philosophische Credo des Hippokrates – » ...es gibt einen gemeinsamen Fluß ... alle Dinge stehen in Sympathie zueinander« –, das Pico della Mirandola, der Platoniker des 16. Jahrhunderts (dessen Schriften Kepler bei seiner Suche nach den Gesetzen der Planetenbewegungen inspirierten) so zusammenfaßte: »Erstens gibt es eine Einheit der Dinge, durch die jedes Ding eins mit sich selbst ist, aus sich selbst besteht und mit sich selbst zusammenhängt. Zweitens gibt es eine Einheit, durch die ein Geschöpf mit allen anderen vereint ist, und alle Teile der Welt ergeben eine Welt.«[20]

Die Mehrheit der zeitgenössischen Physiker würde diese Feststellung unterschreiben. Professor Raymond Ruyer lenkte in seinem bemerkenswerten Buch *La Gnose de Princeton. Des Savants à la Recherche d'une Religion*[21] (»Die Gnosis von Princeton. Wissenschaftler auf der Suche nach einer Religion«) die Aufmerksamkeit auf die beinahe mystischen Schlußfolgerungen, auf die die physikalischen Theorien der »Gnostiker von Princeton« abzielen.[22] Es handelt sich jedoch um einen objektiven, im Labor geborenen Mystizismus. Der Mystiker des Mittelalters sprach von »Sympathien«, »Übereinstimmungen«, von dem All-Einen, vom Teil als dem im Ganzen enthaltenen und zugleich in einem gewissen Sinn das Ganze enthaltende. Die »Gnosis von Princeton« hat für alle diese Äußerungen ein Paradigma oder eine Metapher.

Ein besonders überraschendes Paradigma ist das Hologramm.[23] Ich will hier nicht versuchen zu erklären, wie es funktioniert; es beruht auf einer fotografischen Methode (ohne Linsen), mit deren Hilfe die Interferenzmuster eines gespaltenen Laserstrahls auf einer durchsichtigen Fotoplatte festgehalten werden. Wenn man die Platte abermals mit einem Laserstrahl beleuchtet, erscheint ein scharfes, dreidimensionales Bild des fotografierten Gegenstands. Und hier die unheimliche Eigenschaft des Hologramms: Wenn man ein Stück von der Platte abschneidet und mit dem Laserstrahl beleuchtet, wird wieder das gesamte fotografierte Objekt sichtbar – nur verliert es um so mehr an Schärfe, je kleiner das Fragment der Platte ist. Jeder Teil des Hologramms enthält also potentiell alle Informationen, die das Ganze beschreiben, nur daß die Informationen summarischer werden, wenn das Fragment kleiner wird. Einzelheiten gehen verloren, aber die Gestalt des Ganzen bleibt erhalten. Die Metaphern, die man vom Prinzip der Holographie ableiten kann, sind geradezu atemberaubend. Einige Neurophysiologen glauben, daß es ein Modell für das Speichern von Erinnerungen im Gehirn liefert. Der Mystiker würde sagen, es bestätige, was er schon immer gewußt habe – daß »alles zusammenhängt«, daß der Teil das Ganze enthalten kann, daß der Mikrokosmos den Makrokosmos widerspiegelt und von ihm widergespiegelt wird.

Wenn das aber nachweisbar für materielle Phänomene gilt, gibt es keinen stichhaltigen Grund, der uns hindern könnte, diese Einsichten auf geistige Phänomene zu übertragen: Parallelen zum Machschen Prinzip, zum Einstein-Podolsky-Rosen-Paradoxon, zu Wurmlöchern usw. zu ziehen, die die angenommenen Barrieren zwischen den Gedanken der Menschen forträumen. Wenn in der Welt der Materie »alles zusammenhängt«, können wir erwarten, daß das auch für die komplementäre Welt des Geistes gilt, und von da ist es (um noch einmal Gould zu zitieren) »nur ein kurzer Schritt zu der Annahme, daß alle Geister Teil eines einzigen Systems sind«.

So dachte übrigens auch einer der Gründerväter der modernen Physik, nämlich Erwin Schrödinger, dessen Wellengleichung des Elektrons – die Formel der »Materiewelle« – einen entscheidenden Wendepunkt in der Geschichte der Naturwissenschaft darstellt.[24] Schrödingers Interesse galt sowohl der Physik als auch der Philosophie, was vielleicht erklärt, weshalb er die mystische Bedeutung der in seiner Gleichung ausgedrückten Äquivalenz von Materie und Welle klarer sehen konnte als seine Kollegen; außerdem hatte er den Mut, in seinen Vorlesungen und Büchern unmißverständlich darauf hinzuweisen. (In dieser Hinsicht war er den »Gnostikern von Princeton« um mehrere Jahrzehnte voraus.)

Eine von Schrödingers besonders wichtigen Abhandlungen hat den Titel: »Was ist ein Elementarteilchen?« Gleich der Untertitel des ersten Abschnitts enthält den Kern der Antwort: »Ein Teilchen ist kein Individuum.« Hier einige Passagen der Untersuchung (eine Zusammenfassung der Schlußfolgerungen, ohne die fachlichen Argumente, auf denen sie beruhen):

Atomismus in seiner letzten Form ist Quantenmechanik. Er hat sein Spektrum erweitert, um neben der gewöhnlichen Materie alle Arten von Strahlung, einschließlich Licht, zu umfassen – kurz gesagt, alle Formen der Energie, zu denen auch die gewöhnliche Materie gehört. In der gegenwärtigen Fassung der Theorie sind die »Atome« Elektronen, Protonen, Photonen, Mesonen usw. Der Sammelname lautet Elementarteilchen oder nur Teilchen ...

Dieser Aufsatz handelt vom Elementarteilchen, insbesondere von einem bestimmten Merkmal, das dieser Begriff in der Quantenmechanik erworben – oder vielmehr eingebüßt – hat. Ich meine folgendes: daß das

Elementarteilchen kein Individuum ist; es kann nicht identifiziert werden, es besitzt keine »Selbstheit« [persönliche Identität]. Diese Tatsache ist jedem Physiker bekannt, wird aber nur selten in Publikationen hervorgehoben, die für Laien verständlich sind ... Das Teilchen ist, wie wir sehen werden, kein identifizierbares Individuum ...

Das Konzept der Individualität von Materiestücken ist zweifellos uralt ... Die Naturwissenschaft hat es als gegebene Tatsache übernommen. Sie hat es dahingehend verfeinert, daß es auch alle Fälle von augenscheinlichem Verschwinden von Materie umfaßt.

Anschließend führt er das Beispiel eines verbrennenden Holzscheits an:

Wissenschaftler von Demokrit bis Dalton haben gewußt, »daß sich ein Atom, das ursprünglich in dem Holzscheit vorhanden war, anschließend entweder in der Asche oder im Rauch befindet. Mit der neuen Wende des Atomismus, die 1925 mit den Abhandlungen Heisenbergs und de Broglies begann, muß diese Einstellung aufgegeben werden. Das ist die verblüffende Erkenntnis, die sich aus der anschließenden Entwicklung ergibt, und das Merkmal, das auf lange Sicht die wichtigsten Konsequenzen haben muß. Wenn wir den Atomismus beibehalten möchten, zwingen uns die beobachteten Tatsachen, den letzten Bestandteilen der Materie das Wesen identifizierbarer Individuen abzusprechen. Bis vor kurzem hatten meines Wissens Atomisten jeden Alters dieses Merkmal von sichtbaren und greifbaren Materiestücken auf die Atome übertragen, die sie nicht einzeln sehen oder greifen oder beobachten konnten. Jetzt ... müssen wir dem Teilchen die Würde eines absolut identifizierbaren Individuums absprechen ... Einem Atom fehlt die grundlegendste Eigenschaft, die wir im täglichen Leben mit einem Materiestück verbinden. Einige

Philosophen der Vergangenheit würden, falls man ihnen den Fall vorlegen könnte, sicher sagen, das moderne Atom bestehe überhaupt nicht aus Substanz, sondern sei reine Form ...«[25]

Der Physiker Schrödinger leistete den Hauptbeitrag zur Zerstörung des Materiebegriffs (obwohl er die Priorität bescheiden de Broglie und Heisenberg zuschrieb); der Philosoph Schrödinger war über das, was er getan hatte, erfreut und entsetzt zugleich. Die Elementarteilchen, die angeblichen »Bausteine« des Universums, hatten ihre Identität verloren, hatten sich als unstofflich, als reine Form entpuppt – jene Bausteine waren, anders ausgedrückt, ein Trugbild, eine Illusion, der Maya-Schleier. Der nächste Schritt führte ihn beinahe zwangsläufig dazu, die angenommene individuelle Trennung der *Bewußtseine* als ebenso illusorisch zu betrachten:

Offenbar gibt es nur *einen* anderen Ausweg: die Vereinigung aller Bewußtseine in eines. Die Vielheit ist bloßer Schein; in Wahrheit gibt es nur *ein* Bewußtsein. Das ist die Lehre der Upanischaden, und nicht nur der Upanischaden allein ... Als ein Beispiel neben den Upanischaden zitiere ich Aziz Nasafi, einen islamisch-persischen Mystiker aus dem 13. Jahrhundert:
»Beim Tod jedes Lebewesens kehrt der Geist in die Geisterwelt und der Körper in die Körperwelt zurück. Dabei verändern sich aber immer nur die Körper. Die Geisterwelt ist ein einziger Geist, der wie ein Licht hinter der Körperwelt steht und durch jedes entstehende Einzelwesen wie durch ein Fenster hindurchscheint. Je nach der Art und Größe des Fensters dringt weniger oder mehr Licht in die Welt. Das Licht aber bleibt unverändert.«[26]

Zwischen dem Physiker Schrödinger und dem Metaphysiker Schrödinger gab es keinen inneren Zwiespalt. Die beiden Bereiche seines Denkens waren voneinander abhängig, ergänzten sich. So fährt er nach einigen Bemerkungen über die oben zitierte Nasafi-Passage fort:

> Aber man muß doch sagen, daß diese Lehre unser westliches Denken wenig anspricht, ihm wenig schmackhaft ist und von ihm als phantastisch und unwissenschaftlich abgelehnt wird. Das beruht darauf, daß unsre – die griechische – Wissenschaft sich auf Objektivierung gründet und sich damit den Weg zu einem angemessenen Verständnis für das erkennende Subjekt, den Geist, versperrt hat. Ich glaube aber, daß hier genau der Punkt ist, in dem unsere gegenwärtige Art zu denken verbessert werden muß, vielleicht durch eine kleine Bluttransfusion von seiten östlichen Denkens. Leicht wird das aber nicht sein, und wir müssen uns vor Fehlgriffen hüten. Bluttransfusionen erfordern ja immer große Vorsicht, wenn kein Gerinnen eintreten soll. Wir möchten doch die logische Exaktheit nicht aufgeben, zu der unser Denken gelangt ist und die zu keiner Zeit je ihresgleichen gehabt hat.[27]

An anderer Stelle stellt er klar, was er im östlichen Mystizismus als »Schnitzer« und »Gerinnen« betrachtet: die Lehre von der Seelenwanderung. Aber auch sie habe einen schönen Kern – das wundervolle Konzept der Einheit und wechselseitigen Verbindung, von dem Schopenhauer gesagt habe, es sei sein Trost im Leben und werde sein Trost beim Sterben sein.

Schrödingers eigene Formulierung dieses Konzepts findet man immer wieder in seinen Büchern, zum Beispiel auf den letzten Seiten seines klassischen Werks *Was ist Leben?*, das zum Meilenstein in der Biophysik wurde (und den neuen Begriff der »Negentropie« einführte):

> Seit den frühen Upanischaden betrachtet die indische Philosophie die Gleichsetzung *Atman = Brahman* (das

persönliche Selbst ist dem allgegenwärtigen, allesumfassenden ewigen Selbst gleich) ... als die tiefste Einsicht in das Weltgeschehen ... Uns bleibt nur eines übrig: Wir müssen uns an die unmittelbare Erfahrung halten, daß das Bewußtsein ein Singular ist, dessen Plural wir nicht kennen; daß nur *eines* wirklich *ist* und das, was eine Mehrzahl zu sein scheint, nur eine durch Täuschung (das indische *Maja*) entstandene Vielfalt von verschiedenen Erscheinungsformen dieses Einen ist. Die gleiche Illusion entsteht in einer Spiegelgalerie ...[28]

Die Quantenphysik erwies sich als eine Spiegelgalerie, in der die Elementarteilchen reflektiert werden, obgleich sie keine wahre Identität haben, und das persönliche Bewußtsein erscheint als eine ebenso trügerische Einheit wie das Bruchstück eines Hologramms – enthalten im Ganzen und eine Miniaturversion des Ganzen enthaltend. Sein Wesen, seine supraindividuelle Komponente, ist unzerstörbar und zeitlos, nur seine täuschende Individualität ist in Leben und Tod mit dem Körper verbunden, unterliegt also dem Einfluß der Zeit. Zu den tiefgreifenden Veränderungen des Zeitbegriffs in der modernen Physik bemerkte Schrödinger im denkwürdigen letzten Teil der fünften Tarner-Vorlesung, die er 1956 am Trinity College in Oxford hielt:

In meinen Augen ist die »statistische Theorie der Zeit« noch viel wichtiger für die Philosophie der Zeit als die Relativitätstheorie. So umwälzend letztere auch ist, sie läßt die einseitige Richtung des zeitlichen Ablaufs unangetastet, indem sie sie voraussetzt, während die statistische Theorie sich auf die Reihenfolge der Ereignisse gründet. Das bedeutet eine Befreiung von der Tyrannei von Vater Chronos ... Ich bin freilich überzeugt, daß manche von Ihnen das Mystik nennen werden. Dennoch dürfen wir – zumindest glaube ich das – bei aller gebührenden Anerkennung, daß die physikalische Theorie zu allen Zeiten relativ ist, indem sie von bestimmten

Grundannahmen abhängt, behaupten, sie lege in ihrem derzeitigen Zustand entschieden nahe, daß der Geist nicht durch die Zeit vernichtet werden kann.[29]

Ebenso denkwürdig sind die folgenden Sätze, die er im letzten Jahr seines Lebens schrieb: »Mir persönlich ist all das *maya*, wenn auch sehr gesetzmäßige und interessante *maya*. Mit meinem ewigen Teil (um mich recht mittelalterlich auszudrücken) hat sie wenig zu tun. Aber das ist Ansichtssache.«[30]

VII

Parapsychologen haben für psychische Wechselwirkungen die Bezeichnung »Psi-Feld« geprägt, analog zum Schwerkraftfeld und zum elektromagnetischen Feld der Physiker. Dazu bemerkte der inzwischen verstorbene Professor Cyril Burt, es könne »keine Apriori-Unwahrscheinlichkeit geben, die uns verbietet, noch ein weiteres System und noch eine weitere Art von Wechselwirkung zu postulieren, vorbehaltlich genauerer Erforschung – ein psychisches Universum, das aus Vorgängen und Wesenheiten besteht, die durch psychische Wechselwirkungen miteinander verbunden sind, ihren eigenen Gesetzen gehorchen und das physische Universum durchsetzen, zum Teil auch überlappen, so wie die schon entdeckten und hinlänglich erkannten verschiedenen Arten von Wechselwirkungen einander überlappen.«[31]

Wir können wohl mit Recht annehmen, daß einige der grundlegenden Einsichten der modernen Physik – *mutatis mutandis* – auch für das psychische Feld gelten, das die physikalischen Felder ergänzt wie der Geist den Körper und die Welle das Teilchen. Die wichtigste dieser Einsichten ist vielleicht die Neuentdeckung und Weiterentwicklung des pythagoreischen (und vedischen) Begriffs der kosmischen Einheit, bei dem »alles zusammenhängt« wie weit

310

voneinander entfernte Gebiete, die vom Machschen Prinzip oder vom Superraum miteinander verbunden werden. Wenn wir dieses Prinzip auf den Psi-Bereich übertragen, kommen wir zu so etwas wie dem »Geiststoff« Eddingtons, der den Wheelerschen Teppich aus Quantenschaum ergänzt. Die Blasen, die entstehen und dann platzen, sind das individuelle Bewußtsein, das aus dem universellen Schaum auftaucht und wieder verschwindet. Dies mag spekulativ klingen, aber halten wir uns vor Augen, daß wir es mit Analogien zu tun haben, die auf den Theorien äußerst angesehener Physiker beruhen, und was dem einen recht ist, ist dem anderen billig.

Aus dieser neoholistischen Betrachtungsweise von Materie und Geist ergibt sich die reduzierte Selbständigkeit der einzelnen Teile. »Atome sind keine Individuen« – sie haben keine persönliche Identität. Analog ist der individuelle Geist kein »autarkes Selbst«, wenigstens kein völlig autarkes. Er steht durch sinnliche und außersinnliche Kommunikation in Wechselwirkung mit seiner Umwelt und anderen Bewußtseinen. Die außersinnliche oder extrasensorische Kommunikation dürfte vom Psi-Feld oder von einer Art psychischem Äther – wie immer man es nennen will – vermittelt werden. Whately Carington erklärte dazu 1935 in seinem Myers-Gedenkvortrag: »Telepathie findet statt, weil unterhalb und jenseits der Spaltung und Trennung, die von unserer vorübergehenden Teilung in Körper erzwungen wurden, eine grundlegende Einheit des Bewußtseins herrscht. Wenn wir uns weit genug nach unten bewegen, kommen wir zu Stufen, die allen gemeinsam sind, und das ist das universelle Bewußtsein, das uns alle zu wechselseitigen Teilhabern macht. Nach dem Tod besteht das Bewußtsein – wie ich meine – fort, aber nicht in der lokal begrenzten Form, die wir aufgrund unserer Beobachtung physischer Körper und ihrer Reaktionen zu erwarten geneigt sind.«[32]

Dreißig Jahre später hielt Frank Spedding vor der Society of Psychical Research einen denkwürdigen Vortrag, in dem er Caringtons Metapher erweiterte: »Wir können die lebende Welt als einen Archipel von Millionen kleiner Inseln darstellen, die jeweils eine bewußte individuelle Wesenheit repräsentieren. Unmittelbar unter der Oberfläche liegt das individuelle Unbewußte ... Darunter trifft das Land wieder zusammen, und in dieser Schicht liegt ein kollektives Unbewußtes, in dem Ideen und Gedanken eines individuellen unbewußten Geistes an einen anderen individuellen unbewußten Geist weitergegeben werden, und wenn sie im bewußten Geist auftauchen, stehen wir vor dem Phänomen der Telepathie ... Wir können die Arbeitsweise unseres unbewußten Geistes nicht besser darstellen, als wir uns ein geistiges Bild vom Elektron machen können ... Bei der Geburt taucht die Insel des Bewußtseins als winziger Tupfen auf, und beim Tod verschwindet sie im Wasser. Ich würde das ganze Leben in diese Analogie einschließen.«[33]

VIII

Angenommen, es gibt eine solche psychische Schicht unter dem Bewußtsein und dem Unbewußten, aus der das individuelle Bewußtsein geformt wird, um sich nach siebzig Jahren wieder darin aufzulösen – wie paßt das stoffliche Gehirn in dieses Bild? Es paßt überhaupt nicht hinein, solange wir Gefangene jener materialistischen Philosophie bleiben, nach der, wie Burt es ironisch ausdrückte, die Chemiefabrik Gehirn »Bewußtsein ungefähr so erzeugt, wie die Leber Galle erzeugt. Wie die Bewegungen von Teilchen jenes ›substanzlose Gepränge‹ [von Bildern und Ideen] ›erzeugen‹ konnten, blieb ein Geheimnis.«[34]

Diesen Eindruck des Geheimnisvollen teilten auch große Neurophysiologen wie Sir Charles Sherrington und Neurochirurgen wie Wilder Penfield, die beide einen modifizierten cartesianischen Dualismus von Gehirn und Geist postulierten, bei dem der Geist die Kontrolle ausübt. «Wenn man behauptet, diese beiden Dinge seien ein und dasselbe, dann heißt das noch lange nicht, daß sie es auch tatsächlich sind«, schrieb Penfield. Und Sherrington: »Daß unser Wesen aus zwei fundamentalen Elementen bestehen soll, hat – wie ich glaube – keine größere Unwahrscheinlichkeit für sich als die Ansicht, es bestehe nur aus *einem* solchen Element ... Wir müssen wohl davon ausgehen, daß die Beziehung zwischen Geist und Gehirn nicht nur ein immer noch ungelöstes Problem ist, sondern daß wir noch nicht einmal einen ersten Ansatzpunkt zu seiner Lösung gefunden haben.«[35]

Wenn wir beides, naiven Materialismus und cartesianischen Dualismus, zurückweisen, bietet das Prinzip der Komplementarität einen vielversprechenden Ansatz.[36] Geist wird nicht vom Gehirn erzeugt, ist aber mit dem Gehirn verbunden. Das Wesen dieser Verbindung gehört zu den ältesten Problemen der Philosophie, und ich will hier nur eine Hypothese erwähnen, die von Henri Bergson aufgestellt und von mehreren Erforschern außersinnlicher Wahrnehmungen aufgenommen wurde. Danach wirkt das Gehirn als schützender Filter des Bewußtseins. Jedes Leben wäre unmöglich, wenn wir die Millionen von Reizen, die unsere Sinne ständig bombardieren, »die blühende, summénde Vielfalt der Wahrnehmungen«, wie William James es nannte, einzeln beachten sollten. Deshalb arbeiten das Nervensystem und vor allem das Gehirn wie eine vielstufige Hierarchie filternder und ordnender Mechanismen, die einen Großteil der sensorischen Eingabe als belanglosen »Lärm« eliminieren und nur die belangvollen Informationen weiterleiten, die Aufmerksamkeit und Handeln erfordern. Auf unsere Hypothese übertragen, wird das Bewußtsein durch diesen Selektions- und Filterprozeß auch vor der summenden Vielfalt der extrasensorischen Botschaften geschützt, vor den Bildern und Eindrücken, die im psychischen Äther treiben, von dem ein Teil unseres individuellen Bewußtseins umgeben ist.

Die »Filtertheorie« könnte auch die augenscheinliche Unberechenbarkeit und die relative Seltenheit parapsychologischer Phänomene erklären. Diese Meinung vertritt zum Beispiel der Oxford-Professor H. H. Price: »Es hat den Anschein, als ob telepathisch empfangene Eindrücke oder Inhalte einige Schwierigkeiten hätten, die Bewußtseinsschwelle zu überschreiten und bewußt zu werden. Ein Hindernis oder Verdrängungsmechanismus scheint solche Inhalte dem Bewußtsein fernhalten zu wollen; es ist ein recht schwer zu überwindendes Hindernis, doch sie benutzen alle Möglichkeiten, es zu umgehen. Manchmal bedienen sich diese Inhalte des Muskelsystems und treten in Form des automatischen Sprechens oder Schreibens auf. Manchmal treten sie als Träume auf, manchmal als optische oder akustische Halluzinationen. Und oft können sie nur in verzerrter und symbolischer Form auftreten (wie andere unbewußte Inhalte ebenfalls). Es ist eine einleuchtende Vermutung, daß viele unserer alltäglichen Gedanken und Gefühle telepathischen oder zumindest teilweise telepathischen Ursprungs sind, als solche jedoch nicht erkannt werden, weil sie bei der Überwindung der Bewußtseinsschwelle so sehr verzerrt und mit anderen psychischen Inhalten durchsetzt werden.«[37]

IX

Wir können das individuelle Bewußtsein demnach als eine Art holographisches Fragment des kosmischen Bewußtseins betrachten – ein Fragment, das sich vorübergehend an einen Körper mit seinen wählenden und filternden Mechanismen anschließt, um dann wieder in den alles durchdringenden Geiststoff zurückzukehren und sich darin aufzulösen. Über den ersten Prozeß wissen wir ein wenig, über den zweiten nichts. Der erste könnte jedoch einige Anhaltspunkte für den zweiten liefern.

Jean Piaget, Freud und andere Wissenschaftler haben die Tatsache betont, daß das Neugeborene nicht zwischen seinem Ich und seiner Umwelt unterscheidet. Es ist sich zwar der Ereignisse bewußt, aber nicht seiner selbst als getrenntes Wesen. Es lebt in einem Zustand der geistigen Symbiose mit der Außenwelt, eine Fortführung der biologischen Symbiose im Mutterschoß. Das Universum ist im Selbst konzentriert, und das Selbst *ist* das Universum – ein Zustand, den Piaget »protoplasmisches« oder »symbiotisches« Bewußtsein nannte. Spuren davon leben womöglich weiter im Sympathiezauber und in jenem selbsttranszendierenden »ozeanischen Gefühl«, nach dem der Mystiker und der Künstler streben, um ein höheres Stadium der Entwicklung, eine höhere Windung der Spirale zu erreichen.

Das Kleinkind kennt also noch keine festen Grenzen zwischen dem Selbst und dem Nicht-Selbst, und wie Piagets klassische Untersuchungen gezeigt haben, ist das Entstehen dieser Grenze ein allmählicher Prozeß, der sich über mehrere Jahre erstreckt, bis sich das Kind seiner eigenen, selbständigen, persönlichen Identität voll bewußt wird oder, anders ausgedrückt, bis sein symbiotisches Bewußtsein in Ich-Bewußtsein kanalisiert wird und den Computer in dem noch weichen Schädel zu bedienen lernt.

Gibt es irgendeine symmetrische Beziehung zwischen dem Auftauchen des individuellen Bewußtseins im Neugeborenen und dem Prozeß seiner Auflösung beim Tode? Wir könnten ein Gedankenexperiment machen, bei dem der Pfeil der Zeit in umgekehrter Richtung fliegt wie bei einem rückwärts abgespulten Film. Dabei würde sich, während das Kind zum Säuglingsalter zurückschreitet, das Bewußtsein um seine persönliche Identität allmählich auflösen und mit der Rückkehr in den Mutterschoß verlöschen. Kurz vor der Rückkehr würde das Kind die traumatische Erfahrung durchmachen, zu verstummen, nicht mehr zu atmen und nicht mehr gefüttert zu werden. Im Mutterschoß würde es fortfahren, kleiner zu werden, während sein Gewebe sich zu dem befruchteten Ei und schließlich, nach einer weiteren traumatischen Erfahrung, in zwei Keimzellen entdifferenziert. Trotzdem können wir nicht sagen, an welchem Punkt genau der heranwachsende Embryo zu reagieren beginnt und die ersten Anfänge von Bewußtsein oder »Geist« erwirbt – ebensowenig, wie wir sagen können, an welchem Punkt des umgekehrten Prozesses er diese Merkmale einbüßt. Wenn wir uns nun von der Ontogenese zur Phylogenese wenden (und erstere ist ja nur eine summarische Wiederholung des phylogenetischen Prozesses), sind wir abermals nicht imstande, die Sprosse der Evolutionsleiter zu bestimmen, an der das Bewußtsein auftaucht. Verhaltensforscher, die ihr Leben lang Tiere beobachten – von Säugern über Vögel bis zu Insekten –, weigern sich, einen solchen Punkt anzugeben, während Neurophysiologen von einem spinalen Bewußtsein bei niederen Organismen und Biologen vom protoplasmischen Bewußtsein bei Protozoen sprechen.[38] Bergson versicherte sogar: »Die Unbewußtheit eines fallenden Steins ist etwas anderes als die Unbewußtheit eines heranwachsenden Kohlkopfs.« Nach dem überheblichen Materialismus des letzten Jahrhunderts bewegt sich die Vorhut der Physiker und Biologen offenbar auf eine Form des Pan-Psychismus zu.

Auf den ersten Blick verschafft uns der rückwärts laufende Film nur geringen Trost. Die Geburt ist ein dramatischer Bruch in der Entwicklung des Individuums, aber sie markiert lediglich den Übergang von einer Form der organischen Existenz in eine andere, wogegen der Tod ein Übergang vom Organischen zum Unorganischen ist. Was die körperlichen Vorgänge betrifft, gibt es keine Symmetrie zwischen der pränatalen und der postmortalen Entwicklung. Wir haben den Film nur deshalb rückwärts abgespult, um uns vor Augen zu führen, daß individuelles Bewußtsein kein Entweder-oder-Phänomen, sondern eine stufenweise Erscheinung ist, die mit dem undifferenzierten Stadium der »protozoischen« Bewußtheit beginnt, sich mit einem heranwachsenden Organismus verbindet und allmählich individualisiert wird, um sich – so unsere Hypothese – später von dem sterbenden Organismus zu lösen und sich dann, in der postmortalen Phase, ebenso allmählich wieder zu entindividualisieren. Mit Entindividualisieren ist hier aber kein Auslöschen gemeint, sondern ein Versinken im kosmischen Bewußtsein – die Insel, die untergeht und Teil des versunkenen Kontinents wird, oder, um ein anderes Bild zu benutzen, Atman, das mit Brahma verschmilzt.

Entscheidend ist, daß der Vereinigungsprozeß *allmählich* abläuft. Das läßt sich natürlich nicht leicht mit der Tatsache vereinbaren, daß die komplementäre Partnerschaft von Geiststoff und Körper im Moment des Todes (obgleich dieser allmählich über Greisenalter und Koma erreicht wurde) abrupt beendet ist. Wie können Spuren der Psyche denn noch einige Zeit fortfahren zu existieren? Nach Caringtons Theorie bewahrt sich der wesentliche Bestandteil der Psyche, der zum universalen Psi-Feld gehört und von diesem Feld umgeben ist, immer eine gewisse Autonomie, verschmilzt nie ganz mit einem einzelnen Körper. Er kommuniziert immer mit außersinnlichen Signalen, die den Selektions- und Filterapparat durchdringen, und nun, wo jene Schutzmechanismen des Körpers nicht mehr nötig sind, kann die allmähliche Auflösung des Einen im All-Einen – im Nirwana oder dem »weißen Licht« des Mystikers – ungehindert stattfinden.

Manche Radios haben eine merkwürdige Eigenschaft: Wenn man sie abgeschaltet hat, spielt die Musik noch einige Sekunden leise weiter, ehe sie allmählich schwindet, oder eine Stimme klingt fort wie ein geisterhaftes Echo. Die physikalische Erklärung dafür ist ganz einfach, aber das Phänomen ist trotzdem verblüffend und könnte als Metapher für die recht gut dokumentierten Fälle (zum Beispiel die berühmten einander überschneidenden Botschaften) dienen, bei denen Lebende Nachrichten von kürzlich Verstorbenen empfingen. Nach der Hypothese vom allmählichen Schwinden des individuellen Aspekts der Psyche ließen sich solche Signale auf die Persönlichkeitsreste zurückführen, die sich noch an den entkörperten Geiststoff klammern, wie die Geisterstimme aus dem abgeschalteten Radio. Die allgemeine Blässe dieser Botschaften und der Infantilismus, der sich oft in den bei spiritistischen Sitzungen hervorgerufenen physikalischen Phänomenen äußert, könnten – wie in unserem rückwärts abgespulten Film – auf den progressiven Abbau der Reste des persönlichen Bewußtseins vom Erwachsenenstadium in die frühe Kindheit hindeuten, ehe sie wieder vom universellen Mutterschoß aufgenommen werden. Es stimmt, daß manche Erscheinungen – angenommen, sie sind nicht alle Halluzinationen – nicht von »kürzlich« Verstorbenen stammen, sondern offenbar schon vor Jahrhunderten entstanden sind. Aber »Zeit« ist ein ambivalenter Begriff in der modernen Naturwissenschaft geworden, und möglicherweise verzögern emotionale »Blockaden« den Entpersönlichungsprozeß.

Um noch ein weiteres Bild zu gebrauchen (was kann man auch angesichts des Unsagbaren anderes tun?): Vergleichen wir diesen Vorgang einmal mit einem Fluß, der ins Meer fließt. Während er sich der Mündung nähert, machen sich die Gezeiten immer stärker bemerkbar, und er wird periodisch vom Ozean aufgefüllt – das mystische Ahnen der Ewigkeit. Andererseits trägt der Fluß noch nach Verlassen seines festen Bettes zahllose Sedimente meilenweit in den Ozean hinein, bis er sich selbst und die Landreste, die letzten Spuren seines Ursprungs, darin verliert. Das bedeutet freilich nicht, daß der Fluß ausgelöscht worden ist. Er ist nur von dem Schlamm, den er mitnehmen mußte, befreit worden und hat seine Transparenz wiedererlangt. Er hat sich mit dem Meer identifiziert, ist darin allgegenwärtig vorhanden, und jeder seiner Tropfen fängt ein Funkeln der Sonne ein. Der Vorhang ist nicht gefallen; er hat sich gehoben.

X

So subjektiv und vage diese Betrachtungsweise auch sein mag, sie genügt zumindest, um den Glauben an die *persönliche* Unsterblichkeit zu widerlegen – ein für allemal. Außerdem ist das hypothetische kosmische Psi-Feld nicht phantastischer als der mit Quantenschaum angefüllte Superraum des Physikers und hat sogar einige Verwandtschaft mit ihm. Wenn wir die These noch einen letzten Schritt weiter führen, können wir annehmen, daß sich der kosmische Geiststoff so entwickelt wie das materielle Universum und daß er irgendwelche historischen Zeugnisse des intelligenten Lebens auf unserem *und* anderen Planeten enthält. Die Astrophysiker sagen uns neuerdings, daß es allein in unserer Galaxie zwischen hunderttausend und einer Million Gestirne gibt, auf denen Leben möglich wäre; und einige dieser Himmelskörper sind so viel älter als die Erde, daß das auf ihnen erreichte evolutionäre Stadium von dem des Menschen so weit entfernt sein muß wie der Mensch von der Amöbe. Die Science-fiction ist viel zu provinziell, um uns auch nur einen blassen Eindruck von solchen Formen der Existenz zu vermitteln. »Die Wirklichkeit«, hat J. B. S. Haldane einmal gesagt, »ist nicht nur phantastischer, als wir denken, sondern auch viel phantastischer als alles, was wir uns vorstellen können.« Vielleicht werden wir sie sehen, wenn wir uns vom Schleier des Maya befreit haben.

Die Wahrheit der Phantasie

Im Jahre 1817 machte der Dichter John Keats in einem Brief an Benjamin Bailey folgendes obskure Bekenntnis: »Gewiß bin ich einzig der Neigungen des Herzens und der Wahrheit der Phantasie ...«

Das hört sich nicht gerade sehr einleuchtend an. Es hilft auch nicht weiter, ein Echo jener Stelle in den berühmten Schlußzeilen der *Ode auf eine griechische Urne* wiederzufinden, die Keats zwei Jahre später schrieb: »Schönes ist wahr und Wahres schön – dies ist,/Was ihr auf Erden wißt, mehr frommt euch nicht.«

Kein Zweifel, schön sind die Zeilen; aber sind sie auch wahr? Ich denke, sie sind es; aber das Verhältnis von Wahrheit und Schönheit, oder allgemeiner zwischen Wissenschaft und Kunst, ist ein altes und heikles Problem, und ich kann hier nur einen seiner Aspekte streifen.

Es ist behauptet worden, daß das Wesen der wissenschaftlichen Entdeckung darin bestehe, eine Analogie zu bemerken, die noch kein Mensch bemerkt hat. Als William Harvey den Blutkreislauf entdeckte, indem er plötzlich das bloßgelegte Herz eines Fisches als eine Art unsauberer mechanischer Pumpe sah, bemerkte er eine Analogie, die keiner vor ihm bemerkt hatte; und als König Salomo im Hohelied Sulamits Hals mit einem Elfenbeinturm verglich, tat er das gleiche. Welten scheinen zwischen den beiden Entdeckungen zu liegen, doch der psychologische Prozeß folgt beide Male dem gleichen Muster: Ein vertrautes Ding oder Ereignis wird in einem neuen, unvertrauten, enthüllenden Licht wahrgenommen – als sei dem Auge plötzlich der Star gestochen worden. Dieser Prozeß liegt sowohl der Kunst der Entdeckungen als auch den Entdeckungen der Kunst zugrunde; ich habe für ihn den Begriff »Bisoziation« geprägt, um ihn von der gewöhnlichen Routine der Assoziation auf ausgetretenen Wegen zu unterscheiden.

Bisoziation bedeutet einen plötzlichen Sprung der schöpferischen Phantasie, der zwei bis dahin unverbundene Ideen, Beobachtungen, Wahrnehmungsgefüge oder »Gedankenuniversen« in einer neuen Synthese verbindet.

Die bescheidenste Art der Bisoziation ist das Wortspiel – zwei Gedankenstränge, die zu einem akustischen Knoten verknüpft werden. Doch auch der Reim ist nicht mehr als ein veredeltes Wortspiel, bei dem der Klang der Bedeutung Resonanz verleiht. Wenn Rhythmus und Versmaß in die Sprache eindringen, bringen sie ein Echo der Schamanen-Tamtams mit und »schläfern den Sinn in eine wache Trance«, wie Yeats sagte; während in der Metapher eine sprachliche Feststellung durch die Überlagerung mit einem visuellen Bild eine zusätzliche Dimension gewinnt.

Worauf ich hinauswill, ist dies: Alle diese kombinatorischen Muster, die bei künstlerischer Kreativität anzutreffen sind, haben ihre Entsprechungen in den Forschungen des Wissenschaftlers. Rhythmische Pulsationen zum Beispiel sind ein Grundtatbestand nicht nur der Poesie, sondern auch der Biologie, von den Alphawellen bis zu Systole und Diastole – dem Iambus und Trochäus des Lebens. Die Pythagoreer, die das Abenteuer der Wissenschaft in Gang brachten, betrachteten den Kosmos als eine große Musikbox, in der die musikalischen Intervalle den Entfernungen zwischen den Planetenbahnen entsprachen, und lieferten damit die mathematische Begründung für die Sphärenharmonie. Weit davon entfernt, Materialisten zu sein, betrachteten sie alle Materie als einen Zahlentanz, und die moderne Physik ist nach der Dematerialisierung der Materie zur gleichen Auffassung zurückgekehrt.

Einer weitverbreiteten, aber irrigen Meinung zufolge vollzieht sich der Denkprozeß des Naturwissenschaftlers streng logisch und ohne die sinnliche und visuelle Qualität der poetischen Phantasie. Dagegen brachte eine Umfrage unter amerikanischen Mathematikern zutage, daß fast alle von ihnen, Einstein eingeschlossen, in visuellen Bildern und nicht in präzisen sprachlichen Begriffen dachten. Einer der größten Physiker aller Zeiten, Michael Faraday, stellte sich die Spannungen um einen Magneten als räumliche Kurven vor, die er »Kraftlinien« nannte und die in seiner Phantasie so real waren, als handle es sich um massive Röhren. Er sah das Universum buchstäblich von diesen gekrümmten Linien durchwirkt und erlitt wenig später einen schizophrenen Schub. Es besteht eine starke Affinität zwischen den Kraftlinien, die Faradays Universum durchziehen, und den schwindelerregenden Strudeln in van Goghs Himmeln.

Indessen besagt das altehrwürdige Klischee, die Wissenschaft ziele auf Wahrheit und die Kunst auf Schönheit. In Keats' griechischer Urne scheint ein Sprung zu sein, und ihre Botschaft scheint ein wenig hohl zu klingen; doch bei näherem Hinsehen verschwindet der Sprung. Der Künstler wie der Wissenschaftler projiziert seine Realitätserfahrung in sein gewähltes Ausdrucksmedium. Sie bewohnen keine verschiedenen Universen, sondern okkupieren die beiden äußersten Enden desselben Spektrums – eines Regenbogens, der sich vom Infrarot des Physikers zum Ultraviolett des Poeten erstreckt und viele Zwischentöne besitzt: so hybride Beschäftigungen wie Architektur, Fotografie, Schachspielen, Kochen, Psychiatrie oder Töpferei. Es gibt keine klare Grenze, an der das Königreich der Naturwissenschaft endete und das der Dichtung begänne; und der *uomo universale* der Renaissance war in beiden beheimatet.

Die Kriterien, an denen wir wissenschaftliche und künstlerische Leistung messen, ändern sich natürlich mit dem Medium, aber auch sie weisen kontinuierliche Abstufungen zwischen den relativ objektiven Methoden auf, eine wissenschaftliche Theorie experimentell zu verifizieren, und den relativ subjektiven Kriterien der ästhetischen Bewertung. Die Betonung liegt auf dem Wort »relativ«. Experimentelle Befunde lassen sich nämlich meistens in mehr als einer Weise interpretieren – weshalb die Geschichte der Naturwissenschaft ebenso voll ist von giftigen Kontroversen wie die Geschichte der Literaturkritik (was für uns alle ein Trost sein sollte).

Tatsächlich ist der Fortschritt der Naturwissenschaften wie ein alter Wüstenpfad übersät mit den ausgebleichten Gerippen fallengelassener Theorien, die einstmals ewiges Leben zu besitzen schienen. Der Fortschritt der Kunst bringt ebenso qualvolle Neubeurteilungen etablierter Werte, Kriterien der Relevanz, Wahrnehmungsgefüge mit sich.

Der Dichter, der Maler, der Wissenschaftler: Jeder überlagert das Universum in seiner mehr oder weniger kurzlebigen Vision, jeder konstruiert sein eigenes parteiisches Realitätsmodell, indem er alle jene Aspekte der Erfahrung hervorhebt, die ihm bedeutsam erscheinen, und die anderen wegläßt. Die gleiche Technik der Abstraktion findet sich in der Zeichnung des Cartoonisten, dem Diagramm des Physikers, dem Atlas des Geographen, dem stilisierten Landschaftsbild oder Porträt. Die Technik ist die gleiche; nur die Medien sind verschieden und die Kriterien dafür, was relevant ist.

Ich will nicht übertreiben. Gewiß unterscheiden sich die Methoden, ein physikalisches Theorem oder ein Kunstwerk zu beurteilen, ganz beträchtlich voneinander, und zwar hinsichtlich ihrer Genauigkeit und ihrer Objektivität. Doch ich muß noch einmal betonen, daß die Übergänge fließend sind. Außerdem erfolgt die Beurteilung immer erst post factum, nach dem schöpferischen Akt; wohingegen die entscheidende Phase des Akts selber immer ein Sprung ins Dunkel ist, in die Zwielichtzonen des Bewußtseins; und der Taucher kommt eher mit einer Handvoll Schlamm zurück an die Oberfläche als mit einer Koralle. Falsche Inspiration und spinnerte Theorien in der Geschichte der Wissenschaft gibt es ebenso reichlich wie schlechte Kunstwerke; sie flößen ihrem Opfer die gleiche mächtige Überzeugung, die gleiche Euphorie ein wie die glücklichen Funde, die sich post factum als richtig erweisen. In dieser Hinsicht ist der Wissenschaftler in keiner besseren Lage als der Künstler: Während der Wehen des schöpferischen Prozesses gibt die Wahrheit einen ebenso ungewissen und subjektiven Führer ab wie die Schönheit.

Wir können nun einen Schritt weitergehen. Jede gültige wissenschaftliche Entdeckung erweckt im Kenner das Gefühl der Schönheit, weil die Lösung eines irritierenden Problems Dissonanz in Harmonie überführt; und umgekehrt kann das Gefühl der Schönheit nur dann auftreten, wenn der Intellekt die Gültigkeit der Operation (gleich welcher Art) gutheißt, die dazu bestimmt war, dieses Gefühl auszulösen. Eine Jungfrau von Botticelli und ein mathematisches Theorem von Poincaré verraten keinerlei Ähnlichkeit in den Motivationen und Aspirationen ihrer Schöpfer; jener scheint »Schönheit« zu wollen, dieser »Wahrheit«. Doch Poincaré selber schrieb, bei seiner unbewußten Suche nach den »glücklichen Kombinationen«, aus denen neue Entdeckungen hervorgehen, sei er geleitet worden von dem »Gefühl für mathematische Schönheit, für die Harmonie der Zahlen, der Formen, für die geometrische Eleganz. Es ist ein wahrhaft ästhetisches Gefühl, das allen Mathematikern bekannt ist.« Viele hervorragende Wissenschaftler haben ähnliche Bekenntnisse abgegeben. »Schönheit ist der erste Test; für eine häßliche Mathematik gibt es auf der Welt keinen dauerhaften Platz«, schrieb G. H. Hardy 1940 in seinem klassischen Buch »Apologie eines Mathematikers«. Der Nestor der englischen Physik, Paul Dirac, ging noch weiter mit seiner berühmten Feststellung: »Die Schönheit der Gleichungen ist wichtiger als ihre vollkommene Übereinstimmung mit dem Experiment.« Es war eine schockierende Feststellung, aber er bekam den Nobelpreis dennoch.

Wenden wir uns nun dem anderen Ende des Spektrums zu. Der Romancier oder Dichter schafft nicht in einem Vakuum; seine Sicht der Welt ist – ob er sich darüber im klaren ist oder nicht – auf das philosophische und wissenschaftliche Panorama seiner Tage beschränkt. John Donne war Mystiker, doch die Bedeutung von Galileis Teleskop ging ihm sofort auf: »Der Mensch hat ein Netz gewoben, das er über den Himmel warf; der nun sein eigen ist.«

Newton hatte eine vergleichbare Wirkung; und natürlich auch Darwin, Marx, der Frazer des *Golden Bough*[1], Freud oder Einstein. Was Botticelli anbelangt, so wissen wir wenig über seine philosophischen Ansichten, aber wir wissen, daß Maler und Bildhauer oft von wissenschaftlichen oder pseudowissenschaftlichen Theorien geleitet wurden, ja, von ihnen besessen waren: der Goldene Schnitt der Griechen; die Geometrie der Perspektive und der Verkürzung; Dürers und Leonardos »letzte Gesetze der vollkommenen Proportion«; Cézannes Doktrin, daß alle natürlichen Formen sich auf Kugeln, Zylinder und Kegel zurückführen lassen, und so weiter. Das Gegenstück zur Apologie des Mathematikers, die der Schönheit den Vorrang gibt vor der logischen Methode, ist Seurats Feststellung: »Die Leute sehen Poesie in dem, was ich gemacht habe. Nein, ich wende meine Methode an, und damit hat es sich.«

Beide Seiten scheinen sich wider ihre Natur zu verhalten: der Wissenschaftler, indem er seine Abhängigkeit von intuitiven Ahnungen eingesteht, die bei der Theoriebildung auf ihn einwirken – während der Künstler die abstrakten Prinzipien schätzt oder überschätzt, die seiner Intuition Disziplin aufzwingen. Die beiden Faktoren ergänzen sich; zu welchen Teilen sie zusammenfinden, hängt vor allem von dem Medium ab, in dem der schöpferische Trieb seinen Ausdruck findet.

Doch welcher Natur ist dieser Trieb selber, welche Motivation, welcher Drang, welches Bedürfnis stehen hinter ihm? Die Biologen sind in den letzten Jahren zu dem Schluß gekommen, daß es einen Erkundungstrieb gibt, der Menschen und höheren Tieren gemeinsam ist und so elementar wie Hunger und Sexualtrieb. Der Erkundungstrieb mag sich mit anderen Trieben zusammenschließen – der Nahrungsaufnahme, der Fortpflanzung oder bei den Menschen mit Ehrgeiz und Eitelkeit; doch in seiner reinsten Form ist dieser Trieb seine eigene Erfüllung – oder, wie Stevenson sagte, »hoffnungsvoll unterwegs zu sein ist besser als anzukommen«. Jeder große Künstler hat etwas von einem Entdecker an sich: Der Dichter manipuliert nicht die Wörter, wie der Behaviorist sagen würde, sondern er erkundet das affektive und deskriptive Potential der Sprache; der Maler ist sein Leben lang damit beschäftigt, sehen zu lernen.

Der schöpferische Trieb hat eine einzige biologische Quelle, doch er kann in verschiedene Richtungen kanalisiert werden. Er ist eine Mischung von Neugier und Erstaunen – wobei die Neugier auf seinen intellektuellen und das Erstaunen oder der Schauder auf seinen emotionalen Aspekt verweisen. Zusammen motivieren sie die Entdeckungsreisen des Wissenschaftlers und des Künstlers. Johannes Kepler, der Astronom, beschrieb das Gefühl einer »wunderbaren Klarheit«, die ihn ergriff, als er die Gesetze der Planetenbewegung entdeckte; die gleiche Erfahrung macht jeder Schriftsteller, wenn eine Strophe plötzlich die Form annimmt, die ihr vorbestimmt schien, oder wenn ein glückhaftes Bild sich in seinem Geist entfaltet. Erfahrungen dieser Art vereinen immer intellektuelle Befriedigung mit emotionaler Entlastung – zu jenem quasi-mystischen »ozeanischen Gefühl«, in dem sich das sterbliche Ich für einen Moment wie ein Salzkorn im Ozean aufzulösen scheint. Kunst ist eine Schule der Selbstüberschreitung; im besten Fall weitet sie das individuelle Bewußtsein zu einer kosmischen Bewußtheit aus, so wie die Wissenschaft danach strebt, besondere Phänomene durch allgemeine Gesetze zu erklären, besondere Rätsel auf das große universelle Rätsel zurückzuführen.

Um also den Sprung in der griechischen Urne zu kitten und sie der heutigen Zeit annehmbar zu machen, müßte man den Keatschen Wortlaut verbessern und in Computerjargon übersetzen: Schönheit ist eine Funktion der Wahrheit, Wahrheit eine Funktion der Schönheit. Theoretisch lassen sie sich auseinanderhalten, doch in der Erfahrung des schöpferischen Akts – und seinem nachschöpferischen Echo im Betrachter – sind sie so untrennbar wie Gefühl und Gedanke. Beide signalisieren sie – der eine in der Sprache des Gehirns, der andere in der der Eingeweide – jenen

Moment des Heureka-Rufs, wenn nach den Worten Carlyles »das Unendliche mit dem Endlichen verschmilzt, sichtbar, ja sozusagen greifbar wird«.

Dies bringt mich zu meinem letzten Punkt. Im Gegensatz zu Shakespeares »Die ganze Welt ist eine Bühne« glaube ich, daß das Leben des gewöhnlichen Sterblichen auf zwei Bühnen gespielt wird, die auf zwei verschiedenen Ebenen liegen – wir wollen sie die triviale und die tragische Ebene nennen. Meist bewegen wir uns auf der trivialen Ebene; aber in einigen seltenen Momenten, wenn wir dem Tod gegenüberstehen oder vom ozeanischen Gefühl überwältigt sind, stürzen wir scheinbar durch eine Bühnenfalltür auf die tragische oder absolute Ebene. Dann kommen uns alle unsere täglichen Routineverrichtungen als seichte, belanglose Eitelkeiten vor; sobald wir jedoch sicher auf der trivialen Ebene zurück sind, tun wir die Erfahrungen der anderen als die Ausgeburten überreizter Nerven ab.

Die höchste Form der menschlichen Kreativität ist das Bemühen, die Kluft zwischen diesen beiden Ebenen zu überbrücken. Sowohl der Künstler wie der Wissenschaftler haben die Gabe (oder sind dazu verdammt), die trivialen Geschehnisse der Alltagserfahrung sub specie aeternitatis wahrzunehmen; und umgekehrt das Absolute in menschlichen Begriffen auszudrücken, in einem konkreten Bild zu spiegeln. Der gewöhnliche Sterbliche ist weder intellektuell noch emotionell dazu ausgerüstet, länger als während kurzer Übergangsperioden auf der tragischen Ebene zu leben. Das Unendliche ist zu unmenschlich und schwer faßbar, wenn es nicht mit der greifbaren Welt des Endlichen eine Verbindung eingeht. Das Absolute des Existentialisten wird nur dann emotionell wirksam, wenn es mit etwas Konkretem bisoziiert, wenn es in Vertrautes eingefügt wird. Darauf zielen der Wissenschaftler wie der Künstler, wenn auch nicht immer bewußt. Durch die Überbrückung der Kluft zwischen den beiden Ebenen wird das kosmische Geheimnis vermenschlicht, in die Umlaufbahn des Menschen gezogen, während seine trivialen Erfahrungen verklärt werden.

Selbstverständlich sind nicht alle Romane »Problem-Romane«, die den Leser mit einem Sperrfeuer des Tragischen und Archetypischen belegen, und sie sollten es auch nicht sein, sonst wäre die Literatur höchst monoton. Aber mittelbar ist jedes Kunstwerk auf die letzten Probleme des Menschen bezogen.

Eine Blume, selbst ein bescheidenes Gänseblümchen, muß eine Wurzel haben; und ein Kunstwerk, es mag so frivol, preziös oder abgeklärt sein, wie es will, wird letztlich auf noch so mittelbare und unsichtbare Weise durch zarte Kapillaren aus den archetypischen unteren Schichten der Erfahrung gespeist.

Indem er auf beiden Ebenen gleichzeitig lebt, kann der schöpferische Künstler oder Wissenschaftler einen gelegentlichen Blick auf die Ewigkeit erhaschen, wenn er durch das Fenster der Zeit sieht. Ob es ein farbiges mittelalterliches Glasfenster ist oder Newtons universelles Gravitationsgesetz, das ist eine Sache des Temperaments und Geschmacks.

Das Gesetz des abnehmenden Ertrages

In Solschenizyns Roman *Der erste Kreis der Hölle* diskutieren ein paar Leute über den wissenschaftlichen Fortschritt. Plötzlich ruft einer von ihnen, Gleb Nerschin, aus:

»Fortschritt! Wer will überhaupt Fortschritt? Das ist es gerade, was mir an der Kunst gefällt: daß in ihr kein Fortschritt möglich ist.«

Dann weist er auf die ungeheuren Fortschritte in der Technik seit den siebziger Jahren des vorigen Jahrhunderts hin und meint schließlich:

»Aber hat es je Fortschritt in der Literatur gegeben seit *Anna Karenina*?«

Die entgegengesetzte Auffassung vertritt Jean-Paul Sartre in seinem Essay *Was ist Literatur?*, in dem er behauptet, Bücher seien wie Bananen; man könne sie nur genießen, solange sie frisch sind. Unter diesem Gesichtspunkt betrachtet, müßte *Anna Karenina* schon lange ungenießbar sein. Die gleiche Ansicht haben Vertreter des *nouveau roman* und anderer Avantgarderichtungen, einschließlich einiger Theoretiker der Studentenrevolte, noch krasser ausgedrückt. Antonin Artaud faßte diesen Standpunkt in einem epigrammatischen Fazit zusammen: »Die Meisterwerke der Vergangenheit sind für die Vergangenheit, nicht für uns.«

Solschenizyns Romanfigur äußert die konventionelle Meinung, daß die Wissenschaft sozusagen kumulativ voranschreitet, indem sie Stein auf Stein setzt, so wie man einen Turm baut, wogegen die Kunst so zeitlos sei wie der Tanz bunter Bälle auf der Fontäne eines Springbrunnens: die Variation einiger ewig gleicher Themen. Wenn man diesen Standpunkt akzeptiert, ist es sinnlos, nach objektiven Kriterien für Fortschritt in der Dichtung, in der Malerei oder in der dramaturgischen Kunst zu suchen. So gesehen, entfaltet sich die Kunst nicht, sie formuliert nur immer wieder von neuem die gleichen archetypischen Erfahrungen in der Sprache der jeweiligen Zeit. Und obwohl das Vokabular einem Wandel unterworfen ist – ebenso wie das optische Vokabular des Malers –, bleibt die Aussage eines großen Werks der Kunst gültig und trotzt dem Zahn der Zeit.

Der entgegengesetzte Standpunkt – daß die Werke der Vergangenheit gut für die Vergangenheit waren, aber nicht gut genug für uns sind – besagt, daß die Kunst sehr wohl »fortschreitet« und sich ständig weiterentwickelt. Man kann Tolstoi, Rembrandt oder die Malerei der Etrusker nicht einfach aus dem relativistischen Grund ablehnen, daß sie sich *anderer* Ausdrucksmittel bedienen als wir. Diese Ablehnung würde ja die Annahme voraussetzen, wir hätten Ausdrucksformen entdeckt oder entwickelt, die überzeugender und gültiger seien als die der Vergangenheit. Einige Vertreter der heutigen und früheren Avantgarde haben in der Tat lautstark behauptet, sie seien die Fackelträger des objektiven Fortschritts in der Kunst – die Impressionisten, die Expressionisten, die Abstrakten –, und es gibt kaum einen Schriftsteller der Vergangenheit oder Gegenwart, der nicht insgeheim glaubte oder glaubt, sein Stil oder seine Darstellungsweise komme der Wirklichkeit näher – und zwar sowohl intellektuell als auch emotional – als die Stilmittel der Vergangenheit. Seien wir ehrlich: In der Reverenz, die wir Homer oder Goethe erweisen, schwingt auch eine Herablassung mit, die an unsere Haltung gegenüber Wunderkindern erinnert: Wie klug sie doch für ihr Alter – und ihr Zeitalter – waren! Fast modern, könnte man sagen!

Die Überzeugung, daß die Kunstformen der Gegenwart jenen der Vergangenheit – zumindest in gewisser Hinsicht – überlegen seien, kann zu grotesken Extremen führen. Da veröffentlichte beispielsweise vor einiger Zeit eine führende britische Zeitung einen Artikel über »Universitäten der Zukunft«, in dem die Anschauung der rebellierenden Studenten folgendermaßen resümiert wurde:

> Die Universität ist da, um die Zukunft zu studieren. Wer
> braucht die Oden eines Horaz, eines Marvell oder Keats?
> Das absolute wirksame Modell der Beat-Poesie oder Gi-
> tarrenlyrik hat die angebliche Größe der alten Dichtung
> nur allzu sehr relativiert.

Aber abgesehen von solchen extremen Ansichten sind die
Sympathien der meisten von uns nun einmal geteilt – oder
sie wechseln vielmehr – zwischen den beiden Lagern:
zwischen den Gleb Nerschins, die der Meinung sind, daß
die Kunst vom vulgären Fortschrittsdrang unberührt blei-
be, und jenen, die die Künste für olympische Disziplinen
halten, in denen die Athleten alle vier Jahre dank immer
besserer Techniken immer neue Rekorde erzielen. (Man
erinnere sich, daß Hemingway bis zuletzt damit prahlte, er
sei immer noch »Champion«.) Wie bei solchen Kontroversen üblich, hat man den Verdacht, daß beide Parteien den
Fehler begehen, das Kind des Gegners mit dem Bade aus-
zuschütten.

Wenden wir uns kurz von der Literatur ab, um die
bildenden Künste zu betrachten. Das ist ein alter Kunst-
griff, den schon Quintilian im ersten nachchristlichen Jahrhundert benutzte. Um die Entwicklung der lateinischen
Redekunst aus der früheren Einfachheit zu ihrem blumigen
»modernen« Stil zu erklären, verglich er sie mit dem Fortschritt der griechischen Skulptur von der archaischen
Strenge zur Eleganz und Grazie des 4. Jahrhunderts v. Chr.
Ich möchte einen ähnlichen Trick anwenden und den
Kunsthistoriker Ernst Gombrich als Gewährsmann dafür
zitieren, daß in der Kunst ebenso wie in der Wissenschaft
»kumulativer Fortschritt« möglich sei.

In der Antike drehte sich die Diskussion über Malerei
und Bildhauerei zwangsläufig um die Imitation der Natur. Man kann sogar sagen, daß der Fortschritt der Kunst

auf dieses Ziel hin für die Alten das war, was der Fortschritt der Technik für die Zeitgenossen ist: der Fortschritt an sich. So ist es zu erklären, daß Plinius die Geschichte der bildenden Kunst als Geschichte von Erfindungen darstellte und bestimmte Errungenschaften in der Wiedergabe der Natur bestimmten Künstlern zuschrieb: Der Maler Polygnotos stellte als erster Menschen mit offenem Mund und Zähnen darin dar; der Bildhauer Pythagoras von Rhegion gab als erster Nerven und Adern wieder; der Maler Nikias malte als erster Licht und Schatten. Die Geschichte jener Epoche (ca. 550 bis 350 v. Chr.) liest sich bei Plinius oder Quintilian wie ein Heldenepos über Entdeckungen und Eroberungen ... In der Renaissance war es Vasari, der diese Methode auf die Geschichte der italienischen Kunst vom 13. bis zum 16. Jahrhundert übertrug. Vasari zollte all den Künstlern der Vergangenheit Tribut, die seiner Meinung nach entscheidend zur Perfektion der naturgetreuen Darstellung beitrugen. Die Kunst erhob sich von bescheidenen Anfängen zum Gipfel der Vollkommenheit, schrieb er, weil Naturgenies wie Giotto den Weg bahnten, so daß andere die Möglichkeit hatten, auf ihren Leistungen aufzubauen.[1]

Das ist offenbar die historische Widerlegung von Nerschins These von der Zeitlosigkeit der Kunst. »Wenn ich weiter sehen konnte als andere«, sagte Isaac Newton, »dann nur, weil ich auf den Schultern von Riesen stand.« Leonardo könnte das gleiche gesagt haben, und er tat es auch: »Das ist ein armseliger Schüler, der seinen Meister nicht übertrifft.« Dürer und andere äußerten sich ähnlich. Doch wenn wir sie beim Wort nehmen, landen wir wieder in der Sackgasse der Absurdität. Im Grunde meinten sie nämlich, daß jede Malergeneration in der Periode des explosionsartigen künstlerischen Fortschritts, die um 1300 mit Giotto begann, neue Tricks und Techniken erfand – die Verkürzung, die Perspektive, die Behandlung des Lichts, der Farbe und der Oberflächenstruktur, das Einfangen der Bewegung und das Festhalten des Gesichtsausdrucks. All diese Errungenschaften konnte der Schüler von seinem Lehrer übernehmen und als Ausgangspunkt für neue Vorstöße benutzen.

Dabei müssen wir natürlich zwei Einschränkungen machen. Erstens bezieht sich dieses kumulative Wachstum auf die Zunahme technischer Fertigkeiten und kann dann Fortschritt genannt werden, wenn wir uns bei der Beurteilung eines Kunstwerks nach der technischen Perfektion richten. Urteilen wir nach anderen Kriterien, dann sind uns archaische griechische Figuren vielleicht lieber als die Statuen des Goldenen Zeitalters, dann stufen wir die italienischen Primitiven womöglich höher ein als die Maler der Hochrenaissance.

Der zweite Einwand gegen Leonardos Optimismus lautet, daß dieser nur für bestimmte Perioden gilt, nicht für alle. In der Geschichte der europäischen Kunst gibt es zwei herausragende Epochen, in denen ein schneller, kontinuierlicher, kumulativer Fortschritt in der Darstellung der Natur zu beobachten war, beinahe so konkret wie der Fortschritt in der Technik. Die erste dauerte etwa von der Mitte des 6. bis zur Mitte des 4. Jahrhunderts v. Chr., die zweite vom Beginn des 14. bis zur Mitte des 16. Jahrhunderts. Beide umfaßten sechs bis acht Generationen, in deren Verlauf die einzelnen Riesen tatsächlich auf den Schultern ihrer Vorgänger standen und sich einen größeren Überblick verschaffen konnten. Es wäre zweifellos töricht, diese Zeiträume als die einzigen Perioden eines kumulativen Fortschritts zu betrachten und die visuellen Errungenschaften beispielsweise der Impressionisten zu ignorieren. Es ist jedoch so, daß zwischen den beiden genannten Epochen auffallend lange Perioden der Stagnation und des Niedergangs lagen. Im übrigen gab es natürlich immer wieder Einzelgänger, einsame Riesen, die gleichsam aus dem Nichts kamen und sich nicht in eine ordentliche

Pyramide von Akrobaten einfügen lassen, wo der eine auf den Schultern des anderen steht.

Was sollen wir daraus schließen? Ich denke, wir müssen folgern, daß Nerschin unrecht hat – daß es einen Fortschritt in der Kunst gibt, in einem begrenzten Sinn, in einer begrenzten Richtung und in begrenzten Zeiträumen. Doch diese kurzen leuchtenden Bahnen verlieren sich früher oder später, und ringsum herrschen wieder Zwielicht und Verwirrung.

Es liegt indessen ein gewisser Trost in dem Gedanken, daß die historische Entwicklungskurve der Wissenschaft keineswegs kontinuierlicher verlief. Wenn Nerschin auf den Kontrast zwischen den Fortschritten der Malerei und denen der Technik seit den Tagen Rembrandts hinweist, dann mogelt er, denn das kumulative Wachstum der Wissenschaft begann ja genau in Rembrandts Jahrhundert, das auch das Jahrhundert Galileis, Keplers und Newtons war – und nicht etwa schon früher. Nur in den letzten drei Jahrhunderten war ihr Fortschritt kontinuierlich und kumulativ. Wer jedoch mit der Geschichte der Wissenschaft nicht vertraut ist – und dazu gehört die Mehrheit der Wissenschaftler selbst –, neigt zu dem Irrglauben, der Erwerb von Wissen sei immer ein geradliniger und unaufhaltsamer Anstieg zum höchsten Gipfel gewesen.

In Wirklichkeit haben sich weder Wissenschaft noch Kunst kontinuierlich entwickelt. Der Mathematiker und Philosoph Whitehead bemerkte einmal, Europa habe im Jahre 1500 weniger gewußt als zur Zeit des Archimedes, der 212 v. Chr. starb. Rückblickend war es von Archimedes zu Galilei oder von Aristarchos aus Samos zu Kopernikus nur ein Schritt. Es dauerte freilich zweitausend Jahre, bis der Schritt getan war. In dieser langen Zeit hielt die Wissenschaft Winterschlaf. Auf die drei ruhmreichen Jahrhunderte der griechischen Wissenschaft, die etwa mit der kumulativen Periode der griechischen Kunst zusammenfielen, folgen eine etwa sechsmal so lange Zeit des Winterschlafs und dann ein Erwachen zu neuer fieberhafter Aktivität, die seit nunmehr zehn Generationen anhält. Und selbst während jener vom Geist erleuchteten Perioden, in denen es schien, als hätten Logik, Objektivität und unvoreingenommene Urteilskraft die Oberhand gewonnen, hallte die Geschichte wider vom Lärm wütender wissenschaftlicher Kontroversen, viel giftiger noch als das notorische Literatengezänk. Das ist tröstlich.

Fortschritt in Wissenschaft und Kunst ist also weder stetig noch absolut, sondern ein Voranschreiten in einem begrenzten Sinn in begrenzten Zeiträumen und begrenzten Richtungen. Er beschreibt keine gleichmäßige Kurve, sondern folgt einem sprunghaften, unberechenbaren Zickzackkurs. Und doch glaube ich, daß es möglich ist, in der Entwicklung der Wissenschaft wie der Kunst einen gesetzmäßigen Rhythmus oder ein Muster zu erkennen. Denken wir zum Beispiel an die Abfolge der wichtigsten Strömungen in der westlichen Literatur der letzten beiden Jahrhunderte: Klassizismus, Sturm und Drang, Romantik; der realistische Roman, der Naturalismus, Surrealismus und Dadaismus, der gesellschaftskritische Roman, der dokumentarische »slice of life«-Roman; Existentialismus und nouveau roman. Es ist natürlich unmöglich, einzelne literarische Bewegungen oder philosophische Richtungen streng voneinander abzugrenzen; da gibt es immer Querverbindungen und Überschneidungen, doch jede dieser Bewegungen hatte ein eigenes Gesicht und einen eigenen Lebenszyklus.

Der Zyklus beginnt in der Regel mit einem leidenschaftlichen Aufbegehren gegen die bisher vorherrschende Schule und einem vehementen Vorstoß zu neuen Grenzen. Die zweite Phase des Zyklus verläuft in einem optimistischen und euphorischen Klima, in den Fußstapfen der Riesen, die den Vorstoß unternahmen. Die Nachfolger ergreifen von den neu gewonnenen Territorien Besitz, um ihre reichen Möglichkeiten zu erkunden und zu erschließen. Das ist die typische Phase des kumulativen Fortschritts, die ich oben beschrieben habe, eine Zeit, in der neue Einsichten konsolidiert, neue Stile und Techniken verfeinert und perfektioniert werden. Die dritte Phase bringt dann Sättigung, gefolgt von Frustration und Niedergang. Die vierte und letzte Phase ist eine Zeit des verzweifelten Experimentierens und der Anarchie – sie bereitet die nächste Revolution vor und gibt das Startzeichen für einen neuen Aufbruch. Und damit beginnt der Zyklus von neuem.

Lassen Sie mich kurz auf die erste Phase zurückkommen. Die Französische Revolution brach die Mauersteine aus der Bastille und pflasterte mit ihnen die Place de la Concorde. Mit anderen Worten: Revolutionäre sind zugleich destruktiv und konstruktiv. Alte Zwänge und Konventionen werden abgeschüttelt, gewisse Aspekte der menschlichen Erfahrung, die bis dahin vernachlässigt oder unterdrückt worden waren, stehen plötzlich hoch in Kurs, es findet eine Verlagerung der Emphase statt, eine Neuordnung von Wissen, eine Umwertung aller Werte und Relevanzkriterien. Genau das geschah auch an jedem Wendepunkt der Kunst des Erzählens von der Klassik zur Romantik, von dieser zum Realismus usw. Genau das geschah auch in der Folge des dramatischen Wandels der künstlerischen Vorstellung vom menschlichen Körper – von der Malerei der alten Ägypter bis zu Picasso; oder im Wechsel des Standpunkts der Dichter zur Beziehung zwischen den Geschlechtern; oder in der Haltung des Malers zur Natur. Während der ganzen Renaissance und bis zu den Malern der Venezianischen Schule bildeten Landschaften mehr oder weniger nur Hintergrund und Kulisse für den Menschen auf der Vorderbühne. Kunsthistoriker scheinen darin übereinzustimmen, daß Giorgiones »Gewitter« das erste Gemälde in der europäischen Malerei ist, auf dem die Natur zu ihrem Recht kommt: Der wütende Gewittersturm im Hintergrund wetteifert mit der bukolisch-friedlichen Szene im Vordergrund darum, unsere Aufmerksamkeit auf sich zu lenken.

Die Literatur fand noch langsamer zur Natur. In seiner *Geschichte der modernen Ästhetik* schrieb Listowel:

> Im Verhältnis zu Umfang und Bedeutung der griechischen Literatur und zum Glanz der Kunst und Kultur Athens war das Gefühl für die Natur ... bei einem Volk, dessen Leistungen auf dem Gebiet des Theaters und der Bildhauerei unübertroffen sind, nur wenig entwickelt. Es fehlt bei Homer völlig ..., und es hat auch in das griechische Drama kaum Eingang gefunden ... Tatsächlich mußte der unbekannte Kontinent der Natur auf seine gründliche Erforschung bis zur Romantik am Anfang des 19. Jahrhunderts warten. Byron, Shelley, Wordsworth, Goethe haben als erste dem Meer, den Flüssen und Bergen zu ihrem Recht verholfen.

Sogar Dr. Samuel Johnson tat Gebirge als »allzu ungeschlachte Objekte« ab.

Das bedeutet nicht, daß die Maler vor Giorgione der Natur gegenüber blind waren oder daß die Dichter vor der Romantik keinen Sinn für die Natur hatten. Doch ihre Betrachtungsweise war anders als unsere, war angekränkelt vom Zeitgeist, genau wie die aufeinanderfolgenden philosophischen Schulen die gleichen Erscheinungen unterschiedlich interpretierten. Homer deutete die Meeresstürme als Zornausbrüche Poseidons, und die Morgenröte wurde von der rosenfingrigen Eos an den Himmel gemalt. Vergil erschien die Natur zahm und bukolisch. Es war eine ganze Serie von revolutionären Verlagerungen der Emphase und neuen Wertbestimmungen notwendig, bis die Menschen lernten, einen Apfel mit den Augen Cézannes zu sehen und eine schneebedeckte Ebene mit den Augen Verlaines.

Das Adjektiv »revolutionär« ist nicht übertrieben, wenngleich diese Revolutionen im Rückblick natürlich sehr zahm verliefen. Verlaine, zum Beispiel, scheint nicht ungebührlich kühn gewesen zu sein, als er die unbestimmte Farbe des Schnees mit glänzendem Sand verglich, der »die endlose Öde der Ebene« bedeckt, und den Himmel mit »stumpfem Kupfer«, in dem der Mond »lebte und starb«. Heute müssen die französischen Schulkinder dieses Gedicht auswendig lernen. Doch als es das erste Mal gedruckt wurde, fiel ein berühmter Schriftsteller und Kritiker mit der schrillen Stimme eines literarischen Fischweibes über Verlaine her:

> Wie kann der Mond in einem kupfernen Himmel leben und sterben? Und wie kann Schnee so fahl wie Sand glänzen? Wie die Franzosen diesen Versemachern, die von formalem Können weit entfernt sind und höchst verachtenswerte Themen behandeln, so viel Bedeutung beimessen können, ist mir unverständlich.

Das »Fischweib« war Leo Tolstoi, und die Quelle dieses Zitates ist sein einst vielgerühmter Essay *Was ist Kunst?*

Wenn wir untersuchen, was diese Revolutionen in verschiedenen Zeitaltern und Künsten gemeinsam haben, fällt uns zuerst eine Eigenschaft auf, die ihnen allen eigen ist, nämlich eine radikale Verlagerung der selektiven Emphase. Der Künstler wie der Wissenschaftler ist damit beschäftigt, seine Vorstellungen von der Wirklichkeit in ein bestimmtes Medium umzusetzen, ob in Farbe, Marmor, Worte oder mathematische Gleichungen. Doch das Ergebnis seiner Bemühung kann niemals ein genaues Abbild der Realität sein, selbst dann nicht, wenn er naiverweise hofft, ein solches schaffen zu können.

Erstens muß er mit den Besonderheiten und Beschränkungen seines Mediums kämpfen: Die Leinwand des Malers hat nicht die Mikrostruktur der menschlichen Netzhaut, dem Stein fehlt die Plastizität des lebenden Gewebes, Worte sind Symbole, die nicht riechen, lächeln oder bluten. Zweitens hat auch die Weltsicht des Künstlers ihre Besonderheiten und Grenzen, die von den stillschweigenden Übereinkünften seiner Zeit bestimmt werden. Beide Faktoren beeinflussen sich gegenseitig: Es besteht ein dauerndes Feedback zwischen Sprache und Denken, zwischen dem Ton unter den Händen des Bildhauers und dem Bild, das er konkretisieren möchte. Die dynamische Spannung zwischen dem voreingenommenen Geist und dem widerstrebenden Medium zwingt den Künstler, bei jedem Schritt, den er tut, Entscheidungen zu treffen. (Wenngleich der Entscheidungszwang nicht immer bewußt ist.) Er muß die Merkmale der Realität auswählen und betonen, die er für bezeichnend hält, und jene Merkmale ignorieren, die ihm irrelevant erscheinen. Manche Erfahrungsbereiche trotzen der Darstellung, manche lassen sich nur vereinfacht oder verzerrt wiedergeben, manche nur um den Preis, andere dafür zu opfern.

Der Begriff *selektive Emphase* umschließt also drei miteinander verwandte Faktoren: Auswahl (Selektion), Übertreibung und Vereinfachung. Sie sind überall in der Kunst am Werk: bei der Erzählung historischer und fiktiver Ereignisse, bei der optischen Darstellung von Landschaften oder menschlichen Gestalten, beim Porträt und bei der Karikatur. Die selektive Emphase ist aber auch im Labor des Wissenschaftlers am Werk. Jede geographische Karte, jedes statistische Diagramm, jedes theoretische Modell des Menschen oder des Universums ist eine absichtlich schematisierte Karikatur der Wirklichkeit und beruht auf der Technik, die relevanten Merkmale auszuwählen und zu beleuchten und andere Merkmale je nach ihren Relevanzkriterien für die jeweilige Disziplin oder Denkschule zu vereinfachen oder zu ignorieren. In der Psychologie begegnen wir zum Beispiel radikal unterschiedlichen Relevanzkriterien bei den Introspektionisten des 19. Jahrhunderts, den zeitgenössischen Behavioristen, Freudianern, Jungianern und den Existenzpsychologen, die von entsprechenden Unterschieden der jeweiligen selektiven Emphase begleitet werden und zu grundverschiedenen Menschenbildern führen.

Das gleiche gilt für die Geschichte der Medizin. In der Physik, dem Inbegriff der exakten Wissenschaft, gibt es radikale Verschiebungen vom Aristotelischen Anthropomorphismus zum Newtonschen Mechanismus, vom deterministischen zum probabilistischen Ansatz, von Kräften zu Feldern. Schon beim ersten Blick auf die Geschichte der Wissenschaft erkennt man, daß ihre Relevanzkriterien sich ebenso auffallend ändern wie die Kunststile, und Vergleiche zwischen den beiden Gebieten zeigen, daß die Geschichte der Kunst offenbar nicht ganz so verwirrend ist, weil sie wenigstens die Ansätze eines allgemeineren Musters aufweist.

Die wiederkehrenden revolutionären Umwälzungen in Inhalt und Stil literarischer Werke lassen sich also als Verschiebungen der Relevanzkriterien und der selektiven Emphase charakterisieren. Die *zweite* Phase des historischen Zyklus ist die Erforschung des neuen Gegenstandes, die Ausarbeitung der neuen Stile und Methoden, aber sie interessiert uns im Augenblick nicht. Es ist nämlich die *dritte* Phase des Zyklus, die alle Vertreter unseres Berufs besonders angeht (und ihnen die meisten Kopfschmerzen bereitet): die Phase der Sättigung und der anschließenden Frustration des Schriftstellers und seines Publikums. Ich zitierte Tolstois entrüsteten Aufschrei über den Mond, der an einem kupfernen Himmel stirbt; heute begreift man kaum noch, warum Tolstoi sich darüber so aufregte. Die kühnen Metaphern von gestern sind die Klischees von heute. Die Obszönitäten von gestern sind die Banalitäten von heute, denn der Bourgeois ist nicht mehr *épatable*; der unverhüllte Sex erweist sich wie der seines Rätsels entkleidete Mond als eine Landschaft aus Kratern und Pickeln.

Das sind unvermeidliche Folgen einer grundlegenden Eigenschaft unseres Nervensystems. Erfahrenen Sanitätswagenfahrern sträuben sich beim Anblick zerquetschter Gliedmaßen nicht mehr die Haare, und selbst die Auschwitz-Insassen wurden bis zu einem gewissen Grad emotional immun. Es gibt ein Phänomen, das die Psychologen »Gewöhnung« nennen. Man hört das Ticken der Uhr in seinem Zimmer nicht mehr, aber man hört, wenn es plötzlich verstummt ist. Man fühlt den Druck der Stuhllehne an seinem Rücken nicht mehr, aber man fühlt ihn, wenn man die Stellung ändert. Die Nervenzellen der Netzhaut signalisieren nicht Gleichförmigkeit, sie signalisieren vielmehr Kontraste. Die Gewöhnung beschränkt sich nicht etwa auf den Menschen. Wie Dr. Horn von der Universität Cambridge kürzlich herausfand, gibt es im Mittelhirn von Kaninchen einzelne Nervenzellen, die prompt auf einen Ton von einer Frequenz von tausend Schwingungen in der Sekunde reagieren, nach mehrmaliger Wiederholung des Reizes aber keine Reaktion mehr zeigen. Die Gewöhnung an den Ton von tausend Schwingungen verhindert freilich nicht, daß dieselben Zellen bei einem nur leicht veränderten Ton von neunhundert Schwingungen in der Sekunde wieder kräftig reagieren. Dr. Horn wies ähnliche Phänomene bei so verschiedenartigen Tieren wie Heuschrecken, Tintenfischen und Katzen nach.

Wie kann der Schriftsteller hoffen, diesem »Gesetz der schwindenden Empfindsamkeit« zu trotzen, wenn selbst ein Tintenfisch so *sophisticated* ist? Die wiederkehrenden Zyklen von Stillstand, Krise, Revolution und neuem Aufbruch scheinen in erster Linie auf die fortschreitende Gewöhnung des Schriftstellers *und* seines Publikums an jede Technik, jeden Stil und jeden Gegenstand, sofern sie sich etabliert haben, sowie den daraus folgenden Verlust an emotionalem Reiz und evokativer Kraft zurückzugehen. Dieser Verlust ist leider unvermeidlich, weil der Leser seine Phantasie nicht mehr anzustrengen braucht, um die Botschaft aufzunehmen, sobald der neue Stil ihm vertraut geworden ist. Er wird von der Mühe der Neu-Schaffung entbunden und zu einem bloßen Konsumenten degradiert. Es ist wohl kaum zu bezweifeln, daß die große Masse aller literarischen Werke – wahrscheinlich seit den alten Griechen, gewiß aber seit der Erfindung der Buchdruckerpresse

– aus minderwertigen Konsumartikeln besteht, die in den langen Perioden des Stillstands zwischen den einzelnen Zyklen geschrieben wurden. Diese gewaltige Papiermasse hat sich jedoch aufgelöst, und wir sehen sie nicht mehr; nur die Beispiele von überragender Qualität überlebten und bilden die Substanz der Literaturgeschichte.

Jede neue Kunstform wirkt, so revolutionär sie am Anfang auch erscheinen mochte, nach einiger Zeit schlapp und schal; sie verliert ihre Macht über das Publikum. Die Schalheit ist natürlich nicht der Form als solcher anzulasten, die sich als dauerhaft erweisen kann, sondern dem übersättigten Gaumen des Konsumenten. 1933, auf dem Höhepunkt der großen Hungersnot in der Sowjetunion, gab es im Genossenschaftsladen für ausländische Spezialisten in Charkow praktisch nur noch Kaviar zu kaufen. Einige Monate lang lebte ich von einem Pfund Kaviar täglich; das Ergebnis kann man sich vorstellen. Man könnte die Geschichte der Kunst als eine Geschichte des Kampfes schreiben, den der Künstler gegen die abstumpfenden Wirkungen der Sättigung führt. Es ist nicht seine Schuld, daß dieser Kampf aussichtslos ist. Ganz gleich, ob er Käsekuchen oder Kaviar produziert, er kann nichts gegen den fundamentalen Prozeß der Gewöhnung ausrichten, der im Nervensystem des Lesers ebenso abläuft wie im Gehirn des Kaninchens. Seine Wirkung auf den Künstler ist das wachsende Gefühl der Frustration und die unabweisbare – bewußte oder unbewußte – Einsicht, daß die konventionellen Methoden seiner Zeit als Mittel der Kommunikation und des Selbstausdrucks ausgedient haben.

Offenbar hat es schon immer zwei entgegengesetzte Methoden gegeben, die Kommunikation mit dem Publikum zu verbessern: das Schreien und das Flüstern. Bei der ersten möchte man dem Publikum die Botschaft durch einen direkten Appell an die Emotionen einhämmern, sei es durch Schnulzen, durch Melodramen oder durch subtile-

344

re Variationen dieser Gattungen; man möchte dem abgestumpften Gaumen eine schärfer gewürzte Kost geben und Ohnmacht durch Überschwang und Manierismen kaschieren. In den bildenden Künsten begegnen wir einigen von diesen Symptomen (oder sogar allen) in der Niedergangsepoche der ägyptischen, griechischen und römischen Skulptur, in den manierierten Auswüchsen des Spätbarock, in den ausgewählten Scheußlichkeiten des viktorianischen Zeitalters und so fort. In Dekadenzperioden läuft der allgemeine Trend nun mal zur Über-Emphase und zum Über-Expliziten und braucht uns hier nicht weiter zu interessieren.

Die entgegengesetzte Methode, nämlich die, mit der man den Ertragsrückgang in der Evolution der Kunst bekämpft, ist viel interessanter. Sie beruht nicht auf Emphase und Explikation, sondern auf Sparsamkeit und Implikation. Gewöhnlich führt man den Schritt von der expliziten Erklärung zur impliziten Suggestion auf die französischen Symbolisten – Mallarmé, Verlaine, Rimbaud – zurück und schreibt den französischen Impressionisten die entsprechende Leistung in der Malerei zu. Diese Bewegung vom Offensichtlichen zum Verborgenen läßt sich aber in den verschiedensten Epochen und Kunstformen als wirksames Mittel gegen Sattheit und Dekadenz nachweisen. Trotzdem lohnt es sich, an dieser Stelle den Ausspruch zu zitieren, mit dem Mallarmé in seiner *Enquête sur l'évolution littéraire* (1888) das Programm der symbolistischen Schule umreißt:

Meiner Meinung nach sollte es nur Anspielungen geben. Die kontemplative Schau der Dinge, das flüchtige Bild der Träumereien, die sie heraufbeschwören, das ist Gesang; die Parnassiens dagegen (Klassizisten wie Leconte de Lisle, Heredia u.a.) zeigen das Objekt in seiner Ganzheit; dadurch ermangeln sie des Geheimnisvollen; *sie berauben den Geist* des Lesers *der köstlichen Freude, zu glauben, daß er selbst schöpferisch tätig ist.* Etwas genau zu benennen bedeutet, daß man drei Viertel der Freude am

Gedicht aufgibt, die im Glück des allmählichen Erratens besteht: Es nur *andeuten* weckt Träume.

Diese Technik ist freilich so alt wie die Kunst selbst. Sie beginnt mit der Mythologie. Die *Bhagavadgita* ist eine Allegorie, die jeder hinduistische Gelehrte und Mystiker auf seine eigene Weise deutet; die Schöpfungsgeschichte steckt voller archetypischer Symbole; Jesus spricht in Gleichnissen, das Orakel in Rätseln, Orpheus durch seine Leier. Sie alle verfolgen nicht etwa die Absicht, die Botschaft zu verdunkeln; im Gegenteil, sie wollen sie leuchtender machen, indem sie den Empfänger zwingen, als fluoreszierende Leinwand zu fungieren, die Implikation selbst zu finden, sie neu zu schaffen. Implizit geht zurück auf das lateinische *plicare* und bedeutet »zusammengefaltet« oder »eingefaltet«, gleichsam wie eine Rolle Pergament. Die implizite Botschaft muß vom Leser entfaltet werden; er muß sie entwirren, die Lücken ausfüllen, Rätsel lösen. Im Lauf der Zeit lernt der Leser jedoch, die Tricks zu durchschauen, er wird, wie Mallarmé es ausgedrückt hat, »der köstlichen Freude zu glauben, daß er selbst schöpferisch tätig ist«, beraubt. Der Schriftsteller oder Dichter wird sich deshalb um immer mehr Sparsamkeit und immer subtilere Implikationen bemühen; das Pergament wird noch enger zusammengerollt.

Ich habe dieses Prinzip in meinem Buch *Der göttliche Funke* (1966) als »Gesetz der Einfaltung« bezeichnet; es scheint die beste Antwort auf das »Gesetz der schwindenden Empfindsamkeit« zu sein. Es zieht sich wie ein Leitmotiv durch die Geschichte der Literatur. Die Epen Homers wurden ursprünglich von fahrenden Sängern verbreitet, die ihre Helden mit Stimme und Gebärden nachahmten – die direkteste und »emphatischste« Erzähltechnik. Später, um das 7. Jahrhundert v. Chr., wurden die Epen in ihrer jetzigen Form festgehalten und bei festlichen Anlässen rezitiert; in jener Zeit standen sie freilich schon auf zusammengerollten Pergamenten. Der Sänger stellt dar; der Rezitator imitiert; das geschriebene Wort muß entziffert werden. Zwei Anführungszeichen genügen, um die menschliche Stimme zu symbolisieren, und die Druckerschwärze weckt im allgemeinen mehr Emotionen als die Vortragskunst des Schauspielers. Schauspieler gehören der Bühne und Leinwand, doch sie unterliegen ebenfalls dem Gesetz der Einfaltung. Das viktorianische Melodram wurde zu einer Parodie auf die eigene Gattung, und kaum zwanzig Jahre alte Filme, die uns seinerzeit bewegten, wirken heute – mit Ausnahmen – überraschend veraltet, zu dick aufgetragen, zu expressiv dargestellt, eben zu explizit. Und die Hintergrundmusik ist einfach unglaublich.

Der beste Freund des Schriftstellers ist seine Schere. Hemingway riet einmal einem jungen Kollegen: »Je mehr verdammt gutes Zeug Sie wegschneiden, um so verdammt besser wird Ihr Roman sein ...« Das Gesetz des Einfaltens verlangt, daß der Leser nie etwas gratis bekommt; er muß mit emotionaler Münze zahlen, indem er seine Phantasie anstrengt. Sonst löst man die gefürchtete »Na und?«-Reaktion aus. »Caroline fühlte, wie ihr Herz zu Peter flog.« Na und? Guten Flug! Die Deutschen haben ein sehr bezeichnendes Wort für das Produzieren von Poesie: *Dichten* im Sinne von Verdichten oder Komprimieren. Aber man kann auch semantisch komprimieren, indem man mehrere Bedeutungen oder Bedeutungsfelder in einer einzigen Feststellung zusammenzieht. Freud hielt das für das Wesen der Dichtung; William Empons *seven types of ambiguity* (sieben Arten der Mehrdeutigkeit) sind Variationen desselben Themas. Überflüssig zu sagen, daß man die Methoden des Einfaltens auch in betrügerischer Absicht anwenden kann, um absichtlich zu verdunkeln. Man hat einmal gesagt, die Venus von Milo würde viel von ihrem Reiz einbüßen, wenn man die Arme restaurierte, doch es ist unwahrscheinlich, daß ihr Schöpfer die Arme kalten Blutes abbrach. Wer kann aber den genauen Trennungsstrich zwischen bewußtem Mogeln und den Tricks des Unbewußten ziehen? Im *nouveau roman* und in *Letztes Jahr in Marienbad* erinnert vieles an eine Partie Poker, bei der man seine Karten nicht nur vor den anderen Spielern, sondern auch vor sich selbst verdeckt. Das kann manchmal eine gewinnbringende Taktik sein – aber was bedeutet schon »Gewinnen« in diesem Zusammenhang?

Es gibt noch viele andere Gebiete, auf denen das »Gesetz der Einfaltung« wirksam ist. Der Humor legte einen langen Weg zurück, ehe er von den Karikaturen des *Punch* zu den subtilen Rätseln des *New Yorker* gelangte. Metaphern haben die Angewohnheit, zu Klischees zu verdorren; sie werden dann durch weniger offensichtliche, weniger explizite Bilder ersetzt. Reim und Rhythmus entwickelten sich von einfachen Pulsschlägen zu komplizierten Mustern, bei denen das einstige Tamtam der Trommeln nur noch impliziert wird. Der Reim als expliziteste Form des Wohlklangs wird eingefaltet – oder er geht bankrott.

In den bildenden Künsten unserer Zeit ist dieser Prozeß so deutlich sichtbar, daß er kaum einer Erwähnung bedarf. Nur ein Fälscher könnte heutzutage im Stil Vermeers malen (so perfekt seine Technik auch sein mag), denn um wie Vermeer zu malen, müßte der Künstler vergessen, daß er jemals einen Manet oder Cézanne gesehen hat. Also muß er entweder ein Fälscher oder aber ein Rip van Winkle sein, der seit dem 17. Jahrhundert geschlafen hat. Es wäre jedoch irrig zu glauben, daß man dem Trend zum Impliziten nur in der modernen Malerei begegnet. Leonardo entwickelte die Technik des *sfumato*, des verschleiernden Schattens, wie wir ihn in den verschwommenen Augenwinkeln der Mona Lisa finden, die nichts von ihrer Faszination eingebüßt haben, und Tizian erfand im Alter die Technik der »roh hingeworfenen Striche und Kleckse« (wie Vasari schrieb), die sich aus der Nähe nicht entziffern lassen – man kann das Bild nur »entfalten«, wenn man zurücktritt; Rembrandt machte bei der Darstellung von Stickereien eine ganz ähnliche Entwicklung vom genauen und gewissenhaft ausgeführten bis zum freien, evokativen Pinselstrich durch. Die Beispiele ließen sich beliebig fortsetzen. So könnte man sagen, daß das Bild in den Blütezeiten der chinesischen

Malerei daraus bestand, was ausgelassen wurde. Ich kann nicht der Versuchung widerstehen, einige Sätze aus einem chinesischen Handbuch der Malerei zu zitieren (das ich Gombrich verdanke): »Gesichter müssen, auch wenn sie ohne Augen gemalt sind, zu schauen scheinen; sie müssen zu hören scheinen, auch wenn sie keine Ohren haben ... Das bedeutet wirklich, das Unsichtbare zum Ausdruck bringen ...«

Ein letzter Querverweis auf die Wissenschaft: selbst dort ist das Gesetz der Einfaltung am Werk. Aristoteles war der festen Überzeugung, alle menschen-möglichen Entdeckungen und Erfindungen seien bereits gemacht worden; Bacon und Descartes glaubten, es würde nur noch eine Generation dauern, bis sämtliche Rätsel des Universums gelöst seien; sogar Naturwissenschaftler des 19. Jahrhunderts vertraten solche optimistischen Ansichten. Erst vor kurzem begannen wir einzusehen, daß die Entfaltung der Naturgeheimnisse von einem parallelen Prozeß der Einfaltung begleitet wurde; je präziser das Wissen des Physikers, desto vieldeutiger und schwerer faßbar die mathematischen Symbole, die er benutzen mußte; er konnte nicht mehr ein verständliches Modell der Realität bauen, sondern nur noch mit abstrakten Gleichungen darauf anspielen.

Zusammenfassend: Ich habe versucht, ein gesetzmäßiges Muster in der Geschichte der Wissenschaft und der Kunst nachzuweisen. Beide durchlaufen, allgemein ausgedrückt, immer wieder den Zyklus Revolution – Konsolidierung – Sättigung – Krise – neuer Aufbruch. Revolutionen werden von Verlagerungen der selektiven Emphase begleitet; die Periode der Konsolidierung läßt sich auch als kumulativer Fortschritt bezeichnen; die dritte Phase ist ein fortwährender Kampf gegen »das Gesetz der schwindenden Empfindsamkeit«, und eines der wirksamen Gegenmittel liegt im »Gesetz der Einfaltung«.

Ich bitte um Nachsicht für so viele Spekulationen: Doch man sollte es auch wagen zu wagen.

Der Trieb zur Selbstzerstörung

Die Krise unserer Zeit läßt sich in zwei Sätzen zusammenfassen: Seit dem Heraufdämmern seines Bewußtseins bis zur Mitte des 20. Jahrhunderts mußte der Mensch mit der Aussicht auf seinen Tod als Individuum leben; seit Hiroschima muß die Menschheit insgesamt mit der Aussicht auf ihre Vernichtung als biologische Spezies leben.

Das ist eine völlig neue Perspektive; das Neue daran wird zwar verblassen, aber die Aussicht als solche bleibt unvermindert bestehen. Sie ist ein grundlegendes und permantes Merkmal der Conditio humana geworden.

Es braucht eine gewisse Inkubationszeit, ehe eine neue Idee vom menschlichen Geist Besitz ergreift. Fast ein Jahrhundert verging, bis das Weltbild des Kopernikus, das den Stellenwert des Menschen im Universum so radikal reduzierte, in das europäische Bewußtsein drang. Die neue Degradierung unserer Spezies in den Status der Sterblichkeit ist noch schwerer zu verkraften.

Es gibt aber Anzeichen dafür, daß der Prozeß der geistigen Assimilierung schon begonnen hat, wenn auch langsam und auf Umwegen. Anscheinend haben die Explosionen so etwas wie einen psychoaktiven Fallout herbeigeführt und besonders bei der jüngeren Generation so bizarre Phänomene wie Hippies, Aussteiger, Blumenkinder und barfüßige Kreuzritter ohne Kreuz geschaffen. Sie scheinen die Opfer einer geistigen Strahlenkrankheit zu sein, die ein intensives und qualvolles Gefühl der Sinnlosigkeit, des existentiellen Vakuums hervorruft, das die traditionellen Werte der älteren nicht ausfüllen können.

Diese Symptome werden sich wahrscheinlich abschwächen. Schon ist der Name Hiroschima zum historischen Klischee geworden wie die Bostoner Tea Party oder der Sturm auf die Bastille. Früher oder später werden wir in einen Zustand pseudonormaler Verhältnisse zurückkehren.

Wir können aber nichts gegen die Tatsache ausrichten, daß unsere Spezies von geborgter Zeit lebt. Sie trägt eine Zeitbombe um den Hals. Wir werden nunmehr jahrhundertelang mit ihrem Ticken leben müssen, das mal lauter, mal leiser, dann wieder lauter werden wird, bis sie entweder explodiert oder es gelingt, sie zu entschärfen.

Uns interessiert hier vor allem, ob eine solche Entschärfung möglich ist, die offensichtlich mehr erfordert als Abrüstungskonferenzen und Appelle an die Vernunft. Letztere trafen schon immer auf taube Ohren, einfach deshalb, weil der Mensch vielleicht ein sanftes, aber gewiß kein vernünftiges Wesen ist – und nichts weist darauf hin, daß er im Begriff ist, eines zu werden. Im Gegenteil, alle Indizien lassen vermuten, daß an irgendeinem Punkt der letzten explosiven Stadien der biologischen Evolution des Homo sapiens irgend etwas schiefgelaufen ist, daß irgendein Makel, irgendein technischer Defekt in unser angeborenes Rüstzeug eingebaut wurde, der den paranoiden Zug in unserer gesamten Geschichte erklärt. Das scheint mir eine zwar unangenehme, aber plausible These zu sein, und ich habe sie kürzlich in einem Buch[1] weiter ausgeführt. Die Evolution hat zahlreiche Schnitzer gemacht; Sir Julian Huxley verglich sie mit einem Labyrinth voller Sackgassen. Für jede existierende Spezies müssen Hunderte von anderen in der Vergangenheit ausgestorben sein – das Fossilienregister ist ein Abfalleimer der Fehlkonstruktionen des Chefdesigners. Für den Biologen sollte es alles andere als unwahrscheinlich sein, daß auch der Homo sapiens das Opfer eines winzigen Konstruktionsfehlers – vielleicht in den Schaltkreisen seines Nervensystems – geworden ist, der ihn für Illusionen anfällig macht und ihn zur Selbstzerstörung treibt. Aber der Homo sapiens verfügt auch über einzigartige Mittel, die biologische Evolution zu transzendieren und die Mängel seines angeborenen Rüstzeugs zu kompensieren. Vielleicht besitzt er sogar die Macht, jene ererbte Geistesstörung zu heilen, die seine Vergangenheit zu einem Schlachtfeld machte und ihn heute mit Auslöschung bedroht. Oder, wenn er sie nicht heilen kann, sie wenigstens ungefährlich zu machen.

Der erste Schritt zu einer möglichen Therapie ist eine zutreffende Diagnose. Es hat zahlreiche Versuche gegeben, eine solche Diagnose zu stellen, von den alttestamentlichen Propheten bis zu modernen Ethologen, aber keiner von ihnen war sehr überzeugend, weil keiner von der Prämisse ausging, daß der Mensch eine anomale Spezies ist und an irgendeiner biologischen Funktionsstörung leidet, die ihn von allen anderen Lebewesen unterscheidet – wie Sprache, Wissenschaft und Kunst ihn in einem positiven Sinn unterscheiden. Die Kreativität und Pathologie des Menschen sind die beiden Seiten einer Medaille, die in derselben evolutionären Münze geprägt wurde. Ich werde jetzt einige der pathologischen Symptome beschreiben, die sich in der verhängnisvollen Geschichte unserer Spezies widerspiegeln, und dann von den Symptomen auf die vermutlichen Ursachen kommen. Die Liste der Symptome teilt sich in fünf Hauptgruppen.

A. Seit den Anfängen der Geschichte gibt es ein auffälliges Phänomen, das von Anthropologen offenbar zu wenig beachtet worden ist: Menschenopfer. Es war ein allgegenwärtiges Ritual, das vom Morgengrauen der Vorgeschichte bis in die Blütezeit der präkolumbianischen Zivilisationen und in einigen Teilen der Erde bis zum Beginn unseres Jahrhunderts ausgeübt wurde. Von den skandinavischen Moorleuten bis zu den Südsee-Insulanern, von den Etruskern bis zu den Bewohnern Süd- und Mittelamerikas entwickelten sich diese Bräuche unabhängig voneinander im Rahmen der verschiedensten Kulturen als Äußerung einer pervertierten Logik, für die offenbar die gesamte Spezies anfällig war. Sie wird symbolisiert in einem der ersten Kapitel der Genesis, wo Abraham Vorbereitungen trifft, seinem Sohn aus purer Gottesliebe die Kehle durchzuschneiden. Statt die Sache als ein gespenstisches Kuriosum vergangener Zeiten abzutun, sollten wir die Universalität und den paranoiden Kern des Rituals als symptomatisch betrachten.

B. Das zweite Symptom, das uns auffällt, sind die schwachen Schutzvorkehrungen gegen das Töten von Artgenossen, ein fast einzigartiges Phänomen im Reich der Lebewesen. Wie Konrad Lorenz[2] betonte, sollte man das Töten der Beute durch das Raubtier nicht mit Mord vergleichen, ja, nicht einmal aggressiv nennen, weil Raubtier und Beute immer zu verschiedenen Arten gehören – ein Falke, der einer Feldmaus den Garaus macht, kann kaum des Totschlags bezichtigt werden. Rivalitäten und Konflikte zwischen Angehörigen derselben Spezies werden durch ritualisierte Duelle oder Drohgebärden geregelt, die mit der Flucht oder Unterwerfungsgeste eines der Gegner enden und so gut wie nie zu tödlichen Verletzungen führen. Beim Menschen ist dieser eingebaute hemmende Mechanismus gegen das Töten von Artgenossen jedoch bemerkenswert unwirksam.

C. Das bringt uns zum dritten Symptom, dem Dauerkrieg unter Artgenossen mit seinen Unterabteilungen Massenverfolgung und Völkermord. Die verbreitete Verwechslung von Raub- und Kriegsverhalten vernebelt oft die Tatsache, daß das Gesetz des Dschungels das Töten von Angehörigen anderer Arten erlaubt, den Krieg innerhalb der eigenen Spezies jedoch verbietet und daß der Homo sapiens der einzige ist, der dieses Gesetz übertritt (wenn man einmal von einigen umstrittenen kriegsähnlichen Phänomenen bei Ratten und Ameisen absieht).

D. Als viertes Symptom würde ich die permanente, beinahe schizophrene Spaltung zwischen Vernunft und Emotion, zwischen den kritischen Fähigkeiten und den irrationalen, affektgeladenen Überzeugungen des Menschen bezeichnen; auf diesen Punkt werde ich noch zurückkommen.

E. Als letztes haben wir die auffallende, symptomatische Diskrepanz zwischen den Wachstumskurven der technologischen Entwicklung einerseits und des ethischen Verhaltens andererseits – oder, um es anders auszudrücken, zwischen der Macht des Intellekts, wenn es gilt, die Umwelt zu beherrschen, und seinem Unvermögen, wenn es gilt, menschliche Belange harmonisch zu regeln. Im 6. Jahrhundert v. Chr. leiteten die Griechen das wissenschaftliche Abenteuer ein, das uns schließlich zum Mond führte. Das ist gewiß eine eindrucksvolle Wachstumskurve. Aber das 6. Jahrhundert v. Chr. sah auch den Aufstieg des Taoismus, Konfuzianismus und Buddhismus, während das 20. Jahrhundert die Entwicklung des Stalinismus, Hitlerismus und Maoismus erlebte. Hier ist keine Kurve erkennbar. Wir können Satelliten um ferne Planeten lenken, sind aber nicht imstande, die Lage in Nordirland unter Kontrolle zu bekommen. Prometheus greift mit einem leeren Grinsen im Gesicht und einer Totemfigur in der Hand nach den Sternen.

Bisher haben wir uns im Bereich der Fakten bewegt. Wenn wir uns nun von den *Symptomen* zu den *Ursachen* wenden, müssen wir auf mehr oder weniger spekulative Hypothesen zurückgreifen. Ich werde fünf solcher Hypothesen erwähnen, die miteinander in Beziehung stehen, aber aus verschiedenen Disziplinen stammen, nämlich aus der Neurophysiologie, der Anthropologie, der Psychologie, der Linguistik und endlich der Eschatologie.

Die neurophysiologische Hypothese leitet sich aus der sogenannten Papez-MacLean-Theorie der Emotionen ab. Obgleich in mancher Hinsicht noch umstritten, kann sie sich auf zwanzig Jahre experimenteller Forschung stützen und hat es schon vor einigen Jahren zu Lehrbuchwürden gebracht. Die Theorie beruht auf den anatomischen und funktionalen Unterschieden zwischen den stammesgeschichtlich alten und den neueren Teilen des menschlichen Gehirns, die vielleicht nicht gerade in akutem Konflikt miteinander stehen, aber doch eine recht gespannte Koexistenz zu führen scheinen. MacLean hat diesen Zustand in einem wissenschaftlichen Aufsatz ungewöhnlich anschaulich beschrieben:

»Der Mensch befindet sich in der mißlichen Lage, daß die

Natur ihn im Prinzip mit drei Gehirnen ausgestattet hat, die trotz erheblicher Strukturunterschiede gemeinsam funktionieren und sich miteinander verständigen müssen. Das älteste dieser Gehirne stammt im wesentlichen aus der Reptilienphase. Das zweite hat er von den niederen Säugetieren geerbt, und das dritte hat sich in der späten Säugetierphase entwickelt, ... dieses hat den Menschen erst zu dem gemacht, was er heute ist.

In metaphorischer Form könnte man die drei Gehirne in dem einen Gehirn so erklären: Wenn ein Psychiater seinen Patienten auffordert, sich auf die Couch zu legen, dann verlangt er von ihm, sich neben einem Pferd und einem Krokodil auszustrecken.«[3]

Wenn wir den Patienten durch die Menschheit insgesamt und die Couch des Psychiaters durch die Bühne der Geschichte ersetzen, erhalten wir ein groteskes, aber im wesentlichen zutreffendes Bild von der Situation des Menschen. Das reptilische Gehirn und das primitive Säugetiergehirn bilden zusammen das sogenannte limbische System, das man der Einfachheit halber als Althirn bezeichnen kann, im Gegensatz zum Neocortex, der spezifisch menschlichen »Denkhaube«, die jene Partien enthält, die für Sprache sowie abstraktes und logisches Denken zuständig sind. Der Neocortex der Hominiden entwickelte sich in den letzten fünfhunderttausend Jahren, seit dem mittleren Pleistozän, mit einer geradezu explosionsartigen Geschwindigkeit, die – soweit wir wissen – in der Geschichte der Evolution ohnegleichen ist. Es scheint, als sei diese Gehirnexplosion in der zweiten Hälfte des Pleistozäns auf der Bahn jener Exponentialkurven verlaufen, die uns in jüngster Zeit so vertraut geworden sind – Bevölkerungsexplosion, Informationsexplosion usw. –, und vielleicht liegt hier mehr als nur eine oberflächliche Analogie vor, denn alle diese Kurven zeigen den beschleunigten Ablauf der Geschichte an. Explosionen haben nun einmal keine harmonischen Ergebnisse, und in diesem speziellen Fall bestand das Resultat offenbar darin, daß die neu entstehenden Strukturen nicht richtig mit den stammesgeschichtlich älteren koordiniert wurden – ein evolutionärer Schnitzer, der reichen Konfliktstoff bot. MacLean prägte für diesen bedenklichen Zustand unseres Nervensystems die Bezeichnung *Schizophysiologie*. Er definierte sie als »eine Dichotomie in der Funktionsweise des phylogenetisch älteren und des neueren Cortex, die der Grund für den Kontrast zwischen emotionalem und verstandesmäßigem Verhalten sein könnte. Während unsere intellektuellen Funktionen sich im jüngsten und am höchsten entwickelten Teil des Gehirns abspielen, wird unser affektives Verhalten weiterhin von einem relativ undifferenzierten und primitiven System, von archaischen Strukturen im Gehirn gesteuert, deren Grundmuster sich im gesamten Verlauf der Evolution von der Maus bis zum Menschen nur wenig verändert.«[4]

Kraß ausgedrückt: Die Evolution hat ein paar Schrauben zwischen dem Neocortex und dem Hypothalamus locker gelassen. Die Hypothese, daß diese Art von Schizophysiologie in unsere Spezies eingebaut ist, könnte die Symptome D und E weitgehend erklären. Der wahnhafte Zug in unserer Geschichte, das Vorherrschen leidenschaftlich verfochtener irrationaler Glaubenssätze ließe sich damit endlich erklären und könnte physiologisch ausgedrückt werden. Und jedem Zustand, der physiologisch ausgedrückt werden kann, sollte man letzten Endes mit Heilmitteln beikommen können.

Meine beiden nächsten mutmaßlichen Ursachen der menschlichen Misere sind die außerordentlich lange Abhängigkeit des Kleinkindes von seinen Eltern und die Abhängigkeit der frühesten fleischessenden Hominiden von Jagdhelfern – um Beutetiere zu erlegen, die schneller und stärker sind als sie selbst; diese gegenseitige Abhängigkeit ist viel ausgeprägter als bei anderen Gruppen von Primaten und mag die Stammessolidarität und ihre späteren schädlichen Auswirkungen gefördert haben. Beide Faktoren trugen vielleicht dazu bei, den Menschen zu dem loyalen, herzlichen und geselligen Wesen zu machen, das er ist; das dumme ist nur, daß sie es zu gut machten und weit übers Ziel hinausschossen. Die durch frühe Hilflosigkeit und gegenseitige Abhängigkeit geschmiedeten Bande entwikkelten sich zu verschiedenen Formen von Knechtschaft innerhalb der Familie, der Sippe oder des Stammes. Die Hilflosigkeit des menschlichen Kleinkinds hinterläßt ihre lebenslänglichen Spuren und ist womöglich verantwortlich für die schnelle Bereitschaft des Menschen, sich der Autorität von einzelnen oder Gruppen zu unterwerfen, für seine beinahe hypnotische Anfälligkeit für Doktrinen und Gebote, für seinen überwältigenden Trieb »dazuzugehören«, sich mit einem Stamm oder Volk samt dem entsprechenden – und das ist am folgenschwersten – System von Glaubenssätzen zu identifizieren. Gehirnwäsche beginnt in der Wiege. (Konrad Lorenz benutzt die Analogie zum »Prägen« und setzt die kritische Zeit der Empfänglichkeit kurz nach der Pubertät an. Bei dieser Analogie muß man allerdings zwei Einschränkungen machen: Der Mensch ist prägbar von der Wiege bis zum Grab, und das, womit er geprägt wird, sind größtenteils Symbole.)

Solange die Geschichte zurückreicht, wählten die meisten Menschen ihr System von Glaubenssätzen, für die sie zu leben oder zu sterben bereit waren, nicht etwa selbst; es wurde ihnen vielmehr durch die zufälligen Gegebenheiten ihrer sozialen Umgebung aufgezwungen, genau wie ihre Identität mit einem Stamm oder einer ethnischen Gruppe durch die Gegebenheiten ihrer Geburt bestimmt wurde. Wenn überhaupt, spielte die kritische Vernunft nur eine Nebenrolle bei dem Prozeß der Prägung durch ein Credo. Wenn die Glaubenssätze des Credos nicht mit dem gesunden Menschenverstand vereinbar waren, lieferte die Schizophysiologie den Modus vivendi, der den einander entgegengesetzten Kräften des Glaubens und der Vernunft erlaubte, in einem Universum des »Doppeldenkens« – wie Orwell es genannt hat – zu koexistieren. Eines der Hauptmerkmale des menschlichen Dilemmas ist also diese ausgeprägte Fähigkeit zur Identifikation, dieses überwältigende

Bedürfnis nach Identifikation mit einer sozialen Gruppe und/oder einem System von Glaubenssätzen. Diese Fähigkeit und dieses Bedürfnis können aller Vernunft zuwiderlaufen, den eigenen Interessen schaden und sogar dem Selbsterhaltungstrieb hohnsprechen. Extreme Äußerungsformen dieser *selbsttranszendierenden Tendenz* – wie man das Phänomen nennen könnte – sind die hypnotische Beziehung, eine Vielfalt tranceähnlicher oder ekstatischer Zustände sowie die Phänomene der individuellen und kollektiven Suggestibilität, die das Leben in primitiven und weniger primitiven Gesellschaften beherrschen und in der akuten oder latenten Massenhysterie gipfeln. Man braucht nicht in einer Masse zu marschieren, um ein Opfer der Massenmentalität zu werden – der wahre Gläubige ist die ganze Zeit ihr Gefangener.

Das führt uns zwangsläufig zu der unzeitgemäßen und unbequemen Schlußfolgerung, daß unsere Spezies nicht etwa an einem Übermaß an selbstdurchsetzender *Aggression*, sondern an einer übermäßigen Neigung zu selbsttranszendierender *Hingabe* leidet. Schon ein flüchtiger Blick auf die Geschichte sollte uns überzeugen: Die Zahl der individuellen Verbrechen, die aus selbstsüchtigen Motiven begangen wurden, spielt in der menschlichen Tragödie eine unbedeutende Rolle, wenn man sie mit der Zahl der Menschen vergleicht, die aus selbstloser Liebe zu einem Stamm, einer Nation, einer Dynastie, einer Kirche oder einer Ideologie hingemetzelt wurden. Abgesehen von wenigen Kriegen, die aus Gewinnsucht oder sadistischen Beweggründen ausgetragen wurden, ist man nicht etwa um persönlicher Vorteile willen in den Krieg gezogen, sondern weil man sich einem König, einem Land oder einer Sache verschrieben hatte.

Mord aus persönlichen Gründen ist eine statistische Seltenheit in allen Kulturen, auch unserer eigenen. Mord aus *selbstlosen* Gründen, bei Gefahr für das eigene Leben, ist das beherrschende Phänomen unserer Geschichte. Selbst die Mitglieder der Mafia fühlen sich gezwungen, ihre Motive mit einer Ideologie, der *Cosa nostra* – »unsere Sache« –, zu rationalisieren.

Die Theorie, daß Kriege durch aufgestaute aggressive Triebe verursacht würden, die kein anderes Ventil hätten, entbehrt jeder historischen oder psychologischen Grundlage. Wer je in einer Armee gedient hat, kann bezeugen, daß gegen den sogenannten Feind gerichtete Aggressionsgefühle im trostlosen Einerlei des Krieges kaum eine Rolle spielen: nicht Haß, sondern Langeweile und Angst, Heimweh, Hunger nach Sex und Sehnsucht nach Frieden beherrschen die Gedanken des Unbekannten Soldaten. Der unsichtbare Feind ist kein Individuum, auf das sich die Aggression konzentrieren könnte; er ist keine Person, sondern eine abstrakte Wesenheit, ein gemeinsamer Nenner, ein Kollektivbildnis. Soldaten bekämpfen den unsichtbaren, unpersönlichen Gegner entweder, weil sie keine andere Wahl haben, oder aus Loyalität zu König und Vaterland, der wahren Religion, der gerechten Sache. Sie werden nicht von Aggression, sondern von *Hingabe* motiviert.

Die modische Theorie, der stammesgeschichtliche Ursprung des Krieges liege im sogenannten »territorialen Imperativ«, kann mich ebensowenig überzeugen. Die Kriege des Menschen wurden, von wenigen Ausnahmen abgesehen, nicht um individuellen Besitz an Grund und Boden geführt. Der Mann, der in den Krieg zieht, *verläßt* sein Haus, das es angeblich zu verteidigen gilt, und kämpft Hunderte oder Tausende von Kilometern davon entfernt, und was ihn zum Kampf veranlaßt, ist nicht der biologische Trieb, seine eigenen Felder und Wiesen zu schützen, sondern – um es noch einmal zu sagen – seine Loyalität gegenüber Symbolen und Schlagworten, die auf Stammeskulte, göttliche Gebote oder politische Ideologien zurückgehen. Kriege werden um Worte geführt, nicht um Territorien. Sie werden nicht von Aggression, sondern von Liebe motiviert. Auf der Leinwand haben wir in den Gesichtern der Hitlerjugend die uneingeschränkte Liebe zum Führer gesehen. Derselbe Ausdruck lag auf den Gesichtern kleiner

Chinesenjungen, die die Worte des Großen Vorsitzenden herunterbeteten. Sie sind von Liebe überwältigt – wie ekstatische Mönche auf Heiligenbildern. Beim Klang der Nationalhymne, beim Anblick der stolzen Flagge des Landes hat man das Gefühl, Teil einer wunderbaren liebenden Gemeinschaft zu sein.

Im Gegensatz zu Lorenz, Ardrey und ihren Jüngern meine ich deshalb, daß das Problem unserer Spezies nicht etwa ein Übermaß an Aggression, sondern ein Übermaß an Hingabe ist. Der Fanatiker ist ebenso gewillt, sein Leben für den Gegenstand seiner Verehrung hinzugeben, wie der Liebende gewillt ist, für das geliebte Wesen zu sterben. Entsprechend ist er bereit, jeden zu töten, der angeblich eine Bedrohung für dieses Idol darstellt. Damit kommen wir zu einem außerordentlich wichtigen Punkt. Wir sehen eine Verfilmung des *Othello*. Wir verlieben uns in Desdemona und identifizieren uns mit Othello (oder umgekehrt); infolgedessen gerät unser Blut beim Anblick des tückischen Jago in Wallung. Doch der psychologische Prozeß, der diesen Zorn hervorruft, unterscheidet sich weitgehend von dem, der beim Anblick eines realen Gegners abläuft. Wir wissen nämlich, daß die Personen auf der Leinwand nur Schauspieler oder vielmehr Projektionen von Bildern sind – und außerdem geht uns die dargestellte Sache persönlich gar nichts an. Der Adrenalinspiegel im Blut wird nicht durch einen primären biologischen Trieb oder einen hypothetischen Killer-Instinkt gehoben. Die Feindseligkeit Jago gegenüber ist eine *stellvertretende* Aggressivität ohne jedes Eigeninteresse, die auf einem vorhergehenden Prozeß der Empathie und Identifikation beruht. Dieser Akt der Identifikation muß zuerst kommen, er ist die Conditio sine qua non, der Auslöser oder Katalysator unserer Abneigung gegen Jago. Auf ähnliche Weise wird die bei primitiven kriegerischen Handlungen freigesetzte Brutalität durch einen vorhergehenden Akt der Identifikation mit einer sozialen Gruppe, ihren aufpeitschenden Symbolen und Glaubenssätzen ausgelöst. Es ist eine entpersönlichte, recht selbstlose Art von Brutalität, die vom Gruppengeist erzeugt wird und *den Interessen der Individuen, aus denen die Gruppe besteht, kaum dient oder sogar schadet.* Wenn sich ein Mensch mit einer Gruppe identifiziert, wird seine Fähigkeit zu kritischem Denken herabgesetzt, während seine Empfindungen und Leidenschaften durch so etwas wie eine Gruppenresonanz oder positive Rückkoppelung intensiviert werden. Die Mentalität der Gruppe ist also nicht die Summe individueller Geisteshaltungen; sie besitzt vielmehr ihr eigenes Muster und gehorcht ihren eigenen Gesetzen, die man nicht auf die Gesetze des individuellen Verhaltens »reduzieren« kann. Der einzelne ist kein Killer, die Gruppe ist es, und indem er sich mit ihr identifiziert, wird er in einen Killer verwandelt. Diese teuflische Dialektik spiegelt sich in unserer Geschichte wider. Der Egoismus der Gruppe wird vom Altruismus ihrer Mitglieder gespeist, und die Brutalität der Gruppe lebt von der Hingabe ihrer Mitglieder.

All das legt die Schlußfolgerung nahe, daß die mißliche Lage des Menschen nicht auf die Aggressivität des einzelnen zurückzuführen ist, sondern auf die Dialektik der Gruppenbildung, auf den unwiderstehlichen Drang des Menschen, sich mit der Gruppe zu identifizieren und ihre Glaubenssätze begeistert und unkritisch zu übernehmen. Er hat eine eigentümliche Fähigkeit – und ein eigentümliches Verlangen –, sich emotional für Glaubenssätze zu engagieren, die der Vernunft nicht zugänglich sind, den eigenen Interessen nicht nützen und sogar dem Selbsterhaltungstrieb widersprechen. C. H. Waddington hat den Menschen ein glaubensanfälliges Tier genannt. Er ist für Schlagworte und Symbole ebenso empfänglich wie für ansteckende Leiden. Einer der wichtigsten Krankheitserreger ist also übermäßige Abhängigkeit, verbunden mit Suggestibilität. Wenn die Wissenschaft einen Weg finden könnte, uns gegen Suggestibilität immun zu machen, wäre der Kampf ums Überleben halb gewonnen. Und das scheint keine unlösbare Aufgabe zu sein.

Der nächste Punkt auf der Liste der möglichen Ursachen des menschlichen Dilemmas ist die Sprache. Lassen Sie mich wiederholen: Kriege werden um Worte geführt. Worte sind die tödlichste Waffe des Menschen. Die Worte Adolf Hitlers hatten seinerzeit mehr Zerstörungskraft als thermonukleare Bomben. Lange vor der Erfindung der Druckerpresse und dem Entstehen der Massenmedien lösten die mitreißenden Worte des Propheten Mohammed eine emotionale Kettenreaktion aus, die die Welt von Mittelasien bis zur Atlantikküste erschütterte. Ohne Worte gäbe es keine Dichtung – und keinen Krieg. Die Sprache ist der wichtigste Faktor unserer Überlegenheit über unsere Brüder, die Tiere – und sie ist in Anbetracht ihres explosiven Potentials die Hauptbedrohung für unser Überleben.

Neuere Freilandbeobachtungen japanischer Affen haben ergeben, daß verschiedene Horden einer Spezies überraschend unterschiedliche Gewohnheiten – man könnte fast sagen, verschiedene Kulturen – entwickeln können. So haben sich manche Horden angewöhnt, Bananen vor dem Verzehr in einem Fluß zu waschen, andere tun dies nicht. Gelegentlich treffen umherziehende Gruppen von Bananenwäschern auf Nichtwäscher, und beide Gruppen beobachten das seltsame Verhalten des anderen mit offensichtlicher Verwirrung. Anders als die Bewohner von Liliput, die wegen der Frage, an welchem Ende das Ei von Rechts wegen aufgeklopft werden müsse, heilige Kriege führten, erklären die bananenwaschenden Affen ihren nicht waschenden Brüdern keineswegs den Krieg, denn die bedauernswerten Geschöpfe haben keine Sprache, die ihnen erlaubt, das Waschen zu einem göttlichen Gebot und den Verzehr ungewaschener Bananen zu einer todeswürdigen Gotteslästerung zu erklären.

Das beste Mittel gegen unsere Leiden wäre offensichtlich die Abschaffung der Sprache. In gewissem Sinn hat die Menschheit tatsächlich schon vor langer Zeit auf die Sprache verzichtet, wenn wir unter Sprache eine Kommunikationsmethode für die gesamte Spezies verstehen. Andere

Arten besitzen ein einheitliches Kommunikationssystem durch Zeichen, Laute oder Gerüche, das von allen Artgenossen beherrscht wird. Delphine legen weite Strecken zurück, und wenn sich zwei fremde Delphine im Ozean treffen, brauchen sie zur Verständigung keinen Dolmetscher. Der Turm von Babel ist ein gültiges Symbol geblieben. Nach Margaret Mead werden bei den zwei Millionen Ureinwohnern Neuguineas 750 verschiedene Sprachen gesprochen – in 750 Dörfern, die ständig im Krieg miteinander liegen. Unser immer kleiner werdender Planet ist in mehrere tausend Sprachgruppen gespalten. Jede Sprache wirkt als starke bindende Kraft innerhalb der Gruppe und als ebenso starke trennende Kraft zwischen Gruppen. Flamen haben etwas gegen Wallonen, Maharati hassen Gudscharati, Frankokanadier verachten Anglokanadier, Unterschiede in der Aussprache markieren die Grenze zwischen den oberen und unteren Schichten ein und desselben Volkes.

Die Sprache ist also offenbar einer der Hauptgründe, wenn nicht *der* Hauptgrund dafür, daß die trennenden Kräfte in unserer Spezies immer stärker waren als die verbindenden. Man könnte sogar fragen, ob die Bezeichnung »Spezies« überhaupt auf den Menschen anwendbar ist. Wie ich erwähnte, schrieb Lorenz dem bei Tieren instinktiven Tabu gegen das Töten von Artgenossen eine große Bedeutung zu, aber man könnte argumentieren, daß Griechen, die Barbaren töteten, und Mauren, die Christenhunde töteten, ihre Opfer nicht als Angehörige der eigenen Spezies betrachteten. Aristoteles erklärte ausdrücklich, Sklaven seien keine vernunftbegabten Wesen; das Wort »bar-barisch« imitiert das Kauderwelsch eines Exoten oder das Bellen eines Hundes; viele Nazis hielten Juden allen Ernstes für *Untermenschen* – nicht menschlich, sondern hominid. Die Menschen weisen in Aussehen und Verhalten eine weit größere Vielfalt auf als jede andere Spezies (mit Ausnahme der domestizierten Produkte selektiver Züchtungen); und die Sprache dient nicht etwa dazu, Spannungen zwischen Artgenossen und brudermörderische Tendenzen abzubauen, sondern verschärft sie noch. Es ist ein groteskes Paradoxon, daß wir Nachrichtensatelliten haben, die Botschaften auf dem ganzen Planeten sichtbar und hörbar machen können, aber keine globale Sprache, die sie verständlich machen würden. Noch sonderbarer scheint es, daß mit Ausnahme einiger unerschütterlicher Esperanto-Anhänger noch niemand, weder die UNESCO noch irgendeine andere internationale Organisation, den ernsthaften Versuch gemacht hat, eine universale *lingua franca* zu fördern – wie die Delphine sie haben.

Der fünfte und letzte pathogene Faktor auf meiner Liste ist das Wissen des Menschen um seine Sterblichkeit, die »Entdeckung des Todes«. Genauer gesagt: seine Entdeckung durch den Intellekt und seine Verdrängung durch Instinkt und Gefühl. Wir können annehmen, daß die Unvermeidbarkeit des Todes durch Induktivschlüsse von der neu entwickelten Denkhaube, dem Neocortex, entdeckt wurde; aber das Althirn wollte nichts davon wissen; das Gefühl rebelliert gegen die Vorstellung vom Nicht-Sein. Dieses gleichzeitige Hinnehmen und Ablehnen des Todes spiegelt vielleicht die tiefste Kluft im gespaltenen Geist des Menschen wider. Der menschliche Verstand lief Amok. Er erfand ganze Heere von Gespenstern und Dämonen, unsichtbaren Wesen, die bestenfalls unergründlich und unberechenbar, meist aber böswillig waren und durch Menschenopfer, Heilige Kriege und Ketzerverbrennungen besänftigt werden mußten. Die paranoiden Wahnvorstellungen vom ewigen Höllenfeuer sind irgendwie noch in uns. Das Paradies war immer ein exklusiver Klub, während die Pforten der Hölle allen offenstanden.

Doch auch hier müssen wir beide Seiten der Medaille betrachten: auf der einen Seite die religiöse Kunst, Architektur und Musik in der Kathedrale, auf der anderen die Wahnvorstellungen vom ewigen Höllenfeuer, die Qualen der Lebenden und Toten.

Um es zusammenzufassen: Ich habe fünf der ins Auge

fallenden Symptome der Pathologie des Menschen aufgezeigt, die sich in dem heillosen Durcheinander widerspiegeln, das wir aus unserer Geschichte gemacht haben und weiterhin machen. Ich habe die allgegenwärtigen Opferriten in grauer Vorzeit, die unzulängliche Instinkthemmung gegen das Töten von Artgenossen – den intraspezifischen Dauerkrieg –, die schizoide Spaltung zwischen rationalem Denken und irrationalem Glauben und endlich den Gegensatz zwischen der Genialität des Menschen, seine Umwelt zu meistern, und seiner Unzulänglichkeit in zwischenmenschlichen Fragen erwähnt. Man sollte betonen, daß alle diese krankhaften Erscheinungen artspezifisch sind, daß man sie nur beim Menschen, nicht aber bei Tieren findet. Es ist deshalb nur logisch, daß wir unsere Suche nach Erklärungen primär auf jene Eigenschaften des Homo sapiens beschränken sollten, die ebenfalls ausschließlich menschlich sind und bei keiner Tierart vorkommen. In aller Bescheidenheit: Es scheint mir von zweifelhaftem Wert zu sein, sich um eine Diagnose der Conditio humana zu bemühen, die einzig und allein auf Analogien zum Verhalten von Tieren beruht – zu Pawlows Hunden, Skinners Ratten, Lorenz' Graugänsen und Morris' nackten Affen. Solche Analogien sind schlüssig und nützlich, so weit sie tragen. Sie können jedoch dem Wesen der Dinge entsprechend nicht weit genug tragen, weil sie jene ausschließlich menschlichen Merkmale – wie die Sprache –, die eine entscheidende Rolle bei der Festlegung des Verhaltens unserer Spezies spielen, unberücksichtigt lassen. Es ist kein Zeichen menschlicher Überheblichkeit, wenn man sagt, daß Hunde, Ratten, Vögel und Affen über keinen Neocortex verfügen, der sich zum Schaden seines Besitzers zu schnell entwickelt hat, und daß sie weder die lange Hilflosigkeit des menschlichen Kindes noch die ausgeprägte gegenseitige Abhängigkeit und den Korpsgeist unserer jagenden Urahnen kennen. Sie wissen nichts von dem gefährlichen Privileg, Worte zu Schlachtrufen zu verbinden, nichts von den induktiven Kräften, die den Menschen aus Angst vor dem Tod erstarren lassen. Diese Merkmale, die ich als mögliche Ursachen für die menschliche Misere angeführt habe, sind alle spezifisch und ausschließlich menschlich. Sie tragen bei zu der Einzigartigkeit des Menschen und der Einzigartigkeit seiner Tragödie. Sie vereinigen sich in der Doppelhelix von Schuld und Angst, die ebenso in das menschliche Rüstzeug eingebaut zu sein scheint wie der genetische Kode. Sie geben in der Tat mehr als genug Anlaß zu Befürchtungen hinsichtlich unserer Zukunft – aber zum Glück hat der Mensch auch die einzigartige Gabe, seine Angst für sich arbeiten zu lassen. Vielleicht wird er es sogar schaffen, die Zeitbombe an seinem Hals zu entschärfen, wenn er begriffen hat, welche Mechanismen sie zum Tikken bringen. Die biologische Evolution scheint seit den Tagen des Cro-Magnon-Menschen zum Stillstand gekommen zu sein, und da wir in voraussehbarer Zukunft nicht damit rechnen können, daß irgendeine gütige Mutation die Situation bereinigt, besteht unsere einzige Hoffnung offenbar darin, die biologische Evolution durch neue, ungeahnte Techniken zu ersetzen. In meinen optimistischeren Momenten kommt mein gespaltenes Gehirn zu dem Schluß, daß diese Möglichkeit in Reichweite liegt.

Anmerkungen und Quellenangaben

Die Grenzen der Psychologie
1 Peter Laslett (Hrsg.), *The Physical Basis of Mind,* London 1950.
2 Siehe R. Rosenthal, *Experimenter Effects in Behavioural Research,* New York 1966.
3 Charles Darwin, *Über den Ausdruck der Gemütsbewegung bei Menschen und Tieren,* 1896 u. ö.
4 Siehe »Bibliographischen Nachweis« zu diesem Essay. Nachgedruckt als Einführung zu J. V. McConnell (Hrsg.), *The Worm Returns,* New York 1965.
5 Seit der Niederschrift des Artikels wurden diese Experimente von verschiedenen Forschergruppen wiederholt und bestätigt, obgleich sie bei anderen Wissenschaftlern noch umstritten sind.
6 Siehe »Bibliographischen Nachweis« zu diesem Essay.

Mittelalter in der Psychologie
1 Allen D. Calvin (Hrsg.), *Psychologie,* Boston 1961.

Politische Neurosen
1 Selbstverständlich könnte man ähnliche Äußerungen auch bei konservativen Sprechern anderer Zeiten finden.

Kostproben des Irrsinns
1 Der genannte Freund war Dr. Timothy Leary, der wenige Jahre später als Wortführer des LSD-Kultes bekannt werden sollte.
2 Aldous Huxley, *Die Pforten der Wahrnehmung,* München 1954.
3 Aldous Huxley, *Himmel und Hölle,* München 1957.

Juda am Scheideweg
1 Dieser Essay verfolgt gewisse Gedanken und Thesen bis zu ihrem logischen Schluß, die versuchsweise in *Promise and Fulfilment* (1950) zum Ausdruck gebracht worden sind. Ich habe Stellen aus diesem Buch sowie solche aus meinem früheren *Diebe in der Nacht* verwendet, ohne die Zitate ausdrücklich zu bezeichnen.
2 *The Jewish Chronicle,* Juni 1950.
3 *The Jewish Chronicle,* 5. Mai 1950.
4 Aus *Promise and Fulfilment,* London 1950.
5 Leopold Schwarzschild, *Der rote Preuße,* Stuttgart 1954.

Betrachtungen über eine Halbinsel
1 William S. Haas, *Östliches und Westliches Denken,* Reinbek 1967.

Mahatma Gandhi – der Yogi und der Kommissar. Eine Neubewertung
1 Geoffrey Ashe, *Gandhi: A Study in Revolution,* London 1968, S. 267.

2 Homer A. Jack (Hrsg.), *The Gandhi Reader: A Source Book of his Life and Writings*, London 1958, S. 229 f.

3 Ebd., S. 223 und S. 225 f.

4 Ebd., S. 227–31.

5 Ebd., S. 107 f. und S. 120.

6 Sir C. Sankaran Nair, *Gandhi and Anarchy*, Madras 1922, S. 4 f.

7 Ebd., S. 6.

8 Ebd., S. 6 f.

9 Ebd., S. 18.

10 M. K. Gandhi, *Hind Swaraj or Indian Home Rule*, Ahmedabad 1939, Nachdruck 1946, S. 63–66.

11 C. F. Andrews, *Mahatma Gandhi: His Own Story*, London 1930, 2 Bde., S. 94 f.

12 M. K. Gandhi, *My Experiments with Truth*, London 1949, S. 167 f.

13 Ebd., S. 26.

14 Louis Fischer, *The Life of Mahatma Gandhi*, London 1951, S. 230 (dt.: *Das Leben des Mahatma Gandhi*, München 1951).

15 Ebd., S. 229.

16 Nirmal Kumar Bose, *My Days with Gandhi*, Kalkutta 1953, S. 203.

17 Margaret Sanger, *An Autobiography*, New York 1938, S. 470 f.

18 Pyarelal, *Mahatma Gandhi: The Last Phase*, Ahmedabad 1965, 2 Bde., S. 570 und S. 579.

19 Andrews, a. a. O., S. 186.

20 Ebd., S. 177.

22 Manuben Gandhi, *Bapu: My Mother*, aus dem Gujerati übers. v. Chitra Desai, Ahmedabad 1949, 2. verb. Aufl. 1955, S. 3.

23 Pyarelal, a. a. O., S. 575.

24 Manuben Gandhi, *Last Glimpses of Bapu*, Delhi, Agra und Jaipur 1962, S. 303.

25 Pyarelal, a. a. O., S. 580.

26 T. A. Raman, *What Does Gandhi Want*, Oxford, New York und Toronto 1943, S. 49.

27 Bose, a. a. O., S. 176.

28 Pyarelal, a. a. O., S. 581.

29 Ashe, a. a. O., S. VIII.

30 *The Lotus and the Robot*, London und New York 1959.

31 Bose, a. a. O., S. 189 f.

32 Pyarelal, a. a. O., S. 581.

33 Fischer, a. a. O., S. 263.

34 Jack, a. a. O., S. 303 f.

35 Fischer, a. a. O., S. 263.

36 M. K. Gandhi, *How to Serve the Cow*, Ahmedabad o. J.

37 John Grigg, »A Quest for Gandhi«, in: *Sunday Times*, 28. September 1969.

38 In: *Harijan*, 17. Februar 1938.

39 Ashe, a. a. O., S. 341.

40 Raman, a. a. O., S. 24.

41 Louis Fischer (Hrsg.), *The Essential Gandhi: An Anthology*, London 1963, S. 334.

42 Ebd., S. 125.

43 Fischer, a. a. O., S. 371.

44 Fischer (Hrsg.), a. a. O., S. 125.

45 Bose, a. a. O., S. 104 und S. 107.

46 Ebd., S. 149 f.

47 Ebd., S. 244 f.

48 Ebd., S. 251.

49 In: *New Statesman*, 30. April 1949.

50 Bose, a. a. O., S. 4n.

51 Ebd., S. 270 f.

52 Ebd., S. 289.

53 Pyarelal, a. a. O., Bd. 2, S. 685 f.

54 Chandrashankar Shukla (Hrsg.), *Incidents of Gandhiji's Life*, Bombay 1949, S. 85.

55 In: *Talking of Gandhiji: Four Programmes for Radio*, Erstsendung durch die BBC, Skript und Sprecher Francis Watson, Produktion Maurice Brown, London, New York, Toronto 1957, S. 14.

56 Raman, a. a. O., S. 88.

Kann man den Psychiatern trauen?

1 F. C. Bartlett, *Remembering*, Cambridge 1961.

2 W. Penfield/L. Roberts, *Speech and Brain Mechanisms*, Princeton, New York, 1939.

3 Ed. Talland & Waugh, *The Pathology of Memory*, London 1969.

4 Ich zitiere diese Zahlen aus Morton Kramers bemerkenswertem Aufsatz »A Cross-National Study of Diagnosis«, in: *American Journal of Psychiatry*, Bd. CXXV, Nr. 10, April 1969, Suppl.

5 »Studies of the Diagnostic Process«, in: *American Journal of Psychatry*, Bd. CXXV, Nr. 7, Januar 1969.

6 »Biometric Assessment of Mental Patients«, in: *The Role and Methodology of Classification in Psychiatry and Psychopathology* (U.S. Department of Health, Education and Welfare, Public Health Service).

Evolution und Revolution in der Geschichte der Wissenschaft

1 Thomas S. Kuhn, *Die Struktur wissenschaftlicher Revolutionen*, Frankf./M. 1967.

2 George Polya, *Schule des Denkens. Vom Lösen mathematischer Probleme*, Bern 1967.

3 Jacques Hadamard, *The Psychology of Invention in the Mathematical Field*, Princeton 1949.

4 Max Planck, *Wissenschaftliche Selbstbiographie*, Leipzig 1948.

5 Michael Polanyi, *Personal Knowledge*, New York 1958.

Revolte in einem Vakuum

1 *Der göttliche Funke*, Bern und München 1966, S. 292 f.

2 G. G. Simpson, *The Meaning of Evolution*, New Haven (Connecticut) 1949.

3 In: *The Listener*, 13. November 1952. [s. *Biologische* ... Anm. 16.]

4 Arthur Koestler/J. R. Smythies (Hrsg.), *Das neue Menschenbild. Die Revolutionierung der Wissenschaft vom Leben. Ein internationales Symposion*. Wien und München 1970, S. 376.

Der Dämon des Sokrates

1 H. Gastaut/E. Beck, »Brain Rhythm and Learning«, in: *New Scientist*, 1. März 1962, Nr. 276, S. 496–499.

2 Vergleiche z. B. Ch. M. McClure in: *Calif. Medicine*, Juni 1959, Bd. 90, Nr. 6.

3 »Alle unsere Indizien weisen also auf die Schlußfolgerung hin, daß eine neue Einsicht aus einer Neukombination bereits existierender Vermittlerprozesse besteht und nicht aus dem plötzlichen Erscheinen eines gänzlich neuen Prozesses. Solche Neukombinationen ... müssen wir als ... original und schöpferisch betrachten« (C. O. Hebb, *A Testbook of Psychology*, London 1958, S. 205).

4 Jacques Hadamard, *The Psychology of Invention in the Mathematical Field*, Princeton 1949.

5 P. A. M. Dirac in: *Scientific American*, Mai 1963, Bd. 208, Nr. 5.

6 R. J. Berger in: *Brit. J. Psychiatr.*, 1963, Nr. 109, S. 722.

Biologische und geistige Evolution: eine Übung in Analogie

1 Julian Huxley, *Der Mensch in der modernen Welt*, Nürnberg 1950.

2 W. Garstang in: *J. Linnean Soc. Lond. (Zoology)*, Nr. 35, 1922, S. 81.

3 A. C. Hardy in: *Evolution as a Process*, London und New York 1954.

4 Gavin de Beer, *Embryos and Ancestors*, Oxford 1940.

5 Louis Bolk, *Das Problem der Menschwerdung*, Jena 1926.

6 J. B. S. Haldane, *The Causes of Evolution*, London 1932, S. 150.

7 A. E. Needham in: *New Scientist*, London, 2. November 1961.

8 K. S. Lashley, *Brain Mechanisms and Intelligence*, Chicago 1929.

9 Ernst Kris, *Psychoanalytic Explorations in Art*, New York 1952.

10 J. S. Brunner: L. Postman in: *J. of Personality*, XVIII, 1949.

11 Graham Wallas, *The Art of Thought*, London 1954.

12 Arthur Koestler, *Der göttliche Funke*, Bern und München 1966.

13 Thomas S. Kuhn, *Die Struktur wissenschaftlicher Revolutionen*, Frankf./M. 1967.

14 H. J. Muller, *Science and Criticism*, New Haven (Connecticut) 1943.

15 H. G. Cannon, *The Evolution of Living Things*, Manchester 1958.

16 C. H. Waddington in: *The Listener*, London, 13. November 1952.

17 Helen Spurway in: *Supplemento. La Ricerca Scientifica*, Pallanza-Symp., Nr. 18, Cons. Naz. delle Ricerche, Rom 1949.

18 Eine Übersicht der diesbezüglichen Literatur bei L. L. Whyte, *Internal Factors in Evolution*, London 1965.

19 L. Krechevsky in: *Psychol. Rev.*, Nr. 39, 1932.

Exakte Wissenschaft und Parawissenschaft

1 I. J. Good (Hrsg.), *The Scientist Speculates*, London 1962.

2 Arthur Koestler, *Die Wurzeln des Zufalls*, Bern und München 1972.

3 Bertrand Russell, *An Outline of Philosophy*, London 1927.

4 H. Margenau in: *Science and E. S. P.*, hrsg. von J. R. Smythies, London 1967.

5 Sir James Jeans, *The Mysterious Universe*, Cambridge 1937.

6 Werner Heisenberg, *Der Teil und das Ganze*, München 1969.

7 Ausführlicher dargestellt in dem Buch *The Challenge of Chance* von Sir Alister

Hardy, Robert Harvie und Arthur Koestler, London und New York 1973.

8 J. B. Priestley in einem Brief an A. Koestler vom 7. Februar 1972.

9 C. G. Jung, »Synchronizität als ein Prinzip akausaler Zusammenhänge«, in: Jung/Pauli, *Naturerklärung und Psyche*, Studien aus dem C. G. Jung-Institut IV, Zürich 1952.

10 Paul Kammerer, *Das Gesetz der Serie*, Stuttgart und Berlin 1919.

11 Pico della Mirandola, *Opera Omnia*, Basel 1557.

12 Zitiert nach D. W. Sciama, *The Unity of the Universe*, London 1959.

13 Stuart Kaufman in: *Journal of Theoretical Biology*, 1969.

14 G. Spencer Brown, *Probability and Scientific Inference*, London 1957.

15 Sir Alister Hardy, *The Living Stream*, London 1965.

Wovon man nicht sprechen darf ...?

1 Bertrand Russell, *Unpopuläre Betrachtungen*, Zürich 1951, S. 120.

2 *Die Wurzeln des Zufalls*, Bern und München 1972, und (zus. mit Sir Alister Hardy und Robert Harvie) *The Challenge of Chance*, London 1973.

3 Zitiert von Werner Heisenberg, *Der Teil und das Ganze*, München 1969, S. 101 f.

4 Werner Heisenberg, a. a. O., S. 113.

5 Wolfgang Pauli, »Der Einfluß archetypischer Vorstellungen auf die Bildung naturwissenschaftlicher Theorien bei Kepler«, in: Jung/Pauli, *Naturerklärung und Psyche*, Zürich 1952, S. 164.

6 Sir James Jeans, *The Mysterious Universe*, 1939, S. 122 f.

7 Werner Heisenberg, a. a. O., S. 51.

8 Man kann jedoch zeigen, daß die Unbestimmtheits- oder Unschärferelation das Bild selbst bei kürzester Belichtungszeit verschwommen erscheinen läßt.

9 »Superspace and the Nature of Quantum Geometrodynamics«, in: *Batelle Rencontres*, 1967, S. 247.

10 Zitiert nach Laurence B. Chase, »The Black Hole of the Universe«, in: *University, A Princeton Quarterly*, Sommer 1972.

11 I. J. Good (Hrsg.), *The Scientist Speculates – An Anthology of Partly Baked Ideas*, London 1962.

12 *Parascience Research Journal*, Bd. 1, Nr. 2, Februar 1975, S. 5.

13 Dieses berühmte, von Einstein entworfene Experiment läßt – allgemein ausgedrückt – darauf schließen, daß zwei Elektronen, die voneinander abgeprallt sind und in verschiedene Richtungen davonfliegen, sich weiterhin gegenseitig beeinflussen, so weit sie auch voneinander entfernt sein mögen. S. a.: Sir Alister Hardy, Robert Harvie und Arthur Koestler, *The Challenge of Chance*, London 1973, S. 228.

14 Zitiert nach D. W. Sciama, *The Unity of the Universe*, London 1959, S. 99.

15 In J. R. Smythies (Hrsg.), *Science and ESP*, London 1967, S. 218.

16 Werner Heisenberg, a. a. O.

17 F. S. C. Northrop in seiner Einführung zu Werner Heisenberg, *Physics and Philosophy*, 1959.

18 *Main Currents in Modern Thought*, September–Oktober 1972.

19 David Bohm/B. Hiley, »On the Intuitive Understanding of Non-Locality as Implied by Quantum Theory«, Vorabdruck des Birkbeck College, University of

London, 1974.

20 Pico della Mirandola, *Opera Omnia*, Basel 1557, S. 40.

21 Paris 1974.

22 Gell-Mann übernahm für seine Theorie der Elementarteilchen den buddhistischen Ausdruck »achtfacher Weg«; er wurde belohnt mit der Entdeckung des Partikels Omega-Minus, den er in der Theorie postuliert hatte, und dem Nobelpreis 1969. Andere von Fachleuten benutzte Bezeichnungen aus der Quantenphysik sind »Quark«, »Fremdheit« und »Charm« (Zauber). Hinter dem schuljungenhaften Humor liegt das ehrfürchtige Bewußtsein eines letzten Mysteriums.

23 Erfunden von Denis Gabor, Nobelpreis 1971.

24 Er bekam 1933 gemeinsam mit Dirac den Nobelpreis für Physik.

25 Erwin Schrödinger, *Science, Theory and Man*, London 1957, S. 193 f.

26 Schrödinger, *Geist und Materie*, Braunschweig 1965, S. 40.

27 A. a. O., S. 40 f.

28 Schrödinger, *Was ist Leben?*, München 1951, S. 124, 126.

29 Schrödinger, *Geist und Materie*, S. 65.

30 Schrödinger, *Meine Weltansicht*, 1961, S. 175.

31 In *The Scientist Speculates*, a. a. O., S. 86.

32 »The Meaning of Survival« (Soc. for Psychical Research), 1935.

33 »Concepts of Survival« in: *J. Soc. for Psychical Research*, Bd. 48, Nr. 763, März 1975, S. 15 f.

34 »Psychology and Psychical Research«. The Seventeenth Frederick W. H. Myers Memorial Lecture (Soc. for Psychical Research), 1968, S. 34 f.

35 Sir Charles Sherrington, *Integrative Action of the Nervous System*, New York 1906.

36 Eine ausführliche Erörterung dieses Ansatzes in Arthur Koestler, *Das Gespenst in der Maschine*, a. a. O., Kap. 14.

37 Zitiert nach Adrian Dobbs, »The Feasibility of a Physical Theory of ESP«, in: J. R. Smythies (Hrsg.), *Science and ESP*, a. a. O., S. 239.

38 So zum Beispiel bei den Foraminiferen, winzigen Meerestieren, die aus den Skelettnadeln toter Schwämme mikroskopisch kleine Häuser bauen, laut Sir Alister Hardy »wahre Konstruktionswunder, wie nach einem Plan gebaut«. Und doch haben diese einzelligen Geschöpfe kein Nervensystem.

Die Wahrheit der Phantasie

1 Das dreizehnbändige Hauptwerk des englischen Ethnologen James George Frazer (1854–1941) stellt eine jener monumentalen, strenggenommen vorwissenschaftlichen Kompilationen dar, die auf die zeitgenössische Meinungsbildung und die Ausprägung einer ganz neuen Forschungsrichtung einen kaum abzuschätzenden stimulierenden Einfluß ausgeübt haben. Die ersten Bände erschienen 1890, die letzten 1936. Eine gekürzte deutsche Übersetzung erschien zuletzt 1977 (Ullstein-Taschenbücher Nr. 3375, 2 Bde.).

Das Gesetz des abnehmenden Ertrages

1 E. H. Gombrich, *Kunst und Illusion*, Köln 1967.

Der Trieb zur Selbstzerstörung

1 *Das Gespenst in der Maschine*, Wien und München 1968.

2 Konrad Lorenz, *Das sogenannte Böse*, Wien 1966.

3 *Journal of Nervous and Mental Diseases*, Bd. CXXXV, Nr. 4, Oktober 1962.

4 *American Journal of Medicine*, Bd. XXV, Nr. 4, Oktober 1958.

Bibliographischer Nachweis

Die Grenzen der Psychologie
Komprimierte Fassung von drei Artikeln, die erstmals veröffentlicht wurden in *The Observer*, April bis Mai 1961, unter dem Titel »A New Look at the Mind«. Ins Deutsche übersetzt von Jürgen Abel.

Mittelalter in der Psychologie
BBC-Vortrag, London, 14. Mai 1964, unter dem Titel: »The Dark Ages of Psychology«. Deutsche Übersetzung entnommen: A. K., *Diesseits von Gut und Böse*, Bern und München 1965.

Politische Neurosen
Erstmals veröffentlicht im *Encounter*, London, Nov. 1953, unter dem Titel: »A Guide to Political Neuroses«. Deutsche Übersetzung entnommen: A. K., *Diesseits von Gut und Böse*, Bern und München 1965.

Die Spiele des Unbewußten
BBC-Vortrag, London, 21. Mai 1964, unter dem Titel: »Games of the Underground«. Deutsche Übersetzung entnommen: A. K., *Diesseits von Gut und Böse*, Bern und München 1965.

Kostproben des Irrsinns
Erstveröffentlichung im *Sunday Telegraph* vom 12. 3. 1961 unter der redaktionellen Überschrift: »In Amerika kommt es zu Kontroversen über von Drogen verursachte mystische Halluzinationen. Nachdem der Autor eine in Mexiko verbreitete Pilzdroge eingenommen hat, wendet er sich gegen Aldous Huxleys Rechtfertigung des Kultes.« Deutsche Übersetzung entnommen: A. K., *Diesseits von Gut und Böse*, Bern und München 1965.

Die Langeweile der Phantasie
BBC-Vortrag, London, 9. Mai 1953, unter dem Titel: »The Boredom of Fantasy«. Deutsche Übersetzung entnommen: A. K., *Diesseits von Gut und Böse*, Bern und München 1965.

Juda am Scheideweg – Ein Aufruf
Erstmals veröffentlicht in *The Trail of the Dinosaur and Other Essays*, London 1955. Deutsche Übersetzung entnommen: A. K., *Diesseits von Gut und Böse*, Bern und München 1965.

Betrachtungen über eine Halbinsel
Vortrag, gehalten am 3. November 1960 vor der Royal Society of Literature; Vorsitz:

Cecil Day Lewis. Einige Passagen dieses Textes wurden vom Autor auch in seinem Buch *Von Heiligen und Automaten*, München und Bern 1961, verwendet. Ins Deutsche übersetzt von Jürgen Abel.

Mahatma Gandhi – der Yogi und der Kommissar. – Eine Neubewertung
Zuerst veröffentlicht in der *Sunday Times* vom 5. 10. 1969, anläßlich des 100. Jahrestages von Gandhis Geburt. Ins Deutsche übersetzt von Matthias Dehne.

Kann man den Psychiatern trauen?
Vortrag, gehalten auf dem Symposion über »Uses and Abuses of Psychiatry«, London, November 1969. Ins Deutsche übersetzt von Herbert Drube.

Evolution und Revolution in der Geschichte der Wissenschaft
Komprimierte Fassung des Eröffnungsvortrags, gehalten am 2. Sept. 1965 vor der General Science Section of the British Association Meeting in Cambridge. Ins Deutsche übersetzt von Jürgen Abel.

Revolte in einem Vakuum
Revidierte Fassung eines Referats beim Symposion »The University and the Ethics of Change« an der Queen's University, Kingston, Kanada, November 1968. Erschien erstmals in *The Political Quarterly*, Oktober–Dezember 1969.

Der Dämon des Sokrates
Komprimierte Fassung eines Vortrags, gehalten auf der Conference on Brain Function and Learning am Brain Research Institute, University of California, Los Angeles. Zuerst veröffentlicht in den Sitzungsberichten der Konferenz, hrsg. vom University of California Forum in Medical Sciences, 1967. Ins Deutsche übersetzt von Jürgen Abel.

Biologische und geistige Entwicklung: eine Übung in Analogie
Komprimierte Fassung eines Vortrags, gehalten am 16.–18. September 1965 am Smithsonian Institute in Washington anläßlich der Zweihundertjahrfeier des Geburtstages von James Smithson. Zuerst veröffentlicht in: Arthur Koestler, *Knowledge Among Men. Eleven Essays on Science, Culture and Society*, New York 1966. Ins Deutsche übersetzt von Jürgen Abel.

Exakte Wissenschaft und Parawissenschaft
Vortrag, gehalten auf dem Jahreskonvent der Parapsychological Association, Edinburgh, im September 1972. Teile davon wurden bereits veröffentlicht in *The Challenge of Chance Experiments and Speculations* von Sir Alister Hardy, Robert Harvie und Arthur Koestler, London und New York, 1973. Ins Deutsche übersetzt von Herbert Drube.

Worüber man nicht sprechen darf
Erstmals veröffentlicht in Arnold Toynbee/Arthur Koestler u. a., *Life after Death*, London 1976.

Die Wahrheit der Phantasie

Eröffnungsrede, gehalten auf dem 47. Internationalen PEN-Kongreß in London im August 1976. Erstveröffentlichung in *The Times* vom 25. 8. 1976 unter dem Titel »The vision that links the poet, the painter and the scientist«. © Times Newspapers Ltd., 1976. Leicht gekürzte deutsche Veröffentlichung mit Genehmigung von *The Times* unter dem Titel »Die Wahrheit der Phantasie« in *Die Zeit*, Hamburg, Nr. 37/1976 vom 3. 9. 1976. Ins Deutsche übersetzt von Dieter E. Zimmer.

Das Gesetz des abnehmenden Ertrages

Vorlesung (Cheltenham Lecture), gehalten auf dem Cheltenham Festival of Literature, November 1962. Deutsche Erstveröffentlichung in: *Der Monat*, 30. Jg., Nr. 272, Heft 2, Dezember 1978, unter dem Titel »Das Schicksal des Geistes oder ›Das Gesetz der schwindenden Empfindsamkeit‹«. Ins Deutsche übersetzt von Gert Woerner.

Der Trieb zur Selbstzerstörung

Komprimierte Fassung der Dankansprache anläßlich der Verleihung des Sonning-Preises an der Universität Kopenhagen, April 1968, und eines Referats auf dem Vierzehnten Nobel-Symposion in Stockholm, September 1969.

Personen- und Sachregister

Abraham 353
Adaptation (Anpassung) 80 ff.
Adler, Alfred 120, 152, 237
Aggression 359 ff.
Ambivalenz, politische 63 f.
Antisemitismus 112, 119
Aphasie 202
Apollonius von Perge 244
Appeasement-Politik 61 ff.
Archimedes 228, 336
Ardrey, Robert 361
Aristarchos von Samos 265, 336
Aristoteles 152, 154, 349
Arnauld, Antoine 253
Artaud, Antonin 331
Ashe, Geoffrey 184
ASW (= Außersinnliche Wahrnehmung) 30, 33, 276, 281, 286 f.
Atlee, Clement 62
Atomismus 305 f., 311
Augustinus 152, 154
Ayer, A. J. 11
Ayurveda 185 f.

Bacchus 153
Bacon, Sir Francis 349
Bailey, Benjamin 321
Bartlett, Sir Frederick 202, 217
Beck, E. 241
Beer, Gevin de 256
Behaviorismus (Verhaltenswissenschaft) 9, 13, 37 ff., 71, 201 ff., 211 ff., 231, 263, 279
Bell, J. S. 303
Bentley, Richard 250, 272
Bergers, R. J. 252
Bergson, Henri 285, 313, 316
Berlin, Isaiah 115, 141 ff.
Bertalanffy, Ludwig v. 285
Bevan, Aneurin 62

Bewußtheit 242, 248 f.
Bewußtsein, symbiotisches 75
Bhave, Archarya Vinobha 196
Bildung 227 ff.
bindu 185
Biometrie 207 f.
Bisoziation 217 ff., 245, 321 f.
Bohm, David 302
Bohr, Niels 294
Bolk, Louis 258
Bose, Nirmal Kumar 178 f., 182 ff., 195, 197
Brahmacharya 171 ff.
Broglie, Louis-Victor de 272, 294, 306
Brown, Spencer 286
Brünstigkeit, politische 66, 68
Bruner, Jerome 217, 263
Buddha, Buddhismus 149 ff., 156
Burt, Sir Cyril 45, 272, 310, 312
Butler, Samuel 102
Byron, Lord 339

Capra, Fritjof 302
Carington, Whately 311 f., 317
Carlyle, Thomas 328
Carr, Maurice 118 ff.
Cavendish, Henry 216
Cézanne, Paul 326, 339, 348
Chamberlain, Houston Stewart 137
Chambers, Whittaker 53
Chaplin, Charlie 198
Charcot, Jean Martin 31
Chomsky, Noam 202
Churchill, Sir Winston 167
Cole, Jonathan 9 f., 14 f.

Dalton, John 306
D'Arcy, Pater 9 f.
Darwin, Charles 18, 28 f., 228, 230, 245, 268, 326

378